邵劭◎著

证据法视野下的测谎研究

Polygraphic Studies from the
Perspective of Evidence Law

知识产权出版社
全国百佳图书出版单位
—北京—

图书在版编目（CIP）数据

证据法视野下的测谎研究/邵劭著 . —北京：知识产权出版社，2022.2
ISBN 978－7－5130－7921－1

Ⅰ.①证…　Ⅱ.①邵…　Ⅲ.①测谎—应用—证据—法律—研究—中国
Ⅳ.①D918②D925.113.04

中国版本图书馆 CIP 数据核字（2021）第 243435 号

责任编辑：庞从容　　　　　　　　　　**责任校对**：王　岩

执行编辑：赵利肖　　　　　　　　　　**责任印制**：刘译文

证据法视野下的测谎研究

邵　劭　著

出版发行：**知识产权出版社**有限责任公司	网　　址：http：//www.ipph.cn
社　　址：北京市海淀区气象路 50 号院	邮　　编：100081
责编电话：010－82000860 转 8726	责编邮箱：pangcongrong@163.com
发行电话：010－82000860 转 8101/8102	发行传真：010－82000893/82005070/82000270
印　　刷：三河市国英印务有限公司	经　　销：各大网上书店、新华书店及相关专业书店
开　　本：710mm×1000mm　1/16	印　　张：22
版　　次：2022 年 2 月第 1 版	印　　次：2022 年 2 月第 1 次印刷
字　　数：328 千字	定　　价：98.00 元
ISBN 978－7－5130－7921－1	

序

    近年来，我研究的兴趣一直在测谎，曾于 2016 年出版过一本关于测谎的小书《测谎结论的证据能力研究》。这本书出版之后得到了一些认可，但我总感觉有些问题没有说透，还有些很重要的问题没有涉及。恰好我得到了国家社科基金的资助，使我能够对测谎问题继续进行研究。本书就是国家社科基金项目"证据法视野下的测谎研究"的结项成果。

    从证据法视角研究测谎之旨趣在于测谎结论证据能力之有无、证明力之大小及其诉讼应用情况。本书的研究起于对测谎技术的阐释，并以此为基点逐步探讨测谎结论的逻辑相关性和法律相关性，测谎的伦理和法律风险及其化解，测谎契约对测谎结论的影响，测谎结论作为科学证据的可采性检验和证明力解读。这也是已有的研究未曾涉及或不曾深入的地方。

    测谎以刺激-反应为其基本原理，并得到主流心理学理论的支持，但测谎原理中确实还存在难以用传统理论进行解释的情形。当前，用于诉讼领域的测谎技术主要是传统的多导仪测试技术，包括准绳问题测试法（CQT）和隐蔽信息测试法（CIT）。基于不同测试目的，使用不同研究方法和不同测谎方法得出的测谎准确率并不完全相同。但是，各项研究都表明，由合格的测试人员采用完善的测谎程序，针对特定事件调查时，测谎具有较高的信度和效度。在传统的测谎技术持续发展的同时，认知神经科学测谎开始崭露头角。认知神经科学测谎以事件相关电位测谎（ERP）和功能磁共振成像测谎（fMRI）为代表。实验室研究证明，认知神经科学测谎的效度高于传统的多导仪测谎，虽然它目前还不能代替多导仪测谎，但是发展空间很大。多导仪测谎和认知神经科学测谎的有机结合将是未来测谎技术的发展方向。

基于证据法的视野研究测谎，一个绕不开的问题就是测谎结论的相关性问题。虽然证据本身无所谓相关性，相关性只是证据与其试图证明的对象之间的关系，但是从理论上探讨测谎结论的相关性问题仍然是可行的。逻辑相关性的判断包括重要性判断和证明性检验。测谎结论是否具有重要性需要明确测谎结论试图证明的内容属于何种事实。对于证明性的检验，逻辑和经验缺一不可。在逻辑相关性之外是否有法律相关性概念的存在余地是一个有争议的问题。证据的相关性问题虽然是逻辑和经验问题，但也经常成为法庭讨论的主题，并进一步形成普遍的证据意识，最后经由裁决转化为规则，约束证据相关性检验。法律相关性可以被用于对逻辑相关证据的筛选、排除。测谎证据具有"由供需矛盾所决定的在相对意义上的证明力"，即具有法律相关性判断中的"需要"。测谎结论的法律相关性在美国法庭得到充分的阐释，涉及的内容包括测谎结论的可靠性对证明性的影响、测谎结论误导陪审团或者拖延诉讼的可能等。

测谎是以被测人为对象的一种测试，存在一定的伦理和法律风险。我国实务部门对测谎伦理和法律风险的认识明显不足，测谎技术的运用存在一定的异化现象，测谎过程中侵犯被测人基本权利的现象并非偶然。为化解测谎的伦理风险，需要构建测谎伦理规范，明确规定意志自由原则、保障知情同意原则、测谎的有限使用原则等内容。辨明测谎的性质，把测谎纳入现行法律体系，消除测谎的法律风险，不仅具有重大理论和实践意义，而且具有现实可能性。与此同时，构建"同意测谎"的正当性要件体系是从根本上化解测谎伦理和法律风险的有效途径。

随着诉讼法的发展以及利益法学与价值法学的影响，证据契约等无名诉讼契约的效力逐步得到认可。作为证据契约的一种，测谎契约的实践显然走在了理论研究的前面。司法民主化的发展、诉讼观念的更新和诉讼理论的发展等都为测谎契约进入法庭提供了正当理由。测谎契约的成立和生效需具备一定要件。我国实践中存在赋予测谎结论证据地位的强烈需求，但是测谎结论的证据之路并不顺利，测谎契约对妨碍测谎结论证据地位的不利因素有着很好的消解作用。在我国，测谎契约对测谎结论证据能力的积极作用可以从裁判文书中得到验证。如果当事人双方达成测谎契约，法院一般都会认可测谎契约并采纳测谎结论。测谎契约在域外司法实务中也有广泛的应用。

测谎结论作为科学证据在美国法庭经受了长期检验。法庭从相关性、可靠性、有效性、适用性等方面对测谎结论进行审核，能够通过科学证据审核的测谎结论具有可采性。测谎结论的相关性和适用性都与可靠性密切相关。测谎结论的可靠性检验包含信度检验和效度检验，它们分别代表着对测谎方法和测谎结果的检验指标。关于测谎总体准确率的研究成果较多，这些研究大都认为测谎总体准确率较高。测谎的有效性检验分为逻辑有效性检验和科学有效性检验。长期的法庭检验表明，测谎的技术和方法是可行的，测谎能够经受有效性检验，能够满足诉讼所需。在中国和日本等没有专门的科学证据审核标准的国家，对测谎结论的审查是按照常规的证据审查来进行的，同时，法庭特别关注测谎的可靠性带来的相关性问题。

测谎结论的证明价值可以用似然率和贝叶斯公式来具体化。似然率被引入证据法学领域用于表示同一证据支持某一主张与支持另一主张的概率之比，表征证据支持某一主张的力度大小。贝叶斯公式可以帮助我们在新证据基础上修正已有的判断，在有新证据出现时更新后验概率，重新评价主张成立的概率。利用似然率和贝叶斯公式对测谎结论的证明价值进行分析，主要是将撒谎时测谎结果显示阳性的概率转换为结果显示阳性时确实撒谎的概率，把说真话时测谎结果显示阴性的概率转换为结果显示阴性时确实说真话的概率。通过比较测谎结论显示说谎时被测人说谎的概率与测谎结论显示说谎时被测人诚实的概率，能够更加真实地体现测谎结论的证明价值大小。在保持灵敏度不变的情况下，通过收集证据提高先验概率，将使后验概率得到显著提高。基于概率性的证明价值评价体系使证明价值具象化、精确化，是证明价值评价的可行的科学思维范式。当然，数学证明方式和人类经验、常识的协同应用最有助于实现复杂的证据分析和事实认定。

　　由于本人资质有限，对于测谎这一争议极大的议题，虽以最大的努力加以研究，但仍感力不从心。迁延数年，如今终于成书，倍感欣慰。其间，最高人民法院曾发布一个涉及测谎的司法解释，书稿亦对其详加评述。期待本书能够对测谎的理论研究和诉讼应用提供些许参考。

2021 年初春·杭州

CONTENTS

目 录

第一章　测谎概论

得益于测谎小说和影视节目的推广，普通大众对测谎一词并不陌生。但是，什么是测谎，用什么方法测谎，测谎的原理和功能是什么，测谎是否可靠等专业问题，普通大众往往并不了解。对测谎一知半解的人对测谎多半持怀疑态度：测谎会不会出错，心理素质不好的人是不是会被冤枉？这些问题是提高公众对测谎的接受度所必须回答的问题，也是测谎技术的推广应用所要解决的首要问题。测谎技术发展是与测谎理论研究和测谎仪器研发相辅相成的。目前主要的测谎方法是准绳问题测试法（Control Question Test，CQT）和隐蔽信息测试法（Concealing Information Test，CIT）。测谎以刺激 – 反应为其基本原理，得到情绪理论和认知理论的支持，但仍然存在传统理论难以解释的情形。对此，最新的朝向反射理论另辟蹊径，成功地解决了这个问题，成为所有测谎方法的理论基础。如今，测谎技术日益成熟，测谎的应用领域逐步扩大，其证据调查、人员筛查、威慑等功能得到全面发挥。

第一节　什么是测谎

我们身边充斥着谎言，但我们天生不擅长识谎。为了识别谎言，人类进行了不懈的努力，探索出多种谎言识别方法，包括评估非言语行为指标、分析言语行为线索、分析陈述内容、利用仪器测谎等。其中，仪器测谎更具客观性，是主要的谎言识别方法，常被简称为测谎。与测谎有关的称谓很多，相应的测谎定义也各自不同。选择一个恰当的测谎称谓并准确揭示其内涵，是测谎研究的起点。

一、谎言及其识别

说谎是我们日常生活的一部分，谎言无处不在。虽然我们身边的很多谎言无伤大雅，但在有些领域却需要将其识别出来，如司法领域、国家安全领域。

（一）无处不在的谎言

无论是西方的圣经还是东方的佛经，都禁止说谎。《旧约·出埃及记》里的"十诫"之一就是"不得作假证陷害邻居"，指的就是禁止说谎。而在东方的佛教里，佛教"五戒"之一就是"戒妄语"，即不得说谎。在教育领域，无论是学校还是家庭，都把诚实作为美德之一来教育孩子。诚实也是人际交往中最受欢迎的人格特质，相反，说谎是最不受欢迎的人格特质。

虽然宗教将说谎列于大恶，我们在社会交往中也不提倡说谎，但说谎却是我们日常生活中非常普遍的一个行为。根据布朗（Brown）的一项语言人类学研究，儿童在五六岁时就能够自如地运用社交谎言[1] 另一项研究表明，在实施了不被允许的行为之后，接受测试的 3 岁组儿童有一半说谎，4 岁及以上的儿童组几乎全部说谎[2] 这个研究表明，人类在年幼时就具备了说谎的能力，而且说谎水平提高非常快。即便考虑到说谎需要一定的智力和语言能力，我们不能得出结论说说谎是人类的天性，我们也可以说说谎是人类的第二天性[3] 对人类而言，说谎是一种日常生活事件，是很自然的一件事。哪怕事先没有对谎言进行特别构思，人类说谎时也不会觉得有什么困难。当交谈双方处于对立状态或者有明显利害关系时，说谎更为普遍，对说谎者也更为宽容。有学者认为说谎是儿童情绪和智力发展的一部分，是个体发展中必不可少的部分。

（二）谎言的界定

由于谎言隐含在说谎行为里，是说谎行为的结果，对谎言的界定往往转换为对说谎的界定，谎言和说谎经常被作为同义词换用。在《牛津

---

[1] P. Brown, *Everyone has to Lie in Tzeltal*, Routledge, 2011, pp. 59-87.

[2] Victoria Talwar & Kang Lee, "Development of Lying to Conceal a Transgression: Children's Control of Expressive Behaviour during Verbal Deception", *International Journal of Behavioral Development*, Vol. 26, 2002, pp. 436-444.

[3] G. Serban, *Lying: Man's Second Nature*, Westport, 2001, p. 23.

高阶英汉双解词典》中，说谎和谎言对应的是同一个单词"Lie"[1]。西班牙社会心理学家马西普（Masip）等人认为，"通过言语或非言语的方式，有意地隐瞒、伪造事实或情绪信息，以误导他人形成或维持某种沟通者本人认为是虚假的信念，无论成功与否，都可被视为说谎"[2]。荷兰心理学家阿尔德特·弗瑞（Aldert Vrij）认为，只有具备操作他人信念的意图才有欺骗能力。"说谎是一种成功或不成功的有意尝试，没有预先警告，使另一个人产生一种沟通者自己知道是错误的信念。"[3]根据这种观点，年龄过于幼小的儿童，还不具备对错误信念的理解能力，无法操控他人信念，无法实施欺骗。苏联学者 A. B. 彼得洛夫斯基认为，说谎是个体的一种心理特征，其表现是有意歪曲实际情况，竭力使人对事实和事件产生不正确的印象[4]。我国代表性的观点是，说谎是个体有意识地对事实进行隐瞒、歪曲，凭空编造假信息以误导他人的行为[5]。

上述对谎言的界定虽然略有差异，但都认为谎言必须具备三个要素，包括它确实是假话、陈述者知道它不是真的、陈述者希望听的人能够认为它是真的。判断一个陈述是否是谎言，需要判断其是否同时具备这三个要素。如果陈述者虽然说了与事实不符的话，但其并不知道真实情况究竟如何，这时只能说存在一个错误。如果陈述者说了与事实不符的话，陈述者也知道这是假的，但他并不希望别人相信他所说的，这时只能作为一个玩笑。带有欺骗他人的企图是说谎的行为特征。

由于谎言本身是一个模糊的概念，难以定义，有学者转而采用分类的方式来研究谎言。谎言的表现形式多样，有的是明显的谎言，可以很容易被纳入谎言范畴，有的难以判断是否属于谎言。关于如何恰当地把某一句话归入谎言范畴，有两种代表性的观点：一种是原型理

---

[1] 《牛津高阶英汉双解词典》（第 6 版），商务印书馆 2005 年版，第 1008 页。
[2] J. Masip, E. Garrido & C. Herrero, "Defining Deception", *Anales de Psicología*, Vol. 20, 2004, pp. 147-171.
[3] ［荷］Aldert Vrij:《说谎心理学》，郑红丽译，中国轻工业出版社 2005 年版，第 11 页。
[4] 许思安编著:《青少年十种常见问题行为的矫治》，暨南大学出版社 2012 年版，第 78 页。
[5] 潘清泉、周宗奎:《说谎判断研究新进展》，《理论月刊》2009 年第 6 期。

论（Prototype Theory），另一种是范例理论（Instance Theory）。原型理论通过构建某类事物的原型，使其成为该类事物的典型的成员。原型的产生是由该类别中一般性的个例叠加平均得到的，并不是一个真实存在，而只是一个表征。比如鸟这个原型并非某一类具体类别的鸟的形象，而是对各种鸟的形象来平均叠加。在判断某一个事物是否属于这个类别的时候，要将这个事物与原型进行比对，根据比对的结果来判断。有的事物与该类型的原型具有很高的相似度，很容易判断，被称为高原型典型性；反之，则称为低原型典型性。范例理论是在原型理论基础上发展起来的，借用了原型理论中的原型概念。但是在范例理论中存在很多样例，这些样例被称为范例。范例是该类别中的真实成员，是人们生活中可以遇到的真实事物。这样，在给某一事物分类的时候就不用像原型理论那样来判断某一事物是否与原型相似，而只要回想生活中存在的具体范例。它的优势在于采用真实的样例更加容易判断非典型性的事物是否属于某一类别。比如，根据原型来判断企鹅或者鸵鸟是否属于鸟类，就存在一定的困难，因为它们并不具有原型的某些基本特征，但是如果用范例，只要想起几种生活中所知道的不太会飞的鸟就可以了。随着生活知识的积累，我们会不断地增加某一类事物的范例，这样对事物的分类和判断就更加容易。研究表明，范例理论在判断小类别时作用更突出，而原型理论在判断大类别时效果更好。[1]

根据原型理论，谎言的原型具有三个特征，包括陈述本身与事实不符、陈述者知道该项陈述是假的、陈述者作出该陈述的目的是欺骗听取陈述者。将某陈述与谎言的原型进行比较，如果符合谎言的三个原型特征，就可以判断该陈述属于谎言。根据范例理论，判断某一陈述是否是谎言，需要累积谎言样例。有些明显的谎言符合原型范畴的三个基本特征，如弥天大谎，很容易被归入谎言；还有一些谎言，如社交谎言，并不完全具备原型的三个基本特征，因为这种谎言并不是为了欺骗，而是为了使人际关系更良好。这样的谎言属于谎言范畴的边缘部分，识别的

---

〔1〕 ［美］戈尔茨坦：《认知心理学：心智、研究与你的生活》（第3版），张明等译，中国轻工业出版社2015年版，第322页。

难度要大一些。为了更好地对谎言进行研究，学者们还从不同角度对谎言进行了分类，例如，根据说谎的动机和结果、说谎的内容、说谎的方式、说谎所涉及的对象等来进行分类。

（三）谎言的识别

与谎言相伴而生的是人类对谎言识别方法的努力探索。在人类社会早期，人们信奉神灵，相信万物有灵，物我一体，依靠神灵的启示来识别谎言。人们采用一定的形式，如通过水审、火审、司法决斗、巫术等把神灵的启示展示出来，识别撒谎的当事人，从而解决纠纷。虽然这种方法比较愚昧，但是在当时的状态之下，人类崇尚神灵，害怕神灵的惩罚，对谎言识别也起到了一定的作用。后来又出现了一些符合心理学、生理学原理，具有一定科学依据的方法，如把脉识别谎言等。这些都属于对谎言识别方法的早期探索。自专门识别谎言的仪器研发之后，测谎就进入了科学发展阶段，而随着心理学、语言学等学科的发展，谎言识别方法具有了多样性和科学性。当代，谎言识别方法有四种，包括通过评估非言语行为指标识别谎言、分析言语行为线索识别谎言、通过分析陈述内容识别谎言、通过仪器测谎。

1. 评估非言语行为

非言语行为是指伴随陈述者的言语行为而产生的身体姿势、面部表情与视觉行为、接触行为等。在人类交往中，可以用言语来传递信息，也可以用非言语行为代为传递信息。非言语行为在人际交往中发挥着重要作用，可以支持、修饰或否定言语行为、代替言语行为、表达言语行为所难以表达的感情和态度。美国心理学家博德惠斯特尔（Birdwhis-tell）认为，在人际互动中 65% 以上的信息是由非言语的形式传递的。[1] 非言语行为也能够暴露谎言，正如弗洛伊德（Freud）曾说："即使他的嘴唇保持沉默，他也会用手指尖喋喋不休；背叛会从他的每一个毛孔慢慢流出。"[2]

---

〔1〕　申荷永主编：《社会心理学原理与应用》，暨南大学出版社 1999 年版，第 74 页。

〔2〕　S. Freud, "Fragments of an Analysis of a Case of Hysteria", *Vintage*, Vol. 7, 1905, p. 8.

　　既然非言语行为在人际交往中扮演着如此重要的角色，那么，如果发现陈述者存在异常的非言语行为，是否可以将其作为撒谎的线索呢？一种观点认为，非言语行为的特定特征是或至少部分是非自主控制的，可以作为撒谎的识别线索。[1] 艾克曼（Ekman）也认为，一些非言语线索比另一些言语线索更难控制，并且更可能被解释为欺骗的线索。[2] 他们的假设是，说谎会引起人们情绪反应，这种情绪反应会表现在外部行为上，因此说谎的被测人和诚实的被测人就会有一些不同的非言语行为，可以通过被测人说话时伴随的非言语行为来分析其是否诚实。研究表明，撒谎会伴随一定的非言语行为，这与说谎导致的情绪、认知努力、试图控制自己的异常行为有关。[3] 说谎经常导致陈述者内疚、恐惧或高兴，这些都有可能影响陈述者的非言语行为。例如：内疚可能导致说谎者的注视点转移，因而不敢直视对方的眼睛；恐惧可能会引起生理唤醒，因而眨眼次数增加、触摸自己的衣服等。说谎需要更多的认知努力，由此增加大脑的负荷，会出现一些异常的非言语行为，如眨眼次数减少、说话结巴、说话更慢、停顿更多等。说谎者意识到观察者正在观察他们的行为，为了避免暴露谎言，他们会有意识地控制自己的行为。但是，控制自己的行为非常不容易，因此他们会出现一些异常的反应。有一项研究指出，一些专业谎言侦探更容易识别谎言，他们报告说这得益于他们使用了非言语行为而不是言语行为。[4]

　　但是，有相反观点认为，非言语行为容易受人控制，不能够作为判定诚实或欺骗的指标。被测人的非言语行为受很多因素影响，包括陈述内容的复杂性、说谎的风险、陈述者的个人特征以及谎言发生的环境等。例如：有的人在说谎时很少有内疚感，就不会有不良反应；说谎风

---

〔1〕 D. V. Canter & L. J. Alison, *Interviewing and Deception*, Ashgate Publishing, 1999, pp. 157-182.

〔2〕 P. Ekman & W. V. Friesen, "Nonverbal Leakage and Clues to Deception", *Psychiatry*, Vol. 32, 1969, pp. 88-106.

〔3〕 ［荷］Aldert Vrij:《欺骗与测谎——陷阱与良机》（第2版），韩春梅等译，中国人民公安大学出版社2016年版，第27—68页。

〔4〕 P. Ekman & M. O'sullivan, "Who Can Catch a Liar?", *American Psychologist*, Vol. 46, 1991, pp. 913-920.

险高与说谎风险低对内疚感的影响也不同；善于表达的人在撒谎的时候需要更少的认知努力，说谎更容易。一些看似异常的非言语行为，在诚实和说谎的陈述者身上都会出现，诚实被测人可能会因为紧张而出现各种异常的情况[1] 阿尔德特·弗瑞教授归纳了一些非言语行为线索，包括说话犹豫、语音错误、声调、语速、问题与回答之间的沉默时长、停顿时间、停顿频率、凝视、笑容、挠头、攥手腕，以及为了修正和补充语言的手部和胳膊运动、手语、手指运动、腿脚运动、躯体运动、头部运动、姿势改变、眨眼等。但是后续研究表明，这些线索并非都与撒谎有关。比如说话犹豫，有些研究认为这是说谎的表现，而另一些研究则认为诚实者表现更多的犹豫。再比如停顿，有的研究认为说谎者会有更长的停顿，但是另一些研究却表明没有发现停顿与说谎之间的关系。

但是无论如何，非言语行为对于识别谎言的意义不容忽视。研究人员如果将多个线索结合起来会有更好的识别效果。根据研究，说明性动作、犹豫、潜伏时间、手部运动这四种非语言行为的结合，可以准确地将70.6%的诚实者与84.6%的说谎者进行区分，但是，如果单独考察某一行为则识别谎言的效果不好。一个受过专业训练的观察者通过微表情来识别谎言，能发现高达80%的谎言，如果将音调也作为观察目标的话，86%的诚实者和说谎者能够被区分出来。因此，测量非言语线索行为群要比测量单独非言语线索行为更准确[2]

通过非言语行为识别谎言的研究一般是由专业的研究人员观看说实话者和说谎者的视频或者进行实地研究。他们根据特定的编码系统，对非言语行为发生的频率和持续的时间进行分析，将诚实反应和欺骗反应进行比较。

2. 分析言语行为线索

言语行为线索是人们在回答问题时与言语行为相关的线索。最早通

---

〔1〕 罗大华主编：《法律心理科学研究：罗大华先生博士论文萃编》，中国政法大学出版社2015年版，第171页。

〔2〕 ［荷］Aldert Vrij：《欺骗与测谎——陷阱与良机》（第2版），韩春梅等译，中国人民公安大学出版社2016年版，第46页。

过言语行为线索来识别谎言的是英国科学家弗朗西斯·高尔顿（Francis Galton），他把与案件相关的单词和与案件无关的单词做成卡片，混杂在一起随机向被测人呈现，要求被测人尽快说出其最先联想到的单词，然后观察被测人的反应。对于有罪的被测人来说，为了避免暴露，在与案件相关的单词上的反应时会延长，但也可能反应时过快。此外，有罪被测人还会出现一些特异反应，比如重复相关单词、没有反应、身体动作异常等。而对于无罪的被测人，与犯罪有关的单词和与犯罪无关的单词对他的意义是一样的，所以反应时也是一样的。在仪器测谎技术出现之后，卡片被各种问题所替代，包括测谎技术所使用的相关问题、无关问题、准绳问题、陪衬问题等，都是在卡片基础上发展起来的。

在不使用仪器测试的场合，投射问题经常被作为言语行为的刺激，用以引发被测人隐蔽的言语行为线索。投射问题能够激发被测人非言语行为线索的假设在于诚实的被测人和说谎的被测人对待调查及其结果的态度是根本不同的。诚实的被测人希望测试成功，希望查明真相帮助他们洗清与被调查事件的关系，但是撒谎的被测人希望测试失败。基于这一重大区别，诚实的被测人希望尽快缩小调查范围，他们一般非常健谈，能够恰当有力地表达思想，愿意表达真实想法，努力帮助调查人员进行调查。他们还可能承认案件可能与自己有关，但是竭力解释自己确实无罪。而说谎的被测人则完全相反。通过向被测人提出一系列问题，要求他们回答，同时观察他们回答问题时的反应时长短、流畅度等言语行为线索，可以有效识别谎言。根据里德（Reid）的研究，通过言语行为线索识别谎言，认定诚实的准确率平均为91%，认定欺骗的准确率平均为80%。[1]

3. 陈述内容分析

陈述内容分析通过陈述的实质内容来判断陈述真伪，最常用的技术方法是陈述有效性评估技术和科学内容分析技术。

陈述有效性评估技术是德国研发的专门用于识别言语准确性及虚假陈述的技术，最初用于判断性侵犯案件中儿童证言的可信度，目前是测

---

〔1〕 郑红丽编著：《测谎技术教程》，中国政法大学出版社 2015 年版，第 136 页。

量陈述真实性的最常用的技术。该技术的理论假设是虚构的陈述与对亲身经历事件的陈述相比，包含的细节较少，不够生动、丰富。一个完整的陈述有效性评价过程包括采用结构化的访谈收集陈述内容、基于标准的内容分析以及内容分析的结果评定，其中内容分析是技术核心，被称为基于标准的内容分析。

陈述内容分析的参照标准包括总体标准和具体内容标准。总体标准要求陈述逻辑性强，具有结构化、连续性、时序性；具体内容标准要求陈述的具体内容具有合理性、细节多，是真实记忆的认知，如包含较多事件的时间和空间信息、对交互行为的描述较多、包含异常的细节等。符合这些标准表明陈述的真实性较高。此外，对陈述内容的分析还要求考察被测人的动机，看被测人是否表现出与诚实刻板印象不一致的行为，包括证人自发的更正证言、承认记忆缺乏等；考察陈述是否包含正在调查事件的细节特征。陈述有效性评估技术列举了评价陈述时可以使用的 19 种标准，评估者将这些标准与陈述内容进行比较，陈述符合标准的个数越多，越能说明陈述的真实性。评价以量表的形式出现，符合某个标准记 1 分，明显符合某个标准记 2 分，不符合某个标准记 0 分，最后计算得分总数。陈述有效性评估技术被认为比非言语行为分析具有更好的效果。[1] 陈述有效性评估的结果在欧洲可以作为证据使用，在美国主要用于辅助侦查。

科学内容分析技术是对陈述内容进行分析的另一项技术，该技术出现于 20 世纪 80 年代后期，是由移民到美国的萨皮尔（Sapir）发明的。该技术需要获取一个开放或纯粹的陈述，"请写下关于此事所有的详情以及你的解释"。然后对陈述进行分析。该技术的理论假设是撒谎者不愿意谈论正在调查的事件。萨皮尔还设计了颜色编码系统进行内容分析。

4. 仪器测谎

前述几种方法通过观察与分析来识别谎言，观察的对象包括言语行为相关的线索、伴随陈述者的言语行为而产生的身体姿势以及陈述的实

---

〔1〕 杨波主编：《犯罪心理学》，开明出版社 2012 年版，第 187 页。

质内容，这些方法的使用并不要求专门的仪器。仪器测谎始于 19 世纪，是由专门的人员使用专门的测试仪器，测量被测人回答问题时的生理反应，并以此判断被测人是否知情或者是否撒谎。测谎的仪器统称"Lie Detector"，包括机械或电子的多通道生理记录仪（多导仪）、声音压力分析仪、心理压力测评仪以及其他类似的仪器。多导仪（Polygraph）只是"Lie Detector"的一种。仪器测谎包括多导仪测谎和其他不以多导仪为工具的测谎方法。相较于利用非语言行为测谎、利用言语行为线索测谎、通过分析语言本身的文字内容来测谎这几个谎言识别方法，仪器测谎借助科学仪器和科学方法的使用而更具客观性，因而成为主要的谎言识别方法。

目前最成熟、最稳定且在诉讼当中被广泛使用的仪器测谎主要是多导仪测谎。多导仪测谎的基本原理在于人撒谎的时候会基于恐惧、冲突等心理或者是基于对已经经历过的情景的再认而产生激烈的心理反应，心理反应引发生理反应，生理反应反推心理反应。如果被测人有显著的生理反应则认定其知情或撒谎。目前常用的多导仪测试方法是准绳问题测试法和隐蔽信息测试法，这些测试方法各自还有一些改进方法。多导仪测谎主要适用于诉讼领域，在有的国家可以作为证据使用。多导仪测谎的另一个重要领域是国家安全，包括反恐、对重要部门或者敏感机构的工作人员进行筛查测试，雇员任前筛查及其他私人活动领域。

随着心理学、生理学、计算机科学等学科的发展，各种测试仪器被研发出来，综合运用多学科理论进行的测谎研究取得了很大进展，语音分析技术、热敏成像技术、事件相关电位技术、功能性核磁共振成像技术等也被应用于测谎。

语音分析技术测谎是使用声压分析仪来探测声音的强度、频率、音调、谐波或者微震动等。这项技术基于一个假设，即说谎者会出现恐惧或者抑制反应，使声音出现细微的变化，而这种变化能够被仪器识别。与多导仪测试不同的是，它测试的生理指标不是皮电、呼吸、血压，而是声音特征。它的优点在于可以在被测人不知情的情况下进行，能够秘密而快速地收集资料。但是它的缺点也很明显，其准确率不如多导仪测试。热敏成像技术是借助高分辨率照相机，探测眼睛周围温度的变化，探测血流的变化。这项技术的理论假设是，说谎者会因为紧张导致眼睛周围毛细血管的血流发生改变，进而使眼睛周围的温度发生改变。事件相关电位测谎是通过一定的模式把不同的刺激呈现给被测人，记录其脑电波反应，然后比较被测人在不同刺激上的指标差异来判断被测人是否撒谎。事件相关电位测谎使用的仪器是事件相关电位仪，使用最多的测试指标是 P300，即在刺激出现后 300 毫秒左右出现的正向波。功能磁共振成像技术是利用磁共振原理，对脑组织进行实时的功能成像，通过测量脑部神经元活动所引发的血液动力变化，从大脑区域的反应来推断人的行为。功能磁共振成像技术的检测指标是大脑血流中的含氧量，即血液中带氧血和去氧血的差异，检测被测人在完成某种认知操作时的脑激活区，通过该区域的血氧变化直接判断被测人是否撒谎。

二、仪器测谎：测谎、测真抑或测心

多导仪测谎是目前最成熟的仪器测谎技术，也是在诉讼中使用的测谎技术。[1]"Polygraph Test"在传入我国之初，被翻译为"测谎"，并得到了普遍认同。"测谎"这一词汇同时指代英语词汇"Lie Detection""Lie Detector Test""Polygraph Test"。[2]但是，我国研究人员如今对测谎称谓产生了一定的分歧，出现了多种称谓并存的现象。最典型的称谓包括"测真"（或犯罪记忆检测）、"测心"（或心理测试、心理生理测试）、"犯罪心理测试"等，刑事领域的官方称谓则是"犯罪心理测试"。

（一）各种称谓的由来

"测真"是中国人民公安大学的付有志教授等人提出的，是对信息检测技术的又一种称谓。这一称谓特指紧张峰测试、犯罪情景测试等测试技术，因为这些技术不像欺骗检测，并不直接评估被测人陈述的可信性，而是测量其对具体信息的生理反应强度，进而确定被测人对信息是

---

[1] 本书的研究基于证据法视野，故主要围绕多导仪测谎展开，仅在个别情况下会讨论其他测谎技术。

[2] 在英语里，直接表达测谎的词汇是"Lie Detection"或"Lie Detector Test"。"Polygraph Test"本来是指多导仪测试，但是经常被用来表达测谎。

否有真正、直接的了解。[1] 在其他场合，测真技术被有关研究人员归入犯罪记忆检测技术。犯罪记忆检测是付有志教授对"Criminal Polygraph Test"的意译，是指通过向有关人员呈现言语或视觉刺激，诱发其产生一定的心理反应并引起生理活动变化，同时用生理检测仪记录并分析这些生理反应，判断其是否具有特异性，从而确定被测人是否具有犯罪记忆。[2] 付有志教授认为，"Polygraph Test"检测的是被测人的陈述是否与记忆中的信息相符合，包括信息检测和欺骗检测，既能测真也能测谎。对"Polygraph Test"的翻译需要反映测试的具体内容，"测谎"这一称谓无法达到这一效果，而"犯罪记忆检测"这一概念可以把信息检测和欺骗检测都包含进来。付有志教授还认为，"犯罪记忆检测"这一概念可以规避"Polygraph Test"测试检测的内容究竟是什么的争议。

"测心"这一称谓包含了心理测试、心理生理测试等类似名称。"测心观"认为，无论是测谎技术还是测真技术，都只能体现"Polygraph Test"测试技术的一个方面，无法涵盖技术的全部。"心理测试"称谓的首倡者是北京市公安局的王补老师和中国人民公安大学的武伯欣教授。王补将测谎称为心理测试，他认为，测谎就是一种心理测试，并不是检测谎言本身，而是检测个人想隐瞒的心理反应所引起的生理指标的变化。[3] 武伯欣认为"Polygraph Test"的正确称谓应当是犯罪心理测试或犯罪心理鉴定，而测谎仅仅是非科学的日常概念。因为，公安部的官方文件一直把"Polygraph"称为心理测试仪，与"Polygraph"有关的研究生专业名称是犯罪心理测试技术专业；测谎是检测被测人有无特殊事件的心理痕迹而不是测量被测人是否说谎，符合一般心理测试的特点。这种观点还认为，测谎技术主要用于刑事案件侦查，所以应该称为犯罪心理测试。[4] 根据公安部《心理测试技术专业职务考试复习大

---

〔1〕 付有志、刘猜：《破解"测谎"的密码：心理生理检测在探案中的应用》，中国人民公安大学出版社 2006 年版，第 28 页。
〔2〕 付有志：《犯罪记忆检测技术——揭示刑事测谎技术的实质》，中国人民公安大学出版社 2004 年版，第 1 页。
〔3〕 王补编译：《犯罪情景测试（GKT）——一种适合中国国情的心理测试方法》，中国人民公安大学出版社 1997 年版，第 15 页。
〔4〕 武伯欣：《中国犯罪心理测试技术理论论纲》，《中国人民公安大学学报》2003 年第 2 期。

纲》，心理测试技术是指"把能检测个体生理指标状况的仪器设备用于或其结果被用于对个体（被测人）就特定事件或特定目的进行的相关心理信息探查、推断行为的技术"。

持"测谎观"的学者非常普遍。"测谎观"的核心观点是测谎的功能在于判断被测人回答问题时诚实与否。这种观点的代表人物是广东警官学院的陈兴乐教授，他认为，"测谎技术就是通过提问对被测人有控制地实施刺激，激发其生理反应，然后使用一种有效的仪器采集生理指标，并进行分析比较，以确定其是否说谎的一种技术"[1]。与此相似的观点还有，测谎技术是指"根据案情，用事先编制的题目向被测人提问，使其形成心理刺激，由测谎仪记录其生理反应，分析生理反应峰值数据，从而判断被测人的陈述是否是谎言"[2]。

（二）选择"测谎"称谓的缘由

虽然理论和实务部门对"Polygraph Test"这一技术测试的具体内容有争议，对其称谓也有不同看法，但是将"Polygraph Test"指代的技术称为"测谎"是比较恰当的，沿用最初的"测谎"称谓相较改换为其他称谓更合适。具体缘由如下：

首先，从词汇翻译的角度来看，"Polygraph Test"最恰当的翻译是"测谎"。"Polygraph"由希腊单词 poly（多）和 graph（记录）组合而成，其英文原意仅指能够同时进行描计的仪器。在英语中，测谎仪和测谎分别对应的词汇应该是"Lie detector"和"Lie detection"，而"Polygraph"是"Lie Detector"的一种。《美国能源部测谎规则》（U. S. Department of Energy Polygraph Examination Regulation）第 709 条第 3 款规定，"Polygraph"是指用以连续地、可视地、永久地、实时地记录心血管的、呼吸的和皮电的变化模式的仪器；其本身或结果被用以给出诚实或欺骗的意见的仪器。[3] 但

---

[1] 陈兴乐：《论刑事测谎技术的功能》，《吉林公安高等专科学校学报》2000 年第 2 期。

[2] 沈玉忠、郑洪广：《理性分析与法律规制："测谎仪"在刑事司法活动中运用》，《贵州警官职业学院学报》2007 年第 4 期。

[3] See National Research Council of the National Academies，The Polygraph and Lie Detection，13（2003），http：// www. nap. edu/openbook/0309084369/html.

是"Polygraph"在美国往往指代测谎仪或者指测谎。[1] 在我国对测谎文献的译著里,一般都是把"Polygraph Test"译成"测谎",很少译成"心理测试"或其他概念。

从"Polygraph Test"的起源和实际应用来看,"Polygraph Test"在产生之初就是以测谎为目的的,在后来的发展历程中同样也是以测谎为目的。"Polygraph Test"的最初运用是龙勃罗梭(Lombroso)运用水力脉搏记录仪进行的测谎。此后,贝努西(Benuss)一直致力于探索撒谎时被测人的特异生理反应,马斯顿(Marston)的心脏收缩压测试、拉森(Larson)的两导测谎仪测试无一例外都是测谎,里德的准绳问题测试技术更是谎言探测的典范。虽然"Polygraph Test"所使用的仪器一再改进,功能一再扩展,但该技术始终致力于谎言检测这一基本功能,哪怕是信息探测,最终仍然是服务于谎言检测。因此,"Polygraph Test"最恰当的翻译应当是测谎,并非如有学者所言,测谎是一种"错译、错传、错用"。

其次,从词汇的内涵来看,"测谎"这一称谓完全可以正确涵括"Polygraph Test"的全部功能。持"测真观"的学者认为,测谎不足以正确描述"Polygraph Test"这一技术的功能,如"Polygraph Test"并不是测试谎言,而是测量被测人对哪些问题有真正的了解,应该被称为测真技术,或者信息检测技术。[2] 又如,"Polygraph Test"检测的不仅仅是口供的真伪,"测谎"不能涵盖该技术的实质。在缄默测试的情况下,被测人无须回答,没有陈述,也就无所谓测谎。[3]

事实上,测谎足以包容测谎和测真这两项内容。在侦查陷入僵局时进行搜索测试等情形下,测试的直接目的确实是探测信息,但从测试的最终目的来看仍然是识别谎言。因为一般情况下,只有在被测人否认犯罪或者否认知情时,才会决定对其实施测试。如果测试结果是其对案件

---

[1] 用"Polygraph"指代"Lie detector"(测谎仪),甚至将"Polygraph"这一表征仪器的概念描述为"测谎",多少带有一种约定俗成的意思,也与测谎技术的发展过程分不开。

[2] 付有志、刘猜:《破解"测谎"的密码:心理生理检测在探案中的应用》,中国人民公安大学出版社 2006 年版,第 28 页。

[3] 范海鹰等:《解析测谎的奥秘——心理测试技术导读》,中国人民公安大学出版社 2009 年版,第 11 页。

相关信息知情，则其先前的否认就是在撒谎。此外，还有一些情形是被测人承认被指控事实或者承认知情，办案部门为了印证陈述的真伪而进行测试，这也属于测谎。至于测试结论是诚实还是撒谎并不影响测谎的属性，因为诚实也是测谎的结论之一。所以，即便是信息检测和犯罪记忆检测，最终目的仍然是判断陈述是否真实，也就是测谎。"测谎"这个称谓完全可以涵盖测谎、测真、测心等各种功能。"测谎仪既有识别真话的功能，也有识别谎言的功能。"[1]

再次，从各个称谓的比较来看，其他称谓均有一定缺陷。其一，关于"测真观"。主张用"犯罪记忆检测"代替"测谎"的理由在于，"Polygraph Test"已经不是过去意义上的多导仪测试，测试内容包括信息检测和欺骗检测，"犯罪记忆检测"这一概念可以同时包含这两项内容。此外，这一概念还可以规避犯罪记忆检测的内容到底是什么的争议。[2] 如上所述，测谎概念完全可以涵括测谎和测真两项内容，并非只有"犯罪记忆检测"才是对测试内容的准确概括。至于说"犯罪记忆检测"这个概念"可以规避检测的内容"，则难以成立。因为这个概念本身已经非常明确地指出检测的内容是犯罪记忆。如果有一个概念既能涵括测谎的所有功能，也能指明测试的内容，应该是更为完美的概念，当然无须刻意回避测试的内容。其二，关于"测心观"。"心理测试"这一概念犯了种属错误。笔者赞同测谎属于心理测试，但是，测谎属于心理测试并不代表测谎等于心理测试，更不意味着应当叫作心理测试。心理测试在英语中对应的词汇是"Psychological Test"或"Psychometric"，并不是"Polygraph Test"。心理测试是用标准化测试来检验和分析个人的智力、能力倾向、教育成就等。[3] 心理测试是一个宽泛的术语，它包括为评估人类能力、倾向、教育成就、技能、兴趣、态度、人格特征而开发的所有专业测试类型。[4] 有关国家安全的部门在人员录用时会同时

---

[1] 何家弘：《测谎结论与证据的"有限采用规则"》，《中国法学》2002年第2期。
[2] 付有志：《犯罪记忆检测技术——揭示刑事测谎技术的实质》，中国人民公安大学出版社2004年版，第1页。
[3] 王国富、王秀珍总编译：《澳大利亚教育词典》，武汉大学出版社2002年版，第237页。
[4] Alan E. Kazdin, *Encyclopedia of Psychology*, Amer Psychological Assn, 2012, p. 242.

进行测谎和心理测试，二者有明显的不同。从测试内容来看，前者检测是否隐瞒了过去的犯罪行为、是否有不良嗜好等，后者主要测试智力、人格等内容。因此，心理测试的内容更多样，如果以测谎指代心理测试，则心理测试的其他内容再无容身之地。从测试人员来看，前者由有测谎资质的专家来进行，后者经常由大学研究机构来进行。

最后，从术语接受度来看，"测谎"称谓的接受度更高，其他称谓无法替代"测谎"。"Polygraph Test"被翻译成"测谎"已经有很长时间，社会公众对"测谎"概念的接受度比较高。笔者发现一个有趣的现象，主张用"心理测试"或其他称谓代替"测谎"的学者，在其相关论著里往往会使用"测谎"作为自己论著的副标题。这可能也反映了作者对测谎以外的其他称谓会使受众不解的担心。当某个概念已经众所周知之后，如果没有一个更完美的概念来代替它，最好的办法是维持现状，而不是轻易更名。无论是"心理测试"还是"犯罪记忆检测"都并不完美，无论是"测真"还是"测心"，都不如"测谎"。"测谎"一词通俗易懂，而且已经被人们广泛接受，没有必要拒绝使用。[1] 有观点指出，"给'测谎或测谎仪'冠以种种专业术语，深植其中的一个无法明言的故意在于，其倡导者或鼓吹者要赋予现代测谎技术以科学的氛围或光环……我国测谎先锋者们之所以倡导使用'心理测试'一词来代替'测谎'，其深意也恐在于此"[2]。然而，无论出于什么理由，不顾技术的历史由来与现实情况，希冀通过改头换面来促进技术的发展并不可行。

因此，"测谎"能够涵括测谎、测真的双重功能，"测谎"称谓具有其他称谓无法替代的优点。故此，笔者继续采用"测谎"称谓。

三、测谎的界定

（一）现有的测谎定义评析

在测谎技术日益广泛的应用背景下，测谎的理论研究也取得了丰硕

---

〔1〕 何家弘：《测谎结论与证据的"有限采用规则"》，《中国法学》2002 年第 2 期。

〔2〕 吴宗宪主编：《中国犯罪心理学研究综述》，中国检察出版社 2009 年版，第 259 页。

的成果。我国大陆地区有影响的测谎定义包括以下几种："测谎技术就是使用一种有效的仪器，通过提问对受测者有控制地实施刺激，激发被测者的生理反应，根据对仪器采集到的生理指标进行分析比较，确定被测者是否说谎的一种技术。"[1]"测谎技术是指在控制条件下通过一种有能力测出呼吸、血压、脉搏、皮肤电阻、血氧饱和度等多种感觉刺激的仪器提取人体情绪变化生理参数，以此来测试人的心理变化的一种心理检验技术。"[2]"测谎，是指运用心理学、神经心理学、生物电子学及实验心理技术等科学成果，以测试仪器记录被测试者各种生理、心理反应指标从而对被测试者是否具有对违法犯罪事实或特定事件的心理痕迹进行鉴定与判断的一种活动。"[3]

通过比较上述定义，我们可以发现，上述所有定义都提到的要素是仪器、方法和功能。各种定义虽然都对仪器有要求，但是对于具体使用何种仪器则没有特别指定。对方法的描述都是通过一定的途径给予被测人一定的刺激以激发其反应，并记录分析这些反应。对功能的描述则分歧较大，这也反映了不同的研究人员对测谎功能认识的不同。在这几个代表性定义中，对测谎性质的认识有一定的分歧，将测谎定性为心理检验技术或鉴定。此外，值得注意的是，上述定义均没有提到测谎测试人员。这应该与我国大陆地区重视测谎硬件的开发，但不重视测谎测试人员的培训有关。

我国台湾地区测谎技术发达，测谎的理论研究成果丰硕，实务应用也很多，台湾地区的有关规定、地区"最高法院"的判例和理论界都对测谎有明确的定义。台湾地区法律事务主管部门颁定的《性侵害犯罪付保护管束加害人测谎实施办法》第 3 条规定："本办法所称测谎，指由具备测谎专业知识技能与相当经验之人员，利用测谎仪器，将受测人之生理反应情形加以记录，判读分析受测人之供述是否真实。"[4] 台湾地

---

〔1〕 陈兴乐：《论刑事测谎技术的功能》，《吉林公安高等专科学校学报》2000 年第 2 期。
〔2〕 刘猜：《测谎技术之优越性和局限性》，《湖南公安高等专科学校学报》2001 年第 2 期。
〔3〕 戴承欢、蔡永彤：《测谎结论的制度之维：交困于理想与现实之间》，《北京政法职业学院学报》2009 年第 3 期。
〔4〕 石宜琳：《测谎于刑事司法审判上之运用》，台北大学 2007 年硕士学位论文，第 9 页。

区"最高法院"对测谎的界定比较详细，包含了测谎的原理、方法、结果的分析以及功能。台湾地区"最高法院"认为，测谎鉴定是依据人们在试图隐瞒某一真相时会产生微妙的心理变化，因此身体内部会随之发生一系列的生理变化，由测谎员对受测者与待证事实相关之问题进行提问，然后由科学仪器记录受测者的各种细微的生理变化，并由测谎员分析受测者是否下意识地刻意隐瞒真相并判断其陈述是否真实。[1] 台湾地区对测谎学理定义的代表性观点，如黄朝义认为，"测谎鉴定系指人在意识上极力隐瞒真实之情况下，随着便会发生非常微妙的精神变化，此时着眼于人体内部之生理变化及身体的反应，而以测谎仪同时记录当中比较容易记录之呼吸波运动、皮肤电阻反应及血压脉搏之变化，然后测谎鉴定者对受测人发出种种质问，并检讨测谎仪记录，以鉴定受测人在意识上是否果真努力于隐瞒真实之一种心理检查或心理鉴定"[2]。这些定义说明，台湾地区对测谎的定义基本一致，都是从测谎的原理、测试人员、方法、仪器、功能等要素来进行说明，都认为测谎的功能是测试谎言，但对测谎的性质存在一定的分歧，台湾地区"最高法院"认为测谎属于鉴定，学理上则认为测谎属于心理检查或心理鉴定。

（二）测谎的合理定义

通过对上述定义的分析，我们发现，所有定义都提到的测谎要素包括测谎的仪器和方法，绝大部分定义都提到的要素则是测谎的性质、功能和测试人员。这些要素对界定测谎的意义需逐一分析。此外，我国台湾地区不仅测谎技术发达，对测谎的诉讼应用较多，而且理论和实务界已经对测谎的证据法地位和程序规范形成了较多的研究成果，这些成果可以供我们作一定的参考。

第一，测试人员。测谎被认为是一套人机结合系统，对测试人员的资质和经验有高度的依赖，测谎结论是否准确与是否由合格的测试人员进行测试密切相关。因此测谎的定义应当包含对测试人员的资质要求，这一点在美国能源部的定义里也有体现。

---

〔1〕 我国台湾地区"最高法院"2003 年台上字第 2282 号判决。
〔2〕 黄朝义：《勘验与鉴定》，《月旦法学教室》2003 年第 12 期。

第二，测试仪器。虽然测谎的目的与其他谎言识别方法一样都是识别谎言，但是测谎与其他方法的重要区别在于测谎对专门仪器的应用。没有使用专门仪器的不是测谎，因此测谎定义里应当有对专门仪器的要求。但是，测谎技术快速发展，新的测谎技术陆续被开发出来，新技术测试的生理指标已经从传统的呼吸、脉搏和皮电扩散到了脑电、语音、体温、瞳孔和面部表情等，新的仪器已经突破了多导仪的范畴，所以在定义里不宜规定具体的仪器。

第三，测试方法。测谎的方法是给予被测人一定的刺激，并通过一定的仪器记录被测人因刺激产生的反应，然后由测试人员分析反应情况。由于新的测谎方法不断出现，刺激的呈现方式开始具有多样性，刺激的方法和测试的生理指标都有新的变化，所以不宜在定义里规定具体的测谎方法，以免无法适应新技术的发展。

第四，测谎的基本功能。测谎的基本功能是判断被测人对相关问题是否知情，并进一步判断被测人的陈述是否真实，包含了测谎和测真两方面的功能。

第五，测谎的性质。我国从事测谎技术研究的人员很少从法律层面分析测谎的性质，只是把测谎归入科学技术。但是，既然测谎目前主要是在诉讼领域运用，我们有必要在定义里表明对测谎的性质认定。测谎的本质是由具有专门资质的测试人员运用专门知识对被测人的生理反应进行判断，并得出结论性意见，符合鉴定的本质，故测谎是一种鉴定，对此将在下文详细论述，在此不予展开。

因此，测谎是指由具有测谎资质的人员运用专门仪器，记录并分析被测人在接受特定刺激时的生理反应强度，并进一步判断其对相关问题是否知情或有关陈述是否真实的一种鉴定活动。

第二节　测谎的仪器研发和技术演变

使用仪器测谎是人类长期探索谎言识别方法的结果。人类最初根据神灵的启示来识别谎言，随后又发明了一些符合心理学及生理学原理、具有一定科学依据的方法，如把脉识别谎言、嚼米识别谎言等。对这些方法的探索，属于测谎的萌芽阶段，虽然运用了一定的心理学及生理学知识，但还没有专门的仪器可以借助。仪器测谎技术的产生和发展是与心理学、生理学的理论研究和测谎仪的研发同步的，理论研究的每一次突破、仪器研发的每一次进步，都会带来测谎技术大的飞跃。

一、测谎的仪器研发

16 世纪开始，专门用于检测谎言的测谎仪陆续出现，使测谎技术与早期测谎方法产生了质的区别，人类告别了单纯依靠主观经验和观察进行测谎的阶段。

（一）单导测谎仪

最早的测谎仪被称为单导仪，因为它们只能检测一种生理指标。伽利略、莫索、龙勃罗梭等杰出科学家都对测谎进行了大量的研究，发现了血压、呼吸、皮电等生理指标对测谎的意义，并据此发明了各自的单导测谎仪。

1581 年，意大利物理学家伽利略制造出脉搏表，可以检测脉搏速率。18 世纪后半叶，意大利生物学家路易吉·伽伐尼（Luigi Galvani）在解剖青蛙时，发现青蛙虽然生命已经结束，但腿部肌肉仍然在收缩。经反复试验，伽伐尼发现了生物电的存在。19 世纪 70 年代，意大利犯罪学家、生理学家安杰尔·莫索研制出能记录人的血压变化的仪器。随后，出现了能记录血容量、脉容量的血管容积描记仪和能够记录肌肉收缩的肌肉功能描记仪。[1] 这些仪器的研发，陆续确认了一些可以用来检测谎言的生理指标，但是这些仪器并没有被用于犯罪侦查。

1895 年，意大利犯罪学家切萨雷·龙勃罗梭首次将仪器用于侦查。为了寻找罪犯的人类学和生理学特征，龙勃罗梭发明了水力脉搏记录仪，在研究中他还同时使用其弟子安杰尔·莫索建造的体积描记仪和血压计。他发现，犯罪嫌疑人接受讯问时的血容量会发生变化，并将这一发现成功运用于办案实践。在一起涉嫌盗窃机密文件的案件中，龙勃罗

---

[1] Paul V. Trovillo, "A History of Lie Detection", *Journal of Criminal Law & Criminology*, Vol. 29, 1939, pp. 848-881.

梭利用仪器测试犯罪嫌疑人手部的血压变化。当犯罪嫌疑人被问及与案件无关的铁路抢劫问题时，水力脉搏记录仪显示犯罪嫌疑人并没有显著的生理变化数据，但当被问及有关盗窃机密文件的问题时，水力脉搏记录仪记录到血压下降。龙勃罗梭据此得出结论，该犯罪嫌疑人有盗窃机密文件的罪行但没有参与铁路抢劫。该结论后来被证明是正确的。[1] 龙勃罗梭还坚持将实验室研究与实践应用相结合，将自己及莫索的研究成果用于识别真正的罪犯。后来，龙勃罗梭利用水力脉搏仪成功侦破了几起案件，开创了测谎的新时代，龙勃罗梭也因此被认为是现代测谎技术的第一人。[2]

在这一阶段，支持测谎的心理学理论研究也得到了发展。1820 年，英国心理学家布朗（Broun）等人提出了关于刺激与心理反应、生理反应之间的关系的 8 条心理学规律。1884 年，美国心理学家詹姆斯（James）等人发现了刺激、心理生理反应和情绪体验之间的关系。1904 年，德国心理学家马克斯·韦特海默（Max Wertheimer）和奥地利心理学家梅兰妮·克莱因（Melanie Klein）发现，一个人犯罪后的心理比常人复杂，这种复杂的心理可以在一定条件下被检测出来，他们还首先采用心理学上的自由联想原理进行测谎实验。1908 年，德国犯罪学家雨果·芒斯特伯格（Hugo Münsterberg）将实验心理学和应用心理学结合起来进行研究，强调了心理学实验方法的实际应用。芒斯特伯格正确地指出，谎言必须伴有情感，可以通过观察生理变化来辨别它们，因为它们是情感的症状。他列出了几个与情绪相关的生理因素，包括血压升高、心跳加快、呼吸改变和皮肤电反射改变。他指出，对这些因素的评估足以确定被测对象是否在撒谎。[3]

理论研究的成果引发了研发测谎仪器的持续热潮。1914 年，意大利心理学家、物理学家维托利奥·贝努西发明了呼吸描记仪，他是最早使

---

〔1〕 P. D. Ystehe & P. Knepper, *The Cesare Lombroso Handbook* , Routledge, 2013, pp. 281-292.

〔2〕 D. Grubin & L. Madsen, "Lie Detection and the Polygraph: A Historical Review", *Journal of Forensic Psychiatry & Psychology* , Vol. 2, 2005, pp. 357-369.

〔3〕 Jan Widacki, "The European Roots of Instrumental Lie Detection", *European Polygraph* , Vol. 20, 2012, pp. 129-143.

用能够同时记录一个以上心理生理指标的仪器进行测谎的学者之一。他发现，呼气和吸气的深度与是否说谎有关，如果吸气深度大于呼气的深度，则讲实话的可能大；反之，则说谎的可能性大。他将此发现整理为《呼吸变化在测谎中的影响》研究报告，并公开发表[1]。贝努西是首次对呼吸指标进行系统研究的人，也是他首次将心率和呼吸结合起来测谎。针对他的研究，英国心脏病学家詹姆斯·麦肯齐（James Mackenzie）在 1908 年将这种能够同时测量一种以上心理生理指标的仪器称为"Ink Polygraph"，这也是测谎仪（Polygraph）名称的最初由来。[2]

许多文献都记录了在刑事案件的谎言检测中通过观察（和记录）情绪的生理相关性来测谎的方法，其中，最著名的研究人员是莫索。1891年，在研究因神经外科手术导致颅骨缺损的患者时，莫索发现了人类大脑皮层的脉动。他认为，这种脉动与大脑不同部位的精神活动和血流量激增有关。他还进行了实验研究，调查睡眠、精神活动和情绪体验期间人体组织中的血液流动。这项研究证实了他的假设，即便是最弱的情绪变化，也会导致血液流入头部。此外，莫索还观察到伴随血液流动会产生心率变化。莫索将其解释为，"生命过程越活跃，体内血液循环的速度就越快。为了让血液循环更快，必须收缩血管。我们的血液循环很像河流，河床越窄，水流越急。当危险来临时，当我们感到焦虑、恐惧或情绪激动时，有机体必须提供充足的资源，这时，血管会自动变窄，从而使神经中枢的血液流动增加。这就是为什么在焦虑和强烈的情绪中，身体表面的血管收缩，我们的脸色变得苍白"[3]。莫索还建造了第一个体积描记器。

---

[1] M. Gina Grimshaw, "Affective Neuroscience: A Primer with Implications for Forensic Psychology", *Psychology, Crime & Law*, Vol. 24, 2018, pp. 258-278.

[2] See J. Mackenzie, "The Ink Polygraph", *British Medical Journal*, Vol. 1, 1908, pp. 1411-1412. 但是也有研究指出，第一个同时记录心率和呼吸功能的设备是由麦肯齐发明的。1906 年，麦肯齐在多伦多的心脏病学大会上展示了他的仪器。该装置不仅能同时记录两种指标，而且使用了墨水笔。该研究还认为，在欧洲，借助仪器进行测谎的首次尝试要比拉森在美国所作的尝试要早。See Jan Widacki, "The European Roots of Instrumental Lie Detection", *European Polygraph*, Vol. 6, 2012, pp. 129-142.

[3] J. Widacki, "Discoverers of the Galvanic Skin Response", *Nephron Clinical Practice*, Vol. 9, 2015, pp. 209-220.

1917年，芒斯特伯格在哈佛的学生、哈佛大学心理学家马斯顿进行了他的第一个基于测谎评估的测谎实验。虽然马斯顿没有重视芒斯特伯格提到的皮电反应，不重视皮电反应和呼吸变化的诊断意义，也没有充分利用芒斯特伯格留下的理论成果，然而在他的实验中，他进一步证实了芒斯特伯格的经验假设。他发现，说谎与心血压之间有高度相关性。根据马斯顿的研究，先测量人体正常情况时的血压，然后测试被测人接受审讯时的血压，将二者进行对比，接受审讯时血压升高的被认为是撒谎。马斯顿还研发出脉搏压力计，发明了将心血压作为谎言检测指标的"心脏血压测试技术"。在实验研究中，他的方法可以正确指示阳性率为96%。[1]马斯顿也因此被尊称为"测谎之父"。

（二）多导测谎仪

在测谎仪研发的早期阶段，各种单导仪的问世使不同测谎检测指标先后得以确立，但只有在综合多种检测指标的多导仪研发成功后才使测谎真正进入诉讼应用。

1921年，美国加利福尼亚大学的拉森在前人工作的基础上制造了多种波动描记仪，该仪器能同时测量脉搏、呼吸和血压，被认为是世界上第一台现代化测谎仪。[2]拉森测谎仪被用于加利福尼亚州伯克利市警察局一宗刑事案件的侦查，在这次测试中，拉森成功地从38名女大学生中找到了1名多次盗窃的惯犯。这次成功的测试被公认为现代测谎技术正式诞生的标志，也因此奠定了拉森测谎仪的地位。

虽然拉森测谎仪在随后的一系列应用中获得了巨大的成功，但是测谎结论却被阻挡于法庭之外。1923年，在一起谋杀案中，贝努西使用测谎仪对犯罪嫌疑人弗莱伊（Frye）进行测试。弗莱伊被指控谋杀，但是他否认指控。在缺少有利证据的情况下，弗莱伊申请对自己测谎。测试结论显示他说的是真话，并排除了他的犯罪嫌疑。弗莱伊在法庭上申请使用测谎证据，但遭法庭拒绝，弗莱伊因此提出上诉。哥伦比亚特区巡

---

[1] Marston & M. William, "Systolic Blood Pressure Symptoms of Deception", *Journal of Experimental Psychology*, Vol. 2, 1917, pp. 117-163.

[2] J. A. Larson, *Lying and its Detection：A Study of Deception and Deception Tests*, University of Chicago Press, 1932, p. 56.

回法院裁定，由"心脏血压测试技术"得到的测试结果不能作为辩方证据使用。法庭认为，"科学证据所依赖的科学原理或发现必须超过实验阶段进入证明阶段，法庭才会予以审查。但科学原理或发现什么时候才越过实验阶段和证明阶段之间的界限是很难界定的。在这两者之间的模糊区域，必须认同科学原理的证据效力。然而法庭接受从获得完全认同的科学原理或发现里推论出来的专家证言要经过很长时间，从这种推论里得出的东西必须在其所属的特定领域获得普遍接受"[1]。法庭认为，使用心脏收缩压检测一个人是否撒谎的技术还没有获得其所属的特定领域的普遍支持。试图将测试结果引入法庭程序的第一次尝试失败。

值得庆幸的是，1938 年，基勒（Keeler）通过增加测量电流皮肤反射的元器件，对拉森测谎仪进行改良，制造了基勒测谎仪（Keeler Polygraph）。电流皮肤反射（GSR）是由精神压力引起的皮肤电流传导率的变化，虽然早在 1908 年芒斯特伯格就发现了这一检测指标对测谎的意义，但未能引起后人的重视。基勒引入的皮肤电阻指标一直到现在仍然是测谎仪最重要的检测指标，基勒测谎仪也因此被认为是现代测谎仪的真正原型。[2] 基勒测谎仪能同时收集并记录皮电、血压或脉搏、呼吸参数，有多个传感器可以和人体接触，接受并传递人体的生理反应信号，并通过传感器的放大信号来凸显各种微小差异。基勒测谎仪得到了极大的推广和使用，很多警察机构采用基勒的测谎仪，美国军方也热衷于使用基勒测谎仪。不过，基勒的测谎仪虽然与当代测谎仪的主要检测指标相同，但精度和灵敏度不够。

1945 年，基勒的助手里德对基勒测谎仪进行了改良，研制出第二代测谎仪。里德测谎仪能同时记录血压、脉搏、呼吸、皮肤电阻和肌肉活动，检测指标达到 5 项，大大提高了测谎的准确性。里德测谎仪使用的是气动描记法。标准的便携式测谎仪一般包括 1 个皮电传感器、1 个血压脉搏传感器、2 个呼吸传感器、1 个指脉传感器，有的测谎仪还会加上 1 个动作传感器。

---

[1] Frye v. United States，293 F. 1013（D. C. Cir. 1923）.

[2] C. Kord，E. Sullivan & J. Campbell，"The Concise Book of Lying（Book Review）"，*The Antioch Review*，Vol. 60，2002，p. 341.

（三）全电子多谱测谎仪

20 世纪 60 年代初，由于电子技术飞速发展，出现了全电子多谱测谎仪，测谎仪由机械化向电子化发展，实现了向第三代测谎仪的转换。20 世纪 60 年代末 70 年代初，测谎仪进一步发展，可以通过光扫描仪测量瞳孔的扩张程度，用红外线扫描仪监视皮肤温度，用微波干涉仪测量呼吸平稳度等，实现了非接触式测试。通过检测被测人语音中的低频幅度调制的语音紧张分析仪可使用录音设备测试，允许被测人不在现场，实现了测谎仪的又一次重大突破，被称为第四代测谎器。同时，随着电子计算机技术的快速发展，计算机强大的存储和计算功能，可以实现对测谎图谱的即时或事后的回放，实现对图谱的后期快速处理，实现自动编题和评分，而且能够实现事后的图谱盲评，有助于增强测谎的信效度。

当代，测谎仪类型多样。"polygraph" 只是众多测谎仪中的一种。不过，反对使用"测谎"概念而偏好使用"心理测试"概念的测谎人员，往往将其翻译为"多参量心理测试仪""多道心理测谎仪""多种波动描记器""多通道心理生物记录仪"等，也往往简称为"多导仪"。随着技术的进一步发展，测谎仪技术标准日益严格。根据美国《能源部多导仪检测规章》的标准定义（10FCR，第 709 条第 3 款），要求多导仪能够连续地、可视地、永久地、实时地记录心血管的、呼吸的和皮电的变化模式，其本身或其结论能够被用以给出诚实或不诚实的测试意见。[1]

20 世纪 80 年代初期，中国公安部赴日本考察测谎技术后撰写了《关于考察日本刑事技术情况的报告》，报告指出测谎仪是有科学依据的，过去持全盘否定态度是错误的。1981 年，我国公安部引进了美国制造的 MARK-II 型语音声波分析（测谎）仪一台。1991 年，我国第一台

---

[1] 根据该规章，多导仪检测是发生在多导仪测试人员和被测者之间的包括测前谈话、测试、测试数据分析和测后谈话等一系列活动的过程。多导仪测试是多导仪检测的一部分，即收集被测人对测试人员给出的测试问题的反应而产生的生理数据的过程。See National Research Council of the National Academies, *The Polygraph and Lie Detection*, National Academies Press, 2003, p. 1.

国产测谎仪（多道心理测试仪）研制出来。此后，不断研发出的 PG 型测谎仪已经达到了国际先进水平。

二、测谎的技术演变

心理学和生理学的研究成果给测谎技术的诞生和发展奠定了理论基础，测谎仪的研发及不断改良使测谎技术的发展有了坚实的物质基础。测谎技术历经了相关－无关问题测试法（Relevant-Irrelevant Test，RIT）、紧张峰测试法（Peak of Tension，POT）、准绳问题测试法、区域比较测试法（Zone of Comparison Test，ICT）、犯罪情景测试法（Guilty Knowledge Test，GKT）、欺骗测试法和指导欺骗测试法，已经变得相当精细。

最先被广泛使用的测谎技术是相关－无关问题测试法，是由拉森在马斯顿 1917 年的研究基础上开发出来的。[1] 这种测试方法用一连串的相关问题（Relevant，R）和无关问题（Irrelevant，IR）来向被测人提问。相关问题是与正在侦查的案件有关的问题，无关问题与正在侦查的案件无关。相关问题和无关问题交替出现，每个相关问题引起的生理反应都和旁边的无关问题引起的生理反应进行比较。相关－无关问题测试法的原理是，对于真正的作案人来说，对案件本身的记忆和害怕被揭露的压力使其对相关问题有着特殊的可被测量的心理生理反应，而对无关问题则不会有特殊反应。测谎仪检测到的显著生理反应是因为紧张而产生的，如果检测到显著生理反应则说明被测人在撒谎。

相关－无关问题测试方法所依赖的理论过于简单化和理想化。在这种测试方法中，无关问题是为了控制人际间的差异，但是没有考虑到同一个体内的差异。不同的个体对相关、无关问题的关注程度不同，但并非所有的无辜被测人都对相关问题不予关注，有可能有的被测人对相关问题比无关问题有更大的关注，因为案件的相关问题对他也有重要意义，比如会让老板对他产生不好的看法等。因此，相关－无关问题测试

---

[1] J. A. Larson, *Lying and its Detection：A Study of Deception and Deception Tests*，University of Chicago Press, p. 28.

法的关键问题在于无关问题无法适当地控制相关问题可能对被测人产生的情绪影响，该方法有较高的假阳性错误。[1] 相关–无关问题测试法后来被认为是一个不恰当的测试方法，拉森本人也承认该技术的缺陷。该技术虽然曾经是最重要的多导仪测试技术，但是现在已经很少被用于刑事案件的调查，只是仍然在其他的领域中有着广泛的应用，比如保险公司对可能撒谎的客户的测试。

20 世纪 30 年代末 40 年代初，基勒首创紧张峰测试法。这种测试方法属于隐蔽信息测试类型，主要是用来测试被测人对案件信息是否知情。在测试问题的编排上，每个案件信息（目标问题）与相似信息（陪衬问题）构成一组刺激，将目标问题置于问题序列的中间，借以测试被测人对不同问题反应的紧张趋势。每组中只有一个问题是目标问题，也是和案件的真实情况相关的、被测人知道或很可能知道的问题。通过比较被测人对相关问题和陪衬问题的反应强度来判断被测人对所调查事件是否知情。反映在测试图谱上，被测人对每一组问题中的相关问题会有一个明显的高水平反应，形成一个曲线中的高峰，紧张峰由此而得名。

1947 年，里德把准绳问题正式引入测谎程序以解决相关–无关问题测试法的弊端。他使相关问题毗邻准绳问题，通过比较被测人在相关问题和准绳问题上的反应强度，得出是否说谎的结论。这种方法有利于保护无辜被测人，提高测谎准确率。里德还提出测谎要参考被测人接受测试时的"行为症候"，如在讨论关键问题时被测人怎样移动他的身体、被测人说或不说等。[2] 这种做法把测试外的行为因素考虑进来，使测谎在某种程度上偏离了其本质，遭到了一些批评。准绳问题测试法经过一段时间的实践逐步暴露出一些缺陷。被测人的基础生理反应水平是在一定范围内波动的，某个准绳问题激发的生理反应水平并不能代表整个测试过程中的基础生理反应水平。因此，如果测试中的几个相关问题都和同一个准绳问题来比较，就可能使这种比较失去意义。

---

〔1〕 W. G. Lacono, *The Detection of Deception*, *Handbook of Psychophysiology*, Cambridge University Press, pp. 772-793.

〔2〕 John E. Reid & Richard O. Arther, "Behavior Symptoms of Lie-Detector Subjects", *Journal of Criminal Law and Criminology*, Vol. 44, 1953, pp. 104-108.

1959 年，巴克斯特（Backster）针对准绳问题测试法的缺陷提出了区域比较测试技术，使每个相关问题都有自己的对照问题，并且每个相关问题激发的生理反应都只和自己的对照问题激发的生理反应作比较，大大提高了测谎的准确率。巴克斯特还抛弃了里德对行为症候的观察，发明了数字计分方法，纯粹依靠测试图谱的评分来得出结论。数字计分方法的采用降低了测试人员主观偏见对测试结论的影响，而且测试图谱可以在事后由独立审查人员进行检验，有经验的合格测试人员对同一图谱的评分结果非常一致。经过巴克斯特的努力，测谎技术的标准化水平已经达到了相当的高度。区域比较技术现在仍被广泛使用。

在巴克斯特发明区域比较测试技术的同年，美国心理学教授莱克肯（Lykken）提出了犯罪情景测试法。[1] 犯罪情景测试法的基本原理是，只有经历过犯罪的人才会知道与犯罪有关的情节。如果把与犯罪有关的情节展示给被测人，只有有罪的人才会识别出来并产生反应，而无辜者不会。犯罪情景测试法具有一些独特的优势，例如：它以认知理论为原理，比准绳问题控制法的理论基础更可靠；可以使用同一套测试题目对同一案件的所有被测人进行测试；无须进行预测面谈，能减少测试人员的主观偏见的影响；有利于实现双盲测试。随着犯罪情景测试法的使用，测谎技术不再局限于谎言的测试，而是扩展到对知情人的识别。

20 世纪 70 年代，美国心理学教授大卫·拉斯金（David Raskin）及其同事陆续开发出或许欺骗测试法和指导欺骗测试法。[2] 二者都是对准绳问题测试法的发展和完善。在使用准绳问题测试时，编制的准绳问题必须是被测人很可能撒谎的问题，如果被测人对测试人员所提的问题一直不撒谎，编题将陷入僵局。或许欺骗测试法的准绳问题是被测人大概可能撒谎的问题，指导欺骗测试法的准绳问题是被测人必须撒谎的问

〔1〕 Lykken & T. David, "The GSR in the Detection of Guilt", *Journal of Applied Psychology*, Vol. 43, 1959, pp. 385-388.

〔2〕 J. A. Podlesny & D. C. Raskin, "Effectiveness of Techniques and Physiological Measures in the Detection of Deception", *Psychophysiology*, Vol. 15, 1978, pp. 344-359.

题。这些改进能提高准绳问题的效度，避免准绳问题失去对照性。拉斯金还借助计算机技术开发了计算心跳、手指血容量等生理反应图谱变化的计算机计分规则，实现了计算机自动统计评分。

第三节 测谎的原理及解释

测谎原理对测谎方法和测谎结果的解释有助于促进测谎技术的改进，进一步提高测谎准确率，也能加强公众对测谎的认同感。自测谎技术产生以来，对测谎原理的研究和解释就是测谎研究最重要的方面。反对测谎的观点认为测谎不科学、不准确，主要源于对测谎原理的不了解，甚至是误解。测谎的基本原理包括"刺激-心理反应-生理反应""不同问题不同反应""相同问题不同反应"。测谎原理得到一系列心理学和生理学理论的支持，认知理论和情绪理论都能很好地解释测谎原理。但是，对于撒谎和反应之间是否存在特异对应关系问题，传统理论确实难以作出回答，成为对测谎最有力的质疑。对此，朝向反射理论另辟蹊径，完美地避开了不存在撒谎的特异性生理反应问题，能够作为所有测谎方法的理论基础。

一、测谎的原理

早期测谎原理以一个大的假设为前提，即撒谎的人因为实施欺骗或者害怕欺骗被揭露会产生强烈的生理反应，这种生理反应显著高于被测人因担心测谎不通过等其他原因带来的焦虑而引起的反应。但是随着测谎研究的深入，这个理论受到了广泛的质疑，因为人们发现撒谎和生理反应之间并不是一一对应的关系，并不存在所谓的撒谎的特异生理反应。这也就意味着测谎仪检测到的生理反应不一定是撒谎带来的。现在，虽然对测谎原理的理论解释还存有争议，但对测谎的基本原理基本达成共识。测谎的基本原理是给予被测人一定的刺激，刺激引起心理反应，心理反应又引起生理反应，而生理反应可以通过一定的方式检测出来；同一个问题对不同的被测人产生的刺激强度是不同的；不同的问题对同一个被测人引起的刺激强度也是不同的。这里包含了"刺激-心理反应-生理反应"、"自己比自己"（即"不同问题不同反应"）、"相同问题不同反应"原理。

（一）刺激-心理反应-生理反应

人的中枢神经系统在正常情况下处于平衡状态，当人受到刺激时系统失去平衡，从而引发一系列的心理生理反应。无论哪种测试方法，都需要编排一系列的问题组合，包括相关问题、陪衬问题或者无关问题、准绳问题，测试人员把这些问题按照一定的方式编排在一起，并以某种方式展现给被测人。不同性质的问题对被测人形成不同的心理刺激，使被测人产生不同的心理反应，从而引发不同的生理反应，这是一种"刺激-心理反应-生理反应"的引起与被引起的关系。

刺激引发心理反应，心理反应引发生理反应，生理反应反推心理反应，这种关系是测谎的最基本的依据。测谎是一个典型的刺激激发反应的过程，也因此而被科斯特洛（Costello）称为"心理刺激所触发的生理反应"。"刺激-心理反应-生理反应"的过程是被大量实验室数据充分证明的规律。但是，为什么刺激能够引起心理反应，或者说，是什么原因导致刺激能够引起心理反应，却存在一定的争议。对这个问题，有不同的心理学和生理学理论进行解释。

（二）自己比自己

"自己比自己"是指测谎是通过比较同一被测人对不同问题的反应程度来判断其是否对相关问题知情或者是否撒谎。这就意味着测谎与被测人的心理素质没有关系。否定测谎的观点经常认为心理素质好的人容易骗过测谎仪，而心理素质不好的人容易因为紧张而通不过测谎。实际上，这都是对测谎原理的误解。

测谎比较的是同一被测人对不同问题的反应强度。同一个人对不同问题的反应强度是不同的。对被测人威胁最大的问题，是其最关注的问题，也是刺激最强的问题，激起的心理反应和生理反应都最强。测谎过程中会编排一系列的问题，在这些问题当中，相关问题是与正在调查的案件有直接关联的问题，是真正有罪的人或者是知情的被测人重点关注的问题。无关问题与案件没有关系，只是检测被测人的基础生理水平的一个标尺。准绳问题是与正在调查的问题性质上类似主要涉及道德评价的问题，主要用来与相关问题引发的反应强度进行对照，判断相关问题引发的反应是否达到显著水平。

一般来说，有罪的人或者知情的人最关注相关问题，不太关注无关问题和准绳问题，因此，相关问题对其形成的刺激强度最大，引起的生理反应最强，而另外两类问题不会激起这种强烈的反应。无辜的人或者不知情的被测人会关注准绳问题，因为这涉及对他们的道德评价，虽然他们也会关注相关问题，但关注程度不高，也不会被激发如真正有罪的人或者是知情的人那样强烈的反应。因此测谎比较的是同一个人对不同问题的反应，通过不同问题的反应水平判断其关注的重点在哪里，不会因为被测人心理素质的不同而产生蒙混过关或者被冤枉的情形。

（三）相同问题不同反应

相同问题不同反应原理是指包含着相同信息的同一个问题对不同的被测人所激发的反应强度是不同的。同一个问题对不同的被测人而言代表的意义不同，给其带来的恐惧、紧张等情绪反应不同，与其记忆中是否有相同的认知也不同，因此，带给他们的刺激不同，产生的生理反应强度也不同。

相关问题所包含的信息是真正有罪的或者知情的被测人亲身经历过的，当这些信息被包含在相关问题里以某种方式展现在被测人面前时，就会唤醒其头脑里已有的记忆，形成一个强烈的刺激，引起强烈的心理生理反应。而且，被测人担心在相关问题上撒谎会遭到惩罚，或者基于冲突心理、心理定势等也会被激发强烈的反应。相关问题所包含的案件信息是无辜的被测人并不知情的，他们不会存在认知反馈，也不会存在担心撒谎被惩罚的恐惧心理等，相关问题不会使无辜者产生强烈的反应。

准绳问题对知情和不知情被测人产生的刺激也是不同的。真正的罪犯或者知情的被测人重点关注的问题是相关问题，因此准绳问题并不是其关注的重点，不会对其产生强烈的刺激。但是对于无辜或者不知情的被测人而言，准绳问题一般是涉及道德评价的问题，是其重点关注的问题。在测前谈话中，测试人员会告诉他们在准绳问题上是否撒谎对他们能否通过测试非常重要，这也会进一步加强被测人对准绳问题的关注。对于无辜或者不知情的被测人而言，准绳问题中往往包含了一定的信息，这些信息与他们自己曾经经历过的事件会有一定的重合，从而对他们产生一定的威胁。所以准绳问题是无辜或者不知情被测人关注的重点，会形成比较强烈的刺激。

测谎原理曾经一度遭到质疑，主要包括刺激是否一定能够产生心理反应，心理反应是否一定会激发生理反应，是否有生理反应就可以推论有撒谎行为。这些质疑一度使测谎原理的说服力大打折扣。如今这些问题可以从心理学和生理学两方面的理论来进行解释。

二、测谎原理的解释

历史上先后出现过多种理论对测谎原理进行解释，有的适用于对某一种测谎技术的解释，有的能够对所有测谎技术作出合理解释。

（一）认知与测谎

认知过程是一个积极主动地加工和处理输入信号、解决问题的过程，是获得、转换、提取并使用信息的智力过程。认知的对象是通过感觉获得的信息，信息通过知觉和思维的解释得以转换，通过记忆被储存和提取，在问题解决和语言中被运用。[1]

感觉是指接收来自外界的信息，将其转化并输送给大脑的过程；知觉是指解释信息并形成外界表象的过程。[2] 虽然我们的身体能够感受外界的刺激，但是刺激只有转化为神经冲动才可以到达大脑，而且在这个过程中，信息必须有足够的强度。如果信息过于微弱以致无法被察觉，将无法被传导。信息的最低强度被称为感觉阈限。所谓的感觉阈限是指信息能被感觉到的最低下限，包括绝对阈限和差别阈限。绝对阈限是指能察觉到某一刺激的最小数量，这一数量被界定为被测人有一半的时间

---

〔1〕［美］本杰明·B. 莱希：《心理学导论》，吴庆麟等译，上海人民出版社 2017 年版，第277 页。

〔2〕［美］本杰明·B. 莱希：《心理学导论》，吴庆麟等译，上海人民出版社 2017 年版，第113 页。

能察觉到刺激的数量；差别阈限是指有一半的次数能察觉到两个刺激间的最小差异。[1] 信息的传递除受信息本身的强度影响外，还受接收信息的被测人的状态的影响。当被测人身体疲惫，同一个刺激持续出现或者反复出现引起被测人感觉适应，或者被测人对事件缺乏关注的时候，刺激带给被测人的感受程度会降低。被测人接收到的感觉需要经过一定的组织和解释才能产生意义，这就是知觉的过程。知觉对感觉进行组织和解释的时候，并不是一一对应的，往往超越感觉所提供的单纯的信息，会受格式塔原则、知觉的恒常性等原则的影响，还会受个人的动机和情绪的影响。[2]

经过感觉和知觉程序之后，就进入记忆程序。所有的信息都是通过感觉登记器来接受的，通过注意对信息进行选择，将选定的信息以一定的声音、视觉和意义等来表征，然后转化为长久记忆储存。记忆的过程分为三个阶段，分别是感觉登记器、短时记忆和长时记忆。[3] 一个信息被接收之后会进入感觉登记器，感觉登记器是把感觉经验进行保存的第一个阶段，但是这个环节的信息存储时间非常短，稍纵即逝，一般只有1/4秒。如果信息加工不能进入下一个阶段，在感觉登记器中保存的信息很快就会消失。在感觉登记器中被加工过的信息如果能够被加以注意，就可以转移为短时记忆。短时记忆中存储信息的时间也非常短暂，一般不超过半分钟。如果要长期储存这个信息就必须转移到长时记忆中去。短时记忆要转化为永久保存的长时记忆需要对短时记忆中的信息进行复述，使它不断地被更新、不断地被保存。短时记忆保存的主要是通

─────────────────

〔1〕 ［美］本杰明·B. 莱希：《心理学导论》，吴庆麟等译，上海人民出版社2017年版，第116页。

〔2〕 格式塔原则包括图形–背景原则、连续性原则、接近性原则、闭合原则。根据图形–背景原则，我们注意的中心只是刺激的一部分，其他部分将成为背景。连续性原则是指沿平滑轮廓行走的线条或图案将被知觉为某个单元的一部分。接近性原则是指相邻的物体通常被知觉为一个整体，相似的物体会被联系起来知觉。闭合原则是对于熟悉但不完整的图形我们将填补其缺失的信息使其形成完整的知觉。知觉的恒常性原则是指在原始感觉发生变化的情况下，知觉保持相对不变的倾向。例如，从不同的角度看一枚硬币，形状会发生改变，但是我们仍然认为硬币是圆形而不是其他形状。

〔3〕 ［美］本杰明·B. 莱希：《心理学导论》，吴庆麟等译，上海人民出版社2017年版，第293页。

过所见所闻等经验的物理特性来保存的信息，而长时记忆保存的一般是程序性信息、语义性信息和情节性信息。程序性信息是关于行为过程或者技能获取步骤的信息。语义性信息是关于某一信息的具体意义的信息。情节性信息是关于特定时间和地点的信息。在这三种记忆信息里，程序性信息和语义性信息占多数，情节性信息较少，也是最容易被遗忘的信息。短时记忆转化为长时记忆后会得到永久保存。

但是，即便是信息已经转化为长时记忆得到永久保存，经过一段时间也会被遗忘，至于是什么原因导致存储的信息被遗忘，理论上有一定的争论。其中，干扰理论（Interference Theory）认为，长时记忆中信息的遗忘是因为有其他的记忆干扰了对信息的提取，特别是在其他记忆和试图回忆的信息相似的情况下。[1]对于已经遗忘的信息，或者虽然还没有被遗忘，但是已经进入长时记忆中的信息可以通过一定途径提取。长时记忆的信息提取手段包括回忆、再认和重学。回忆是在仅仅给予很少的线索，甚至没有任何线索的情况下单纯的回忆。再认是在给定的各种选项当中选择出相关的信息。重学是对已经遗忘的信息给予一定的时间重新学习并重新掌握该信息。在这几种长时记忆的信息提取方法当中，再认给予了一定的线索，能够回忆起更多的信息。信息提取需要大脑各部位的协同处理，首先是海马的处理，然后是负责语言和知觉的部分大脑皮层的处理，二者共同完成长期储存信息的提取。

认知理论中有关感觉、知觉、记忆的理论能从不同角度对测谎过程进行解释和指导，也能对测谎原理进行解释。测谎的顺利实施需要依赖感觉、知觉和记忆的过程。测试人员编制相关问题、无关问题、准绳问题、陪衬问题等就是为了给被测人一定的刺激，而且这个刺激要足够强烈才能够让其感觉到。因此，在编制测试题目的时候，首先要保障编制的题目能够形成刺激，其次要保障刺激要有足够的强度。在相关问题的

---

〔1〕 消退理论（Decay Theory）认为，时间的经过会使没有被使用的信息被遗忘。但是，这一理论与长时记忆中的信息是被永久保存的相冲突。重构理论，又称图式理论（Reconstruction Theory）认为，长时记忆中的信息并没有被遗忘，只是因为我们倾向于使记忆中的信息与我们自己的图式相一致，因此，我们对信息的回忆是以一种歪曲的方式进行的。图式是一个人用于同化新信息以及引起信息回忆的现有知识的集合。

选择上，应当选择被测人注意过的情节，而且是要形成长时记忆的情节。如果相关情节是被测人根本就没有注意过的，这样的情节没有经过感觉加工，没有形成记忆，不会对其形成刺激。即便是被测人注意过的事项，如果不能够形成长时记忆，这个事件也会被遗忘，也不能形成刺激。长时记忆的信息主要是程序性信息、语义性信息和情节性信息，其中程序性信息和语义性信息的记忆效果更好，包括行为人实施行为的工具、手段、对象、后果等都会形成良好的长时记忆。但是对于时间、次数这种情节性的信息，可能会发生遗忘。因此，在编制题目的时候应当尽量采用程序性、语义性信息，少用情节性信息。根据记忆遗忘规律，被遗忘的长时记忆信息需要采取一定的手段回忆。帮助回忆的措施应当尽量采用再认方式，给予其一定的线索，以便引起更多、更全面的回忆和再认，从而产生更强的刺激。在相关问题的选择上还要注意，被测人记忆中的相似记忆、已有的图示等，会影响长时记忆中信息的提取，记忆无法提取或者被歪曲都会导致无法激起被测人的心理反应。例如，编制的题目中包含的信息如果和被测人曾经经历过的事件相似，即便不是本案的事件，也会错误地激起反应，使测试结果呈现假阳性错误。由于情节性信息容易被扭曲，也更容易被遗忘，在测试的时候要尽量避免这种信息，比如受贿的具体时间、次数等。这种信息可能被遗忘而且难以提取，难以产生强烈的刺激。为了保证刺激的足够强度，除了要在试题编制上下功夫，在具体实施测试时仍然要遵循感觉、知觉和记忆遗忘的有关理论。如对被测人进行反复的测试，会导致被测人对刺激的适应，失去刺激的效果。再比如被测人身体疲惫，或者故意实施反测谎，不关注测试的进行，也会导致刺激的失败。

认知唤醒理论（Cognitive Arousal Theory）能对测谎原理进行很好的解释。美国心理学家沙赫特（Schachter）认为，人们是以刺激的性质、周围的情境和他们的认知来解释所引起的生理活动的。情绪性质的标签取决于人对情境的解释，会受到内在认知系统的控制。[1] 美国心理学家

---

[1] B. Kleinmuntz & J. J. Szucko, "Lie Detection in Ancient and Modern Times: A Call for Contemporary Scientific Study", *American Psychologist*, Vol. 39, 1984, pp. 766-776.

曼德勒（Mandler）认为，人是一个不停进行自动意义分析的信息加工系统。情绪的产生包括自主性唤醒的知觉、认知评价、意识这三个成分。他认为，自主性唤醒的知觉和认知评价是情绪产生的决定因素，前者决定情绪体验的强度，后者决定情绪的性质。二者整合上升到意识，从而产生情绪体验。曼德勒提出的情绪成分与沙赫特的十分相似。[1] 莱克肯、里德和巴克斯特都曾提到"唤醒"对测谎的意义。[2] 只有有罪者和知情的被测人才了解案件的细节，才会有犯罪情景的认知。当案件情节被包含于相关问题中以某种形式呈现，会使有罪者和知情的被测人产生一种自主的唤醒反应，唤起其对案件的认知。经被测人的认知评价，整合为意识从而产生情绪体验，产生异常生理反应。刺激越强，唤醒反应也就越强。无辜者因不知道具体案情，不会出现这种认知唤醒。这一理论被作为犯罪情景测试法的理论基础。还有观点进一步认为，从我国目前的测谎实践来看，认知唤醒理论是解释所有测谎技术的基本理论。[3]

（二）情绪与测谎

心理学上并没有关于情绪的统一定义，但是，各种理论都认同情绪的定义应当包含几个基本的要素，包括身体变化、行动的准备阶段、有意识的体验和认知。例如，当你在黑夜里行走，突然后面出现了一个人，你很害怕，心跳加快，肌肉紧张，然后你撒腿就跑。这个例子里的情绪是害怕和恐惧，情绪伴随的身体变化是心跳加快、肌肉紧张，情绪伴随的准备行动是逃跑。害怕和恐惧是逃走的准备阶段，你意识到害怕，感到恐惧，明白后面的人对你是一种威胁。情绪理论的研究当中，第一个很重要的问题是情绪的几个基本成分之间的关系，包括生理唤醒和情绪体验的先后关系，是先有生理唤醒再有情绪体验，还是先有情绪体验再有生理唤醒。第二个问题是发生情绪反应之前是否一定要有认知。对第一个问题有截然不同的理论。詹姆斯－兰格情绪

---

〔1〕 孙清政：《情感尺度的理论探讨》，西安地图出版社 2005 年版，第 98 页。

〔2〕 D. C. Raskin & R. D. Hare, "Psychopathy and Detection of Deception in a Prison Population", *Psychophysiology*, Vol. 15, 1978, pp. 126-136.

〔3〕 刘邦惠主编：《犯罪心理学》，科学出版社 2004 年版，第 309 页。

理论（James-Lange Theory of Emotion）认为，先有生理反应然后才有情绪体验。[1] 坎农-巴德情绪理论（Cannon-Bard Theory of Emotion）则认为，生理唤醒和情绪体验是同时产生的，刺激到达大脑产生情绪体验的同时到达交感神经，导致生理唤醒。坎农-巴德的理论获得了大多数心理学家的认同。[2] 对第二个问题，大多数人认为情绪体验包含认知，一定要先有认知才会有情绪体验。这也说明在情绪产生时必定会有心理变化。[3]

情绪理论对测谎最大的挑战是，不同的情绪可以产生相同的生理反应，即便我们检测到被测人的生理反应，我们也不能够确定引起这一反应的情绪是什么。也就是说，即便被测人有显著的生理反应，也不一定是因为欺骗或者撒谎引起的。情绪理论的这一研究结论对测谎原理形成极大的挑战，因为测谎原理的一个重要推论就是检测到显著的生理反应就可以推论被测人撒谎，但是情绪理论推翻了这一推论。历史上曾经出现过多种学说解释测谎理论，它们各有侧重，各自对不同的测试方法进行解释，当代，各种测谎理论逐步整合，趋于用一种理论解释所有的测谎方法。

恐惧理论（Fear Theory）认为，如果被测人在测试时撒谎，谎言可能被揭穿，谎言被揭穿的后果是其将受到惩罚。被测人因为害怕惩罚，就会产生强烈的生理反应。可能的惩罚越重，生理反应越强。当被测人对相关问题和准绳问题都撒谎时，由于相关问题带来的惩罚更大，对相关问题撒谎产生的生理反应更强。早期的测谎先行者都支持这一理论，如马斯顿、拉森和里德都认为撒谎的被测人血压升高是因为恐惧心理或者是害怕惩罚导致的。[4] 所以，这一理论也被称为惩罚理论（Punishment Theory）。但是这种理论无法解释激励测试，因为在激励测试中并不存在惩罚，也不存在恐惧。

冲突理论（Conflict Theory）认为，撒谎的人在说谎时需要有两个心理意向，一个是陈述真实事实的意向，另一个是编造谎言的意向，两个

---

〔1〕 ［美］尼尔·R. 卡尔森：《行为生理学》，潘晓红、张卫东译，上海人民出版社 2014 年版，第 504 页。

〔2〕 ［美］施塔、卡拉特：《情绪心理学》，周仁来等译，中国轻工业出版社 2015 年版，第 15 页。

〔3〕 王晓茜等著：《心理学》，辽海出版社 2006 年版，第 150 页。

〔4〕 J. E. Reid,"Arevised Questioning Technique in Lie Detection Tests", *Journal of Criminal Law , Criminology and Police Science* , Vol. 37, 1947, pp. 542-547.

意向会产生强烈的冲突，带来更大的心理生理反应。对于诚实的被测人而言，只需要讲一个事实，产生一个意向。因此，撒谎的人的生理反应更强。而且，它同时提出三个理论用以解释说谎原理，包括条件反应理论、心理冲突理论以及惩罚理论，它认为这三种情形都有可能导致被测人在说谎时的生理反应。[1]

条件反应理论（Condition Reaction Theory）是戴维斯在 1961 年提出来的，这种理论认为，由于个体从小接受的观念是违法犯罪是不好的、撒谎是不好的，对真正的犯罪人而言，实施过的犯罪行为会在他心里留下深刻的印象，成为一个无条件反射。当其实施的具体犯罪行为被作为一个条件刺激提出时，不好的那种观念就会引起无条件反应。[2]

心理定势理论（Psychological Set Theory）。定势在心理学中是指对某种刺激或某类刺激的暂时朝向或准备状态，在测谎领域中应用心理定势理论是巴克斯特首次提出的。测谎测试中的定势是被测人对某类问题给予的特别注意。有罪的或知情的被测人认为相关问题比其他类型问题对自己的威胁更大，对其更为注意，具有更高的心理唤醒水平。对于无辜的被测人而言，对照问题更具威胁，更关注对照问题。[3]

（三）朝向反射与测谎

在实验室研究中，常常会观察到撒谎的被测人出现血压下降、呼吸抑制的生理反应，这种生理反应是朝向反射的重要特征。[4] 由此，朝向反射理论（Orienting Reflex Theory）进入测谎理论研究的视野，并取得巨大的成功。

朝向反射是注意的最初级的生理机制，是由新异刺激或者对自己有特殊意义的刺激所引起的一种期向性的反射。刺激的强度对注意具有重

---

〔1〕 Aldert Vrij, *Detecting Lies and Deceit：Pitfalls and Opportunities*, John Wiley & Sons, Ltd., 2008, p. 305.

〔2〕 R. C. Davis, "Physiological Responses as a Means of Evaluating Information", in A. Biderman & H. Zimmer, eds., *Manipulation of Human Behavior*, Wiley, 1961, pp. 142-168.

〔3〕 郑红丽：《测谎理论研究》，云南人民出版社 2013 年版，第 154 页。

〔4〕 D. C. Raskin & R. D. Hare, "Psychopathy and Detection of Deception in a Prison Population", *Psychophysiology*, Vol. 15, 1978, pp. 126-136.

要意义，而刺激的强度取决于它的新异性，即该刺激对机体的意外性、突然性。由新异性刺激引起的机体的反射活动被称为朝向反射，其表现是机体活动突然中止，整个机体转向新异刺激所在的方向。朝向反射是神经生理学家巴甫洛夫（Pavlov）在对狗唾液的条件反射实验中偶然发现的，是非随意性注意的生理基础。如果给予已经建立起唾液条件反射的狗一个意外的新异性刺激，狗已经建立起来的唾液条件反射就会立即停止。狗转向刺激来源方向、瞳孔放大、两耳竖起、肌肉紧张、心率和呼吸变慢，做出攻击准备。新异性刺激的强兴奋灶使其对脑区其他部分产生了明显的负诱导，抑制了已经建立的条件反射，能够使机体在一定时间内集中注意某个特定对象而忽视其他对象。但是，如果新异性刺激反复出现，就将失去新异性，刺激呈现一种消退过程，朝向反射不复存在。研究发现，朝向反射中最稳定的指标是皮肤电反应，反应潜伏期约为 1 秒，达到波峰大约需要 3 秒，恢复基线大约需要 7 秒。因此，为了引出朝向反射的皮肤电反应，最适宜的重复刺激间歇期至少需要 10 秒。但是几次重复之后，皮肤电反应就会消退[1] 另有研究认为，眼动变化比皮肤电的变化快 5 倍[2] 索科诺夫（Sokolov）的研究认为，新刺激作用下形成的新异性刺激模式与神经系统的活动模式之间的不匹配是朝向反应的生理基础[3] 外部刺激在神经系统内会形成固定反应模式，当同一刺激反复出现使传入的信息与已经形成的反应模式相匹配时，朝向反射就会消退。因此朝向反射消退之后，如果改变刺激因素，使新的传入信息与已经形成的神经活动模式不匹配时，又会有新的朝向反应。虽然这两种理论对朝向反射形成和消退的生理机制的认识不同，但它们都认为，新异刺激会导致朝向反射，多次重复刺激后朝向反射将消退，但是改变刺激模式后新异刺激可以再次出现。

根据朝向反射理论，在测谎时，如果给予被测人一定的新异刺激，

---

[1] 沈政、林庶芝编著：《生理心理学》，华夏出版社 1989 年版，第 262 页。

[2] M. N. Verbaten,"The Influence of Information on Habituation of Cortical, Autonomic and Behavioral Components of the Orienting Response", *Advances in Psychology*, Vol. 10, 1983, pp. 207-216.

[3] E. W. Sokolov & O. S. Vinogradova, eds.,"Neuronal Mechanisms of the Orienting Reflex", *Journal of the Neurological Sciences*, Vol, 32, 1977, pp. 217-235.

被测人就会集中注意于该刺激。无论被测人是否回答问题，也无论其是作诚实回答还是欺骗回答，都将产生一系列的生理反应。朝向反射理论一经提出就被作为犯罪情景测试法的理论基础。犯罪情景测试法并不致力于检测欺骗，而在于探测被测人是否对相关信息具有认知。根据朝向反射理论，个体对于周围世界的新异刺激会产生立即的反应，他们会朝向这个刺激，而且这种朝向能够被感知到。对于知情的被测人，由于他头脑中有关于犯罪案件或者是其他正在调查的事件的具体情节，当这一情节被设计成相关问题予以展示的时候，相关问题就与其他问题呈现出不一样的新异性。根据朝向反射理论，测试所测量的不是撒谎所产生的生理反应，而是对新异刺激的一种朝向反应。因此除相关问题之外，其他设计出来的问题，包括准绳问题，都是为了陪衬，为了使相关问题呈现新异性。正如以色列学者本－珊纳斯（Ben-Shakhar）所说，在有罪者的眼中，所有的刺激都会分成相关刺激和无关刺激；对于无辜者，所有问题都是无关刺激。由于相关刺激出现的次数要远低于无关刺激，因此，对于有罪者而言，相关刺激是新异刺激，会出现朝向反射。[1]

上述关于测谎原理的解释中，冲突理论、条件反应理论、心理定势理论等几种理论一般被作为准绳问题测试法的理论依据，认知唤醒理论、朝向反射理论被认为是犯罪情景测试法的理论基础。解释准绳问题测试法的这些理论认为有欺骗行为的被测人会因为撒谎而表现出较强的身体反应，测试所检测的生理反应是撒谎所导致的。但是，由于并不存在欺骗的特殊生理反应，即便检测到了强烈的生理反应，也无法确切知道是哪种情绪导致了这种反应。此外，诚实的被测人可能也会偶然地对相关问题表现出显著的生理反应。比如，在一起关于持枪抢劫的案件中，将作案工具，一把左轮手枪，编入相关问题，而并非本案罪犯的被测人刚好有一把这样的手枪。因为担心非法持有枪支问题暴露，他也会在这个问题上呈现强烈反应。在这种情况下，测试检测到的结果不一定是因为欺骗而产生的，就会出现假阳性错误。而根据朝向反射理论，测

---

〔1〕 G. Ben-Shakhar, "A Further Study of the Dichotomization Theory in Detection of Infor-mation", *Psychophysiology*, Vol. 14, 1977, pp. 408-413.

试所检测的并不是撒谎的生理反应，而是对新异刺激的反应，这种理论
完美地避开了不存在撒谎的特异性生理反应问题。至于无辜的诚实被测
人因为偶然因素而在相关问题上产生的生理反应，可以通过多组测试问
题予以平均掉。例如：用五组试题进行测试，每组试题测试一个情节。
每组试题包含 5 个问题，其中相关问题 1 个，对照问题 4 个。无辜被测
人在随机的某一组测试中偶然在相关问题上产生强反应的概率是 1/5，
即 0.2，那么，他在五组测试中都对相关问题产生强反应的概率是 0.2^5，
即 0.00032，这是一个非常低的概率。因此，通过对多个情节的运用，
就可以平均掉无辜被测人偶然在相关问题上产生强反应的可能性。因
此，虽然朝向反射理论刚开始是被作为犯罪情景测试法的理论基础，但
后来的研究则表明，朝向反射理论也可以用于解释准绳问题测试法，成
为所有测谎方法的理论基础。[1]

第四节　测谎的应用领域

随着测谎技术的日益成熟，测谎的应用领域逐步扩大，其功能也逐步
被人们所认识。测谎的应用主要在于证据调查、人员筛查、威慑、罪犯矫
正和人权保障。其中，证据调查和人员筛查是测谎最重要的作用领域。

一、证据调查

测谎在民事诉讼中的应用比较普遍，作为证据使用有助于补充当事
人取证能力的不足，有利于事实真相的查明。即便是在刑事诉讼中，测
谎的作用也日益显著。刑事诉讼的立案、侦查、强制措施决定的作出、
审前处置、定罪、量刑、纠正冤假错案等环节，都可以运用测谎。

（一）测谎作为立案的前提条件

立案需要一系列条件，其中往往包含了证据条件，调查部门在正式

---

[1] 美国国家科学院多导生理记录仪测试评估委员会：《测谎仪与测谎——美国国家科学院
多导生理记录仪测试评估报告》，刘欣超译，中国人民公安大学出版社 2008 年版，第
97 页。

立案之前需要经过一定的调查程序，以满足立法规定的立案条件。在有些国家，测谎已经成为特定案件进入刑事调查程序的前提条件。例如，有些国家对性犯罪等隐蔽性较强的案件要求先确认被害人陈述的真实性，以免被害人滥用控告权，防止公民被随意拖入刑事诉讼。在美国的一项针对 19 个州共计 83 个性犯罪危机中心的调查发现，共有 17 个州的 63 个中心对被害人做过测谎，共有 13 个州的 22 个中心要求指控人接受测谎，指控人拒绝接受测谎的不予调查；被害人是儿童的，11 个州的 27 个中心要求受害儿童接受测谎。[1]

（二）测谎作为侦查辅助手段

测谎技术产生之初就是被应用于侦查，现在侦查阶段仍是测谎最重要的应用领域。

其一，测谎被用于排除无辜、缩小排查范围，或者确定犯罪嫌疑人或知情人员。在侦查初期，要么没有明确的嫌疑对象，侦查人员往往只能通过走访调查来进行大范围的排查，要么嫌疑对象非常多，难以快速确定嫌疑人。由于可用的案件信息少、人员流动快、人际关系复杂，需要排查的对象往往很多，工作量非常大。借助测谎对可能的嫌疑人进行测试可以有效地解决这个问题。当被测人对相关问题没有显著反应时一般可以排除其嫌疑；如果被测人有显著反应，基本可以确定其嫌疑身份。此时，加大外围调查，并进一步进行精细测试往往可以找到突破口。在银行、金库被盗这类内部人员作案明显的案件里，测谎往往能够快速排除无辜，确定嫌疑人。1998 年萧山建设银行现金失窃案就是运用测谎排除无辜，确定嫌疑人的典范。[2] 此外，在经过一段时间的侦查突出了重点嫌疑对象之后，如果缺乏确凿的证据，就会出现既不能确认又

---

〔1〕 郭晓娟、苏彦捷：《心理生理测谎技术的研究与应用》，《心理科学》2000 年第 6 期。

〔2〕 1998 年 2 月 20 日，萧山市建设银行 31.5 万元港币被盗。经勘查发现，本案没有确定的作案现场，没有确定的被盗时间，也没有很突出的重点嫌疑人。侦查人员按照接触该笔现金的可能性大小将该行所有人员分成三个层次，进行了 24 小时不间断的问话，但没有发现任何有价值的线索。后经测谎，银行押运员潭浩被认定为有重大嫌疑。在对其进行了进一步的搜索测试之后，初步认定了赃款去向。根据测谎提供的线索，刑警从其家中搜出了该笔外币存折。犯罪嫌疑人在看到存折之后很快作出了供述。参见武伯欣、张泽民：《心证》，群众出版社 2004 年版，第 377 页。

无法排除的窘境，此时也可以进行测谎。如果测谎显示被测人没有犯罪嫌疑，经过审慎的分析，可以排除其嫌疑并及时调整侦查方向；经测谎确认了犯罪嫌疑的，可以进一步进行信息探测测试。

其二，通过测谎探查案件线索，有助于明确下一步的侦查方向。刑事案件的主要线索来源是犯罪现场和涉案人员。通过现场勘查和对涉案人员的调查可以获得有价值的线索。但是，在案件没有明确的犯罪现场或犯罪现场被破坏，现场没有有价值的线索时，传统侦查方式就可能陷入困境。这种情况下一般会对案件提出一些设想或者推理，提出多种可能性、多种侦查方向。此时，可以先通过测谎来确定犯罪嫌疑人或知情人员范围，确定侦查方向，然后对其进行搜索测试，探测案件线索。在搜索测试时，同案犯、作案时间、地点、方法、作案工具、赃物去向等案件的关键问题都可以被设定为相关问题。根据测谎一步步缩小搜索范围，一般可以顺利获取物证。当物证被呈现在犯罪嫌疑人面前时，很多时候能够击溃其心理防线，也就能够顺利获取口供。在犯罪嫌疑人故意破坏现场的案件中，测谎的案件信息探测效果尤其明显。因为，在犯罪嫌疑人故意破坏现场、湮灭证据的过程中，其犯罪体验更深刻，记忆更持久。一旦以关键信息为主题的相关问题呈现在其面前时，其反应就越强烈，测试的准确性也就越高。因此，对于运用传统侦查方式力有不逮的案件，测谎往往能够打破侦查僵局。在日本，警视厅声称测谎技术的引进使日本的破案工作多了一种"极为有效"的手段[1]。

其三，积案破获和追逃。测谎编题的一个基本要求是被测人对有关情节有记忆，对于一些多年未破的积案，似乎并不适合测谎。因为，随着时间的流逝，作案人与案件有关的记忆可能会淡忘，测试时无法出现显著反应，可能出现假阴性，漏过真正的罪犯。但是，测谎在积案处理上并非完全无用武之地。在有些情况下，测谎处理积案的效果也是非常明显的。有些被测人在恐惧、内疚等心理的影响下，经常回忆作案的情景，虽然时间过去很多年，但是对这类人员的测试效果并不会受到影响。在测谎时，一般不会专门对积案进行测试，往往是在其他案件的测

---

[1] 张卫：《测谎器面面观》，《国家安全通讯》2001 年第 7 期。

试中附带进行。在编制试题时，有时候会编入测试案件主题外的问题，如果被测人对主题外问题有显著反应，就可以推断其可能与积案有关。测谎在追逃案件中的效果也很显著。在犯罪嫌疑人逃跑后，可以对其亲朋好友等怀疑知情人员进行测试。通过综合运用准绳问题测试法和隐蔽信息测试法，一般能够找到犯罪嫌疑人的潜逃地址。

（三）通过测谎判断是否符合逮捕条件

各国刑事诉讼法对逮捕规定了不同的条件，有些情况下，证据难以获得将影响逮捕条件的成就。在有些国家，可以用测谎结论作为逮捕的依据。例如，美国联邦宪法第四修正案规定的逮捕条件是有"合理根据"，判断一项逮捕是否具有"合理根据"时，测谎结论是众多因素中的一个[1]。测谎结论表明嫌疑人说谎的，将被作为逮捕的合理根据考虑进来[2]。

（四）测谎结论作为审前处置的依据

在有些国家，起诉之后、法院开庭审理之前有专门的法庭准备阶段，测谎结论可以作为审前阶段的处置依据，无论其是否可以作为法庭证据使用[3]。

第一，测谎结论作为可以给予被告人法律援助的依据。在美国，依据联邦宪法第六修正案，被告人享有获得有效的律师帮助的权利。但是，有些地方，在针对贫困被告人的重大谋杀指控中，公设律师有权根据被告人在测谎中的表现来决定是否需要把有限的司法资源花费在这名被告人身上，即是否有必要为其提供法律帮助。如果被告人在测谎中显示说谎，即便不为其提供律师帮助也不会因此而侵犯其宪法权利[4]。

第二，促进辩诉交易或刑事和解。测谎结论无论是对控方还是辩方都有重要意义，是他们彼此博弈的重要筹码。如果测谎结论有利于被告人，控方律师往往选择放弃或减轻指控，至于具体是放弃还是减轻指控

---

[1] Cervantes v. Jones, 188 F. 3d 805（7th Cir. 1999）.

[2] Craig v. Singletary, 127 F. 3d 1030（11th Cir. 1997）.

[3] Katz,"Dilemmas of Polygraph Stipulations", *Seton Hall Law Review*, Vol. 14, 1984, p. 285.

[4] Miranda v. Clark County, Nevada, 279 F. 3d 1102（9th Cir. 2002）.

则取决于案件中测试的关键问题是什么。如果测谎结论不利于被告人，辩方律师经常用不利于被告人的测试结论来说服被告人接受有罪答辩。[1] 不过，如果无法达成辩诉交易，被告人在交易期间进行的测谎检测不得作为不利于他的证词。[2] 这也是相关性规则的基本要求，即为了促进和解和答辩而作出的有罪答辩不得作为不利于被告人的证据，即使他已经签署了正式的申明，表明他理解在测谎期间所作的任何陈述都可能在法庭上作为不利于他的证词。

（五）测谎结论作为证据或作为审查判断证据的依据

在测谎技术成熟的国家和地区，测谎结论可以被法庭接受为证据。如美国、日本和我国台湾地区，测谎结论在符合法律对证据可采性或证据能力的一般规定并满足某些形式要件后，可以被法庭采纳为证据。即使是不承认测谎结论可采性的司法辖区，法庭还可以出于有限目的采纳测谎结论。例如，在美国 2006 年合众国诉阿拉德案（U. S. v. Allard）中，法庭认为，提出测谎结论不是为了证明证言的真实性，而是出于特定的有限目的，如驳斥被告人关于自白系受到强迫而作出的辩解，此时，测谎结论是可采的。[3] 在我国大陆地区，以测谎结论作为定案根据的民事案件不少，但是刑事案件并不多。然而，这些以测谎结论作为定案根据的法院非常有代表性，在法院的级别上涵盖了基层、中级和高级人民法院，在法院所属的地域上覆盖了我国东西南北中各个区域。

在诉讼中，有些比较隐蔽的案件，如强奸、受贿等一对一的案件，证据不多，已有的证据之间也经常会出现矛盾，且相互矛盾的证据势均力敌，彼此都无法否定对方。还有一些普通的案件，如果同案犯之间作出相反供述，且没有其他证据可以利用，将很难确定证据的真伪。这时就可以利用测谎来帮助审查判断证据。1999 年，《最高人民检察院关于 CPS 多道心理测试鉴定结论能否作为诉讼证据使用问题的批复》规定，人民检察院办理案件时不能把测谎鉴定结论作为证据使用，但可以使用

---

[1] Axelrod, "The Use of Lie Detectors by Criminal Defense Attorneys", *Nat Crim Defense*, Vol. 3, Spring 1977, p107.

[2] People v. Garcia, 169 P. 3d 223（Colo. Ct. App. 2007）.

[3] U. S. v. Allard, 464 F. 3d 529（5th Cir. 2006）.

测谎鉴定结论帮助审查、判断证据。实务部门多遵循该批复，不承认测谎结论的证据地位，只是将其作为审查判断证据的依据。因此，在实务中大量存在的现象是，案件经过测谎测试得出测谎结论之后，办案部门会要求查阅测谎结论，也会主动相互告知有测谎结论的存在。各部门在知悉测谎结论之后，会依靠测谎结论加强自己的心证。但是，因为立法没有明文承认测谎结论的证据地位，再加上最高人民检察院的批复的影响，办案部门在各种法律文书中都不会提到测谎结论的有关情况，当事人也没有途径把有利于自己的测谎结论引入法庭。这种做法，一方面使测谎结论事实上发挥了重要的证据作用，甚至可以决定法官的心证；但是另一方面也使测谎结论不可能进入法庭接受公开的质证。虽然表面上看测谎结论不是证据，只是作为审查判断证据的辅助，但事实上，测谎结论往往发挥了决定性作用。

（六）在量刑或假释时作为缓刑条件

有再犯可能性的犯罪，如性犯罪，在决定是否缓刑或者是否可以假释时需要经过测谎。在美国，缓刑监督官经常要求法庭把测谎作为性犯罪人的缓刑条件。[1] 测谎结论作为量刑或假释依据的适用不受严格证据规则的限制，因此，在一些无论当事人双方是否达成测谎协议也不承认测谎证据可采性的地方，如俄勒冈州，测谎结论在缓刑听证会上也是具有可采性的。

测谎不仅被用于诉讼中的证据调查，还被运用到私人生活调查中。测谎技术在美国社会中得到了广泛的认同，很多人在生活中遇到事实难以查清的问题时都会借助测谎的力量。在美国，私人测谎公司很多，普通公民可以很容易得到测谎服务。私人生活领域的测谎主要用于盗窃或欺诈、针对医生或会计师等专业不当行为的指控、运动员使用兴奋剂、夫妻的忠诚度、性骚扰、同性恋、个人财产情况等问题。在我国也有这种性质的机构，如哈尔滨士安律师事务所最早于 2005 年开办了测谎业务，对债务纠纷、感情纠纷等进行测谎。[2]

---

〔1〕 See United states v. Labell, 2013 W. L. 3944434, 2（N. D. G1. 2013）.
〔2〕 陈道龙、周刚：《测谎，脱缰的野马亟须套笼头》，《新华日报》2009 年 7 月 7 日，第 6 版。

二、人员筛查

在国家安全领域和商业领域应用测谎进行人员筛查是非常普遍的现象。

在美国，联邦政府对测谎的应用有着特殊的偏好，国防部是最早使用测谎技术来收集国家安全情报、识别间谍的部门，中央情报局和联邦调查局则对测谎仪有一种"崇拜感"，认为测谎仪是保护国家机密和防止外国间谍渗透的首要工具。为防止工作人员泄露机密情报以保护国家安全，美国前总统里根曾颁布命令要求联邦政府更广泛地使用测谎仪，仅在 1982 年美国联邦政府对政府工作人员进行的测谎次数就超出了 1963—1973 年 10 年间测谎总数的两倍，高达 2.3 万次。根据美国 1988 年第 1121 条国家防卫授权令，美国国防部在 1988 年至 1993 年，共对 17970 人进行了测谎；到 1996 年，仅这一年间美国国防部就进行了 12000 多次测谎检查；2013 年，在斯诺登泄密事件之后，仅美国国防部就有 12.8 万名工作人员接受测谎。如果工作人员拒绝接受测谎，将受到降级甚至解雇等处分。[1] 美国前中央情报局局长特纳（Turner）认为，测谎虽然是一种有争议的手段，但是情报工作最重要的特殊手段。美国能源部也是测谎的应用大户。1999 年，美国通过立法授权能源部对接触高度机密文件的人员进行测谎，后来该授权扩张到对能源部及相关部门的人员进行测谎。[2] 2015 年 2 月 4 日，美国情报部门再次被授权使用测谎仪调查其成员泄露机密信息的可能性［情报部门政策指引（Intelligence Community Policy Guidance，704.6，2015）］。这一政策的改变可能会导致美国情报部门进行测谎仪检查的数量显著增加。不过，虽然国家安全部门热衷于使用测谎，但测谎在国家安全领域的广泛应用也遭到了一些批评。反对观点认为有关部门热衷使用测谎，可能会放松对其

[1] Congress of The United States Office of Technology Assessment, *Scientific Validity of Polygraph Testing: A Research Review and Evaluation*, University Press of the Pacific Honolulu, 1983, p. 1.

[2] Steven Aftergood, "Polygraph Testing and the DOE National Laboratories", *Science*, Vol. 290, 2000, pp. 939-940.

他安全措施的使用，反而会影响国家安全。然而，美国测谎协会对于这样的批评给予了强力反驳，认为这种批评没有正确认识到测谎在犯罪领域和国家安全领域取得的种种成功，认为测谎与其他措施一样是可靠的。

测谎用于商业领域的人员筛查始于 20 世纪 60 年代的美国。为判断应聘人背景资料的真实性并评估其总体上的诚实度，包括过去的违法犯罪记录和在应聘时有无弄虚作假行为，企业在人员录用时开始使用测谎。到 20 世纪 70 年代，25% 的公司在聘用员工时例行进行测谎。虽然美国于 1988 年通过《雇员测谎保护法案》（The Employee Polygraph Protection Act of 1988），禁止私人公司使用测谎，但是据美国经营管理协会估计，私人企业每年使用测谎的次数高达数十万次。[1] 一般认为，招聘单位在人员聘用时使用测谎可能导致其无法招聘到合适的工作人员，因为如果应聘者知道入职后必须接受不定期的例行测谎检查，他们可能就不愿意应聘。但最近的一项调查表明，1512 名被调查人员中有 68% 的人不反对在应聘时接受测谎。[2] 通过测谎进行人员筛查不仅在招聘新职员时使用，还会针对现有工作人员不定期进行。为了防止商业秘密外泄和监守自盗行为的发生，企业管理部门会对现职人员进行测谎。我国也有一些企业在员工招聘或决定是否继续任用时使用测谎。但是，商业领域使用测谎进行人员筛查在我国还存在较大争议，如东莞美时家具厂对员工测谎一事就引起广泛关注。[3] 我国还出现了一些专门为企业提供测谎服务的公司，如北京斯缔尔商务调查服务公司是国内第一家为企业提供测谎服务的机构。[4]

在美国，测谎用于人员筛查得到了法院的支持。在安德森诉费城案（Anderson v. City of Philadelphia）中，美国上诉法院第三巡回法庭认为，要求应聘警察岗位的人接受测谎并不违宪，强制的测谎测试是获得更好

<hr>

〔1〕 奇云：《美国测谎既松又严》，《南方周末》2001 年 8 月 29 日，第 3 版。
〔2〕 郭晓娟、苏彦捷：《心理生理测谎技术的研究与应用》，《心理科学》2000 年第 6 期。
〔3〕 对于新员工，该公司一般在其进厂不到一个月就进行测谎，未通过测谎就会被解雇；对老员工，也会定期进行测谎。http：//bbs. gd. gov. cn/thread-124982-1-1. html，2016 年 8 月 7 日访问。
〔4〕 陈道龙、周刚：《测谎，脱缰的野马亟须套笼头》，《新华日报》2009 年 7 月 7 日，第 6 版。

的雇员的合理手段。在该案中，心理学家弗兰克（Frank）博士作为专家证人出庭。他说，问题不在于测谎测试的准确率到底是 95% 、90% 或者是 70% ，而是相对于其他筛查方法而言测谎是否也能达到同样的目的。心理测试、背景调查、私人会谈的准确性也是未知的，但在人员筛查中却得到了广泛的使用。该案的裁决说明了法庭在将测谎作为雇佣筛查手段问题上的独特思考。[1]

三、罪犯矫正

从历史上看，测谎最广泛的应用是在刑事调查中，但最近它也在性罪犯的治疗和监控中得到普及。测谎测试用于监测罪犯在社区中的活动（例如，在假释期间），以及更全面地了解他们过去的性兴趣和性行为。对性犯罪者的测试会对并不确定是否发生过的事件进行提问，这类测试与人员筛查测试非常相似。测谎在性侵害犯矫治上发挥的作用得到研究确认。性侵害犯罪人普遍对过去的犯罪采取否认态度。他们有一个独特的特征，即他们认为只要否认行为、否认责任、否认愧疚感，他们犯下的罪行就会真的没有发生过。对性侵害犯进行治疗的前提是他们能够承认并坦然面对自己实施的犯罪。一些报告表明，测谎仪在获取之前未披露的信息方面非常成功，包括过往罪行的次数、首次犯罪的年龄、受害人数目及高危行为的普遍程度。[2] 研究还发现，测谎可以防止性侵害犯实施欺骗行为，协助判断性侵害犯的再犯可能性，增加对性侵害犯的治疗有效性。[3] 1973 年，艾布拉姆斯（Abrams）首次把测谎技术用于性侵害犯的治疗，研究发现，经测谎治疗的罪犯 68% 没有再犯罪记录，但是没有经过测谎治疗的对照组只有 28% 没有再犯罪记录。[4] 1991 年的一项研

〔1〕　Anderson v. City of Philadelphia, 845 F. 2d 1216 (3rd Cir. 1988).

〔2〕　E. H. Meijer & B. Verschuere, "The Polygraph: Current Practice and New Approaches", in Aldert Vrij, et al., *Detecting Deception: Current Challenges and Cognitive Approaches* , John Wiley & Sons, Inc., 2015.

〔3〕　R. M. Happel & J. J. Auffrey, "Sex Offenders Assessment: Interrupting the Dance of Denial", *Am. J. Forensic Psychol* , Vol. 13, 1995, pp. 5-22.

〔4〕　S. Abrams, *Polygraph Testing of the Pedophile* , Ryan Gwinner Press, 1993, p. 381.

究表明，治疗中曾经运用测谎技术的性侵害犯，没有再犯的比例高达95%。[1]

在美国，《性犯罪治疗项目》（Sex Offender Treatment Programs）规定对已宣判的性侵害犯惯犯在假释或缓刑期间可以进行测谎检查。加利福尼亚州、田纳西州、佛罗里达州等都把测谎作为对性侵害犯的监控途径。[2] 1994年至1998年，仅仅经过了4年，把测谎技术纳入社区性侵害犯监控的州司法系统就增加了2倍。[3] 根据我国台湾地区所谓"刑法"第91条规定，性侵害犯罪人在入监后、经鉴定后需接受强制治疗，或在出监后对其实施身心治疗或辅导教育。这里的身心治疗就包括测谎。我国台湾地区2005年修正了"性侵害犯罪防治法"，该法第20条规定，受保护管束之加害人经评估应接受身心治疗或辅导教育者，观护人得报经检察官、军事检察官许可，对其实施测谎。

四、人权保障

按照测谎技术规范实施的测谎在人权保障领域也能发挥重要作用。其作用主要体现在以下几个方面：

第一，测谎有助于减少刑讯逼供，保障犯罪嫌疑人和被告人人权。测谎通过其威慑功能，可以使部分犯罪嫌疑人和被告人放弃抵抗和侥幸心理，主动交代犯罪事实从而使刑讯成为多余。测谎的步骤之一是测前谈话，在测前谈话中，测试人员会向被测人讲解测谎原理、测谎的科学性和准确性，正式测试前还会采用激励测试法直接向被测人证明测谎的准确性，这将给被测人造成极大的心理压力，让其明白不可能骗过测谎仪。在实践中，很多被测人在经历过激励测试，感受到测谎的准确性之后，就直接作了有罪供述，不再需要进行测谎。对于需要继续进行测谎

---

〔1〕 S. Abrams & G. Simmon, "Post-Conviction Polygraph Testing: Then And Now", *Polygraph*, Vol. 29, 2000, p. 63.

〔2〕 Steve Van Aperen, The Polygraph as an Investigafive Tool in Criminal and Privae Investigations, http: //www. nettrace. com. au/content/nta10001. htm.

〔3〕 D. Fox, "Polygraph Techniques for Sex Offender on Probation", *Polygraph*, Vol. 21, 1992, pp. 44-50.

的人员，测谎也有利于讯问的顺利进行。测试人员是侦查人员之外的专业人员，其身份的独立性使其能够在测试中秉持客观公正的立场，通过平和的交谈消除被测人的抵触情绪，有利于测后的说服规劝。测谎过程中如果进行了信息探测，可以获取案件关键信息，甚至可以获取物证，使讯问突破口供变得容易，减少刑讯逼供的可能。

测谎对人权的保障功能经常被忽视。否定测谎的观点中最主要的一个理由就是测谎是对被测人思想的探测，甚至是对人精神上的刑讯逼供。这种观点是不对的。因为测谎的实施需要被测人同意才可以进行，而且被测人同意的自愿性能够得到保障。办案部门不能因为被测人拒绝测谎而对其作出不利推断，实务中，被测人拒绝测试的比例也比较高，这也说明被测人同意的自愿性确实能够得到保障。因为担心遭受不利推论而违心接受测谎的情况，并非我们想象的那样普遍。

第二，测谎有助于保障公民不受无端的指控。被害人对侵犯自己人身、财产权利的犯罪事实或者犯罪嫌疑人，有权向公安机关、人民检察院或者人民法院报案或控告。为防止公民免受无端的指控，在报案或者控告的时候一般要求尽可能提供犯罪线索。在强奸等隐蔽性强的案件里，有的国家规定要对被害人先行测谎。只有当测谎结论表明被害人没有说谎时，才会启动刑事调查程序。这就可以避免公民无端被卷入诉讼。在我国广受关注的宋山木强奸案中，被告人与被害人的陈述相互矛盾，关键问题缺乏其他证据，被告人多次申请对自己及被害人进行测谎，均遭拒绝。[1] 本案受舆论广泛关注，在缺乏其他证据的情况下，如果可以运用测谎来审查判断双方陈述的真伪，有助于查明事实真相，保障被告人的诉讼权利，也有助于回应公众关注。

第三，测谎有助于提高诉讼效率，使犯罪嫌疑人和被告人早日摆脱诉累。测谎可在短时间内迅速排除无辜的嫌疑人，确定重点嫌疑人，缩

---

[1] 法院认定，被害人刘某 2009 年底入职深圳山木培训，工作近 5 个月后提出辞职。2010年 5 月 3 日晚，宋山木将刘某叫到自己的办公室挽留，刘某拒绝。后宋山木开车载着刘某来到罗湖区某公寓房间，继续挽留刘某，并说自己很喜欢她，刘某再次拒绝。宋山木于是对刘某进行威胁、恐吓，强令她脱下衣服，随后强行与刘某发生了性关系。宋山木曾向法院提交申请，要求对他本人及刘某同时进行测谎，但未被法庭采纳。二审中他提出"只测他本人"，也未被法庭采纳。

小侦查范围。测谎结论可以帮助办案人员坚定信心，尽快推动案件进入下一个环节，或者及时调整办案方向避免贻误最佳侦查时机，导致证据灭失。测谎还可以促进辩诉交易或调解、和解的达成，尽快结束诉讼。测谎结论作为证据使用增加了法院查明事实的途径，有助于迅速查明事实，缩短审判的期限。

第四，测谎作为纠正错案的依据可以为无辜者洗脱冤屈。在我国，以测谎结论作为重审依据的并不多。典型的案例是吴某强奸案。[1] 在该案中，测谎结论被作为证据采纳，而且作为关键证据推翻了一、二审的有罪裁判。虽然这种情形不具有普遍性，仅是个案，但是在测谎技术进一步成熟，测谎操作进一步规范之后，以测谎结论作为对已决犯的复查依据，以认定为诚实的测谎结论推翻有罪判决，是完全可行的，就如同无罪的 DNA 证据在美国发挥的对有罪已决犯的纠错功能一样。

现在，美国、加拿大、日本、以色列、土耳其、韩国等世界上几十个国家和地区都在使用测谎技术，不同国家的测谎技术水平存在差异，政府对测谎的态度不同，测谎的运用领域也各不相同。在美国，联邦政府对测谎的应用有着特殊的偏好，现在，很多州承认测谎结论的证据地位，测谎结论被允许作为证据使用。日本是继美国之后首个将测谎技术用于刑事侦查的国家，理论界和实务部门对测谎结论的证据地位达成一致：测谎结论在刑事审判中可以被法庭作为证据采纳。加拿大是仅次于美国的测谎技术使用大国，测谎技术比较成熟，但加拿大的测谎却没能突破刑事侦查领域，既不能被用作法庭证据，也很少被用于侦查以外的领域。在以色列，测谎被广泛运用于诉讼领域，测谎结果在民事诉讼中可以被采纳为法庭证据，在刑事诉讼中可以影响检察官的决定。土耳其的测谎技术相当发达，无论是硬件还是软件，都达到了相当的水平。其测试人员都是在美国培训合格的专业人员，数量上也相当可观，他们采

---

〔1〕 吴某因强奸一审被判处有期徒刑 14 年，经上诉后改判为 12 年。该犯在服刑期间多次申诉，否认犯罪。后经复查发现本案证据不够充分，而且主要的物证早已被销毁。此案被提交做测谎，测谎结论认为吴某所述为真实。此案重审时测谎结论作为吴某无罪的证据被采纳，吴某被宣告无罪释放。案例来自贺晓彬：《测谎鉴定在法庭上的证据作用》，《中国司法鉴定》2002 年第 2 期。

用最新的测谎技术和设备，有自己的质量控制系统。此外，英国、印度、菲律宾、波兰、南斯拉夫等国家和地区至少拥有中等测谎能力。[1]

测谎技术在我国的应用已经有几十年。1981 年，公安部引进 MARK-Ⅱ 型语音声波分析仪，这是我国引进的第一台测谎仪，标志着我国测谎研究的正式开始。1991 年我国自主研制的 PG-Ⅰ 型测谎仪成功通过公安部审定，随后我国迎来了测谎技术腾飞的 10 年。几十年来，测谎在我国既有失败的案例也有成功的案例。失败的案例在很大程度上阻碍了测谎的应用，尤其是广为人知的杜培武案发生后，很多部门直接停止了对测谎技术的应用。测谎也有很多成功的案例，如著名的萧山建设银行盗窃案、呼格吉勒图案等，测谎功不可没。为进一步提高测谎准确率，我国一些办案部门还研发出了立体式测谎技术，如徐州市检察院、嘉兴市公安局。立体式测谎体系是以多导生理心理测试仪为基础，综合应用心理跟踪分析技术、深层语音分析技术、微表情分析技术的一种综合性、多角度测谎体系。这一体系覆盖了生理、声纹、行为这三种传统的测谎通道，以多种技术作用于同一被测人，各技术手段取长补短，提高了测谎准确率。据统计，徐州市检察院应用这一系统辅助侦办自侦案件近四百件，辅助突破案件率 80% 左右。[2]

值得注意的是，虽然测谎已经被广泛地运用于国家安全、诉讼、商业领域和私人生活领域，但是测谎并不是万能的。受技术的制约，并不是什么情况都能实施测谎。因法律的约束，测谎的启动和测谎结论的使用也是受到限制的。出于伦理的考虑，也需谨慎运用测谎。

---

[1] ［美］戈登·H. 巴兰德：《美国及其它国家的测谎器检验》，苑军辉译，《辽宁警专学报》1999 年第 2 期。

[2] 赵志刚、刘品新、程剑峰：《科技强检人才讲演录：检察新科技》，中国检察出版社 2018 年版，第 304 页。

第二章　基于不同机制的几种测谎技术

当前，诉讼中应用的测谎技术主要是传统的多导仪测谎技术，包括准绳问题测试技术和隐蔽信息测试技术这两大类型。准绳问题测试技术是世界各国运用最广泛的测谎方法，在一百多年的发展中，其测试结构不断完善，发展出里德比较问题测试结构（Comparison Question Test, CQT）、巴克斯特区域比较测试结构、唯你测试结构（You Phase Test）和犹他测试结构（Utah Technique）等。隐蔽信息测试技术是与准绳问题测试技术同等重要的另一种测谎技术，包括紧张峰测试技术、犯罪情景测试技术等。准绳问题测试法和隐蔽信息测试法各有优缺点，二者的结合使用对测谎准确率的提高有重要意义。在传统测谎技术获得长足发展的同时，认知神经科学的发展也为测谎提供了新的路径，事件相关电位测谎和功能磁共振成像测谎开始崭露头角。对认知神经科学测谎技术的探讨有助于我们把握测谎研究的新动向，故此，本章除了讨论传统的多导仪测谎技术之外，还将关注事件相关电位测谎技术和功能磁共振成像测谎技术。[1]

第一节　传统的多导仪测试技术

传统的多导仪测试技术有两大阵营，分别是准绳问题测试技术和隐蔽信息测试技术。这两类技术都可以根据朝向反射理论得到支持，但它们各自的理论侧重并不相同，这也决定了它们的适用条件、测试

---

[1] 认知神经科学测谎发展迅猛，测谎研究应当对这一新动向予以必要的关注，故本章将认知神经科学测谎技术作为专门的一节。但是，认知神经科学测谎与传统多导仪测谎的原理和方法都差异较大，而且诉讼中应用的主要是传统的多导仪测谎。故除专门指明的以外，本书的讨论一般是传统多导仪测谎技术。

结构、问题类型、信效度等都有所区别。在长期的演变过程中，它们不断发展完善，各自发展出了一些改良方法，使测试的可靠性不断提高。如今，在具体的案件中，结合采用这两种测试技术已成为比较普遍的做法。

一、准绳问题测试技术

准绳问题测试技术又称为比较问题测试技术，是由里德在 20 世纪 40 年代首创的，至今仍然是世界各国运用最广泛的测谎方法。以里德的准绳问题测试技术为基础，还演变出区域比较测试技术和犹他测试技术等测试方法。

（一）准绳问题测试技术的由来和原理

准绳问题测试技术是里德为了解决相关 – 无关问题测试技术的弊端而发明的。

相关 – 无关问题测试技术是最早被广泛使用的测谎技术，是单导测谎仪向多导测谎仪发展过程中出现的。该技术适用方法简单，取得了巨大的成功，但也暴露出一些问题。这种测试包含相关问题和无关问题。相关问题与正在侦查的犯罪有关，无论是无辜的人还是有罪的被测人，都会在这个问题上回答"不是"，否则就等于承认犯罪。无关问题与犯罪无关，被测人在回答这些问题时会诚实作答。把一系列的相关问题和无关问题间隔编排起来向被测人提问，将每个相关问题引起的生理反应都和旁边的无关问题引起的生理反应进行比较，然后评估反应的大小。这种方法的理论假设是，真正有罪的被测人由于害怕被揭露会对相关问题有更强烈的心理生理反应，通过比较被测人在回答相关问题和无关问题时的反应大小就可以判断被测人是否说谎。

相关 – 无关问题测试技术有不少弊端：无辜被测人也会关注相关问题，他们在回答相关问题时也会因为紧张、担心等导致较强的反应，这种方法无法适当地控制相关问题可能对被测人产生的情绪影响；实际测试中使用的问题可以是测前谈话中没有解释过的问题，测试问题的内容、数量和先后顺序都是由测试人员自由决定的，缺乏标准的测试结构；没有评分系统，测试人员评图时可以使用其根据观察获得的对被测人的主观印象。因此，该方法有较高的假阳性错误，而且在很大程度上要结合审讯才能确定受测人诚实与否。[1]

为了解决相关－无关问题测试技术的上述弊端，1947 年，里德把准绳问题引入测试，发明了准绳问题测试技术。准绳问题测试技术是指将不同的问题按照一定顺序编排，向被测人提问，通过比较被测人对准绳问题和相关问题的反应强度，判断被测人对相关问题是否撒谎的一种测试技术。准绳问题测试技术得到威胁理论、冲突理论、条件反射理论等理论的支持，后来的朝向反射理论也能解释准绳问题的技术方法。19 世纪 70 年代，犹他大学的大卫·拉斯金、戈登·布兰德（Gordon Barland）和约翰·帕德里斯尼（John Podlesny）对准绳问题测试技术的原理进行了全面的研究，他们分析了来自实际测试的图表，建立了测谎研究的新范式。[2] 这种方法有利于保护无辜被测人，大大提高了测谎的信度和效度，使测谎方法的科学性发生了质的飞跃，一直到现在仍然是运用最广泛的技术。

在准绳问题测试技术的测前谈话中，测谎人员会告诉被测人关于本案的性质、测试的目的等，以引起被测人对准绳问题的关注。例如，"由于本案是一件盗窃案，我将问你一些一般性的问题，例如你对盗窃的看法、你是否诚实等。这些问题主要是想了解你的价值观并判断你是不是那种偷了钱却予以否认的人。因此，如果我问你'在你 18 岁之前是否拿过不属于你的东西'，你将如何回答？"这些问题的目的是使被测人产生防卫心理，并对回答"没有"感到困窘。如果被测人是无辜的，会更加在乎准绳问题而非相关问题，因为无辜者在回答相关问题时确实知道自己是诚实的，但是在回答准绳问题时，会对自己是否诚实产生一种不确定的疑惑。反之，有罪或者知情的被测人在回答相关问题时会出现较大的顾忌，因为这类问题会对他构成直接而严重的威胁。因此，有

---

〔1〕 W. W. Grings & M. E. Dawson, *Emotions and Bodily Responses：A Psychophysiological Approach*, Academic Press, 1978, p. 79.

〔2〕 D. C. Raskin & G. H. Barland, "Validity and Reliability of Detection of Deception", US Government Printing Office, Polygraph, No. 6, 1977, pp. 1-39.

罪或者知情的被测人对相关问题最关注，会在相关问题上产生强烈反应；而无辜者的注意力都在准绳问题上，在准绳问题上的反应更强。

（二）准绳问题测试技术的问题类型

准绳问题测试技术作为对相关-无关问题测试技术的改进版，针对相关-无关问题的缺陷作了一些改良。为了控制被测人对相关问题产生的反应，准绳问题测试技术引入准绳问题与相关问题进行比对，要求使用固定的测试结构，在测试时只能使用测前谈话过程中讨论过的测试题目，而且要在测前谈话中确定题目的具体含义。准绳问题测试技术要求每组测试题目包含相关问题、准绳问题和无关问题三种类型的主要测试问题，有的还包括牺牲相关问题和题外问题。

1. 准绳问题测试技术中的几种问题

无关问题（Irrelevant Question，I），也称中性问题、不相关问题，是指已知的与测试目的不直接相关的、不涉及个人敏感之事且被测人不会说谎的问题，如被测人的姓名、出生地等。通常作为过渡和划分测试区域使用，用来缓解被测人紧张的情绪，测量被测人接受外来刺激时的基础生理反应水平。

牺牲相关问题（Sacrifice Relevant Question，SR），在性质上属于相关问题，但其实是一个过渡到正式测试的问题，目的是让被测人明确本组问题的测试主题。一般表述为"关于……案件，你愿意如实回答每一个问题吗？"或者"你打算如实回答与这个问题有关的所有问题吗？"对于无辜的被测人而言，牺牲相关问题可以降低其对相关问题的反应，因为被测人在初次听到相关问题时多多少少都会被激发反应，牺牲相关问题可以减少在接下来的相关问题的紧张及焦虑情绪，缓冲被测人的心理压力。对于作案的或者真正知情的被测人而言，牺牲相关问题则会调动起其对相关问题的心理准备，增强其在相关问题上的反应强度。牺牲相关问题一般放在第一个相关问题的前面，在评图时不计入分数统计范围。

相关问题（Relevant Question，R），也称主题问题、刺激性问题，是指与测试目的有直接关系的问题，或者是案件的整体概括，或者是案件的某个情节，是测试所要甄别的问题。这是测试的核心与要害问题。

相关问题是准绳问题测试技术的核心问题，设置相关问题的目的在于通过检测被测人在相关问题上的反应强弱，进而确认被测人是否涉案。对真正的犯罪嫌疑人或者知情的被测人来说，是其知道、了解但不愿意被别人知道的问题；对无辜的被测人来说，是其不知道、不了解或者知道、了解程度不够深入的问题。如，"在前面的盗窃案件中，被盗的宝石颜色是蓝色的吗?"或者，"在前面抢劫案例中，凶器是斧头吗?"

准绳问题（Control Question，Comparison Question 或 Comparative Question，C），又称比较问题、对照问题，是指和相关问题在性质上类似但没有相关问题严重，而且和案件无关的问题。准绳问题实际上是一类特殊的无关问题，是用来和相关问题进行比较的。如果被测人在准绳问题上的反应强于相关问题，测试人员就会认为其与当前所调查的事件无关；反之则认为与当前所调查的事件有关。准绳问题在准绳问题测试技术中的地位非常重要，如果准绳问题无效，那么测试基本就失败了。准绳问题的功能在于触动被测人的心理反应，凡是可能触动被测人的问题都可以作为准绳问题。准绳问题一般是违法或不道德的行为，被测人通常很可能做过但一般不愿意承认，测试人员期望被测人对此作出欺骗回答。准绳问题通常比较概括和含糊，其时空范围宽泛，被测人自己也会觉得自己在撒谎，并且担心这一问题的回答影响他通过测试。例如"你曾经偷过东西吗"。但是，准绳问题的刺激不能太强，其强弱应与相关问题相适应。强相关问题搭配强准绳问题，弱相关问题搭配弱准绳问题。而且准绳问题的刺激强度不能超过相关问题。设置合适的准绳问题对测试非常重要，一般应根据被测人的身份、地位、文化程度等背景信息寻找最适合的准绳问题。

题外问题（Symptomatic Question，SM），是指与正在调查的问题无关的违法犯罪问题。主要是为了探测被测人是否还有其他违法犯罪问题，以免被测人被其他案外问题所困扰而激发反应。题外问题还可以探测被测人对测试人员的信赖度。例如："我们是否还有一个问题没有讨论过?""你是否还有其他的问题在隐瞒?""你完全相信我在测试时不会问你没有讨论过的问题吗?"

2. 准绳问题的完善

准绳问题测试技术成功的关键在于准绳问题的开发。最早提出准绳问题的是山姆（Summers），此后，里德、巴克斯特、拉斯金等人经过不懈的努力，将准绳问题不断予以完善，准绳问题测试技术也因此而不断得到改进。

山姆当时使用的称谓是情绪准绳问题（Emotional Standards Question）[1] 在山姆的测试中，有 3 个与正在调查的事件直接相关的重大问题，每个问题都不相同，各自被提问 3 次。这些重大问题散布在大量的无关问题和情绪准绳问题中间。无关问题是可以实事求是地回答的问题。例如："你穿了一件黑外套吗？""你吃了早餐吗？"所谓的情绪准绳问题如："你曾经被逮捕过吗？""你有左轮手枪吗？"情绪准绳问题是在仔细分析嫌疑人的生活史和测试他对预备问题的反应之后选定的。如果选择得当，情绪准绳问题倾向于唤起被测人个体内通常宁愿隐瞒的由惊讶、愤怒、羞愧或焦虑引起的强烈反应。在对嫌疑人的测试中，每一个重大问题之前都有一个情绪准绳问题。通过对比嫌疑人对重大问题的反应和对情绪准绳问题的反应大小，就可以判断其是否撒谎。如果重大问题的反应始终大于情绪准绳问题，则认定嫌疑人在有意识地试图欺骗测试人员。反之，对重大问题的反应并不比情绪准绳问题大，则这个人是在真实地表达他的心理生理状态。引入情绪准绳问题的测谎方法被用于刑事案件的侦查，能够有效识别谎言，有助于在测试后得到有罪人的供认。

里德对山姆提出的情绪准绳问题进行了深入的界定，并于 1947 年正式把准绳问题引入测谎程序，他当时使用的术语是对照反应问题（Comparative Response Question），此外，他还加入了罪感问题（Guilt Complex Question）。[2] 对照反应问题是被测人可能撒谎的问题，被作为判断被测人是否有反应能力及对相关问题的反应强度的衡量标准。罪感

---

〔1〕　Walter G. Summers,"Science Can Get the Confession", *Fordham Law Review* , Vol. 8, 1939, p. 334.

〔2〕　J. E. Reid,"A Revised Question Technique in Lie Detection Tests", *Journal of Criminal Law* , *Criminology and American Police Science* , No. 37, 1947, pp. 542-547.

问题是在性质上和正在调查的问题类似，但强度弱于正在调查的问题的一种虚构的犯罪问题。在测试时假设被测人犯了这种并未实际发生的犯罪，并将其激发的反应和相关问题的反应进行比对。罪感问题的价值在于，其是虚构的假设犯罪问题，可以用来测量无辜人员对案件相关问题作诚实回答时的反应水平，也可以用来与真正有罪的人员在相关问题上的反应水平相比较。有研究认为罪感问题才是真正的控制问题，现在测试中使用的控制问题并不是真正的控制问题。但是这个方法并没有得到实际应用，只是在特殊情形之下作为辅助技术。后来，对照反应问题的称谓几经变动，最后才被正式命名为"Comparative Question"，相应的技术也被称为"Comparative Question Test"（CQT），我国一直翻译为准绳问题和准绳问题测试。[1]

里德的准绳问题范围非常宽泛，有两个明显特征：首先，准绳问题必须与相关问题相似。如果相关问题是一个性犯罪问题，那么准绳问题也是一些与性有关的问题。如果相关问题是盗窃问题，那么准绳问题也必须与盗窃有关。其次，里德的准绳问题重叠了相关问题，相关问题被涵括于准绳问题之内。例如，在一个盗窃案件中，如果相关问题是"你从榆树街的房子里偷了电视机吗？"准绳问题可能是"你曾经偷过你还没告诉我的其他什么东西吗？"很明显准绳问题把相关问题包容进来了，在相关问题上撒谎的人也会在准绳问题上撒谎，否认偷电视机也必然否认偷其他东西。这使里德的准绳问题的效度非常有限。

为了解决里德准绳问题覆盖相关问题的弊端，巴克斯特把时间限制引入准绳问题，把相关问题从准绳问题里排除出去。[2]巴克斯特通常用被测人的年龄来做时间限制。例如，如果涉嫌盗窃的被测人是30岁，准绳问题可以编制为"除了你告诉我的东西以外，在16到28岁，你还偷过其他东西吗？"巴克斯特把他的准绳问题命名为"或许欺骗问题"

〔1〕 James R. Wygant,"Uses, Techniques, and Reliability of Polygraph Testing", *American Jurisprudence Trials*, Vol. 42, 1991, p. 313.
〔2〕 C. Backster,"The Backster Chart Reliability Rating Method", *Law and Order*, No. 1, 1963, pp. 63-64.

（Probable Lie Control Question），它们与被调查的事件性质相似，但非常模糊，被测人一般会作否认回答。研究表明，从准绳问题里排除测试的相关问题能稍微提高测试的有效性。[1] 巴克斯特的准绳问题得到了其他测试人员的肯定，并被稍作修改，对准绳问题的限制由年龄限制变得更加多样，如"今年以前""在你搬到俄勒冈之前""不包括菲特公司"等都可以作为限制。这些修正使准绳问题变得更加中性，而且能够明确地把相关问题从准绳问题里分离出来。然而，准绳问题把相关问题排除出去使诚实的被测人可能作出诚实的回答，增加了虚假肯定的风险，也使测前谈话难以标准化。

美国犹他大学的心理学家们把准绳问题分为或许欺骗问题和指导欺骗问题（Directed Lie Control Question），进一步完善了巴克斯特准绳问题。[2] 或许欺骗问题是指被测人可能会说谎或者回答时会产生不快的问题，是为了引起无辜被测人的注意的问题。被测人在或许欺骗问题上产生的是一种担心无法通过测谎的情绪反应。或许欺骗问题是测试人员在测前谈话中通过了解被测人背景资料而编制的，被证明具有很高的可靠性。但是编制或许欺骗问题要求测试人员有非常高的素质，要有相当的心理学知识，能针对不同的被测人恰当地编制不同的问题。为了解决或许欺骗问题难以使用的问题，犹他大学的相关研究人员发展出指导欺骗问题。指导欺骗问题是指测试人员为了获得被测人的撒谎反应指标而设计出来的，要求被测人对此必须作出撒谎回答的问题。如，"在 30 岁之前，你至少拿过一次不属于你的东西吗？"指导欺骗问题使测试题目的编制具备了标准化，同一问题可以被用于不同被测人而且不受测试人员技巧的影响。但是，因为被测人事先已经知道这个问题是用来与相关问题进行比对的，所以指导欺骗问题可能更容易被反测谎措施所攻击。不过，根据霍罗威茨（Horowitz）等人的研究，经对比指导欺骗

---

〔1〕　J. A. Podlesny & D. C. Raskin, "Effectiveness of Techniques and Physiological Measures in the Detection of Deception", *Psychophysiology*, Vol. 15, 1978, pp. 344-359.

〔2〕　Charles R. Honts, "The Psychophysiological Detection of Deception", *Current Directions in Psychological Science*, Vol. 3, 1994, pp. 77-82.

测试技术（DLT）与传统准绳问题测试技术（CQT）的准确率，指导欺骗测试对于提高传统准绳问题测试技术的阳性正确率有显著作用（具体数据见表 2 – 1）。[1]

表 2 – 1　指导问题欺骗技术与传统准绳问题测试技术的准确率比对

实验室研究方法	有 罪 的 情 况			
	个数	正确率（%）	错误率（%）	不确定性（%）
传统的 CQT	15	53	20	27
与个人经验相关的 DLT	15	74	13	13
微差 DLT	15	54	20	26

（三）准绳问题测试技术的测试结构

所谓测试结构是指把各种问题按照一定的原则组合起来进行编排，诱导被测人心理生理反应的心理刺激结构。测试结构决定了提问问题的先后顺序，是诱导心理生理反应的心理刺激模式，对测试结果有重要影响。不同的测试方法有不同的测试结构。

1. 里德准绳问题测试结构

里德在 1947 年引入准绳问题之后，于 1953 年进一步发展了里德准绳问题测试技术。在一个测试单元中用两个控制问题和四个相关问题进行比对。这四个相关问题包括主要相关问题、次要相关问题、证据关联问题、知悉犯罪问题。很多年来，里德测试结构一直是由 11 个顺序固定的问题组成，达到了较高的标准化程度。这 11 个问题的具体顺序依次是：无关问题、无关问题、相关问题（次要相关问题）、无关问题、相关问题（主要相关问题）、准绳问题、无关问题、相关问题（证据关联问题）、相关问题（次要相关问题）、相关问题（知悉犯罪问题）、准绳问题。20 世纪 80 年代以来，里德测谎学院建议放弃第 10 个问题，即关于知悉犯罪的问题，因此，里德测试结构现在只包括 10 个问题，其具体顺序用字符代替就是 I1 – I2 – R1 – I3 – R2 – C1 – I4 – R3 – R4 – C2。其典型的测试结构实例如表 2 – 2 所示：

---

〔1〕 David H. Kaye, et al. , *Modern Scientific Evidence the Law and Science of Expert Testimony* , Thomson West, 2006, Chapter 40.

表 2 – 2　里德准绳问题测试技术的问题结构

序号	问题类型	题　　目
1	I1 无关问题	你是叫张三吗？
2	I2 无关问题	你是汉族人吗？
3	R1 相关问题	你昨天晚上把李四强奸了吗？
4	I3 无关问题	今天是晴天吗？
5	R2 相关问题	你强奸李四时把她捆起来了吗？
6	C1 准绳问题	你曾经有过性幻想吗？
7	I4 无关问题	你住在北京吗？
8	R3 相关问题	你是在东三湖旁的树林里强奸李四的吗？
9	R4 相关问题	你强奸李四时穿着黑夹克吗？
10	C2 准绳问题	你曾经有过不正当的性行为吗？

　　测试中提出的所有问题都会在测前谈话中事先告知被测人。每一组问题进行三轮测试，然后分析每轮测试中被测人在准绳问题和相关问题上的反应差异，如果被测人总是规律性地在相关问题上的反应高于准绳问题上的反应，就可以认定其为涉案人。需要注意的是，每一遍测试都需要改变准绳问题和相关问题的分组，从而避免被测人因规律性的测试导致测试误差。

　　里德的测试结构采用相关问题与准绳问题对比，有助于保护无辜的被测人。但这种结构存在两个缺陷：一是被测人的基础生理反应水平是在一定范围内波动的，某个准绳问题激发的生理反应水平并不能代表整个测试过程中的基础生理反应水平，如果几个相关问题都和同一个准绳问题比较，就可能使这种比较失去意义。二是根据里德准绳测试技术在进行图谱分析时，会结合案件相关资料以及被测人在测前谈话的表现。虽然里德非常强调问题的格式化和测试的结构，但是他仍然重视测谎中的观察。然而，依赖观察得出的结论存在无法在事后被独立审查人员证实的风险，因为审查人员无法进行同样的观察，而且，这种方法也不符合科学心理学所倡导的标准化、客观化、数量化要求，因此，这种评图方法受到了一些批评。[1]

2. 巴克斯特区域比较测试结构

为了解决里德测试结构的问题，提高准绳问题测试技术的准确率，巴克斯特对传统的准绳问题测试技术进行了改进，于1961年提出了区域比较测试技术。区域比较测试技术吸收了里德测试技术的合理内核，又对里德测试结构进行了改良。与里德的测试技术相比，其主要特点在于实行"区域分割"，把问题分成若干个区域；摒弃里德的事实分析和行为分析，采用标准化的数值计分技术；在测试题中加入了题外问题和牺牲相关问题。该技术推出后，立即被多数测谎学校所采用，用以弥补里德准绳问题测试技术、紧张峰测试技术的盲点，成为多数测谎人员的首选技术。这种测试结构是目前应用最广、准确率最高的准绳问题测试技术的问题结构模式，至今仍然在美国国防部的测谎学院里被传授。在美国目前的所有测谎学校中，区域比较技术都被作为准绳问题测试技术必修的技术课程。

区域比较测试技术微调了里德测试技术的测试结构，把问题分成若干个区域，每个区域里都有相关问题、准绳问题、无关问题，有的还有牺牲相关问题和题外问题。所谓的区域（Zone）是指在测谎的正式测试阶段对每个问题分别提问，每个问题提问结束后20—35秒内出现并被测谎仪记录的心理生理图谱区域。在每组问题中间插入一个相关问题，使每一个相关问题都和该区域的非相关问题进行比较。巴克斯特还对不

---

〔1〕 里德测试技术的测试结果不仅依靠测试图谱分析，还会依据对被测人的事实分析和行为分析。所谓的事实分析是通过调查被测人的社会背景、生活环境、犯罪动机、犯罪的手段以及现场证据等相关的情况来判断诚实的程度。行为分析是评估被测人在测试过程中的言语和非言语行为。特别是被测人在回答关键问题上反复出现的非言语行为，包括转移视线、理头发、掸裤子、点头等。测试图谱分析结合事实分析和行为分析能够提高测试的准确率。据统计，对撒谎者的综合评估准确率约70%，对诚实者的准确率约80%，有助于防止假阳性结果的出现。现有的一些评论认为里德准绳测试技术并不完全依据测试图谱来进行分析，还要结合事实分析和行为分析，无法进行后续图谱盲评，而且测试时观察的可靠性无法在后续被审核。但事实上，单纯的测试是有可能出现错误的，综合事实分析和行为分析并不是用来推翻图谱分析结论，而是促使测试员对图谱分析的准确性进行质疑，当事实分析、行为分析和图谱分析的结果一致时，准确率非常高。当三者结果不一致时可能得出不确定结论。此时，需要采取其他方法来解决这个问题，包括另行调查、再次评估、使用特殊的测试等。

同的问题类型所引发的图谱区域进行了颜色区分，分别为红色、绿色和黑色区域，使得这一技术更为直观。准绳问题引发的反应区域称为绿色区域，相关问题引发的反应区域称为红色区域，题外问题引发的反应区域称为黑色区域。这种区域划分可以使主题提问呈现区域效应，确保反应与刺激的针对性，进一步减少被测人因其他相关问题刺激而出现的干扰。区域比较测试技术最初的题目编排顺序是：无关问题–牺牲相关问题–题外问题–准绳问题–相关问题–准绳问题–相关问题–题外问题–准绳问题–相关问题–准绳问题–相关问题–无关问题。[1]

巴克斯特的区域比较测试技术实行标准化的数值计分技术，测试结论只源于测试中的图谱分析，不考虑事实分析和行为分析。在进行行为分析和事实分析的时候，不同的测试员可能得出不同的结论，而仅仅依据测试图谱进行分析则有助于提高结论的统一性。研究表明，训练有素的测试人员对同一组生理反应图谱进行独立评分的结果相当一致。图谱分析采用数字计分技术，常用的是七分位法和三分位法。[2] 以七分位法为例，计算的基本方法是对测试仪记录的每一种生理反应指标进行记分，把每一组准绳问题和相关问题的反应进行比较，如果准绳问题的反应比相关问题强，则分值计 +1 分、+2 分或 +3 分；如果相关问题的反应比对准绳问题的反应强，则记分为 −1 分、−2 分或 −3 分；没有差别计 0 分。把每遍测试的分数总合起来就得到测试的最终得分，根据得分情况确定诚实还是欺骗。巴克斯特的区域比较测试技术已经实现了技术的标准化，有标准的实施方法、客观的计分技术和外在的效度标准。

巴克斯特的区域比较测试技术在测试题中加入了题外问题和牺牲相关问题。题外问题是为了检测被测人是否还关注本次测试主题之外的问题、是否担心测试人员提问未曾讨论过的问题，以减少外在因素引起的无结论情况。如果被测人在题外问题上反应强烈，说明其对测试人员不信任，这种不信任会降低被测人在其他问题上的心理生理反应水平。牺

---

〔1〕 C. Backster, "The Backster Chart Reliability Rating Method", *Law and Order*, No. 1, 1963, pp. 63-64.

〔2〕 三分位法是把比较结果分为 +1 分、0 分、−1 分。七分位法是把比较结果分为 +3 分、+2 分、+1 分、0 分、−1 分、−2 分、−3 分。

性相关问题放在第一个相关问题的前面，是为了缓冲相关问题对被测人的刺激，不作为计分依据。这些非相关问题能缓解被测人因上一个提问的刺激所产生的反应，可以避免影响被测人对下一个提问产生的反应。此外，区域比较测试技术还有一个特点是，三个相关问题只能针对所调查事件中的某一个方面进行提问，也就是说只能测试单一主题。

现以一个盗窃案的测试实例说明区域比较测试技术的问题结构（见表 2 - 3）。

表 2 - 3   区域比较测试技术的问题结构

序号	问题类型	题　　目
1	I1 无关问题	你是叫×××吗？
2	SR 牺牲相关问题	你愿意如实回答我的问题吗？
3	SM 题外问题	你完全相信我在测试时不会问你没有讨论过的问题吗？
4	C1 准绳问题	20 岁之前你在重大问题上撒过谎吗？
5	R1 相关问题	是你拿了那 10 万元吗？
6	I2 无关问题	今天是周二吗？
7	C2 准绳问题	你做过损人利己的事吗？
8	R2 相关问题	那 10 万元是你拿的吗？
9	I3 无关问题	现在是晴天吗？
10	C3 准绳问题	你拿过不属于自己的东西吗？
11	R3 相关问题	你说没拿那 10 万元是实话吗？
12	I4 无关问题	你现在是坐着吗？

为了避免被测人形成规律性的测试心理，减少测试误差，区域比较测试技术每次测试都需要改变准绳问题和相关问题的顺序。具体的调整顺序可以如表 2 - 4 所示：

表 2 - 4   区域比较测试技术问题顺序调整情况

遍数	问题顺序
1	I1 - SR - SM - C1 - R1 - I2 - C2 - R2 - I3 - C3 - R3 - I4
2	I2 - SM - SR - C3 - R1 - I3 - C1 - R2 - I1 - C2 - R3 - I4
3	I1 - SM - C1 - R2 - I2 - C2 - R3 - I3 - C3 - R1 - I4

　　从巴克斯特区域比较测试技术中还衍生出另外几种测谎方法，包括唯你测试技术、探索测试技术（Exploratory Test）、怀疑－知情－实施测试技术（Suspect-Knowledge-You Test，SKY）和犹他测试技术。其中，最常用且最有效的技术是唯你测试技术。唯你测试技术只能测试单一主题或单一涉案程度，往往是在调查事件只有一个直接相关项目时使用的。采用唯你测试技术的一套题目一般包括两到三个相关问题，这些相关问题实质意义相同只是措辞上略有不同。探索测试技术是在案件还不明朗，无法进行单一主题测试时进行的多主题测试，其量化规则和基本原理还未得到充分证明。SKY测试技术放宽了单一主题的范围，主要用来比较三个相关问题的反应强度，即"你是否怀疑是某人干的这件事？""你是否知道是谁干的这件事？""是你干的这件事吗？"通过比较不同问题的反应强度可以判断被测人和调查事件是否关联及关联程度。这种测试方法一般不单独使用，只是作为其他方法的验证手段。犹他测试技术是在编题时把一个相关问题、一个准绳问题、一个无关问题作为一个组合，而且相关问题并不是由准绳问题所支撑的。犹他测试技术的使用频率虽然不及其他测试方法，但是其已经被实验室研究验证为有效的技术。

（四）准绳问题测试技术的测试格式

　　准绳问题测试技术有比较固定的测试格式，一般包括五个步骤，即测前准备、测前谈话、主测试、结论分析、文档整理。

　　1. 测前准备

　　接受测谎委托之后首先需要进行测前准备工作。测前准备包括几个大的方面：

　　（1）了解案情。了解案情可以通过查阅案卷材料、与案件承办人交谈、实地查看现场等方式进行，甚至还可以询问被害人、证人等。通过了解案件发生的时间、地点、被害人、案件侦查经过，寻找可以使用的测谎情节。了解被测人目前的身体状态、精神状态，包括是否有智力障碍、睡眠不足、疼痛、疾病、饥饿、寒冷等不适合测谎的情况。了解讯问的情况，如讯问的时间、内容、次数，是否有违法讯问甚至是刑讯逼供的情形，防止对已经被过度讯问甚至刑讯逼供的被污染的被测人进行测试，避免出现错误的测谎结论。了解被测人的前科、病史、职业、文化程度等，以便编制合适的测谎问题。

（2）问题编制。问题编制在测试中具有重要地位，有效的提问才能恰当地激发或者控制被测人的心理生理反应。牺牲相关问题和题外问题的表述一般比较固定，需要注意的是另外几种测试问题的编制。在编制问题之前要明白测试的主题，然后围绕测试主题进行编制。相关问题应当是被测人有记忆的情节，内容表述要准确，不能含糊，不能有歧义；表述要具体，不能笼统；尽可能使用行为动作词语，避免使用强调后果的词汇；用语简洁，不能冗长；考虑被测人的文化水平，应使用被测人能够理解的词语；应当是可以用"是否"来回答的问答形式。准绳问题的编制对衡量被测人的反应有重要作用。准绳问题的内容应该是违法的、不道德的、不体面的事情，与相关问题的性质相似；内容应当比较含糊，不能太具体，能够涵括一段较长的时间；避免使被测人联想到以前做过的更严重的行为；避免一些涉及种族、宗教等无谓刺激的问题。无关问题的编制应当采用那些明显是事实的问题，不会对被测人产生任何的威胁，也不会刺激被测人的情感。

（3）准备合适的测试环境。布置测试环境需要选择一间标准测谎室。测谎需要收集被测人的生理参数，为保证被测人的生理参数不受其他外界因素的影响，保障测试准确性，对测试环境的选择非常重要。测谎一般应当在标准测谎室进行，测谎室应大小适宜，控制在 10 平方米左右。测谎室的布置以保证被测人能够集中注意力为标准，摆设应简单、色彩柔和，光线适宜，温度以 25 摄氏度左右为宜。测谎室应配有监控系统，既可以保存整个测试过程，为以后的图谱盲评做准备，也有利于将测谎情况传输到观摩室，为后续的审讯做准备。

2. 测前谈话

测前谈话是测谎中非常重要的一个步骤，直接决定着测谎的成败，甚至被认为比正式测试更重要。让被测人相信测试是绝对可靠的对于保障测谎结论的可靠性是很重要的。测谎 100% 正确的想法会使有罪的被测人加大对案件相关问题的关注程度，使其努力想要打败仪器；而对于无辜者，也会增加其在回答相关问题时的信心，无辜被测人会认为机器很准，"既然我是无辜的，肯定也会被认定为无罪"。

测前谈话阶段需要完成几个任务：一是进一步了解被测人的基本情况，排除被测人不适合测谎的情形。在测前准备的了解案情阶段，已经通过各种途径了解了被测人的很多情况，通过测前谈话可以进一步了解其身心状态，排除不适合测谎情形的存在。二是调试被测人的情绪，使其建立与测试人员的信任关系，为主测试做准备。被测人可能对测谎充满恐惧、紧张、担心等各种情绪，这些都将影响测谎的准确性。通过与被测人聊一些家庭成员、兴趣爱好等轻松的话题，有助于平复其情绪。通过向被测人说明测谎的原理、方法、过程，向被测人展示测试人员的中立性、客观性和权威性，建立与被测人的信任关系。被测人信任测试人员、信任测谎，有助于缓解无辜者因担心被冤枉而产生的紧张情绪，打消真正的作案人的侥幸心理并激发其担心谎言被揭穿的恐惧情绪。在这个过程中，可以采用口头或书面说明方式，还可以用扑克牌做激励测试。三是确认被测人接受测谎的自愿性，并签署同意测谎的协议书。测谎需要经过被测人同意方可进行。被测人同意接受测谎的，应当签署书面意见书。意见书应当标明被测人对测谎的了解情况，对测谎结果的认可。四是进一步修正、确认测试题目。通过了解被测人的背景、性格、工作、教育程度等，从中发现可用的准绳问题；通过与被测人讨论案情，鼓励其完整地陈述，调动其对案件的回忆，激活其储存在大脑中的记忆，进一步开发准绳问题和相关问题，修正事先编制的测试题目。五是与被测人讨论测试中将要提问的问题，使其充分理解各个问题，以及将要如何作出回答。说明测试的方法、程序，告知被测人需要如何回答。

3. 主测试

主测试环节首先要进行联机调节，使用的仪器应当是符合统一规格标准的测谎仪，经过调试正处于稳定状态，性能可靠。然后给被测人正确佩戴传感器。多导仪需要使用与人体连接的传感器，用来收集被测人的生理反应并传递给主机。当代测谎仪一般有胸呼吸、腹呼吸、皮电、血压和血容量5个生理传感器，有的还配有动作传感器。传感器的佩戴位置要准确，松紧适度。传感器佩戴好之后就进入数据采集阶段。数据采集是对被测人呈现刺激，激发被测人的生理反应，并由测谎仪记录下来。被呈现于被测人面前的刺激包括相关刺激、无关刺激和参照刺激。这三种刺激都会引起被测人一定的反应，但是，因为这些问题与案件的相关程度不同，它们引起的反应强度也不同。刺激一般采用读题目的方式即以听觉方式呈现出来。测试人员依据事先编排好的顺序，依次把测试题目读出来，被测人作出是或否的回答。此外，还可以采用图像或图片的方式呈现刺激。各个刺激呈现的间隔时间为 15—20 秒，以保证被测人因一个刺激所激发的反应已经平息下去，不会影响下一个刺激产生的反应。一般情况下，同一套题目需要测试 3 遍，以减少随机的误差。每一遍测试结束，需要解开血压袖套，使被测人有一定的休息时间。整个主测试持续的时间一般不超过 90 分钟。

4. 结论分析

在主测试结束之后，应当立即对采集的图谱进行分析并得出结论。图谱分析需要结合多遍测试的图谱作统一分析，避免被偶然的随机因素误导，并排除干扰因素造成的假象。对于有经验的测试人员来说，在数据采集结束时已经知晓测试结果。在美国，根据美国测谎协会要求，在测后谈话过程中就应当把测谎结果告诉被测人。为了提高测谎结论的准确性，除由进行实地测试的人员分析图谱外，也可以由未参与实地测试的人员对图谱进行分析。未参与测试的人员以图谱为依据，独立地分析图谱并得出结论，不受测谎过程中对被测人的观察的影响，使测谎结论仅仅建立在图谱基础上，排除测试人员的主观偏见。这也是保障测谎结论的重测信度的重要方式。在美国，联邦机构进行测谎时必须由未参与实地测试的人员对图谱进行分析。

测谎结论以测谎报告书的形式体现，测谎报告书应当包含下列内容：委托测谎的情况，包括委托单位、委托时间、委托测谎的理由；由被测人签名认可的被测人申请或同意测谎的声明；简要案情；选用的测试方法和测试仪器；测谎的时间、地点；测试的问题清单及被测人的回答情况；测谎的基本程序；测谎结论和理由；测试人员签名。测谎结论应当随附采集的生理反应图谱，且至少由两名具有测谎资格的测试人员共同签名。根据我国公安部规定，测谎结论一般采用"通过""不通过""不结论"三种方式来表述。"通过"表示被测人与本案无直接牵连；"不通过"表示被测人和本案有一定牵连；"不结论"表示无法得出结论。

5. 文档整理

测谎结论无论是作为侦查的向导还是作为证据调查方式，对办案机关随后的办案都有重要意义。在测谎结论得出后，测试人员就应当填写测谎结论报告书，并整理文档。测谎文档应当包括测谎委托情况、被测人同意测谎意见书、案件简介、测谎题目、被测人的回答情况、测试图谱、测谎结论。虽然任何鉴定结束后都需要对鉴定文档进行整理，但是测谎文档的整理保存意义更重大。由于测谎的特殊性，对测谎结论产生异议时很少采用对被测人复测的方式，而是采用对测谎图谱进行二次评定的方式。这就对初次评定时的资料完整度有相当高的要求。在测谎结论作为证据使用时，法庭上对测谎结论的审查内容之一就是测谎是否按照标准程序实施、测谎方法的选择是否合适、测谎题目的编排是否合适等。所以，测谎结束后，测谎测试人员应当认真及时地做好测谎文档的整理工作。

二、隐蔽信息测试技术

隐蔽信息测试技术是与准绳问题测试技术同等重要的另一种测谎技术，包括紧张峰测试技术、犯罪情景测试技术等。这种技术与准绳问题测试法最大的区别在于，它以探测信息为首要任务，能够与准绳问题测试技术相互补充，充分发挥各自的技术优势。该技术在我国得到较好的应用。

（一）隐蔽信息测试技术的概念和种类

隐蔽信息测试技术是根据被测人对相关问题和陪衬问题的心理生理反应大小，判断被测人对所调查事件的情节是否知情，进一步判断其与事件关系的一种测试方法。隐蔽信息测试技术是一类测试技术的总称，而非单指某一测试技术。隐蔽信息测试技术起源于 20 世纪 30 年代末 40 年代初基勒首创的紧张峰测试技术。1959 年，美国心理学家莱克肯教授在基勒紧张峰测试技术的基础上发展了一种新的测试方法——犯罪情景测试技术。[1] 莱克肯犯罪情景测试技术是紧张峰测试技术的延伸和扩展，两者的原理是一致的，有的文献把二者混同，有的把紧张峰测试技术称为犯罪情景测试技术，也有把犯罪情景测试技术视为紧张峰测试技术的一种。目前的测试技术已将这两类测试统一于隐蔽信息测试体系之下，因为这类技术的直接目的是探测被测人对某些信息是否了解，并不直接评估被测人否认或断言的可信性。[2] 与准绳问题测试技术不同的是，隐蔽信息测试技术主要关注被测人在若干相同性质的刺激信息上的选择性再认效果，是实现心理信息探测的典型技术。它基于认知理论，直接目的是检测被测人对犯罪情节是否知情，进而确认被测人是否撒谎，是否与案件有牵连。隐蔽信息测试技术虽然在国外应用不多，但在我国应用较为广泛。早期的犯罪情景测试技术基本就是"已知情节的紧张峰测试"，即把案件侦查中得到的各个情节组织成紧张峰测试结构进行测试，现在的犯罪情景测试技术也广泛用于试探性测试，所以，目前所说的犯罪情景测试已经与紧张峰测试无论在形式上还是在内容上几无差别。也正因为此，隐蔽信息测试技术除被划分为紧张峰测试技术和犯罪情景测试技术外，还被划分为已知隐蔽信息测试和未知隐蔽信息测试。

1. 紧张峰测试技术

紧张峰测试是通过比较被测人对目标问题和陪衬问题的反应强度来判断被测人对所调查事件是否知情的一种测试技术。紧张峰测试的原理是，"犯罪人和无辜者的区别在于，当犯罪发生时犯罪人在现场，他知道现场发生了什么事情，而无辜者一无所知。当与犯罪有关的情景被提起时，犯罪人能够识别它们，而无辜者不能"[3]。把目标问题和陪衬问题放在一起向被测人提问，如果被测人在目标问题上出现较强

---

〔1〕 David T. Lykken, "The GSR in the Detection of Guilt", *Journal of Applied Psychology*, Vol. 43, 1959, pp. 385-388.

〔2〕 刘猜：《犯罪心理测试》，中国人民公安大学出版社 2011 年版，第 110 页。

〔3〕 David T. Lykken, *A Tremor in the Blood：Uses and Abuses of the Lie Detector*, Persews Publishing, 1998, p. 67.

反应，说明对该问题知情；反之，说明对该问题不知情。一般认为紧张峰测试和准绳问题测试不一样，它并不是为了检查谎言，而是为了探测信息。[1] 其实，这种说法并不完全正确。紧张峰测试确实不是直接探测谎言，它的主要目的和功能是检查被测人对相关情节是否知情，但是，如果探测到被测人对相关情节有认知，就能说明被测人是在撒谎。

紧张峰测试类似于多项选择题，包括一个题干和若干个内容和形式都很相似的备选项。题干就是想要调查的事件、情节，以疑问句的形式出现。例如，"他是什么时间被杀死的？"备选项包括目标问题和陪衬问题。目标问题是一个包含被测人可能知道或必定知道的情节或信息的问题。陪衬问题是和目标问题在内容和形式上都很相似但与被调查事件无关的问题。一个紧张峰测试单元只能探测一个目标，这样，每组测试题目就包含一个题干、一个目标问题和几个陪衬问题。在编题时，目标问题被放置于备选项的中间位置。测试时，各个问题按固定顺序出示，被测人事先也被告知问题的顺序。对于真正有罪的被测人而言，其知道目标问题所处的位置，注意力会高度集中于目标问题。当提问逐步接近目标问题时，被测人的紧张程度越来越高，其反应水平也相应地逐步提高；在提问到达目标问题时，被测人最紧张，反应达到顶点；在目标问题的提问结束之后，被测人的紧张程度逐步释放，反应水平也相应下降。如果测试图谱呈现出这样一个逐步上升然后逐步下降的过程，就可以认定被测人对被调查事件知情。这种紧张峰值的出现和恢复，也是紧张峰测试的命名原因。

根据目标信息的知情人员范围，紧张峰测试被分为已知情节紧张峰测试（Known Solution Peak Tension Test，KSPT）和搜索紧张峰测试（Searching Peak Tension Test，SPT 或 SPOT）。已知情节紧张峰测试是测试人员和犯罪人都知道某一情节，但被测人说不知道，而且该情节还没有被犯罪人以外的其他人员所知悉，用这个情节作为目标问题进行的测试。目的是测试被测人是否确实知悉这个情节。搜索紧张峰测试是测试

---

〔1〕　David T. Lykken, *A Tremor in the Blood：Uses and Abuses of the Lie Detector*，Persews Publishing，1998，p. 67.

人员想知道却还不知道案件的某个情节，某人被怀疑知悉该情节却予以否认时所进行的测试。

在已知情节紧张峰测试中，每一个测试单元都是围绕一个情节展开的。目标问题往往就是这个情节，或者是包含了这个情节的信息。陪衬问题必须达到足够的数量，一般至少要达到 4 个。因为无辜被测人对各个问题的反应是随机的，其反应程度基本一致，但是也可能偶然地在目标问题上产生较强的反应，所以，陪衬问题达到一定的数量就可以综合掉随机的误差。如果陪衬问题数量太少，就无法达到这个效果。搜索紧张峰测试是测试人员通过测试来探测未知的案件情节。搜索紧张峰测试和已知情节紧张峰测试一样，也是采用类似于多项选择题的提问与回答方式，但是搜索紧张峰测试没有已知答案的目标问题，测试过程中需要根据测试情况不断调整问题顺序。通过搜索紧张峰测试可以从不愿意供述但愿意接受测谎的犯罪嫌疑人那里获得信息，在犯罪调查中经常被有效地运用于探测作案工具、赃物去向、尸体所在的位置等案件情节。"尽管这种测试难度很大，但有时能取得戏剧性的结果。"[1] 在案件极度缺乏线索，侦查人员对案件毫无头绪的情况下，也可以从不同方面进行搜索紧张峰测试，从而有效确定侦查方向，打开突破口。如杀人案件，可以分别就杀人时间、地点、工具、作案人数等方面进行测试。在日本，当案件没有合适的情节作已知情节紧张峰测试时，经常会进行搜索紧张峰测试。研究表明，搜索紧张峰测试对位置进行测试的效果最好；关键问题与实际犯罪细节越相似，发现率越高。[2]

2. 犯罪情景测试技术

犯罪情景测试技术的原理与紧张峰测试技术相同，方法也基本一样，也是比较被测人对相关问题和陪衬问题的反应大小判断其是否知情。但是，与紧张峰测试技术相比，犯罪情景测试技术的特点在于：第一，紧张峰测试技术对可以作为目标问题的情节数量没有要求，即使只

---

[1] 王补编译：《犯罪情景测试（GKT）——一种适合中国国情的心理测试方法》，中国人民公安大学出版社 1997 年版，第 32 页。

[2] 付有志、刘猜：《破解"测谎"的密码：心理生理检测在探案中的应用》，中国人民公安大学出版社 2006 年版，第 249 页。

有一个有效情节也可以进行测试；但是犯罪情景测试技术要求作为目标问题的情节达到一定的数量，以保障测试的准确性。第二，紧张峰测试技术只需被测人对问题作出"是"或"不是"的回答即可，而犯罪情景测试技术要求被测人复述测试人员的提问。[1] 第三，紧张峰测试技术不要求正式实施测试时的测试人员对案件不知情，但是犯罪情景测试技术要求测试人员实施测试时不知道案件情节，以避免测试人员的主观期望导致测试提问的语气变化而暗示或影响被测人。犯罪情景测试技术要求先把测试题目录制下来，然后播放给被测人听。经过这些改良，犯罪情景测试技术无论是在测试格式还是在测试准确度上都优于紧张峰测试技术。[2]

（二）隐蔽信息测试技术的题目类型和编题要求

隐蔽信息测试技术根据是已知隐蔽信息测试还是未知隐蔽信息测试，其题目的类型略有不同。总的来说，该项技术涉及的问题，除了题干之外一般还有目标问题和陪衬问题，有的还有无关问题、牺牲相关问题（往往被归入无关问题）。

1. 目标问题

目标问题是当前调查所要解决的问题，是包含了与当前调查事件相关的情境或者过程的问题，也称为关键问题、靶问题、主题问题、相关问题等。隐蔽信息测试技术的目标问题范围比较宽泛，可以是案件的直接构成要素，包括作案手段、情节、后果等；可以是案件发生过程中现场发生的或存在的被测人注意过的问题，如现场的物品摆设、环境等；还可以是与案件本身无关，但是在案件发生过程中出现的背景信息，如现场外的一些不寻常的谈话、意外的事件等。目标问题可以是测试人员已经确实掌握的问题，如死亡原因、被盗的财物等；也有可能是测试人

---

[1] 这种做法的目的是，因为犯罪情景测试法强调被测人对犯罪情景的认知或知情，要求被测人必须复述提问，强迫其认真听取、思考所提的问题，避免被测人对测试问题不做思考以对抗测谎。参见王补编译：《犯罪情景测试（GKT）——一种适合中国国情的心理测试方法》，中国人民公安大学出版社1997年版，第30页。

[2] 由于犯罪情景测试法的原理和实施方法都与紧张峰测试法相似，很多测谎文献把犯罪情景测试法直接称为紧张峰测试法，或者将其作为紧张峰测试法的一种类型。

员急于知道，但是不知道答案的问题，如赃物的下落。这些问题只要能够引起被测人的注意，而且他们有记忆就可以成为目标问题。目标问题的内容与真实情节的符合程度直接决定测试的效果。

目标问题的选择要遵循以下要求：（1）这些情节应当是客观的、准确的。这些情节必须是客观存在的，而且能够准确命中作案者记忆系统中存储的涉案信息，促使其产生对信息过度加工的心理生理反应。（2）这些情节必须和正在调查的案件具有一定的具体联系，应尽可能详细地传递案件信息，或者是案件的组成部分，或者是与案件同时发生的一定的时间和空间上的事件。例如，作案工具、涉案物品的颜色、作案方式、进出现场路线、受害者当时的活动状态、体貌特征等。（3）要求是真正有罪的被测人在作案时注意到的并且还有记忆的情节。如果没有感知、没有记忆，就不可能形成刺激。（4）目标问题所包含的情节是严格保密、没有被公布或泄露过的问题，应当是未经媒体报道且侦查人员未曾询问过的，属于只涉及有限知情范围（作案者和侦查人员）的信息。目标问题编制的这几个要求是有机统一体的，要求同时必备。要编制一个恰当的目标问题必须全面分析案件，对此，可以通过查看现场、阅卷、进行痕迹分析、收集案件发生时的其他背景信息，必要的时候还可以进行合理的推论。

2. 陪衬问题

陪衬问题主要在已知隐蔽信息测试结构中使用，是一些与目标问题在内容上类似但没有出现在案件中的情节，它们在形式上与目标问题具有相同的结构，在内涵上属于相同性质的概念，和目标问题处于同一层级。通过设置若干陪衬问题，并将案件关键信息隐藏其中，共同构成一个问题群，能够弱化单一目标问题对被测人造成的新异刺激，并在测试中突出真正的作案者在两类问题上的比对效应。

在设置陪衬问题时，应注意几个问题：一是陪衬问题应当在内容和形式上与目标问题相似，但是必须有明显的区别，能够使被测人轻易分辨出来，且达到一定的数量。例如，目标问题如果是"201 房间"，陪衬问题就可以是"202 房间""203 房间""204 房间""205 房间"。二是测试人员在测前访谈中要充分了解被测人，避免选取对作案者具有某种特殊意义的陪衬问题，否则将可能使其在陪衬问题上出现较强的反应，造成误判。三是需要在测前准备环节对案件作详细的分析，避免陪衬问题和案件相关信息之间具有某种联系，否则将使陪衬问题变成相关问题，可能使真正的作案者在这类问题上出现反应。

3. 无关问题

无关问题，也称为中性问题，指的是那些明显是事实而又和案件没有关系的问题，如："你是北京人吗？""今天是星期二吗？"在隐蔽信息测试中，无关问题一般位于一组题目的首尾，用于平衡测试开始的"首题反应"以及测试结尾的"末题反应"，吸收因测试开始或结束引起的心理冲击而引发的反应。

整个测试题编制完成之后，应当再进行全面的分析评估。要做到各个目标问题相互独立、互不涵括；案件的各个方面都有目标问题予以反映，目标问题能够整合涵括案件的必备要素；各个目标问题能够相互补充，共同完成测试的目标。当然，这是测试的最佳状态，具体情况要受案件情况的影响，在案件可以作为目标问题的情节不多的情况下，只能结合准绳问题测试技术来进行。

（三）隐蔽信息测试技术的测试结构

隐蔽信息测试技术的测试结构由题干和备选项两部分组成。题干基本上就是测试主题的移植，是测试主题的核心内容和中心思想，明确了测试的主题也就明确了题干。题干放在题目的最前面，只出现一次。隐蔽信息测试技术测试结构编排的关键在于备选项。对已知隐蔽信息测试技术来说，由于已经知道了案件的信息，只要根据目标问题的编制要求将这一信息编入目标问题即可，其他的备选项只需根据陪衬问题的编制要求进行编写。但对于未知隐蔽信息测试则要复杂一些，需要注意备选项是否穷尽各种可能性。

已知隐蔽信息测试可以有单组测试和多组测试。单组测试在于确定被测人是否知道应当只有测试人员和作案人才可能知道的信息，每组测试问题的选择项一般有 5 个备选项，其中只有一个是包含正确情节的目标问题，其他都属于陪衬问题。一般来说，目标问题应该放在接近中间的位置。单组已知隐蔽信息测试的问题结构为 N0 – N1 – N2 – R – N3 –

N4。其中，N0 为首题，是题干；N1、N2、N3、N4 是陪衬问题，R 是目标问题。也有的测试人员习惯把陪衬问题和目标问题都标识为 R，把其他问题标识为 I。单组已知隐蔽信息测试技术使测试题目以多项选择题的形式出现，简单易学，所以流传甚广。现以一例盗窃案的题目说明单组已知隐蔽信息测试的测试结构，本案中，目标问题是用枪支作案，被置于问题组的中间。

（1）N0：你知道作案人是用什么工具作案的吗？

（2）N1：作案人作案用的是菜刀吗？

（3）N2：作案人作案用的是斧头吗？

（4）R：作案人作案用的是枪支吗？

（5）N3：作案人作案用的是砖头吗？

（6）N4：作案人作案用的是锤子吗？

多组已知隐蔽信息测试的测试结构是多个单组已知隐蔽信息测试结构的组合。在单组已知隐蔽信息测试结构编排完成之后，只需把各个单组测试结构按照一定的规则组合在一起，将其系统化和完整化即可。多组已知隐蔽信息测试结构由一系列类似多项选择题的题目组合而成，每一组问题都由一个题干、一个目标问题和若干陪衬问题组成。有的测试还会在首尾加入无关问题，有的还用牺牲相关问题作为题干。

相较于已知隐蔽信息测试，未知隐蔽信息测试的问题设计更难。因为案件信息比较模糊，没有已知的情节，也就无法有针对性的把某个确切情节作为目标问题。也正因为此，未知隐蔽信息测试中的每个题目都是目标问题，测试就是要从诸多可能情况中甄别出哪一个才是真正的相关信息。但是，在设计未知隐蔽信息测试时，应当知道相关问题所在的某一范围。可能性最大的问题应当放在问题组的中间位置，并在每遍测试的时候调整问题顺序，把在每一遍测试中反应最强的那个问题找出来，把它移到中间位置。未知隐蔽信息测试的题目编排应当按照由大到小、由粗到细的方式逐步推进，先调查一个较宽泛的区域，再根据反应的强弱逐步缩小调查区域。这种方法对于确定赃物埋藏地点、逃窜地点等非常有效。此外，所有的选择项应当尽量包含各种可能性，不能出现遗漏。对于未知隐蔽信息测试而言，有一个潜在的风险，即真正的案件信息并未被列入备选项范围之内，这就要求测试人员在测试前做大量的准备工作。不仅要对被测人的资历背景等基本资料、被测人的心理状况等情况进行细致的了解，还要对案件作深入的剖析。编制备选项问题时要把经过分析认为最有可能的问题放在最中间，每遍测试后把最有可能的选择项调整到中间。在测试时，按照范围的大小，进行多组测试，逐步缩小搜索的案件范围。例如，在杀人案件里，为了测试尸体的位置去向，测试的题目可以是："如果是你杀了张三，他的尸体在哪里？""是在广东吗？""是在云南吗？""是在浙江吗？""是在福建吗？""是在安徽吗？"如果被测人在浙江上有反应，则可以进一步测试："张三的尸体在浙江的什么地方？""是在金华吗？""是在杭州吗？""是在温州吗？""是在台州吗？""是在宁波吗？"如果被测人在杭州这个选择项上有反应，就可以进一步缩小范围继续测试。由于测试的地理位置每次都在缩小，经过一系列测试之后，就可以得出满意的答案。不过，这种测试只能是不得已而为之，不能用它来代替正常的案件调查。只有在具备以下两个条件时才可以考虑采用搜索紧张峰测试：首先，案件重大，被测人嫌疑也很大，待测试问题对案件的侦破极其重要；其次，虽然测试人员不知道待探测问题的答案，但是有一个大致的范围。因此，在编制问题的时候，必须把所有可能的情况都包容进去。如果测试人员不能确信问题是不是包含了全部可能性，就必须使用一个能包容其他所有情况的概括性的问题。

（四）隐蔽信息测试技术的测试格式

隐蔽信息测试技术的测试格式与准绳问题测试技术的测试格式差别不大，都要经过测前准备、测前谈话、主测试、结论分析、文档整理等过程。但隐蔽信息测试技术测前谈话比较简单，持续时间也比较短。测试人员不需要像准绳问题测试那样动用各种说服技巧，详细讨论每一个测试问题。测试开始的时候，测试人员可对被测人宣读一段程序性的告知内容，告知测试的基本方法。

隐蔽信息测试技术实施的关键是寻找目标情节，编制陪衬问题。首先，需要找到一些合适的情节作为目标问题。这些情节必须只有犯罪人本人和侦查人员知道，其他人员不知道；犯罪人在作案时注意到了这个情节。莱克肯曾经这样描述有效项目的条件：有罪的被测人记忆中有印象，能够很快从陪衬项目中区分出来；从来没有被有关新闻报道过的，在以往的审讯中也没有涉及过。[1] 为了保障测试的准确性，需要有若干个这样的有效项目。其次，精心编制和目标问题类似的陪衬问题。陪衬问题一般不少于 5 个。每组测试题测试 3 遍，每遍适当调整目标问题的位置。如果被测人在目标问题上出现反应的高峰，就认为他是知情的。无辜被测人对案件情节不知情，对问题的反应是随机的，其偶然在目标问题上出现反应高峰的概率随着陪衬问题数量的增多而降低。因此，隐蔽信息测试技术的准确率随着有效项目的增多而提高。如果有效情节足够多，则隐蔽信息测试技术的准确率较高。最后，测试时，宣读各个问题的语气、语速等都必须一致，使各个问题的重要性似乎完全一致。因为已知隐蔽信息测试非常依赖于目标问题所在的位置，所以要保障被测人知道问题的顺序。除了在测前谈话时告知被测人问题的顺序，还可以把问题清单放置在被测人面前以强化反应，如把一张纸绑在被测人正面前的椅子上。

为了保障测试的准确性，莱克肯提出了几种措施：第一，对编制好的测试题目，先找确实是无关的人员进行测试，以检验编题效果；第二，编制题目的测试人员和正式实施测试的人员必须分开，以避免测试人员因知情而产生的主观期望影响测试；第三，为避免测试人员对测试准确性的负面影响，对测试题目事先进行录音，在测试时直接播放录音；第四，注意案件的保密工作，避免有价值的情节泄露导致编题困难；第五，为证明测试的准确性，在庭审时可以实施以无辜人员作为被测人的测试。[2]

测谎技术的准确性体现为对效度的科学检验。对测谎效度的研究既有对测谎整体可靠性的研究，也有根据测谎方法和研究类型进行的分别研究。目前测谎方法主要为准绳问题测试技术和隐蔽信息测试技术，研

〔1〕 王补编译：《犯罪情景测试（GKT）——一种适合中国国情的心理测试方法》，中国人民公安大学出版社 1997 年版，第 41 页。
〔2〕 David T. Lykken, *A Tremor in the Blood：Uses and Abuses of the Lie Detector*, Perseus Publishing, 1998, p. 82.

究类型包括实地研究和实验室研究。[1] 各种测谎方法各有优劣，具体使用哪一种要根据案件的具体条件、测试的需求、被测人的情况来进行选用，也可以综合加以运用。隐蔽信息测试适用于嫌疑人范围比较明确，信息条件良好的案件。隐蔽信息测试的优点是对测试人员的要求不高，测试的操作程序包括测后评图都容易掌握；测试题目一般不受测前谈话质量、测试双方交互作用的制约，便于在测试双方"双盲"的条件下启动测试，容易实现测试程序的标准化；增加了犯罪情节作为目标问题，大大提高了测试的准确率。这种方法的缺点是对测试案件本身的条件要求比较高，要求采用案件本身的情节作为目标问题。有些案件尤其是久侦未破的积案，往往缺乏可以作为目标问题的情节，无法满足测试所需要的条件。而且，对于被测人而言，隐蔽信息测试结构的刺激规律易于把握，为实施反测试提供了可能。因此，隐蔽信息测试法虽然在实验室研究中被认为有较高的准确率，但是在美国却没有得到很好的发展。当然，这也与准绳问题测试技术在美国的绝对支配地位有关，这在一定程度上抑制了隐蔽信息测试技术的发展。就我国来讲，我国诉讼案件保密工作做得比较好，隐蔽信息测试技术在我国的应用条件较好。准绳问题测试技术是目前应用最广的一种测谎方法。它的缺点是受被测人的心理状态影响较大，而且这种方法的测试过程尤其是测后评图，对测试人员的经验和能力有很高的要求。这导致很多初学者和经验不足的测试人员，不敢大胆运用这种方法。鉴于这两种方法的特点，隐蔽信息测试往往与准绳问题测试结合在一起使用，并根据测试目的和要求适当调整侧重点，最大限度地发挥两种测试技术各自的优势。

三、准绳问题测试技术和隐蔽信息测试技术的综合应用实例

由于准绳问题测试和隐蔽信息测试各有优缺点，在实务中往往综合应用这两种测试方法。现以一个真实案例说明这两种测试方法的使用。

---

〔1〕 实地研究是指测试的案例或被试是真实的案件及其嫌疑人。实验室研究是在实验室模拟犯罪行为后进行测谎以确立效度的研究方法。

（一）基本案情

2014 年 9 月 13 日，福建某地公安机关接到报警，在某村的围墙下发现一具尸体。经调查，死者为黄某，系该村村民。案发现场距离死者家 50 米左右。死者头面部和头皮多处有钝器伤。裤子口袋有现金 774元，脖子下方有一部苹果 4 手机，呈开机状态。腹部有一支红双喜烟蒂，半支香烟完整，烟灰处裤子已经被灼破。经法医检验，死者系被钝器多次打击头面部，致重型开放性颅脑损伤，引起中枢性呼吸、循环衰竭而死亡。

经调查走访得知，死者于当晚（9 月 12 日）10：11 离开朋友的画室，后到其堂姐家的店铺玩到 12：00 回家。分析推断死者于 9 月 13 日凌晨左右独自回家路上遇害。调查关系人得知，死者经济不富裕，在外有欠款，但都是借亲戚朋友的钱，没有经济纠纷。死者生活作风有问题，离过两次婚，与村里 10 余名妇女有不正当男女关系，包括有夫之妇。其中，与同村一名已婚妇女胡某某于 2012 年年初开始有不正当男女关系，持续一年时间，后被胡某某丈夫黄某某知晓。在黄某某追问下，胡某某承认了此事，两人曾为此事冷战。

黄某某，1985 年生，初中文化，该村村民，在村里的笋厂工作。2013 年，笋厂的一名工人挑逗黄某某妻子，黄某某得知后将其打伤。但是，黄某某在得知其妻与死者有不正当的男女关系时，却没有采取任何报复措施。

经调查黄某某 9 月 12 日的活动情况。其自诉摘录如下：9 月 12 日早上 9：00 左右，我和老婆一起骑摩托去笋厂做事。到上午 11：20 左右，我们一起骑车回家吃饭。饭后又到笋厂上班。到晚上 9：00 左右，我老婆说身体不舒服，我就跟她一起回去。回去后，我和老婆一起洗了澡。到晚上 9：30 左右，我又一个人骑车去笋厂干活，我老婆在家休息。到晚上十点十几分的时候，我又骑车回家休息了下。到晚上 11：00左右我走路去笋厂干活，半路上我还在堂姐开的小卖铺买了一盒烟。到11：30 左右我又走路回家，大概 11：40 到家。回家后我又洗了个澡，然后上床玩游戏，后面就睡觉了。

办案人员进一步询问："你家有 Wi-Fi 吗？"黄某某答："有，我在家都是用 Wi-Fi 上网。"经调取黄某某话单和现场附近公园监控视频，发现黄某某有作案时间。黄某某说当晚下班后就直接回家休息了，在家都是用 Wi-Fi 上网，但是话单内容显示，其当时上网方式为数据流量而并非家里 Wi-Fi。经调查黄某某上下班时间，其 23：29 离开笋厂回家，与公园视频监控中一男子于 23：35 进入公园时间相吻合。结合话单分析，黄某某于 23：31 开始使用数据流量上网，00：08 断网，上网时间与监控中男子出现时间相吻合。黄某某对公安机关的调查异常配合，每次都是随叫随到，从不拖延。

其他调查情况包括：（1）公园附近的监控显示，2014 年 9 月 12 日 23：35 有一男子手拿着手机进入公园，00：04 有一男子慌张跑出公园，该男子有重大作案嫌疑。（2）办案单位先后两次对附近的水沟、菜地、斜坡等地方进行搜查，均没有找到作案工具。（3）村委会门口有一个摄像头，但是，因为晚上光线不好且摄像头本身像素不高，拍摄的视频非常模糊，只能看出有人走过，但不能区分出人物面孔。

经情况研判，办案机关将黄某某列为犯罪嫌疑人，并决定对其实施测谎测试。黄某某同意接受测谎，并签署了《同意测谎协议书》。办案机关委托某公安局心理测试技术中心进行测试。测试人员为该中心有资质的测谎专家。

（二）测谎测试

1. 测前准备

测试人员首先与办案人员进行了充分的沟通，详细阅读所有调查报告和证人证言笔录，认真研究勘验、检查笔录，明确案件的关键点和疑难点，寻找可以使用的测谎情节。测试人员还对被测人黄某某的性格、习惯和社会关系，目前的身体状态、精神状态进行了细致了解。测试人员根据已知的案件事实编制了一套包括准绳问题测试、隐蔽信息测试在内的多主题测试题目，目的在于测试黄某某是否为该案犯罪行为人，其对该案的具体细节是否知情，是否知悉其他警方未知的犯罪事实等。测试人员还确定了测试时间、地点和测试仪器。

2. 测前谈话

测前谈话在主测人的引导下展开。测前谈话的内容和目的如下：

（1）和谐气氛，平复被测人的紧张心情

测试人员进行简单的自我介绍，表明自己的中立立场和专业身份。接着测试人员和被测人进行了轻松的聊天，了解被测人的基本情况，包括生活工作经历、家庭情况、主要社会关系、是否有前科，被测人的个人爱好、性格特点等；了解被测人的健康状况，询问其是否有疾病，这几天是否服用药物，身体是否有不舒服的地方，近几天的睡眠情况如何，昨晚是几点钟睡的。

（2）由被测人讲述所知道的案件情况及其与自己的关系

测试人员告诉被测人，在案件没有彻底查清之前，和案件可能有关联的人都是公安机关的怀疑对象。测试人员告知被测人，今天的测试只是使用科学的仪器来做鉴定，目的是利用科学技术澄清事实，帮助无辜的人洗脱怀疑，并准确识别有罪的人。然后，测试人员让被测人回忆案发当天的活动情况，要求其尽量细致地讲述。在被测人讲述时，测试人员始终保持耐心倾听。随后，测试人员进一步询问公安局之前都问过被测人哪些问题，询问被测人自己对这个事情怎么看。

（3）向被测人讲解测谎的原理

测试人员向被测人简单介绍测谎技术及其原理。具体内容包括：测谎技术是由专业的测试人员使用特定的测谎仪器，通过向被测人提问，检测其心理活动情况，了解其心理痕迹，并进一步判断其是否撒谎的一种科学技术。测谎技术的发展已经有 100 多年的历史，在日本、俄罗斯、美国的部分州可以作为法庭证据使用。在中国，测谎技术也得到了广泛使用，已经很成熟。测谎检测的是不受大脑控制的植物神经活动，是条件反射的过程。测试人员还进一步解释了中枢神经活动和植物神经活动。测谎仪就是检测这些不受大脑意识控制的反应。一个人撒谎的时候比说实话的时候有更多的心理活动，而且这些活动会引起一些无法控制的生理反应，测谎仪能够检测到这些微小的变化。人受到威胁时，或者感到恐惧时，会引起一系列的心理活动，心理活动会引起生理反应，如果测谎仪检测到显著的生理反应，就能够反推被测人的心理反应。

（4）向被测人说明测试的规则和要求

测试人员详细地向被测人解释测试的规则和要求：需要在被测人身

上佩戴一些传感器，被测人要予以配合。这些传感器都是安全的，不会对身体造成伤害。测试过程中应当一直保持静止状态，不能随意乱动。被测人要按照要求坐好，双脚平放，身体坐直。被测人要在听清楚每个问题后再作出适当的回答，只需作是或者否的回答。测试人员还告诉被测人，无辜的人为了证明自己是无辜的都会配合测试，有问题的人才会找各种各样的理由不配合。

（5）数字测试

实施数字测试，使被测人相信测谎的准确性和科学性。

（6）讨论相关问题并开发准绳问题

测试人员和被测人一起讨论案件的相关问题。相关问题包括"黄某被害的事情你参与了吗？""案发时你在现场吗？""当天晚上是你袭击了黄某吗？"

测试人员和被测人进一步讨论与被测人个人品质有关的问题。"今天除了要问你黄某这个事情是不是你干的之外，我还要问一些有关你的道德品质的问题，因为从心理学的角度来说人的行为是可以预测的。中国有句古话：从小偷针，大了偷金。犯罪学很重视犯罪前的行为。所以今天不仅要看你在本案中的问题是否撒谎，还要看你是否具备犯这种罪的思想基础。"测试人员询问的准绳问题包括：（1）你在重大问题上撒过谎吗？从小到大，你是否对亲人、朋友、同学等为了自己的利益去撒谎，如：在工作中为了逃避责任或者为了偷懒而撒谎；在外面跟别的女人暧昧，回家对自己老婆撒谎；在学习、家务劳动等事情上对父母撒谎。（2）你做过见不得人的事情吗？这个问题是指你从小到大干的一些不好的事情，比如：背后说别人坏话，背后给人使坏；上学的时候背后议论同学老师的不好；上班时间背着领导干一些与工作不相干的事情，利用工作之便为自己办私事等。（3）你报复过你恨的人吗？例如上学的时候报复同学，工作的时候报复同事或者老板，报复欺负你老婆的人等。

根据测前谈话情况，测试人员进一步修正测试题目。

3. 主测试

测试人员进行联机调试，然后给被测人佩戴传感器。测试题目包括一组准绳问题测试题目和三组隐蔽信息测试题目。

（1）第一组准绳问题测试的主题是，当晚是否是黄某某袭击了黄某。具体题目编排见表2-5：

表2-5　准绳问题测试问题结构

序号	标识	类型	回答	内　　容
1	I3	O	是	现在是白天吗？
2	SR	O	是	你愿意如实回答我的问题吗？
3	I4	O	是	你是坐着的吗？
4	C3	C	否	你做过见不得人的事情吗？
5	R1	R	否	当晚是你袭击的某某吗？
6	I5	O	是	你是汉族吗？
7	CI	C	否	你在重大问题上撒过谎吗？
8	R2	R	否	当天晚上袭击某某的人是你吗？
9	I1	O	是	你是福建人吗？
10	C2	C	否	你报复过别人吗？
11	R3	R	是	你说当天晚上不是你袭击的某某是实话吗？
12	I2	O	是	今天是周三吗？

针对准绳问题测试的三组图谱见图2-1、图2-2、图2-3：

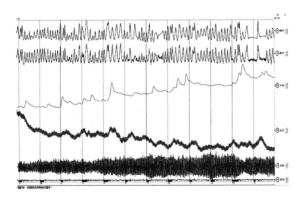

图2-1　准绳问题测试图谱一

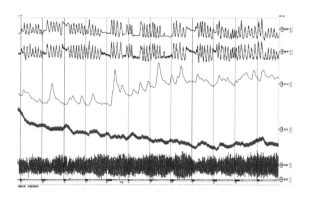

图 2 - 2 准绳问题测试图谱二

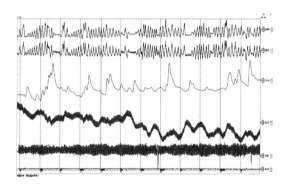

图 2 - 3 准绳问题测试图谱三

针对准绳问题测试的计算机统计结果见图 2 - 4：

图 2 - 4 准绳问题测试的计算机计算结果

（2）第一组隐蔽信息测试的主题是，黄某某是从哪个方向到达现场的。具体题目编排见表2-6：

表2-6 第一组隐蔽信息测试问题结构

序号	标识	类型	回答	内容
1	I1	O	是	今天是周三吗？
2	I2	O	是	你知道作案人是从什么方向来的现场吗？
3	R3	R	否	是从笋厂方向过来的吗？
4	R5	R	否	是从房子里边出来的吗？
5	R2	R	否	是从公园方向过来的吗？
6	R1	R	否	是翻墙过来的吗？
7	R4	R	否	从房子后面过来的吗？
8	I3	O	是	你是汉族吗？

针对第一组隐蔽信息测试的三组图谱见图2-5、图2-6、图2-7：

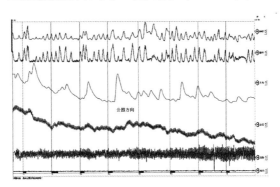

图2-5 第一组隐蔽信息测试图谱一

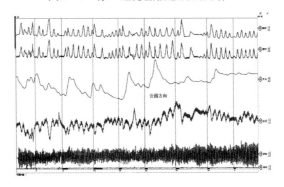

图2-6 第一组隐蔽信息测试图谱二

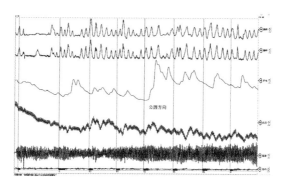

图 2 - 7　第一组隐蔽信息测试图谱三

（3）第二组隐蔽信息测试的主题是，作案工具是什么。具体题目编排见表 2 - 7：

表 2 - 7　第二组隐蔽信息测试问题结构

序号	标识	类型	回答	内　　容
1	I1	O	是	你是叫××吗？
2	I2	O	是	你知道作案的工具是什么吗？
3	R5	R	否	是斧头吗？
4	R2	R	否	是钢管吗？
5	R3	R	否	是砖头吗？
6	R1	R	否	是木棒吗？
7	R6	R	否	是其他别的工具吗？
8	R4	R	否	是石头吗？
9	I3	O	是	你是汉族吗？

针对第二组隐蔽信息测试的三组图谱见图 2 - 8、图 2 - 9、图 2 - 10：

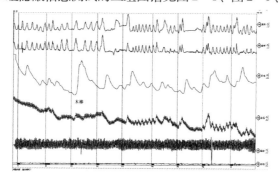

图 2 - 8　第二组隐蔽信息测试图谱一

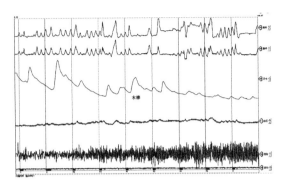

图 2-9 第二组隐蔽信息测试图谱二

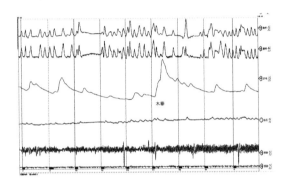

图 2-10 第二组隐蔽信息测试图谱三

针对第二组隐蔽信息测试的计算机评分结果显示，在木棒问题上有显著反应。具体见图 2-11：

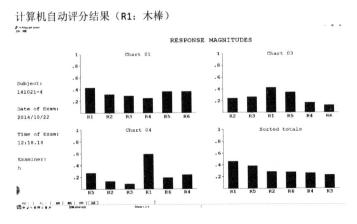

图 2-11 第二组隐蔽信息测试计算机分析结果

（4）第 3 组隐蔽信息测试的主题是，黄某某怎么遇上被害人的。具体题目编排见表 2 - 8：

表 2 - 8　第三组隐蔽信息测试问题结构

序号	标识	类型	回答	内　　　容
1	I1	O	是	你是叫××吗？
2	I2	O	是	你知道作案人是怎么遇到某某的吗？
3	R4	R	否	是跟踪的吗？
4	R1	R	否	是偶遇的吗？
5	R3	R	否	是埋伏的吗？
6	R5	R	否	是临时起意吗？
7	R2	R	否	是约定的吗？
8	I3	O	是	你是汉族吗？

针对第三组隐蔽信息测试的三组图谱见图 2 - 12、图 2 - 13、图 2 - 14：

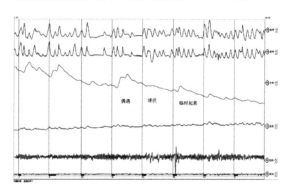

图 2 - 12　第三组隐蔽信息测试图谱一

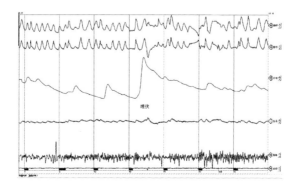

图 2 - 13　第三组隐蔽信息测试图谱二

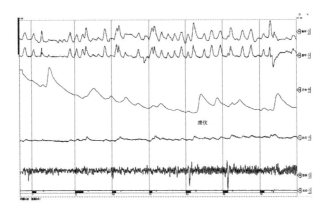

图 2 – 14   第三组隐蔽信息测试图谱三

针对第三组隐蔽信息测试的计算机评分结果，在埋伏问题上有显著反应。具体如下：

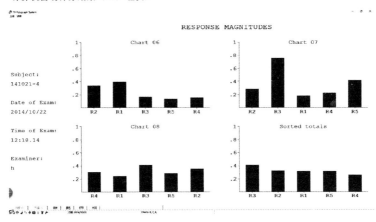

图 2 – 15   第三组隐蔽信息测试计算机评分结果

4. 结论分析

本次测试的结论为：嫌疑人未通过测试。准绳问题测试撒谎概率为94%，紧张峰测试相关情节有明显一致性反应。

5. 文档整理

在测谎结论得出后，测试人员填写测谎结论报告书，并整理文档。测谎文档应当包括测谎委托情况、被测人同意测谎书、案件简介、测谎题目、被测人的回答情况、测试图谱、测谎结论。

（三）测后审查

犯罪嫌疑人黄某某在测谎测试后的第二天早上交代了作案过程：当天晚上最后一次下班回家，路过商店时看到被害人黄某在商店门口喝啤酒，遂生邪念，想去教训他一顿。在路过公园门口时，本是打算回家的，但还是不由自主地停下来了，埋伏在路边伺机报复。等了好一会儿后，被害人黄某没有出现。正打算放弃时，被害人黄某出现了。待被害人黄某过来时，随手操起木棒袭击了被害人。至于袭击时的具体情形记忆不清楚。袭击完后，把木棒随手扔掉了。整个作案过程只有自己知道，家里没有人知道。根据犯罪嫌疑人交代，在案发现场附近水沟泥巴里找到了作案工具木棒一根。黄某某后经法院裁判认定为故意伤害罪。

第二节　认知神经科学测谎技术

随着认知神经科学的发展，1987 年，罗森费尔德（Rosenfeld）等人首次利用事件相关电位（Event-Related Potentials，ERP）进行测谎并获成功，为测谎开辟了一条新路径。事件相关电位是一种特殊的诱发脑电，可通过平均叠加技术对多个相同刺激进行叠加并从头颅表面记录到，反映认知过程中大脑的神经电生理变化。在测谎中运用最广、最稳定的事件相关电位指标是 P300。目前，事件相关电位用于测谎的效度已经在实验研究中得到证明，其准确率高于传统的多导仪测谎。功能磁共振成像（Functional Magnetic Resonance Imaging，FMRI）技术的研究和应用在过去十几年得到迅猛的发展，已被用于检测欺骗行为。功能磁共振成像主要致力于测量脑部结构与区域，探索基本的说谎过程及其脑区定位，为测谎研究提供依据。除了实验室研究，已经有功能磁共振成像测试结果被引入法庭的尝试。事件相关电位和功能磁共振成像测谎技术各有优缺点，虽然目前还不能代替传统的多导仪测试技术，但是其发展空间很大，二者的有机结合将是未来测谎及认知神经科学研究的发展趋势。

一、事件相关电位测谎技术

事件相关电位测谎是基于被测人对不同刺激的认知加工过程不同，致使引起的脑电变化不同，由测试人员根据案情设置不同内容的靶刺激和非靶刺激，比较二者引出的被测人脑电变化情况，从而判定被测人是否撒谎的一种技术。

（一）事件相关电位测谎的基础

1. 脑电图相关知识

大脑由神经细胞组成，这些神经细胞通过树突和轴突组成庞大的神经网络。电信号是由于神经元细胞膜两侧存在的电位差而产生的。在未受刺激状态下，细胞膜两侧的电位差处于相对稳定的水平。当细胞受到足够强的刺激时，细胞膜会在静息电位的基础上产生电位波动。一般认为脑电是皮层内神经细胞群同步活动时突触后电位的总和，是细胞群同时兴奋和抑制的结果。脑电可以在脑的内部、脑组织表面或头皮上被记录到。1924 年，德国精神科医师贝格尔（Berger）首次发现人类大脑存在自发形成的电位活动，并将其命名为脑电图。脑电图（Electroenceph-alogram，EEC），也称脑电波图，是通过电极记录下来的脑细胞群的自发性、节律性电活动，是大脑神经细胞总体活动（包括离子交换、新陈代谢等）的综合外在表现。[1] 细胞活动产生的生物电信号，通过大脑传导到头皮外表，可以通过放置在头皮各个部位上的金属电极检测到，但是信号相当微弱。电极把探测到的脑波信号输入脑电图仪，再由脑电图仪将这些微弱的信号放大并记录下来。脑电的变化能够客观反映大脑的活动状态，通过对脑电的分析可以解析大脑的信息处理过程和机制。

从大脑皮层记录的脑电信号近似于正弦波形，一般用周期、频率、振幅、位相等标识不同的脑电图。脑电的周期是指一个波从离开基线到返回基线所需的时间，即相邻的波峰到波峰或波谷到波谷的时间跨度，以毫秒（ms）为单位。频率是指同一周期的脑波在 1 秒（s）内反

---

〔1〕 李奇等：《视听觉信息整合脑机制研究》，国防工业出版社 2014 年版，第 29 页。

复出现的次数，以赫兹（Hz）为单位。一般认为脑电信号的频率范围在
0.5—30Hz。周期和频率为倒数关系，例如，1s 内有 10 个波峰通过，其
频率为 10Hz（次/s），平均周期为 1/10s 或 100ms。振幅，又称波幅，
是指一个波的波峰到波谷的距离，一般将相邻的两个波谷进行直线连
接，这两个波谷之间的波峰垂直到波谷连接线的距离即为该波的振幅
值，用微伏（μV）表示。正常人的脑电图振幅范围一般在 10—100μV。
位相，又称时相，指同一部位同一电极导联不同时间里或不同部位在同
一时间里所导出的脑波的位置关系。以脑电基线为标准，根据波形朝
向，位相被分为正相和负相，朝上的波为负相波，朝下的波为正相波。
周期、频率、振幅和位相是脑电的基本特征。频率和振幅代表了生理、
心理、病理等状态下的神经冲动的性质和强度，位相则代表产生冲动的
可能部位。除了这些基本特征外，脑电波还包括波形、调节和调幅、脑
电节律等特征。周期、基线和振幅的关系如图 2－16 所示：

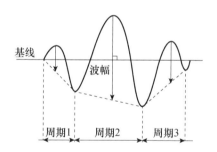

图 2－16　周期、基线和振幅的关系

　　脑电有多种分类方法，主要有按频率分类、按引起电位变化的原因
分类等分法。按频率的高低，脑电被分为 δ 波（dela）、θ 波（theta）、
α 波（alpha）、β 波（beta）[1]。δ 波是最慢的脑电波，频率为每秒
0.5—3 次电活动，振幅为 10—20 微伏。δ 波是婴儿脑电图中的主要节
律，觉醒的正常成年人无 δ 波，但在深睡时可出现。θ 波频率为每秒
4—7 次，振幅为 20—40 微伏，是儿童觉醒时脑电图的主要成分。成年
人觉醒时无 θ 波，但在轻睡或者意愿受挫折和抑郁时可出现。θ 波的出

---

〔1〕　黄希庭、郑涌：《心理学导论》（第 3 版），人民教育出版社 2015 年版，第 80 页。

现可视为中枢神经系统抑制的表现。α波是每秒8—13次的电活动，振幅为50—100微伏，是正常成年人脑电图的基本节律，一般认为与清醒状态下的放松状态相关。无外来刺激时，频率相当恒定，当感受到刺激时或进行有意识的智力活动时，α波会受到抑制，被β波取代。α波可作为安静、不瞌睡、不做定向思考时的精神状态的指标。β波是每秒13—30次的电活动，振幅为20—50微伏，以额叶及中央区最明显。β波一般代表大脑皮质的兴奋性，情绪激动或焦虑状态可使β波增多。

按照引起电位变化的原因，脑电被分为自发脑电（Spontaneous Potentials，SP）和诱发脑电（Evoked Potential，EP）。前者是指无特定的外加刺激，大脑只要在活动就会产生一种生物电，是由神经系统自发产生的电位变化。后者是指大脑在人体受到光、电、声等刺激时所产生的电位变化。由心理活动引起的诱发脑电比自发脑电更弱，通常淹没在自发脑电中，要测量诱发脑电，必须把它从自发脑电里提取出来。

脑电图受年龄、个体差异、意识状态、外界刺激、精神活动、药物和脑部疾病等因素影响。儿童脑电波幅偏低，以θ波为主。到成年时，脑波逐渐稳定，以α波为主。中年后随着脑机能的逐渐减退，脑波又会产生相应的变化。成年人觉醒而兴奋时的脑电主要是β波，觉醒而困倦时的脑电图就以α波占优势，入睡后以θ或δ慢波为主。声、光等外界刺激可引起α波抑制，刺激停止后α波很快恢复。当注意力集中在某一事物或做心算时，α波也会被抑制，转为低幅β波，而且精神活动越强烈，α波抑制效应就越明显。血糖、体温、妊娠等生理条件的改变都会直接影响脑波的变化。

2. 事件相关电位

事件相关电位是指外加一种特定的刺激，作用于感觉系统或脑的某一部分，在给予刺激时脑区出现的电位变化，是在自发脑电的基础上针对特定事件提取的脑电信号。[1] 事件相关电位是一种特殊的诱发脑电，

---

[1] E. Donchin, et al., *Cognitive Psychophysiology：The Endogenous Components of the Event-Related Potential*, Acadenue Press, 1978, p. 135.

可通过平均叠加技术对多个相同刺激进行叠加从而从头颅表面记录到，反映了认知过程中大脑的神经电生理变化，也因此而被称为认知电位。[1] 事件相关电位的应用始于 20 世纪 60 年代，目前已经发现了许多与认知过程密切相关的成分，被应用到医学、心理学、生理学、神经科学、人工智能等多个领域。其优点在于能够无创地连续记录脑内电位活动，而且具有很高的时间分辨率，可以达到毫秒级，是研究认知过程中大脑活动的不可多得的技术方法，被认为是"窥视"心理活动的"窗口"。[2]

事件相关电位有两个基本特征，即潜伏期恒定和波形恒定。潜伏期以刺激起始点到波峰顶点之间的时间段来表示，是神经活动与加工过程的速度与评价的时间。潜伏期恒定是指潜伏期与刺激之间有较严格的锁时关系，在呈现刺激的同时或在一定时间内瞬间出现诱发电位。波形恒定是指诱发电位有其特定的波形和电位分布。由于诱发电位具有恒定性，在重复测试时具有一致性，而自发脑电或噪声是随机变化的，有高有低。当多次重复某一相同刺激然后把这些刺激引起的电位变化进行叠加时，随机的自发电位或噪声在相互叠加时就出现正负抵消的情况，而与刺激有锁时关系的、时间和方向上一致的诱发电位（包括事件相关电位）有恒定性，不但不会被抵消，反而会不断增加其波幅。叠加 n 次后的事件相关电位波幅增大了 n 倍，除以 n，即可还原为一次刺激的事件相关电位数值。这就是经过平均获得一次诱发电位的数值的过程，这种电位也因此被称为平均诱发电位。通过叠加平均技术能够去除与目标事件无关的大脑电活动的变异，真实反应与特定感觉、运动或认知事件相关的神经活动。通过比较被测人在进行不同认知任务时所产生的事件相关电位变化，可以推测与这些认知任务有关的大脑区域。又由于事件相关电位具有极好的时间分辨率，可以达到毫秒级，所以能提供精确的认知活动的时序信息。

根据诱发电位的刺激通道不同，诱发电位被分为听觉诱发电位、视

---

〔1〕 需要说明的是，事件相关电位（Event-Related Potentials，ERP）中的"Potentials"为复数形式，事件相关电位的英文简称应为"ERPs"而不是"ERP"。但由于"ERP"被广泛应用，"s"也经常被省略掉。

〔2〕 黄希庭、郑涌：《心理学导论》（第 3 版），人民教育出版社 2015 年版，第 81 页。

觉诱发电位和体感诱发电位。视觉诱发电位是大脑皮质枕叶区对视觉刺激发生的电反应，属于长潜伏期的电位。听觉诱发电位是听觉系统在接收声音刺激后，从耳蜗至各级听觉中枢产生的相应电活动，是由一系列成分组成的波群，包括早中晚三组潜伏期。体感诱发电位是刺激肢体末端感觉纤维，在躯体感觉上行通路不同部位记录的电位。

事件相关电位的主要成分有 P300、CNV、MMN、N400 、C1、P1、N1、P2 等。[1] 与测谎研究密切相关的成分主要包括 P300、CNV、MMN 和 N400 等。

在测谎中运用最广、最稳定的事件相关电位指标是 P300。P300 是一种能从头皮上记录到的、在刺激出现后 300 毫秒左右出现的正向晚成分。P300 是萨顿（Sutton）在 1965 年发现的。萨顿采用 Oddball 实验模式进行实验，由出现概率很大的标准刺激和出现概率很小的偏差刺激组成两种刺激，两种刺激随机出现。偏差刺激具有偶然性，成为靶刺激。被测人发现偏差刺激后尽快按键或记忆其数目，可在偏差刺激呈现后约 300ms 观察到一个正波，这就是 P300。P300 潜伏期长，属于晚成分，是不受刺激物理特性影响的内源性成分，与认知过程密切相关。P300 具有几个特征：第一，P300 波幅与靶刺激出现的概率有关。[2] 靶刺激出现的概率越低，P300 波幅越大。在事件相关电位测试中需要选择合适的靶刺激和非靶刺激的概率。在 Oddball 的标准模式中，靶刺激的概率小于30%，且不能连续出现。第二，P300 的波幅与刺激信息量成正比关系。[3] P300 波幅反映的是刺激信息量和大脑耗费能量的关系。与无辜的被测人相比较，真正有罪的被测人能识别出与犯罪有关的更多信息，能激起有罪被测人的更高的 P300 波幅。第三，P300 波幅与被测人对刺

---

[1] 这些成分中，C1 是最早出现的事件相关电位成分。P1 出现在 C1 之后，一般开始于刺激后 60—90ms，在 120ms 左右达到峰值，主要出现在颞枕区。N1 出现在 P1 之后，主要出现在额中央区。P2 一般出现于刺激呈现后 200ms 左右，这一成分与任务加工有关，在刺激中包含靶特征时反应更大。靶刺激越罕见，它的反应越强。

[2] R. Square, et al. ,"The Effect of Stimulus Sequence on the Wave of the Cortical E-vent-Related Potential", *Science* , Vol. 22, 1976, pp. 31-40.

[3] H. Begleiter, et al. ,"P3 and Stimulus Incentive Value", *Psychophysiology* , Vol. 20, 1983, p. 95.

激的注意程度有关。如果刺激与被测人的任务无关，就不会出现 P300，或者只能有较小的 P300。因此在测试时需要给被测人安排一定的任务，如按键或数数。第四，P300 的波幅受任务难度影响。任务越难，脑的工作量越大，P300 波幅也越大。[1] 第五，电干扰将影响 P300 的准确测量。被测人如果有身体动作，如眨眼、乱动等，其产生的肌电会干扰 P300 的测试。关于 P300 对于认知过程的意义，一种观点认为，P300 代表知觉任务的结束，被测人对所期盼的靶刺激进行有意识加工时，顶叶或内侧颞叶部位被激活，产生负电位；当加工结束时，这些部位又受到抑制，于是出现了 P300。也有观点认为，P300 的潜伏期反映的是对刺激物的评价或分类所需的时间，P300 波幅反映的是工作记忆中表征的更新。后一种观点得到更多支持，这意味着 P300 可用来研究高级认知过程。[2]

失配性负波（Mismatch Negativity，MMN）是 N2 波的一个早成分，是在 1978 年由内泰宁（Näätänen）首先发现的。[3] 在实验过程中，在重复出现的大概率信号（非靶刺激）中随机插入小概率信号（靶刺激），要求被测人辨认小概率信号，小概率信号可以产生潜伏期为 100—200ms 的电位。同时，在实验中，要求被测人不要注意所有的刺激信号时，小概率信号同样会产生此种电位。这也说明，失配性负波不受注意影响，在注意及非注意时波幅没有显著差异，反映的是人脑对刺激差异的无意识加工，可以作为"脑对信息的自动加工"的证据。产生失配性负波的并不是刺激本身，而是刺激之间的差异。失配性负波能在非注意的无意识状态下产生，说明它反映了脑内不随人的主观意识转移的自动加工过程，是认知电位领域的一项重要指标。

关联性负变（Contingent Negative Variation，CNV）是反映人脑复杂心理活动的负向慢电位，是 1964 年沃尔特（Walter）在观察闪光和短声

---

〔1〕 J. Polich, "Attention, Probability, and Task Demands as Determinants of P300 Latency from Auditory Stimuli", *Electroencephalography & Clinical Neurophysiology*, Vol. 63, 1986, p. 251.

〔2〕 E. Donchin, "Surprise！-Surprise?", *Psychophysiology*, Vol. 22, 1985, p. 497.

〔3〕 R. Näätänen, "Mismatch Negativity: Clinicaland Other Applications", *Audilo Neurotol*, Vol. 5, 2000, pp. 105-110.

相继刺激的相互效应时首次发现的。[1] 关联性负变产生的重要因素是对预备信号的期待。在给被测人某一操作任务命令信号之前先给予警告信号，两个信号一般相距 1—2 秒。关联性负变在预备信号和命令信号之间产生，是心理负荷加重的一个客观指标，是期待、朝向反射、觉醒、注意和动机等多种心理因素综合构成的一种复合波。[2] 根据希拉（Hira）、松田（Matsuda）等人的研究，关联性负变也可以作为犯罪认知检测的有效生理指标。[3] 说谎的被测人有强烈的动机通过测谎，其认知过程和诚实的被测人的认知过程不一样，说谎的被测人心理负荷会加大，能诱发出更大的关联性负变。

N400 也是事件相关电位测试中常用的可靠指标。N400 是事件相关电位中的一种内源性成分，是潜伏期为 400ms 左右的负相波，是库塔斯（Kutas）于 1980 年发现的。N400 反映的是言语加工及识别过程中大脑的电位变化，只能由语言刺激产生，音乐刺激或几何图形等非语言刺激不能诱发 N400，因此，N400 也被称为"语言相关电位"。[4] N400 反映的是由语言刺激呈现的认知活动，要求被测人对作为刺激的语句有很好的理解力，受被测人文化程度的影响，在测试时需要就语句的意思向被测人进行必要的解释。库塔斯在 1998 的实验中还发现，N400 会随着年龄的增加而逐渐降低。[5] 当真正有罪的被测人受到与犯罪有关的错误语句的刺激时，由于他具有犯罪的相关知识，能够识别其中的错误，立即就会出现 N400。无辜的被测人由于没有犯罪的相关知识，不能识别其

---

〔1〕 T. Elbert, B. Rockstroh & S. Hampson, et al. , "The Magnetic Counterpart of the Contingent Negative Variation", *Electroencephalography & Clinical Neurophysiology*, Vol. 92, 1994, pp. 0-272.

〔2〕 M. Wagner & N. Rendtorff, et al. , "CNV, PINV and Probe-Evoked Potentials in Schizophrenics", *Electroencephalography & Clinical Neurophysiology*, Vol. 98, 1996, pp. 130-143.

〔3〕 付有志：《犯罪记忆检测技术——揭示刑事测谎技术的实质》，中国人民公安大学出版社 2004 年版，第 286 页。

〔4〕 T. L. Boaz, et al. , "Detection of Guilty Knowledge with Event-Related Potential", *Journal of Appiied-Psychology*, Vol. 76, 1991, pp. 788-795.

〔5〕 T. Miyamoto, et al. , "ERPs, Semantic Processing and Age", *International Journal of Psycholrhy Siology*, Vol. 29, 1998, pp. 43-51.

中的错误，会把它作为正常的句子来理解。当被测人分别阅读如实反映犯罪情节的句子和与真实情节不符合的句子时，后者将诱发显著的N400，测谎准确率为78%。[1] N400运用于测谎的准确率也得到了波耶兹（Boaz）等人于2004年进行的模拟犯罪实验的证实。

（二）事件相关电位测谎的原理和方法

1. 事件相关电位测谎的原理

传统多导仪测谎的原理是被测人在撒谎时因恐惧、害怕等情绪影响或者受新异刺激产生的朝向反射影响，会产生强烈的心理反应，心理反应引发生理反应，再由生理反应反推心理反应的过程。与这种间接了解思想内容的方法不同，事件相关电位测谎的原理是被测人对不同刺激的认知加工过程不同，引起的脑电变化不同，由仪器同步记录脑电变化，再比较各刺激引出的脑电波幅的高低，判定被测人是否撒谎。事件相关电位测谎并非测量外周效应器的反应，而是直接检测大脑的活动，成为测谎的新技术。

在利用事件相关电位测谎时，P300是被使用得最多、研究成果最丰富的一种脑电指标。最早利用事件相关电位进行欺骗检测的是三宅玲奈（Miyake），他的研究表明，只要被测人能识别刺激信息，就会诱发P300。P300可以作为测试犯罪认知的有效指标。[2] 随后，罗森费尔德也利用P300进行测谎研究，并获得了成功。[3] P300波幅与接受的刺激信息量正相关，测谎中把与案情有关的事件或情节设为靶刺激，对于真正有罪的被测人来说，该刺激含有更丰富的信息，激起的波幅高于对照刺激的波幅；而对无辜的被测人来说，靶刺激与对照刺激包含的信息量是一样的，两者激起的波幅不会有显著差别。P300的潜伏期反映的是对刺

〔1〕 T. L. Boaz, et al.,"Detection of Guilty Knowledge with Event-Related Potential", *Journal of Applied Psychology*, Vol. 76, 1991, pp. 788-795.

〔2〕 T. Miyake, et al.,"Event Related Brain Potentials as an Index of Detection of Deception Report of National Research Institute of Police Science", *Research on Forensic Science*, Vol. 39, 1986, pp. 132-138.

〔3〕 J. P. Rosenfeld,"Late Vertex Positivity in Event-Related Potentials as a Guilty Knowledge Indicator: A New Method of Lie Detection", *Internation Journal of Neuroscience*, Vol. 34, 1987, pp. 1220-1251.

激进行编码、识别和分类的认知过程所需要的时间。利用事件相关电位测谎时，把与案情有关的事件或情节设为靶刺激，对于真正有罪的被测人来说，脑内都将进行对靶刺激的编码、识别等加工过程，反应时间较长。

虽然事件相关电位主要测试指标的产生不需要撒谎机制的介入，但是撒谎行为的介入会增加这些指标的幅度。根据事件相关电位的原理，只要给予的刺激与被测人记忆中的信息吻合，就会在对信息的认知过程中产生 P300 等指标。[1] 但是，事件相关电位测试过程中不可避免地会伴随着撒谎行为。以最常用的三刺激测谎范式为例，对真正的罪犯来说，探测刺激是与犯罪有关的信息，是他能够识别的信息，但是他却被要求做出按键反应，表示不能识别这个信息。那么他在做出按键反应的时候，就是在撒谎。此时，就有撒谎因素对事件相关电位发挥作用。一系列的实验表明，撒谎行为能增强事件相关电位。如，维索尔伦（Verschuere）要求被测人分别对自己的名字做出撒谎和诚实反应，结果表明，无论是诚实还是撒谎都会产生明显的 P300，但是，与诚实反应相比，撒谎时的 P300 更明显。[2] 撒谎行为增强 P300 幅度也被迈耶雷（Meijer）等人[3]、入户野宏（Nittono）等人[4]的研究所证实。

2. 事件相关电位测谎的方法

事件相关电位测试的基本方法是，把与案件有关的语句、图片等作为靶刺激，把与案件无关的图片或语句设定为非靶刺激，通过一定的模式把不同的刺激呈现给被测人，记录其脑电波反应，然后比较被测人在

---

[1] J. P. Rosenfeld, et al. ,"P300-Based Detection of Concealed Autobiographical Versus Incidentally Acquired Information in Target and Non-Target Paradigms", *International Journal of Psychophysiology*, Vol. 60, 2006, pp. 251-259.

[2] B. Verschuere, et al. ,"The Role of Deception in P300 Memory Detection", *Legal and Criminological Psychology*, Vol. 14, 2009, pp. 253-262.

[3] Ewout H. Meijer, Fren T. Y. Smulders & Ann Wolf,"The Contribution of Mere Recognition to the P300 Effect in a Concealed Information Test", *Applied Psychophysiology and Biofeedback*, Vol. 34, 2009, pp. 221-226. .

[4] K. Kubo & H. Nittono,"The Role of Intention to Conceal in the P300-based Concealed Information Test", *Applied Psychophysiology and Biofeedback*, Vol. 34, 2009, pp. 227-235.

靶刺激与非靶刺激上的指标差异来判断被测人与所测案件之间的关系。

在进行事件相关电位测试时，一般要进行如下步骤：（1）了解案情，根据案件情况选择靶刺激和非靶刺激。[1] 作为靶刺激的一般是现场的痕迹、物品、作案工具、涉案人物等。选定的靶刺激必须是被测人有记忆而且除作案人和侦查人员之外没有其他人知道的。非靶刺激要求与靶刺激具有同质性，但又不能与案件有关联。在选择非靶刺激时要避免主题外的干扰，避免激起被测人记忆中的另一相似事件。（2）把选定的刺激拍摄成照片。（3）选择合适的靶刺激和非靶刺激的比例，一般是3∶7的比例。因为小概率的靶刺激对有罪被测人来说是可以识别的有意义的刺激，能诱发出一个明显的事件相关电位。（4）对被测人进行测前指导。说明测试的原理和过程，讨论案情促使其记忆唤醒，但要避免泄露具体的细节。（5）进行正式测试。把事件相关电位仪的感应电极放在被测人头部，然后随机播放照片进行测试。在播放照片时可以给被测人一定的任务，如要求被测人看到照片中有自己认识的东西就按键，也可以不作反馈。（6）统计分析刺激产生的数据，比较被测人对靶刺激和非靶刺激形成的脑电区别是否达到显著程度，判断被测人对靶刺激是否知情，从而确认其与案件的关系。[2]

（三）事件相关电位测谎的实验室研究和实践运用

目前关于事件相关电位在测谎中的运用主要是在实验室进行的，只有为数不多的实践运用报道。实验研究证明事件相关电位测谎是可行的，其准确率高于传统的多导仪测谎，可以大大降低假阳性率和假阴性率。1987年，罗森费尔德等人首次使用事件相关电位进行测谎研究，编题采用犯罪情景测试技术。被测人被要求"偷走"9个物品中的1个，实验中将此物品与其他物品的名字一起随机呈现，并记录由此引起的P300。实验发现，被测人只在其"偷走"的物品名字上出现了明显的

[1]　靶刺激是在同一个刺激序列中出现概率低的刺激，也称为目标刺激；非靶刺激是在同一个刺激序列里出现概率大的刺激，也称为陪衬刺激。

[2]　根据杨文俊教授等人的研究，当被测人对靶刺激和非靶刺激形成的脑电差异达到50%才可以认定为显著差异。参见杨文俊等：《利用视觉事件相关电位了解思维内容：测谎可能性的初步研究》，《中国心理卫生杂志》1992年第5期。

P300成分。[1]1991年，罗森费尔德等人用准绳问题测试编题技术进行了单个被测人的实验。结果表明，在 Oddball 实验模式下，在主测验前安排的强制重复程序（审讯）能十分有效地引起 P300。[2] 1991年，法莘尔（Farwell）和唐奇安（Donchin）等人用犯罪情景测试编题技术进行实验。实验中，所有的刺激都由短语组成，其中17%为靶刺激。结果表明，靶刺激引起的 P300 最大，测出被测人记忆中存在的相关知识的准确率为87%。[3] 1992年，约翰逊（Johnson）和罗森费尔德等人采用改进的准绳问题测试编题技术进行实验，强制被测人在测试前回忆其所做过的反社会行为，要求被测人看到靶刺激时按"是"键，结果发现，"罪犯"和"无辜"被测人组间的 P300 波幅存在显著差异。[4] 1993年，三宅玲奈等人利用120件案件作为测试情境，分别利用听觉事件相关电位和视觉事件相关电位进行测试。测试发现，事件相关电位探测被测人大脑活动情况时具有非常高的灵敏度，其中，视觉事件相关电位优于听觉事件相关电位。[5] 目前，事件相关电位用于测谎的效度已经在实验研究中取得了成功，但是实地研究还相当缺乏，其效度还有待于进一步的验证。

国内学者于20世纪90年代就开始了对事件相关电位测谎技术的研究。1992年，杨文俊教授等人初步证明了 P300 用于测谎的可行性。他们的研究以 P300 波幅和波面积为检测指标，阳性率达90%以上，无假

〔1〕 J. P. Rosenfeld, et al. , "Late Vertex Positivity in Event-Related Potentials as a Guilty Knowledge: Indicator a New Method of Liepdetection", *International Journal of Neuroscience*, Vol. 34, 1987, pp. 125-129.

〔2〕 J. P. Rosenfeld, et al. , "An ERP-Based, Control-Question Lie Detector Analog: Algorithms for Discriminating Effects Within Individuals Average Waveforms", *Psychophysiology*, Vol. 28, 1991, pp. 319-335.

〔3〕 L. A. Farwell & E. Donchin, "The Truth will out: Interrogative Polygraphy ('Lie Detection') with Event-Related Brain Potentials", *Psychophysiology*, Vol. 28, 1991, pp. 531-547.

〔4〕 M. M. Johnson & J. P. Rosenfeld, "Oddball-Evoked P300-Based Method of Deception Detection in the Laboratory: H. Utilization of Non-Selective Activation of Relevant Knowledge", *International journal of Psychophysiology*, Vol. 12, 1992, pp. 289-306.

〔5〕 M. Miyake & T. Mizutani, "Event Related Potentials as an Indicator of Detecting Information in Field of Polygraph Examinations", *Polygraph*, Vol. 22, 1993, pp. 131-149.

阳性结果。[1] 1996 年，廖四照等人进行的事件相关电位测谎技术的实验室研究证明了 P300 用于测谎的准确性。[2] 他们还就心理因素对事件相关电位测试准确率的影响进行了研究。[3] 1999 年，周亮等人进行了把 P300 用于模拟盗窃测谎的实验室研究，再一次验证了把 P300 用于测谎具有较高的准确性。[4] 在一系列的实验室研究取得成功之后，付翠把 P300 用于实际刑事案件的测谎。实案测谎研究发现，测试准确认定犯罪嫌疑人的比例为 80.16%，即测试结论的阳性率为 80.16%，无假阳性错误。[5] 2009 年，崔茜等人采用延时反应范式将 P300 和关联性负变结合起来进行测谎，提高了测谎的效度，同时还观察到了两种指标在测谎效果上的分离。[6]

关于反测谎行为是否影响事件相关电位测试的可靠性，有不同的观点。一般认为，事件相关电位的主要指标，如 P300，反映的是个体接受刺激后对刺激进行识别、编码和分类所需要的时间，并不包括对反应作出选择和执行的时间。这也就意味着，P300 已经出现了，人还没有作出如何选择和执行的决定，因此，人的意识无法控制 P300 的出现，也就不受反测谎的干扰。这也被认为是事件相关电位相较传统测谎方法的一大优势。然而，后来有研究发现，反测谎同样可以显著降低 P300 测谎的准确率。[7] 当被测人在非靶刺激上附加任务时，就会增加非靶刺激的 P300 波幅，同时由于任务的增加分散了认知资源，导致靶刺激

---

〔1〕 杨文俊等：《利用视觉事件相关电位了解思维内容：测谎可能性的初步研究》，《中国心理卫生杂志》1992 年第 5 期。

〔2〕 廖四照等：《房间照片视觉事件相关电位用于测谎的实验研究》，《第一军医大学学报》1996 年第 4 期。

〔3〕 廖四照、杨文俊：《被试者心理因素对事件相关电位测谎准确性的影响》，《临床脑电学杂志》1996 年第 2 期。

〔4〕 周亮等：《P300 用于模拟盗窃测谎中的实验性研究》，《中国临床心理学杂志》1999 年第 1 期。

〔5〕 付翠：《基于事件相关电位的测谎技术研究进展》，《刑事技术》2009 年第 1 期。

〔6〕 崔茜等：《P300 和 CNV 在 GKT 的延时反应范式中测谎效果的分离》，《心理学报》2009 年第 4 期。

〔7〕 J. P. Rosenfeld, et al. , "Simple, Effective Countermeasures of P300-Based Tests of Detection of Concealed Information ", *Psychophysiology* , Vol. 41, 2004, pp. 205-219.

P300 波幅的降低。非靶刺激波幅增大的同时靶刺激的波幅下降，使靶刺激和非靶刺激之间的差异变得不显著，测谎的准确率下降。然而，这一研究受到了批判，相反的研究表明事件相关电位具有对抗反测谎措施的能力。

当前测谎研究以 P300 为主要测试指标，以犯罪情景测试技术为主要的编题方法，以 Oddball 范式进行刺激，仅仅从探测信息的角度而忽略对情绪的使用来进行测谎研究，会限制测谎的应用方式。将来的发展趋势应当更加关注情绪对测谎结果的影响，把事件相关电位与情绪相结合，而不仅仅只是关注脑电变化。此外，当前的事件相关电位研究主要是实验室研究，虽然报道的准确率相当高，但是还缺乏实地研究。加大实地研究对事件相关电位测谎结果的法庭应用有重要意义。

二、功能磁共振成像测谎技术

功能磁共振成像的研究和应用在过去十几年有一个突飞猛进的发展，现已被用于检测欺骗、国防和法律等领域。在可控实验条件下，这一技术已显示出初步前景。应用功能磁共振成像进行测谎是最近开发的技术，主要致力于测量脑部结构与区域，探索基本的说谎过程及其脑区定位，为测谎研究提供依据。

（一）功能磁共振成像测谎的基础和原理

功能磁共振成像技术是功能神经影像技术的一个分支。功能神经影像技术被用于测量大脑各方面的功能，了解大脑活动区域和刺激、认知、行为或神经过程等具体任务之间的关系。功能神经影像技术包括多通道脑电图、脑磁图（MEG）、正电子发射断层扫描（PET）、功能磁共振成像等。[1] 功能神经影像学技术在神经科学、心理学和行为科学中得到广泛应用。近年来，神经影像技术的发展对阐明欺骗行为发生的神经基础和心理机制发挥了重要作用，尤其是功能磁共振成像技术使得人

---

〔1〕 脑电图、脑磁图检测脑电或脑磁场波动的神经元活动，正电子发射断层扫描、功能磁共振成像等检测有关神经活动的脑血流量变化。这些技术相辅相成的，各自针对复杂神经过程的一个领域。

们可以对中枢神经系统进行形态学和功能状态的显像研究，为测谎技术的发展提供了新的机遇。

人体血液中含有两种血红蛋白分子，一种是与氧结合的含氧血红蛋白，一种是不与氧结合的脱氧血红蛋白。含氧血红蛋白具有抗磁性，脱氧血红蛋白为顺磁性，血液中氧含量的变化会产生不同程度的磁共振信号变化，而且，变化的大小与磁场强度的平方成正比。利用血氧水平依赖（Blood Oxygen Level Dependent，BOLD）对比度的功能磁共振成像技术诞生于1992年，是一种把刺激在相应脑区的反应状态影像化的技术。此后，磁共振成像技术被用于测量血氧含量的变化[1]，进一步地，又被用来测量大脑在不同任务下的功能区域和活动情况。功能磁共振成像的基本思想是，大脑的神经活动会引起磁共振信号强度的改变，因此可以通过测量这些变化，反过来推测大脑活动时人的心理和认知情况。这一思想被用于脑认知研究时就表述为，被测人受到某种刺激或完成某种认知任务时，与这些刺激相关的大脑功能区的神经元簇的活动会加强，引起与其邻近部位血管的血流量显著增加，且其增幅高于神经元代谢活动所需的氧消耗量的增加，这样，神经元活动区的脱氧血红蛋白含量少于含氧血红蛋白，脱氧血红蛋白的浓度就会降低。又由于脱氧血红蛋白是顺磁性的，就能够检测到血氧水平依赖信号。[2] 虽然这一信号很微小，但是，通过适当的后期处理可以将这种代表神经元兴奋活动的信号提取出来。

欺骗是一个复杂的认知及情绪过程，它包含了对真实反应的抑制过程和欺骗反应的产生过程，依赖于两种认知心理机制：其一是心智理论，该理论是指个体具有理解自己与他人的情绪意图、期望、思考和信念等心理状态，并借此信息预测和解释他人行为的能力。其二是义务推理理论，表征个体对社会规则的知晓以及能够分析触犯它们的后果的能力。欺骗的认知过程包括欺骗者了解受骗者的想法、回忆记忆里的信息、分析欺骗可能引发的后果，并且自我控制情绪以及相应行为，抑制

〔1〕　Bandettini，et al.，"Time Course EPI of Human Brain Function during Task Activation"，*Magnetic Resonance in Medicine*，Vol. 25，1992，pp. 390-397.

〔2〕　唐孝威等主编：《脑功能成像及在人文社会科学中的应用》，浙江大学出版社2018年版，第5页。

说实话的优势反应，构建说谎的新的信息框架。欺骗是一个类似于执行的过程，需要控制冲突、抑制反应等认知活动的参与。这些认知活动与前额叶皮层和前扣带皮层密切相关。研究发现，欺骗比诚实回答问题会激活更多的脑部区域，如大脑的前扣带回脑皮质、前额叶上部和左运动前区等区域，这些区域在被测人说谎时活动较为激烈，说谎时的反应时长于说真话的反应时。通过功能磁共振成像扫描大脑，检测人脑特定区域的血氧变化可以判断被测人是否撒谎。[1]

（二）功能磁共振成像测谎的理论研究和诉讼应用

1. 理论研究进程

最先应用功能磁共振成像测谎的是英国精神病学家史宾斯（Spence）等人。2001 年，他们以听觉和视觉两种方式向被测人呈现日常生活事件相关问题，要求被测人通过按键分别各作一次说谎回答和诚实回答。结果发现，无论以何种方式呈现刺激，说谎的反应时都显著长于诚实。同时，他们还发现脑部区域中与反应抑制相关的腹外侧前额叶的活动在说谎时显著加强。研究表明，说谎过程需要抑制诚实作答这一优势反应，因而延长了反应时；撒谎时与冲突控制及反应抑制有关的脑部区域被激活。他们还进一步验证，撒谎激活的与认知需求联系的脑部区域包括右腹外侧前额叶、左腹外侧前额叶和内侧前运动区。[2] 在其他人员随后进行的研究中，虽然进一步验证了撒谎与脑部区域的活动有关，但在表明欺骗的脑区活动模式上有些许差异，这意味着并不存在独特的与欺骗有关的模式。[3] 此外，加尼斯（Ganis）等人研究发现，人们在说谎时大脑的活动取决于情境，被测人对当前测试的问题是否感觉强烈、谎言被识破的风险等问题也会影响脑区的活动。[4] 科泽尔（Kozel）

[1] 张筱晨、李学军：《FMRI 测谎技术及其在侦查中的作用》，《山东警察学院学报》2009 年第 6 期。

[2] S. A. Spence, et al. ,"Behavioural and Functional Anatomical Correlates of Deception in Humans", *Neuroreport* , Vol. 12, 2001, pp. 2849-2853.

[3] N. Abe, et al. ,"Dissociable Roles of Prefrontal and Anterior Cingulated Cortices in Deception", *Cerebral Cortex* , Vol. 16, 2006, pp. 192-199.

[4] G. Ganis, et al. ,"Neural Correlates of Different Types of Deception: An Fmri Investigation", *Cerebral Cortex* , Vol. 13, 2003, pp. 830-836.

等人进一步研究发现，在相同的识谎实验中，不同的个体也会显示出不同的脑区活动差异。[1]

2005 年，宾夕法尼亚大学放射科专家达维特泽科斯（Davatzikos）的研究表明功能磁共振成像判断的正确率达到 99%，可以利用功能磁共振成像对说谎进行测试。[2] 兰格尔本（Langleben）等人尝试将功能磁共振成像测谎技术从单纯的理论研究延伸至实践应用。研究发现，结合隐蔽信息测试技术，功能磁共振成像技术对单个个体测谎的正确率在 78%—93%，肯定了功能磁共振成像应用于实务的可行性。[3] 科泽尔等人的研究也进一步验证了上述结果。[4] 2006 年天普大学（Temple University）的穆罕默德（Mohamed）等人对被测人同时进行了功能磁共振成像测谎和隐蔽信息测试测谎，研究结果表明，在所有测试中，隐蔽信息测试和功能磁共振成像都能准确地区分"有罪者"与"无辜者"。[5]隐蔽信息测试与功能磁共振成像结合进行的研究使用脑电图代替呼吸和皮肤电来测量脑活动，进而对隐藏信息进行检测。

2007 年，美国麦卡阿瑟基金会出资 1000 万美元，启动了"法律与神经科学计划"，计划的目的之一是建立基于功能磁共振成像以及其他大脑扫描技术的测谎手段标准，以确立这种测谎技术是否可行。[6]

〔1〕 F. A. Kozel, et al., "A Pilot Study of Func-Tional Magnetic Resonance Imaging Brain Correlates of Deception in Healthy Young Men", *Journal of Neuro-Psychiatry and Clinical Neuroscience*, Vol. 16, 2004, pp. 295-305.

〔2〕 C. Davatzikos, et al., "Classifying Spatial Patterns of Brain Activity with Machine Learning Methods: Application to Lie Detection", *Neuroimage*, Vol. 28, 2005, pp. 663-668.

〔3〕 Daniel D. Langleben, et al., "Telling the Truth from Lie in Individual Subjects with Fast Event-Related fMRI", *Human Brain Mapping*, Vol. 26, 2005, pp. 262-272.

〔4〕 F. A. Kozel, et al., "Detecting Deception Using Functional Magnetic Resonance Imaging", *Biologica Psychiatry*, Vol. 58, 2005, pp. 605-613.

〔5〕 F. B. Mohamed, et al., "Brainmapping of Deception and Truth Telling about an Ecologically Valid Situation: An FMRI and Polygraph Investigation-Initial Experience", *Radiology*, Vol. 238, 2006, pp. 679-688.

〔6〕 《测谎仪的尴尬》，http://www.sciam.cn/article.php? articleid = 2338，2018 年 9 月 3 日访问。

2. 诉讼应用尝试

在美国，已经有功能磁共振成像测试结果被引入法庭的尝试。2005年，在娱乐软件协会诉布拉戈耶维奇案（Entertainment Software Association v. Blagojevich）中，伊利诺伊州试图引入基于功能磁共振成像结果的专家证词，以捍卫其暴力视频游戏条例的合宪性。虽然法官基于可信度不足而拒绝承认这些结果，但未来可能会有更多的诉讼来尝试承认功能磁共振成像的结果。[1] 为了在司法程序中被接受为证据，功能磁共振成像需要跨越几个障碍，包括《联邦证据规则》第403条、第702条以及美国联邦最高法院在道伯特诉梅里尔道药品公司案（Daubert v. Merrell Dow Pharmaceuticals, Inc.）[2] 中引入的科学证据检验条件。

考虑到大脑成像技术的复杂性，功能核磁共振成像的结果需要满足《联邦证据规则》第702条的规定。根据该规则，功能磁共振成像结果成为证据的主要障碍是其缺乏"足够的事实或数据"。"虽然已经完成了几项研究，还有更多的研究正在进行中，但科学界对这项技术的可靠性，甚至有效性还没有达成共识。"功能磁共振成像结果成为证据的另一个障碍是，法官必须认同关于功能磁共振成像测试结果是"可靠原则和方法的产物"。但是，功能磁共振成像数据分析的原则和方法是基于学术团体进行的探索性和验证性研究产生的数据。[3] 此外，《联邦证据规则》第403条规定，如果有关证据的证明价值被不公平的偏见、混淆问题、误导陪审团的危险、不适当的延误等因素大大超过，则可以排除相关证据。即使数据可能通过道伯特分析，由于担心陪审团会高估它的价值，法院也会排除它。在功能磁共振成像测谎结果能否作为证据的问题上，无论司法上如何犹豫，法庭已经现实地面临着承认这些证据的问题。[4] 2009

---

〔1〕 See Entm't Software Ass'n v. Blagojevich, 404 F. Supp. 2d 1051, 1063-64, 1067 (N. D. Ill. 2005).

〔2〕 Daubert v. Merrell Dow Plarmaceuticals, Inc. , 509 u. s. 579 (1993).

〔3〕 L. R. Tancredi & J. D. Brodie,"The Brain and Behavior：Limitations in the Legal Use of Functional Magnetic Resonance Imaging ", *Am. J. L. & Med.*, Vol. 33, 2007, pp. 271, 272-73.

〔4〕 Brian Reese,"Using Fmriasa Lie Detector-Are we Lying to ourselves?", *Albany Law Journal of Science and Technology*, Vol. 19, 2009, p. 205.

年 3 月，美国加利福尼亚州一个青少年性虐待的案件中，被告的辩护律师向法庭提交了一份功能磁共振成像测谎报告，请求将其列为证据以证明被告的陈述是可信的。[1] 2010 年，美国诉赛姆洛案（Unitecl Statcs v. Semrau）的被告人希望提交功能磁共振成像测谎的测试结果。在道伯特听证会上，法官接受了三名专家证人的证词。地方法官发现，功能磁共振成像测试已经在实验室中进行了研究，该测试的正确率约为 90%，研究结果发表在同行评审的期刊上。但是，另一位参加听证会的专家表示，这些研究数据太少，无法提供有效的数据。更重要的是，这些研究是在与实际刑事案件截然不同的实验室情况下进行的；在实验环境中撒谎的被测人的大脑活动，可能与为了逃避惩罚而对过去发生的事情撒谎的被测人的大脑活动不同，即"不同类型的谎言可能产生不同的大脑模式"。地方法官裁定，功能磁共振成像测谎并没有被科学界普遍接受用于现实环境。此外，根据《联邦证据规则》第 403 条，功能磁共振成像测试结果也是不可接受的。这些证据的证明价值大大超过了对另一方的不公平偏见的风险。裁判官也表达了对证据可能会不恰当地削弱陪审团在评估可信度中的作用的担忧。一些观点认为，短期内，赛姆洛案可能会阻止在法庭程序中提供功能磁共振成像测谎证据的努力。未来，将功能磁共振成像与其他神经科学工具相结合的创新可能会为现实世界的测谎提供有效的方法，但要确定这一点，还需要更多的研究。[2]

（三）功能磁共振成像测谎的优势与不足

包括功能磁共振成像和事件相关电位技术在内的脑功能测量技术在基础心理生理学中非常具有吸引力，有观点认为，选择适当的大脑功能进行测量比测量任何其他有关说谎的心理过程都更进一步。[3] 从理论上来说，功能磁共振成像技术比多导仪测谎更具有优势。其一，测谎的原

[1] MRI Lie Detection to Get First Day in Court，http；//www. wired. com/wiredscience/2009/O3/noliemri/，2018 年 10 月 5 日访问。

[2] The Magistrate Judge Prepared a Report and Recommendation for the Trial Court Judge in Semrau's Criminal Case. United States v. Semrau，Report and Recommendation，No. 07-10074，2010 U. S. Dist.（W. D. Tenn.，May 31，2010）.

[3] 李安、房绪兴：《侦查心理学——侦查心理的理论与实践》，中国法制出版社 2005 年版，第 183 页。

理更可靠。多导仪测谎是基于刺激-心理反应-生理反应-心理反应的刺激反应原理，从生理反应反推心理反应的过程。虽然有众多的心理生理学理论论证了这个推断过程的客观性，但是仍然不乏质疑之声。功能磁共振成像测谎是基于对撒谎的认知过程的认识，认为撒谎是一个比说实话更难的过程，需要控制冲突、抑制反应等认知活动的参与，撒谎将激活特定脑部区域。通过测量与撒谎有关的脑部区域就可以判断是否有撒谎。其二，检测指标更直接，更具有客观性。多导仪测谎检测皮电、呼吸、血压和脉搏等指标，这些指标利用交感神经系统的反应，容易受到主观因素的影响，因此，多导仪测试受被测人反测谎措施干扰较明显。多导仪测谎的这些缺陷正是功能磁共振成像测谎技术的优势。功能磁共振成像测谎是直接测量脑部血氧含量的变化，直接检测大脑是如何运作的，能够更好地排除其他因素所导致的外在生理变化，具有直接性，技术的客观性、准确性更高。正因为如此，一些研究者将其描述为检测"直接产生谎言的器官"[1]，类似的观点将其视为"直接透视人类想法、感情、意图和认识的发源地"[2]。除了上述优点，功能磁共振成像最突出的优点是具有较高的空间分辨率，但时间分辨率低，只能记录到撒谎后大脑功能变化的最终结果。与之相比，事件相关电位时间分辨率高，在时间上能够做到与谎言同步，可监测大脑的即时活动，能区别感觉和认知加工，但空间分辨率较低。二者的有机结合将是未来测谎及神经认知科学研究的发展趋势，但是，它们目前还远不能作为多导仪测谎的替代物。[3]

---

[1] G. Ganis, et al., "Neural Correlates of Different Types of Deception: An fMRI Investigation", *Cerebral Cortex*, Vol. 13, 2003, pp. 830-836.

[2] P. R. Wolpe, et al., "Emerging Neurotechnologies for Lie-Detection: Promises and Perils", *The American Journal of Bioethics*, Vol. 5, 2005, pp. 9-49.

[3] 事件相关电位和功能磁共振成像的有机结合应当是未来测谎研究的发展趋势，即通过给予被测人相关事件刺激，在进行功能磁共振成像的同时，检测事件相关电位。在分析不同时相的功能磁共振成像空间功能定位的同时观察事件相关电位的各主要成分，包括P300，N400、关联性负变等的时间变化曲线，结合功能磁共振成像的空间功能定位结果与事件相关电位的时间变化曲线，充分发挥功能磁共振成像的高空间分辨率和事件相关电位的高时间分辨率优势，得到高空间分辨率和高时间分辨率的大脑活动动态过程，直接显示被测人在撒谎和说实话时的认知反应与脑活动的关系，进一步揭示说谎的特异反应。

功能磁共振成像技术的缺点在于，其理论研究还不成熟，实践应用也存在困难。目前为止，功能磁共振成像应用于测谎的研究还处于起步阶段，与测谎有关的很多方面还没有涉及。有些在其他测谎技术中存在的问题也同样存在于功能磁共振成像测谎中，例如缺乏与欺骗有关的线索、很难控制个体心理差异等。研究者对伴随说谎的特定认知、情绪过程并没有达到足够的认识，探测到的撒谎的大脑活动成像信号是否能够与其他活动的成像信号加以区分尚不明确。功能磁共振成像用血氧水平依赖技术来检测血流动力学响应，并不是直接测量脑神经元、脑电或者脑内化学成分的变化，只是一种间接测量神经活动的方式。由于神经活动和它引起的局部血流动力学改变具有不同时相，检测到的功能磁共振信号实际上稍滞后于大脑活动，这在一定程度上限制了功能磁共振成像的时间分辨力。而且，当前进行的研究主要是实验室研究，但在实验条件下模拟欺骗不能视同真实生活中的欺骗，不能达到与真实说谎情境下一致的恐惧感、冲突心理等伴随的精神压力，因此难以达到与实地研究相同的情绪唤起水平，而与说谎相关的情绪成分不足可能会影响测试的准确性。故在当前阶段，这些结果是否可以推广到非试验环境仍有待确定。当前的研究一般是采用各实验组个体的平均结果，与运用脑成像对不同个体进行测谎的要求背道而驰。虽然也有一些零星的关于个体差异的功能磁共振成像研究，为在测谎中进一步运用功能磁共振成像提供了可能性，但是尚无足够多的临床研究数据来进一步确定这项技术的准确率，部分研究人员对将该技术大规模应用于实践领域——尤其是法庭科学领域，持保留态度。

测谎中运用功能磁共振成像技术还存在其他的适用性难题。该技术使用的核磁共振扫描仪价格昂贵，维护和使用成本高；对配套硬件条件要求较高，要有足够稳定的磁共振成像系统性以保证功能磁共振信号的可靠性；对磁场强度也有要求，因为磁场越强，由血氧水平依赖效应产生的磁共振信号变化也越大。以识别谎言为目的的扫描需要持续一个小时左右，随后进行的复杂的数据分析还需要几个小时。此外，寻找测试的被测人也不容易，因为接受功能磁共振成像扫描是件非常不舒服的事情。被测人头部被固定，必须平躺，不能乱动，在检测过程中不能和外界进行交流。扫描器内部又黑又窄，机器运转时十分嘈杂。测试中需要使用大型超导磁铁，被测人体内任何含铁的物体都可能损害其健康，甚至因此而送命。还有很多人有幽闭恐惧症，也不能成为这种测试的被测人。这一切使得功能磁共振成像很难应用到实践当中。

因此，尽管当前对说谎的神经影像研究获得了丰硕的成果，但是，对于将功能磁共振成像运用于测谎实践可能还存在一定的差距。然而，有关功能磁共振成像的这些初步研究相当有价值，它使我们能够从理论上深入理解与说谎有关的脑加工过程。作为认知神经科学领域新的研究工具，其发展空间还很大，将是今后测谎技术的发展方向。

第三章　测谎结论与证据的相关性

基于证据法的视野研究测谎，一个绕不开的问题就是测谎结论的相关性问题。反对测谎结论作为证据的一个理由就是测谎结论并不能证明案件事实，且不具有相关性。要回答测谎结论的相关性问题，需要对相关性的内涵、判断标准进行深入剖析。但是，只是泛泛地指出相关性的判断标准，然后把相关性判断推给逻辑和经验，同样也是无助于问题解决的。哪些事实属于重要性事实，测谎结论所试图证明的对象是否属于重要性事实，证据对重要性事实的证明何时具备证明性，如何从逻辑和经验的角度检验测谎结论的证明性，是本章重点关注的问题。此外，法律相关性概念有其存在的合理性。法律相关性并不能否定或消灭证据的逻辑相关性，但是可以使逻辑相关性被事实审理者搁置。测谎结论能否通过法律相关性的检验，对测谎结论的证据地位也具有重要意义。

第一节　相关性的含义

在大陆法系国家，相关性并没有受到足够的重视，也没有系统的相关性规则。因为大陆法系实行自由心证，立法上很少有关于证据能力和证明力的详细规定，也没有严格区分相关性、可采性和证明力的需求。与大陆法系国家形成鲜明对比的是，相关性规则是英美证据法的黄金规则。斯蒂芬（Stephen）、塞耶（Thayer）和威格摩尔（Wigmore）等著名的证据法学家均在相关性理论上著述颇丰。在相关性理论的继承与发展过程中，相关性概念集中了大量的争论，经常与可采性、充分性和证明力纠缠在一起，令人困惑。相关性是英美证据法中的一个重要概念，英美证据法典一般也会对相关性进行立法界定。在相关性的学理定义和立法界定中经常会使用"可能"（probable）这一概念，这种定义方式使相关性概念与概率理论联系起来，使相关性概念可以进行概率性表达。

一、相关性的学理定义

在英美证据法中有不少对证据相关性的经典界定。斯蒂芬非常重视相关性概念，认为证据法的唯一内容就是证据的相关性规则，应当根据相关性规则排除那些不相关的证据之后留下最佳证据。斯蒂芬认为，相关性就是"两个事实互相联系，以至于按照事物的通常发展进程，其中一个事实本身或者经与其他事实联系后，能够大体证明另一事实在过去、现在或将来存在或不存在"[1]。简而言之，一个事实能够证明另一个事实，就是具有相关性的。英国西蒙（Simon）法官认为："如果能合乎逻辑地证明或反驳某项待证事实，那么证据就具有相关性。所谓合乎逻辑地证明，并不需要具有非常重大的有利因素……相关证据就是那些使待证事项更可能或者更不可能的证据……就够了。"[2]

美国学者保罗（Paul）认为，"证据可以被采纳的首要条件是具有相关性，即以假定证据的真实性为前提，当一个理智健全的调查者能够认为，提出该证据比不提出该证据可以在某种程度上使系争事实被确认并运用有关实体法的可能性更大或者更小的情况下，这个证据便具有相关性"[3]。保罗指出了相关性并不涉及证据的真假和证明价值判断，它是以假定证据为真作为其前提的。证据真假及证明力大小的判断是证据被采纳之后要解决的问题。威格摩尔认为，相关性是一个逻辑问题，是"证据事实"与"待证事实"之间的一种关系，如果一项证据事实能够证实或证否某个处于争议中的待证事实，那么该证据就是相关的。[4] 科恩（Cohen）认为，"如果证据……能够因其为正确答案而支持特定类型的主张，或因其为错误答案而驳斥该主张，即使提供的理由是不完整或无结论的，但对于一个争议中的问题来说，它就可以作为相关性的判断

〔1〕 James F. Stephen,"A Digest of the Law of Evidence", *The Yale Law Journal*, Vol. 8, 1899, p. 370.

〔2〕 DPP v. Kilbourne（HL）(1973) AC 729 at 756.

〔3〕 Paul F. Rothstein, Myrna S. Raeder & David Crump, *Evidence in a Nutshell : State and Federal Rules*, West Pub. Co., 1997, p. 181.

〔4〕 ［英］威廉·特文宁：《证据理论：边沁与威格摩尔》，吴洪淇、杜国栋译，中国人民大学出版社 2015 年版，第 232 页。

标准"[1]。他的概念强调了相关性的概率性。

　　抛开他们对相关性概念理解的分歧不论，单从上述论述来看，这几位英美证据法学家的杰出代表对相关性含义的认识都是立足于证据事实是否能够证实或证否待证事实。这些论述共同揭示了相关性的特征：首先，证据自身是无所谓相关性的，相关性是证据与其所试图证明的案件事实之间的某种内在联系，无论这种关系是直接的还是间接的。其次，相关性是一种可能性或者倾向性，是从很小的可能性到 100％ 的确定性。与此相适应，美国《联邦证据规则》第 401 条使用的词是"probable"，这也说明，相关性表征的是证据与证明对象之间的非确定性关系[2]

　　还有学者从反面提示了相关性的内涵。斯蒂芬认为，"当出现以下两种原因中的任何一种时，证据将被视为'不相关'而被排除。一是待证的主张在本案中不具有实质性，二是证据对于它试图证明的主张不具有证明价值"[3]。这种表述已经点明了相关性的两个因素，实质性和证明性。没有实质性或没有证明性，就没有相关性。类似观点还可见诸特劳特曼（Trautman）的论述，"证据可能被认定为不相关，当它所要证明的待证事实与庭审要解决的争议问题无关，或尽管该证据可以证明庭审待解决的争议问题，但该证据不符合相关性的法定标准"[4]。特劳特曼描述的不具有相关性的情形包括不具有逻辑相关性和不具有法律相关性两种。

　　日本学者田口守一认为，相关性包括自然的相关性与法律的相关性。自然的相关性是指证据对于要证明的事实具有必要的最低限度的证明力。而证据的最低限度的证明力要求证据具有可信赖性与相关性。相关性是由证据推论出来的事实在何种程度上能够帮助确定主要事实或要件事实的问题。也就是用证据直接证明的间接事实与最终应该被推断出

[1]　Jonathan Cohen,"Some Steps Towards a General Theory of Relevance", *Synthese* , Vol. 101, 1994, pp. 171-185.

[2]　Bryan A. Garner, *A Dictionary of Modern Legal Usage* , Oxford University Press, 1985, p. 694.

[3]　James F. Stephen, "A Digest of the Law of Evidence", *The Yale Law Journal* , Vol. 8, 1899, p. 370.

[4]　George F. Trautman,"Logical or Legal Relevance – A Conflict in Theory", *Vanderbilt Law Review* , Vol. 5, 1952, p. 386.

来的主要事实之间有无关联的问题。[1] 西原春夫也认为，证据虽然具有自然相关性，但可能使裁判官产生不当的预断及偏见，从而有导致事实被误认的高度危险时，也可以认为没有法律上的相关性而否定其证据能力。[2] 日本学者的这种看法与威格摩尔后来发展的逻辑相关性和法律相关性理论具有密切关联。

我国学者对相关性的代表性看法是，"证据的相关性是指证据必须与案件事实有实质性联系，从而对案件事实有证明作用。相关性是证据的一种客观属性，根源于证据事实同案件事实之间的客观联系"[3]。还有观点认为，证据的相关性指的是作为证据内容的事实与案件的待证事实之间存在某种客观的联系，因而具有对案件事实加以证明的实际能力。[4] 这些观点准确地认识到了相关性是证据与案件事实的一种联系，但是，第一种观点从辩证唯物主义认识论的角度出发，强调通过证据事实来发现案件的客观事实，要求用来连接证据事实与案件事实的相关性也是客观、真实的，认为证据的客观性与相关性是不可分割的，甚至是同一种属性。第二种观点将相关性限于证据事实与待证事实之间的联系，但是对于何谓待证事实并无明确界定，使证据事实、背景事实等被排斥在外，也影响了对证据是否具有相关性的判断。

二、相关性的立法表述

英美成文证据法典发达，法典中对相关性的界定也较多。最先在证据法中规定相关性定义的是 1872 年印度证据法。该法第 3 条规定，"如果某一事实通过本法中关于事实的相关性之条款规定的任一种方式，与另一事实存在某种联系，则可以说该事实对另一事实具有相关性"[5]。印度证据法还从正面规定了七类具有相关性的事实，但由于相关性问题非常复杂，

---

〔1〕 ［日］田口守一：《刑事诉讼法》，刘迪等译，法律出版社 2000 年版，第 237 页。

〔2〕 ［日］西原春夫主编：《日本刑事法的形成与特色——日本法学家论日本刑事法》，李海东等译，法律出版社、成文堂 1997 年版，第 166 页。

〔3〕 陈光中、徐静村主编：《刑事诉讼法学》，中国政法大学出版社 1999 年版，第 166 页。

〔4〕 卞建林主编：《证据法学》，中国政法大学出版社 2000 年版，第 72 页。

〔5〕 何家弘、张卫平主编：《外国证据法选译》（下卷），人民法院出版社 2000 年版，第 1276 页。

难以从立法上穷尽可能的相关性难题，因此后来的法典都不再罗列具体的相关性问题，只是规定相关性的定义作为解决相关性问题的基本原则。

美国《联邦证据规则》第 401 条规定，证据是相关的，如果该证据具有某种倾向，即有这个证据跟没有这个证据相比，使对诉讼具有重要意义的某项事实的存在更有可能或更无可能。[1] 条文中的"重要性"（consequence）概念对应证据规则修订前的"实质性"（material）概念，重要性事实是指对于确定诉讼具有重要意义的事实。在证据对事实的证明作用上，第 401 条的要求是一种最低程度的要求，"有这个证据跟没有这个证据相比……更有可能或更无可能"，即"它不需要达到'比不可能更可能'的高度，仅仅是'有它比没有它更可能'这种最低程度的相关性要求。任何更严格的要求都是不可行的、不现实的"。[2] 这种最低程度的要求被称为"最小相关性"，将最大限度地容纳相关证据，使陪审团接触尽可能多的证据。

《澳大利亚联邦证据法》（1995 年）第 55 条规定，相关证据是指如果该证据被采纳，可以合理地（直接或间接）影响诉讼中争议事实之存在可能性的证据。该条还特别提示了应当被赋予相关性的几个证据。[3] 该法第 56 条规定了证据具有相关性的判断标准，与美国《联邦证据规则》的规定基本一致。[4]

我国有关司法解释中也有对相关性的要求，但是均比较简略。2019 年《最高人民法院关于民事诉讼证据的若干规定》（以下简称《民事证

---

[1] See Fed. R. Evid. 401. Evidence is relevant if: (a) it has any tendency to make a fact more or lessprobable than it would be without the evidence; and (b) the fact is of consequence in determining the action.

[2] See Fed . R. Evid. 401 advisory committee's note.

[3] Relevant evidence (1) The evidence that is relevant in a proceeding is that, if it were accepted, could rationally affect evidence (directly or indirectly) the assessment of the probability of the existence of a fact in issue in the proceeding. (2) In particular, evidence is not taken to be irrelevant only because it relates only to: (a) the credibility of a witness; or (b) the admissibility of other evidence; or (c) a failure to adduce evidence.

[4] Relevant evidence to be admissible. (1) Except as otherwise provided by this Act, evidence that isrelevant in a proceeding is admissible in the proceeding. (2) Evidence that is not relevant in the proceeding is notadmissible.

据规定》）从当事人与审判人员两方面对相关性提出了要求。第 78 条规定，当事人及其诉讼代理人对证人的询问与待证事实无关的，审判人员应当及时制止。第 85 条规定，审判人员应当依据法律的规定，遵循法官职业道德，运用逻辑推理和日常生活经验，对证据有无证明力和证明力大小独立进行判断。这是对法院审核证据过程中对证据证明力如何判断的要求。第 87 条规定，审判人员对单一证据要审核证据与本案事实是否相关。第 88 条规定，审判人员对案件的全部证据，应当从各证据与案件事实的关联程度、各证据之间的联系等方面进行综合审查判断。其中，第 78 条、第 87 条和第 88 条都是直接对证据相关性的要求，第 85 条系对证据证明力的要求。这些规定只是要求证据应当具有相关性，但是对证据相关性并无具体的判断方法和标准。不过，第 85 条从证明力的角度规定了证明力判断方法，由于证明力和相关性的关系紧密，有证明力的前提是有相关性，故可以将此条作为相关性判断的一个方法，即"运用逻辑推理和日常生活经验"。然而，此条并未规定相关性的判断标准，即具备什么条件就可以认定具有相关性。

与民事诉讼的规定类似，我国《刑事诉讼法》及其相关司法解释也存在这样的规定。2018 年《刑事诉讼法》第 50 条规定，可以用于证明案件事实的材料，都是证据。这里已经包含了对相关性的要求，即要求证据能够用于证明案件事实。《最高人民法院关于适用〈中华人民共和国刑事诉讼法〉的解释》（2020 修正）在第 82 条和第 108 条关于物证、书证、视听资料等证据的审核中，要求着重审查证据的内容与案件事实有无关联。第 139 条对证据证明力的审查要求从证据与待证事实的关联程度、证据之间的联系等方面进行。这些规定同样没有指明相关性的判断标准。

三、相关性的概率表达

学理和立法对"相关性"概念的表述都用了"可能"（probable）这一概念，使得相关性判断与概率理论联系起来。相关性概念使用"可能"概念，主要是为了避免可采性问题和充分性问题的混淆，但是这种表述无法胜任对相关性的充分说明。

　　兰帕德（Lempert）在贝叶斯定律的基础上推导出了"相关性"的概率表述，称为似然率。兰帕德的推理以贝叶斯定律的两个基本前提为基础展开：如果 A 和 B 为任意两个事实主张，那么，A、B 同时为真的概率等于如果 B 为真时 A 也为真的概率乘以 B 为真的概率，也即 $P(A \& B) = P(A \mid B) \cdot P(B)$；A 为真的概率等于 A、B 同时为真的概率加上 A 为真 B 为假的概率，$P(A) = P(A \& B) + P(A \& not\text{-}B)$。当用来描述一个新证据 E 对理性事实认定者评估嫌疑人是否有罪 G 的影响时，将 A 和 B 分别替换为犯罪嫌疑人有罪 G 和新证据 E，推算出犯罪嫌疑人有罪的几率 $O(G \mid E)$。由此，借助概率性语言表述的相关性概念得以出现，当一个主张为真时得到相关证据的可能性，除以当该主张为假时得到相关证据的可能性的比值，如果不等于 1，那么证据就是有相关性的。因此，证据相关性的判断取决于该证据的出现是否改变争议事实主张的概率。相较于传统的"可能性"表述，概率性语言显得更为明确、直观，提供了一个据以评估相关性的规范性量化标准。[1]

　　英美证据法学者还以公式的形式直观地说明证据相关性的含义。假定待证命题为 H，为证明 H 提出的证据是 E，裁判者可以考虑的与 H 有关的所有其他信息为 O。在同时知道 E 和 O 的前提下 H 发生的可能性为 $Ph(E, O)$，在仅知道 O 的前提下 H 发生的可能性为 $Ph(O)$，如果 $Ph(E, O) \neq Ph(O)$，那么证据 E 就是与 H 相关的。[2] 也就是说，只要证据能使裁判者对某个命题的确信程度发生改变，该证据就是具有相关性的。相关性不是证据自身固有的属性，而是证据与案件待证事实之间的关系。证据的相关性总是针对特定的证明对象而言的，选择的证明对象不同，证据是否有相关性就是不同的。

四、相关性与可采性和证明力的关系

（一）相关性与可采性的关系

　　在英美证据法上，可采性被分为广义可采性和狭义可采性。所谓广

---

〔1〕　巩寒冰：《概率性证据研究中的认识悖论》，《证据科学》2016 年第 2 期。
〔2〕　Friedman & D. Richard, " Irrelevance, Minimal Relevance, and Meta-Relevance (Response to David Crump)", *Hous. l. Rev.*, Vol. 34, 1997, pp. 55-71.

义可采性是包含了相关性的可采性，有相关性才有可采性。尽管具有相关性的证据并不总是具有可采性，但是具有可采性的证据必须具有相关性。[1] 不相关的证据都不具有可采性。除了某些例外，有相关性的证据都具有可采性。相关性是广义可采性的前提。狭义可采性是证据被允许在法庭上证明某事实。决定证据是否具有狭义可采性的是证据是否被法律规定排除，或者被法官依自由裁量权排除。狭义可采性是一个法律问题，而相关性被认为是一个逻辑和经验上的问题，因此，狭义可采性不包含相关性。在英美法系国家，证据的审查分采纳和采信两步，分别由法官和陪审团行使，广义可采性概念更具有意义。

根据威格摩尔的观点，相关性分为逻辑相关性和法律相关性。证据具有实质性和证明性就有逻辑相关性。但是，具有逻辑相关性的证据还可能因为法律的明文规定、政策、法官行使自由裁量权等而不具有可采性。证据的证明力被《联邦证据规则》第 403 条所规定的误导陪审团、混淆争议等危险显著超过的，法官可以依据自由裁量权排除，从而使具有逻辑相关性的证据不具有可采性。

这与我国台湾地区学者所说的证据能力相关性和证据价值相关性有重要联系。我国台湾地区学者陈朴生指出："关联性（相关性），从其应受客观的事物间关系之知识的约束，不得任意决定固与自由心证之应以关联性，判断其证据之价值同出一辙；唯证据评价之关联性，乃证据经现实调查后之作业，系检索其与现实间之可能的关系，为具体的关联性，属于现实的可能；而证据能力之关联性，亦即单纯的可能，可能的可能。故证据之关联性，得分为证据能力关联性与证据价值关联性。前者，属于调查范围，亦即调查前之关联性；后者，属于判断范围，亦即调查后之关联性。"[2] 作为广义可采性前提的相关性，即是此处的证据能力相关性，与狭义可采性相关联的相关性则是证据价值相关性。

（二）相关性与证明力的关系

相关性和证明力都取决于证据与待证事实之间的联系。假设事实认定

---

〔1〕 [1975] Q. B. 834.

〔2〕 陈朴生：《刑事证据法》，台湾三民书局 1979 年版，第 276 页。

者对当事人主张的相信程度在"1"和"-1"之间变动。确信当事人主张
为真时用"1"表示,确信当事人主张为假时用"-1"表示。如果一个
证据使当事人主张的事实更可能或者更不可能,事实认定者的心证程度将
在 0 与 1 或者 0 与 -1 之间变动（不含 0）,则该证据具有相关性。如果
一项证据的提出无法影响当事人主张的事实可能或者不可能的程度,无
法改变事实认定者的心证程度,即心证变化程度为 0,则不具有相关性。
相关性表征的是证据的提出使当事人的主张更可能或更不可能。但是,
当事人主张在多大程度上更为可能,则是证明力的问题。相关性不过是
表明证据性事实与至少一个待证事实之间存在某些联系。不存在相关性
的程度,但存在证明力的程度。[1] 因此,虽然在英美法中不时有试图混
淆相关性和证明力的论点,但相关性和证明力的区别还是很明显的。

首先,从审查的主体和时间来看,在陪审团审判中,相关性和证明
力的考察是前后相继的。法官裁定证据具有可采性,证据才会在法庭上
被提交给陪审团进一步审查其证明力,而在审查可采性时相关性是首先
被审查的,因此,相关性和可采性的审查是前后相继的。作为可采性前
提的相关性是由法官审查的,而证明力是由陪审团审查的。

其次,从证明的效果来看,证据具有相关性,说明证据可以证实或
证否案件事实,其证明作用可以是正向的也可以是反向的。但证据具有
证明力一般意味着这种证明作用是正向的或者积极的。

再次,从评价考虑因素来看,相关性包括重要性和证明性两方面的
要求。相关性的有无取决于证据与证明对象之间的关系,而证明对象的
确立取决于当事人的诉讼主张,其具体的要件又受实体法影响。证明力
是陪审团或其他事实认定者在整个案件的庭审活动结束之后才需要评价
的,需要综合考虑其他证据的真实性和该证据本身的真实性。不过,法
官对证据相关性的审查是在法庭调查之前的形式上的筛选,至于证据对
案件事实的具体证明价值则由陪审团或其他事实认定者决定,因此法官
在判断证据的相关性时一般不考虑该证据的真实性问题。

---

〔1〕 〔英〕威廉·特文宁:《证据理论:边沁与威格摩尔》,吴洪淇、杜国栋译,中国人民大
学出版社 2015 年版,第 234 页。

最后，相关性是定性的问题，但证明力还可以定量。证据只能有或者没有相关性，不存在高度相关性或少量相关性的问题。[1] 但证明力不仅存在有或者无的问题，还存在大或小的问题。也正因为如此，有学者把相关性解释为"证据对其所要求证明的事实具有必要的最小限度的证明能力"[2]。

第二节 测谎结论与证据的逻辑相关性

在逻辑相关性的判断中，重要性判断和证明性判断是前后相继的两个步骤。重要性关注的是证据本身所试图证明的命题和案件争议点之间的关系。测谎结论是否具有重要性首先需要明确测谎结论试图证明的对象，即测谎结论试图证明的内容属于何种事实。证明性的认定只要求证据使案件事实的认定更有可能或更无可能，这取决于该证据的出现是否改变争议事实存在的概率。对于证明性的检验，逻辑和经验缺一不可。逻辑分析有助于更为清晰地展示一个论证的性质和有效性，但一个具体推论的强度则取决于经验判断。经验的获取与应用并非是只可意会不可言传的东西，而是具有可以把握的规律和方法。证明性的认定与证据能否改变争议事实存在的概率密切相关，那么，从概率的角度分析测谎结论的相关性就是一条可行的路径。

一、逻辑相关性中的重要性和证明性

美国著名证据法学者华尔兹教授提供了一个相关性的判断方法。判断一个证据是否具有相关性需要依次考察 3 个问题：所提出的证据是用来证明什么的？这是本案中的实质性（重要性）问题吗？所提出的证据对该问题有证明性吗？如果以上 3 个问题的答案都是肯定的，该证据就

---

〔1〕 Prater, Capra & Saltzburg, eds., *Evidence：The Objection Method*，Michie Law Publishers，1997，p. 118.

〔2〕 ［日］我妻荣编：《新法律学辞典》，董璠舆等译，中国政法大学出版社 1991 年版，第 249 页。

具有相关性。[1] 这 3 个步骤里，第 1 步是对证明对象的要求，要解决相关性就要明确该证据的证明对象是什么。第 2 步解决的是重要性问题，要回答证明对象与案件争议的关系，即该问题是否有助于案件的解决。第 3 步解决的是证据的证明性问题。从逻辑和经验的角度，有这个证据和没有这个证据相比，该事实存在的可能性更大或更小，该证据就具有证明性。重要性与证明性相对应，二者共同构成相关性。在相关性的判断中，重要性判断和证明性判断是前后相继的两个步骤，只有重要性得到确立才有必要考察证明性。

（一）重要性的判断

1. 重要性的判断标准

美国《联邦证据规则》第 401 条规定了相关性的判断标准：提出证据试图证明的某个事实对于案件是"重要的"（consequence）；有这个证据跟没有这个证据相比，某个事实更可能（或更不可能）存在。同时具备这两个条件的证据具有相关性。这两个条件分别对应普通法的实质性和证明性。值得注意的是，美国联邦证据规则起草咨询委员会在 2011 年修订《联邦证据规则》时用"重要性"取代了"实质性"（materiality）这个概念，不过，"实质性"依然是诉讼中的常用语。[2] 相关性并不是证据本身自带的固有属性，而是证据和案件中需要证明的事项之间的一种联系。判断证据是否具有相关性，首先要判断证据的证明对象是什么，也就是它的待证命题是什么。

"重要性"关注的是证据本身所试图证明的命题和案件争议点之间的关系。如果所提出的证据所要证明的问题不是本案的争议事实，则该证据不具有重要性。在美国，所谓具有重要性的事实即具有重要意义的事实。[3] 重要性的认定比较宽松，任何能够对案件的处理结果具有意义

---

[1] ［美］乔恩·R. 华尔兹：《刑事证据大全》，何家弘等译，中国人民公安大学出版社 1993 年版，第 14 页。

[2] 鉴于美国《联邦证据规则》已经用"重要性"概念取代了"实质性"，本书顺应这一改革趋势，统一用"重要性"代替"实质性"，但个别地方为尊重原文表述除外。

[3] 王进喜：《美国〈联邦证据规则〉2011 年重塑版条解》，中国法制出版社 2012 年版，第 57 页。

的或者产生影响的，都有重要性。具有重要性的事实可以是最终的、中间的或者是证据上的，也就是说，这个事实是什么都行，只要能够对案件的处理有意义。因此，美国《联邦证据规则》对重要性的认定相当宽松，这也给相关性的认定打开了大门，这与《联邦证据规则》修订时倾向于扩大证据可采性的范围有关。在英国，重要性的判断取决于证据所试图证明的主张是否是争议中的事实，同时，对争议中的事实的认定范围较为宽松，只要这个事实能够为事实认定者提供某个与争议中的问题的处理有关的推理或者属于进行推理的根据，就可以认定为争议中的事实，从而具有重要性。

判断证据所试图证明的对象是否对案件的处理结果有意义，取决于实体法的规定和当事人的主张。如果不依据实体法，我们就无从知道诉讼争议的解决需要证明哪些事项，对证据的提出和审查就会变成无的放矢。只有明确了实体法规定，决定了哪些事项在诉讼中是重要的，才能够找准重要性事实，并进行证明。诉讼中证明对象的确定还与当事人的诉讼主张、当事人所处的诉讼地位等有关。当事人的主张决定哪些实体法规定可以适用于本案。以刑事诉讼为例，"刑事裁判，基于不告不理之原则，系就检察官（自诉人）以诉主张之特定事实，推理其是否存在。此项可以推理之事实既经特定，则可供推测之资料之事实范围，亦随而特定。如其资料不足以供推测应推理之特定事实之用者，即无相关性"[1]。在民事诉讼中，纠纷发生之后可能有多个法律规范可以适用于本案，当事人可以从若干个规范中选择一个对自己最有利的，以此为依据提起诉讼。例如，既可以提起违约之诉也可以提起侵权之诉的案件中，当事人选择违约或者侵权，就决定了案件中最终要证明的对象。

2. 重要性所对应的事实范围

案件事实包含的范围很广，不同的学者对案件事实有不同的分类。下面为两种影响较广的分类方法。

日本学者高桥宏志把案件事实分成主要事实、间接事实和辅助事实[2]

---

[1] 陈朴生：《刑事证据法》，台湾三民书局1979年版，第274页。

[2] [日]高桥宏志：《民事诉讼法制度与理论的深层分析》，林剑锋译，法律出版社2003年版，第340页。

（1）主要事实又称为直接事实，是与作为法律构成要件被列举的规范事实（要件事实）相对应的具体事实。要件事实在民事诉讼中是引起民事实体权利发生、变更、消灭的事实，是作为法律构成要件的事实。这些事实是当事人为免除其证明责任必须证明的事实，与实体法规定和当事人陈述有关。当事人若想胜诉，必须向法院提出相应的要件事实，为法院的裁判提供依据。法官必须将自己的裁判建立在当事人所主张的要件事实基础之上，当事人没有主张的要件事实不得作为裁判的基础。主要事实和要件事实在本质上是一致的，但作为法律构成要件被列举的要件事实，有的是被抽象化的事实，有的则仅是一种评价或描述。主要事实才是具体意义上的事实，是能够作为证明对象和裁判对象的事实。只有主要事实经当事人主张且双方对其真实性存在争执时，法院才有必要予以调查。证明责任也是以主要事实为对象进行分配的，当言词辩论终结，案件的主要事实仍处于真伪不明状态时，法院即可按照证明责任的分配规则进行裁判。（2）间接事实。间接事实是指能够借助经验法则及逻辑规则推论主要事实存在的事实。当法律要件事实或主要事实涉及一些不确定的概念时，如不可抗力、过错等，由于其不能直接为人们所感知，无法直接用证据证明其之存在，只能先提出并证明若干间接事实的真实性，然后由法官依据经验法则和逻辑规则从中推导出主要事实的存在。当事人对间接事实的真实性存在争议时，间接事实就成为证明的对象，但间接事实不是主张责任的适用对象，法院可以当事人未主张的间接事实作为认定主要事实的基础。即使当事人未在诉讼中提出间接事实，法院也应依职权主动调查并将其作为裁判的基础。（3）辅助事实。辅助事实是与证据的证据能力或证明力有关的事实。主要事实和间接事实都需要一定的证据予以证明，如文书上的签名是否为真实、证人是否诚实、证人与当事人是否存在亲属关系等。对于三者的区别，可以下例说明。在借贷纠纷案件中，金钱是否实际交付是决定借贷法律关系是否成立的主要事实。如果有书证、视听资料等能够直接证明，则这些证据是证明主要事实的证据。但在实务中，有些事实往往很难直接得到证据证明，一般是通过调查出借人与借款人的交易账户情况，存款、提款的时间、次数和数额，借贷人存款的资金来源等事实间接推导出主要事实。这些能够推导出主要事实的事实就是间接事实。借据是否由借贷人亲自书写、证人与借贷双方之间的关系等则是关于证据的证据能力或证明力的辅助事实。

英国学者莫菲（Murphy）把案件事实分成三类：争议事实；该争议事实的组成部分或解释部分，即被称为"关联事实"的部分；与该争议事实有关的其他事实。[1]（1）争议事实，是指一方当事人为了使自己的主张成立，或者表明其有权获得某种救济或得到一个有罪判决时，必须证明的事实。关于证人的可信性等有关证据能力的事实被称为次要争议事实，也被归入争议事实。（2）关联事实，是指围绕争议事实的事实。案件的开始和结束并不总是很明显，如果只是孤立地陈述案件事实，可能导致很难正确认定、理解该事实。为了更好地理解案件，需要往前追溯案件发生的原因、地点以及周围的情况等。这些事实与案件构成一个整体。例如，在一起故意伤害致人死亡案件中，两群人同时在一家酒店饮酒，后发生争执，并引起斗殴，其中一人被打死。在起诉某人故意伤害致人死亡的案件中，先前的争执和斗殴行为就应当得到证明，否则法庭将无法准确把握故意伤害致人死亡行为，无法区分其他人的行为与被告人行为。这些事实与争议事实联系非常紧密，构成了争议事实的一部分。（3）与争议事实相关的事实，主要包括一些习惯、惯例等，用以证明某人在特定场合会以特定的方式行为等事实。

这两种分类法有相同之处也有不同的地方。莫菲所指的争议事实接近于高桥宏志所说的主要事实，莫菲所指的与争议事实有关的事实相当于高桥宏志所说的间接事实。但是二者在辅助事实，或者组成争议事实的关联事实的划分上有出入，比如关于证据能力和证明力的事实，高桥宏志认为属于辅助事实，但是莫菲将其归入争议事实。高桥宏志根据事实的重要性及其与案件的紧密程度来划分案件事实，得到更普遍的接受。

---

[1] See Peter Murphy, *Murphy on Evidence*, Blackstone Press Limited, 2000, p. 19. (a) facts in issue；(b) facts constituting part of, or accompanying and explaining a fact in issue, described as part of the 'res gestae'；(c) facts relevant to a fact in issue.

（二）证明性的检验

对证明性的检验包括逻辑检验和经验检验。

1. 对证明性的逻辑检验

诉讼证明的过程往往包含了一系列的推论，其中的每一个推论都是由一个证据与它试图证明的主张及它们相互之间的一个逻辑关系而构成的。前一个推论的结论，成为后一个推论的前提。这个前提，再结合新的证据或者命题，又得出一个新的结论。这些前后衔接的推论构成了一个链条，并指向最终待证事实。法官运用逻辑推理对每一个推论环节的审视，正是对证据证明性的逻辑检验过程。合理地运用逻辑推理是判断某个证据是否具有证明性的第一步。

（1）证明性判断中的推理、推论与论证

推理（Reasoning）是思维的基本形式，是由一个或几个已知命题推出一个新命题的逻辑过程，包括前提、结论和推理形式这三个构成要素。其中，前提是一个或若干个已知命题，结论是由已知命题推出的命题，推理形式是前提和结论之间的联系方式。根据前提的多寡，推理分为直接推理和间接推理。[1] 直接推理是由一个前提推出一个结论的推理。间接推理是由两个或两个以上的前提推出一个结论的推理，包括演绎推理、归纳推理、类比推理，后来还有学者发展出似真推理等。[2] 根据前提对结论的支持度，推理被分为必然性推理和或然性推理。如果一

---

[1] 推理还可以分为形式推理和实质推理。形式推理是应用形式逻辑进行的推理，包括演绎推理、归纳推理、类比推理。实质推理又称辩证推理，是在两个相互矛盾又都有一定道理的陈述中选择一个陈述的推理，并非严格意义上的推理，而是基于一定的事实分析、价值判断等对推理前提进行的比较和选择。参见陈林林、夏立安主编：《法理学导论》，清华大学出版社 2014 年版，第 178 页。

[2] 演绎推理是以一般原理为前提来判断个别事物，即由一般到个别的推理。归纳推理是根据一类事物的部分对象具有某种性质推理出这类事物的所有对象都具有这种性质，可以理解为从个别到一般，或者从特殊到普遍。类比推理是由两个（或两类）事物的某些属性相同，推出它们的另一属性也可能相同的一种推理，是个别推出个别的推理。有观点认为类比推理也属于归纳推理。由于演绎推理和归纳推理严谨的论证形式以及前提条件的高度抽象化，案件事实难以对号入座，理论上开始探讨建立不同于演绎推理与归纳推理的第三种推理范式，即似真推理。似真推理，是从不完善的前提得出有用的、暂时可接受的结论的推理。

个推理前提对结论的支持度是 100%，即如果前提真，则结论不可能假，这就是必然性推理；如果一个推理前提对结论的支持度小于 100%，即前提真，结论不一定真，这种推理被称为或然性推理。

演绎推理是必然性推理，非演绎推理一般是或然性推理。演绎推理的基本形式是三段论推理，由一个大前提和一个小前提推出一个新的判断，也就是结论。如，所有的鸟都会飞，麻雀是鸟，所以麻雀会飞。如果大前提和小前提是正确的，推论的形式也是正确的，那么结论也一定是正确的。前提的真实性直接传导给结论，保障结论的真实性。非演绎推理包括归纳推理和类比推理。归纳推理是从个别到一般的推理，类比推理是从个别推出个别的推理。类比推理的前提为真也不能保证结论一定为真，故类比推理在某些场合也被纳入归纳推理的范围，类比推理和归纳推理也因此而被合称为非演绎推理。非演绎推理要求在前提真的情况下，结论最大可能程度为真。

推论（Inference）是用语言形式表达出来的推理，是内在逻辑思维方法的外化形式。推论是以推理为基础的，推理是推论的前奏；推理是推论的实质内容，推论是推理的表现形式。推论是人们日常思维和表达中的证明（或者论证）。推论（论证）除了关注形式的有效性，还关注内容的真实性。也正因为此，有学者认为，从实质推理的角度来看，推理和推论并无实质性区别。[1]

威格摩尔把整个司法证明的过程视为一个推论过程，并致力于发现一种逻辑化的方法来对推论过程和构成推论的各个具体要素进行评估和检测，以最大程度地保障推论结论的准确性。从广义来看，任何证据与其试图证明的对象之间都存在一种推论关系。无论是直接证据还是间接证据，它们都必须结合推论发生作用，但是两者的推论方法有所不同。直接证据对案件事实的证明主要是应用演绎论证。直接证据是可以单独直接证明案件主要事实的证据，是一步到位的证明，如果该直接证据被接受，它就会进一步推论确立其所要证明的事实。只不过由于作为直接证据的命题与作为证明对象的命题等价，并没有留下"特别推论"的空

---

[1] 赵俊甫：《刑事推定论》，知识产权出版社 2009 年版，第 40 页。

间，对案件事实的证明无须经过特别推论，其证明性是显而易见的。[1]
如，在指控甲抢劫银行的案件中，银行安装的监控视频记录了完整的抢
劫过程，该监控视频就是直接证据。这里也存在一个演绎推理。在演绎
论证中，小前提被包括在大前提之内，如果大前提为真，结论必然为
真。在这里，大前提是出现在抢劫视频里的人是抢劫犯。小前提是甲
是出现在抢劫视频里的人，结论是，甲是抢劫犯。只要该监控视频是
真实的，我们普遍认可大前提，小前提也得到证明，就可以得出甲抢
劫银行的结论，待证事实因此而得到证明。因此，直接证据的证明性
是很明显的。事实上，有关证据证明性的判断问题主要是针对间接证
据的。用间接证据进行推论时，可能会包含多个推论链条，需要大量
运用归纳论证。

（2）证明性判断中的归纳论证

归纳论证涉及多个大前提的提出和推论，主要针对间接证据。因
此，证据证明性的判断往往也就是间接证据应用归纳论证的问题。

用间接证据来证明的表达形式为，如果 A，那么（很可能/可能/一
般/偶然）B，A，所以（很可能/可能/一般/偶然）B；如果 B，那么
（很可能/可能/一般/偶然）C，B，所以（很可能/可能/一般/偶然）C，
即 A→（很可能/可能/一般/偶然）C。用间接证据进行推论时，可能会
包含多个推论链条，前一个推论的结论是后一个推论的前提。每一个推
论都是包括大前提、小前提和结论的三段论形式。前一个推论的结论成
为后一个推论的前提，并与新的证据或推论结合后得出了新的结论。这
些前后衔接的结论组成了证明的链条，并最终得出需要证明的主张。为
保障推论结论的正确性，不仅要求证据 A 必须是真实的，还要求 A 与 B

---

[1] 这里所说无须特别推论并非指在直接证据证明案件事实的情况下不存在任何推论。在
直接证据证明案件事实的情况下，也是有推论的。如，在是否是甲杀死乙的案件中，
证人作证说，甲开枪打死了乙。该证据直接包含了案件待证事实，无须结合其他证据
再运用推论就可以从证言直接得出案件待证事实。但是，这里仍然是存在一个推论的，
即证人所述是真实的。证人说是甲开枪打死了乙，那么，甲确实开枪打死了乙。

之间、B 与 C 之间具有逻辑联系。[1] 它们之间的逻辑联系可以依据一般性归纳和概括来进行判断。

归纳论证不如演绎论证那么严格，从前提中并不能一定得出某个肯定结论，这个前提只是对支持这个结论有一定的作用，但是，归纳论证在判断证据证明性中意义重大。[2] 戴维·A. 宾德教授（David A. Binder）和保罗·伯格曼教授（Paul Bergman）曾经描述过我们对归纳知识的拥有及归纳在事实认定中的作用：我们已经积累了关于人物和事物在社会中的一般行为方式的巨大知识库。从这个知识库中，人们可以对典型行为进行归纳概括。反过来，这种归纳概括又成为使我们把特定证据与人们试图证明的一个因素联系起来的前提。[3] 美国联邦证据规则起草咨询委员会则称归纳概括为"逻辑上适用于眼前情况的、通过经验或科学发展起来的原则"。

归纳很少采用普遍为真的命题形式，归纳也不可能都是真的。这也

---

[1] 这也正是德国法学家阿列克西所言，法律判断的证成包括内部证成和外部证成，前者研究法律判断是否从为了证立而引述的前提中逻辑地推导出来；后者研究这个前提的正确性问题。外部证成是法律论证的核心，要论证论据的可靠性。内部证成侧重于论证逻辑形式上的有效性，只需要保证其证成过程是依照形式逻辑推理作出的即可。[德] 罗伯特·阿列克西：《法律论证理论——作为法律证立理论的理性论辩理论》，舒国滢译，中国法制出版社 2002 年版，第 274—286 页。

[2] 例如，在证明甲杀死乙的案件中，被告人甲供述想要杀乙。该供述用来证明被告人甲确实杀了乙就运用了归纳论证。大前提是一个想要做某事的人就会做这件事，一个说出某种想法的人真的就有这种想法；小前提是被告人甲说过想要杀乙；其结论就是被告人甲可能杀了乙。归纳论证包括四种形式：归纳概括、归纳类比、因果关系的归纳推论、归纳解释或假设。虽然归纳论证属于或然性推理，前提真，推理形式正确，结论也未必真，但是，归纳论证在证据证明性的判断中意义重大。如，在一起谋杀案件中，被告人被控毒杀、肢解其妻甲，后将肌肉残片掩埋在其住宅的地下。在该案中，控方首要先证明甲已死亡。为了实现这一目标，控方提出证据证明甲个性友善、开朗，有不少亲朋好友，但几个月来她没有跟任何人联系，也没有人见到她。这些事实似乎与案件没有关系。但是，根据我们的生活经验，一个个性友善、开朗的人，不会在几个月时间内不和任何亲朋好友联系。如果出现这种情况，她很可能已经死亡。事实认定者是否会从甲几个月不和亲朋好友联系推论甲已经死亡，取决于他们对世界的认知、他们的生活经验。如果这一推论与他们的生活经验一致，他们就可能接受它。否则，他们就可能拒绝承认它。

[3] David A. Binder & Paul Bergman, *Fact Investigation：From Hypothesis to Proof*, West Group，1984，p. 85 .

成为此类证据被攻击、否认的一个理由。如果能够证明证据所依赖的归纳是荒唐的，或者在证明相关性方面是令人怀疑的，则该证据就可能被认为不具有相关性而被排除。要从逻辑上检验证据证明性，法官需要考察从证据事实到要件事实之间的推论链条中每一个推论背后所潜藏的归纳。例如：甲偷越边境被查获，从其随身携带的包裹中发现一大包海洛因。甲声称不知道所携带物品为海洛因。经查，甲系吸毒人员，曾有吸食海洛因历史。对此，可以推论，甲明知所携带物品为海洛因。从吸毒人员甲携带海洛因偷越边境，到甲明知携带物品为海洛因，之间有一定的推论性跳跃，在这个跳跃中间要求一个关于吸毒人员认知的归纳概括和一个偷越边境人员的行为概括。这样的归纳概括可能表达为：一般情况下，吸毒人员认识毒品，尤其是曾经吸食过海洛因的人员是认识海洛因的；一般情况下携带违禁物品的人才会偷越边境，否则他们为什么不从口岸正常出入。这两个推论结合在一起，就可以得出甲明知所携带的物品为海洛因的结论。

　　我们完全可以不赞成走私毒品案中的这个推论，以及作为推论前提的另外两个推论。因为我们作出的对甲的认知和行为的归纳都只是基于对人类认知和行为的粗略评估，它们不能被精确化，也不能用于"证明"一个推论是真实的。但是，归纳概括（大前提）和已知证据事实（小前提）一起确实可以进行典型的三段论推理：从归纳概括（大前提）和已知证据事实（小前提）到所得出的推论（结论）。

　　法官在决定是否相信归纳时，不应该要求过高的说服力标准。法官对这种归纳的认可，应当立足于理性陪审团成员的观点来审查，即一个理性人接触到已知证据事实，他是否能够相信因为证据事实的出现使重要性事实的真实性出现差别。《联邦证据规则》第401条规定的是"任何趋向性"（Any Tendency）的最低标准。

　　对证据证明性的判断还需依靠逻辑基本规律对逻辑论证形式加以检验。矛盾律、同一律以及排中律分别强调思维过程的无矛盾性、确定性和明确性。在证据证明性的逻辑检验中一般是综合运用形式推理方法和逻辑规律。

　　2. 对证明性的经验检验

　　凡是有意识判断的地方，就必然有经验在发挥作用。经验是我们认识事物的基础，是发现与建构案件事实的最直接手段。

（1）经验的价值

在进行推论的时候，我们的大前提经常依赖常识，也就是被称为普遍经验或一般性知识的东西。诉讼中，经验往往以经验法则的形式存在。经验法则是指人类以经验归纳所获得的有关事物因果关系或性质状态之法则或知识。[1] 在司法领域，经验法则是指法官在其日常生活中认识和领悟的客观事物之间的必然联系或者一般规律，具有普通和不证自明的性质。[2] "经验法则在事实认定上为法律三段论之大前提，欲认定法律要件事实，须以间接事实为小前提，而得结论。"[3]

当法官确认某一证据形式逻辑上的证明性之后，接着就需要进一步运用经验法则判断作为推理的大前提的真实性。如果法官认为作为推理的大前提的事实不真实，则先前有关该证据证明性的逻辑推理就缺乏实质有效性，该证据将被认为没有证明性。在对证据证明性的逻辑检验中，也包含了对经验的运用。逻辑检验中的归纳是基于人类知识和经验作出的。当法官认可这种知识和经验，进而认可这种归纳时，就会采纳作为小前提的证据事实，并进而认可重要性事实。而在疑难案件中，由于无法直接基于证据和逻辑得出结论，法官只能依赖经验作出合乎情理的判断，经验也因此成为处理疑难案件的一种不可或缺的裁判手段。

（2）经验的获取

亚里士多德认为我们直接或间接地通过感官所获得的知识都可看作是经验的，除此之外，我们要知道其他的事，则必须依靠逻辑、推理或演绎能力。我们收集证据或积累经验知识，然后运用逻辑原理进行推断并得出结论。

威格摩尔则认为所有的知识都来源于人类的经验，他把经验分为一般经验与特殊经验。前者是指一个普通成年人所拥有的经验，后者则是

---

〔1〕 陈荣宗、林庆苗：《民事诉讼法》，台湾三民书局 1996 年版，第 487 页。

〔2〕 江伟、徐继军：《在经验与规则之间——论民事证据立法的几个基本问题》，《政法论坛》2004 年第 3 期。

〔3〕 陈荣宗、林庆苗：《民事诉讼法》，台湾三民书局 1996 年版，第 487 页。

指仅仅由从事某种特殊行业、商业、艺术、科学或其他恰当活动的那些人也就是专家们所拥有的经验。但是，威格摩尔有时候又把特殊经验涵括于一般经验之内。事实上，我们所有人，通过我们自己的个人经验、他人的个人经验、书本、电影等获取的知识来积累一个巨大知识库，这个知识库包含了人类在我们社会中的一般行为方式，人们可以据此对典型行为进行概括。这种概括又成为我们把特定证据与人们希望证明的一个因素联系起来的前提。[1]

不过，在任何社会中都不会存在完全一致的知识库，它会随着群体、个体和时间的不同而有所差别，不同类型的社会、国家与种族也会有不同的知识库。将理性人之间持有广泛共识视为理所当然显然是过度夸大了这种知识库的作用。

（3）经验的应用

首先，经验的应用是具体的、有条件的，要有相应的情境，对同一经验的应用可能得出不同的结论。在类似的案件里，对相同的证据是否具有证明性，裁判者可能根据经验作出不同的认定。如，在非法持有毒品案件中，在查获毒品的同时查获现金。现金能否用来证明其从事毒品交易？在女王诉巴特案（R. v. Batt）[2] 中，被告人被指控非法持有 500 克大麻树脂，并意图贩卖给他人。在查获大麻树脂时，当场查获 150 英镑现金。上诉法院认为，这些现金与被告人试图在未来销售这些大麻没有关系，这些现金不具有证据的相关性。但是在女王诉莱特案（R. v. Wright）[3] 中，被告人被指控持有可卡因并意图贩卖给他人，在查获可卡因时，也当场查获 16000 英镑现金以及一条价值 9000 英镑的金项链。上诉法院认为这一证据是相关的，应当采纳，因为这些现金可以帮助毒贩去购买新的毒品。在被告人承认持有毒品，但否认意图贩卖给他人的案件中，与大量毒品一同发现的现金与贩卖给他人的意图相关，当然，这些现金作为贩卖毒品的证据，必须排除正当持有该现金的任何

---

[1] David A. Binder & Paul Bergman, *Fact Investigation : From Hypothesis to Proof* , West Group, 1984, p. 274.
[2] [1994] Crim LR 592.
[3] [1994] Crim LR 55.

解释。

在这两个类似的案件中，法院对证据是否有相关性作出了截然不同的裁决，应当是由于经验法则发挥的作用。数额较小的现金对于购买并贩卖毒品作用不大，无法证明非法贩卖毒品的意图。但是数额较大的现金完全可以实现购买、贩卖毒品的行为，故有助于证明非法贩卖毒品的意图。因此，"相关性常常因需要考虑的特定案件的事实而有所不同，说特定的证据在任何情况下都不具有相关性，是很不明智的。"[1]

其次，对同一证据作出不同的证明性判断，与裁判者独特的个人经验和其对普遍经验的认识有关。因此，经验的应用需要克服法官的个人偏好，为一定时空内的社会公众所普遍接受。

作为一种主观判断，不同的裁判者因其性格、修养、专业知识、人生阅历等因素的影响，其拥有的经验也不同，运用经验对案件事实的认定自然也不同。但是，作为一种规律性的认识，经验不应当是因人而异的。经验的英文表达是 common sense 或 general knowledge，表示一种客观、普通的知识，是一种一般性的或达成共识的知识。"在司法场域中，法律思维是一种独特的经验，推动法律思维前进，意味着要摆脱个体性、不可言传的私人经验，进入可以交流的和达成普通一致性的共同的、稳定的、确定的经验世界之中。"[2] 因此，在诉讼中，法官对经验的确认只能依据社会的一般经验，不能以自己的个人判断来代替社会一般经验，其所运用的经验须具有可重复性，并为一定时空内的社会公众所普遍接受，并可以重复使用。

为确认大前提的真实性，不仅需要大前提本身正确，而且要求裁判者正确认可该前提。裁判者能否正确认可该主张的正确性也取决于裁判者个人所具有的生活经验和背景知识。每个人都会基于个人的生活经验形成对某些现象的概括认识。如果裁判者的认识与证据所依靠的大前提一致，该证据的证明性就可能得到法官的承认。在一般情况下，裁判者

---

[1] [英]克里斯托弗·艾伦：《英国证据法实务指南》，王进喜译，中国法制出版社2012年版，第121页。

[2] [英]迈克尔·奥克肖特：《经验及其模式》，吴玉军译，文津出版社2005年版，第9页。

个人所具有的生活经验与其所处社会中普通成员的常识是一致的，因为
裁判者也是社会成员中的一员。但是，每个裁判者由于受个人成长经历
或思想方式、价值观念等因素的影响，其个人认识可能会偏离社会的普
遍认识，尤其是那些长期从事司法职业的法官。对此，应当要求法官以
陪审团的眼光来审查。相关性审查是法官初步筛选哪些证据可以呈现给
陪审团审查，不应过多地剥夺证据进入庭审阶段的机会。当裁判者自身
认可的经验或常识与社会普遍认可的经验常识或当事人所提出的大前提
不一致时，应当赋予当事人反驳、解释和说明的权利，以正确利用经验
和常识验证证据的相关性。

　　为避免不同裁判者因知识背景、智力水平和生活经验等不相同，导
致的对证据证明性的不同判断，英美法对证据作了类型化处理，对间接
证据和间接相关证据分别发展可资借鉴的检验模式。[1] 间接证据证明的
事实并非案件主要事实本身，但是通过这一事实，结合其他事实，可以
推论出争议中的事实。间接证据对案件事实的证明需要借助一系列的推
论。英美证据法把间接证据进一步分为展望式证据、附随式证据、回顾
式证据，并对每类证据可以证明的对象及其审查方法予以明确，减轻了
证明性判断的难题。[2] 其中，回顾式证据是指那些表明案件发生后当事
人的行为和情况的证据，可以用来证明案件发生当时的情况。回顾式证

---

〔1〕　直接证据本身就包含了案件主要事实，无须经过推论，不会涉及证明性的争论。有关
　　　证据是否具有证明性的争议主要是针对间接证据而言的。
〔2〕　展望式证据是指那些表明过去的行为、思想或情况的证据，可以用来推断案发时的行
　　　为、思想或情况。根据我们的日常生活经验，事情的发生发展应当保持大体的连贯性，
　　　当前的事情是以过去的事情为基础发生的。因此，如果能够证明过去曾经有过某种行
　　　为、思想或情况，就可以推论现在的某些行为、思想或情况是可能存在的。展望式证
　　　据包括意图或动机、计划或准备行动。如果证据能够表明某人具有采取特定行为的意
　　　图或动机、计划或准备行动，就可以用来证明这个人有可能采取这样的行动，表明某
　　　人在事故发生之前不久所讲的话或所做的事的证据可以用于推断该人在事故发生时也
　　　持有同样的意见或者做同样的事情。附随式证据是指表明在案件发生时的思想、行为
　　　或情况的证据，可以用来推断案件情况。这些证据与案件事实一同发生，或者是由案
　　　件事实所引起的，或者是与案件事实之间具有一定的联系。附随式证据包括当场言论、
　　　能力、机会和身份、心理状态等。当场言论与案件事实具有密切的联系，而且来不及
　　　编造，可信度很高。案发时是否具有实施某个行为的能力有助于推论此人是否真的实
　　　施了这个行为。机会和身份可以用于证明行为人是否在场。

据适用的是反向推理，即只有与案件有关的人或者有过错的人才会表现出这些行为，与案件无关的人或者无过错的人往往不会有这种行为。如果行为人不能对这些表现作出合理解释，裁判者可能会作出对其不利的推论。这类证据的使用可能违背证明责任的分配规则，不恰当地令行为人承担证明责任，在使用当中应当辅以其他配套措施。

最后，经验是对过去的行为、现象等的不完全归纳，其结论并非必然正确，但是我们可以信赖经验应用的盖然性结论，并在不信赖这种归纳时赋予当事人一定的救济权。

经验只是对无限发展的人类行为、现象等的一部分的归纳，对经验的运用多数情况无法通过证据来验证，无法保证结论的必然正确性。虽然我们毫不怀疑一些经验性命题，无时无刻不依靠它们来指导我们的行动，但是我们确实不能证明这些命题绝对无误，甚至有不少经验命题被证明是错误的。如，一个脾气暴躁的人可能会主动攻击他人。这种说法一般比较含糊，对事情的频率不可能进行精确量化，甚至不区分经常、有时、偶尔。这种说法我们不能确保它是真实的，以此为基础进行的推论，我们也不能确信为真实。但是，当经验成为心证形成的基础时，基于公平正义的要求，我们又要求基于经验得出的结论是确定的，至少是相对稳定的。对此，我们可以借助盖然性对经验结论进行表达，并赋予当事人一定的反驳权利。"人类知识来自经验归纳的基本特点，决定了所谓的'全称命题'实质上只是一种具有较高'经验含量'且尚未出现反例从而被人们认为是全称命题的知识。"[1]

法官对这种归纳的认可，应当立足于理性陪审团成员的观点来审查，即一个理性人接触到已知证据事实，他是否能够相信因为证据事实的出现使重要性事实的真实性出现差别。对于明显不合理的归纳，法官有权直接摒弃。如，对明显不具有客观性的归纳应当排除，如某人的步行速度超过波音飞机的飞行速度。对于证人的推测或毫无根据的臆测也应当排除，特别是有关性别、民族、种族等歧视性推测。除此之外，如果法官不认可基于知识和经验得出的归纳，法官应当给当事人反驳的机

---

[1] 北京市逻辑学会编：《归纳逻辑》，中国人民大学出版社 1986 年版，第 6 页。

会，可以要求该证据性事实的提出者提供证据支持这个归纳本身。如，如果法官不认可曾经吸食海洛因的人是认识海洛因的，就可以要求提供证人证明行为人认识海洛因；如果法官不认可狱警佩戴防护手套就是要准备与狱犯进行身体接触，就可以要求就该监狱狱警佩戴手套的惯例提供证明。此时，潜在的归纳就变成了一个证据性事实，对人类行为的粗略估计就变成了被证明的事实。

总之，关于证明性的检验，逻辑和经验缺一不可。正如威格摩尔所说，逻辑分析有助于更为清晰地展示一个论证的性质和有效性，但仅仅逻辑本身却无法验证假设的真实性，也无法告诉我们应该赋予某一推论什么样的分量；因为任何一个具体推论的强度都取决于在被探索的主题上的经验，而非逻辑。[1]

二、测谎结论的重要性

重要性问题并非考察证据与案件事实的关系，而是审查证据所试图证明的主张与案件事实的关系。判断重要性首先要明确证据所试图证明的主张，那么，测谎结论是否具有重要性首先就需要明确测谎结论证明的内容，即判定测谎结论证明的内容属于何种事实。

在诉讼过程中，向法庭提供的证据所包含的事实被称为证据事实。提供证据事实试图证明的主张是重要事实，也是陪审团或其他事实认定者根据证据事实可以推论出的事实。重要事实可以是主要事实也可以是间接事实。要件事实是法律规定的为支持当事人主张而必须证明的事实，要件事实对应的是主要事实。法官在决定证据相关性时是基于一个基础，即假定证据是真实的，因此，在证据事实和重要事实之间还有一个推断事实，即由证据事实推论出的若该证据为真的情况下的事实。因此，三种事实的关系演变为四种事实的关系：证据事实→推断事实→重要事实→要件事实。

由证据事实推论出重要事实，从而建立与要件事实的关系，在诉讼中

---

〔1〕 ［英］威廉·特文宁：《证据理论：边沁与威格摩尔》，吴洪淇、杜国栋译，中国人民大学出版社 2015 年版，第 223 页。

是比较常见的。反之，如果证据事实能够推论出要件事实，则可以说明该证据具有重要性。如，目击证人做证说，他看见被告人用枪对着被害人，被害人倒在地上，头上有一个血窟窿，这是一个由证据所表明的证据事实。根据这个证言，推断该证言为真，即被告人确实用枪对着被害人，被害人倒在地上，头上有一个血窟窿。再根据这个推断，陪审团或其他事实认定者可以推论被告人实际上向被害人射击了。这个推论得出的事实具有重要性，属于重要事实，因为事实认定者可以据此进一步推论被告人造成了被害人死亡，这同时包含了故意杀人的主体要件和客观行为要件（这几种事实的关系可以用图 3 - 1 说明）。能够推出要件事实的证据，也就具有了重要性。在上面这个例子里，从证据事实到要件事实之间的推论过程比较简单，在有些场合，从证据事实到要件事实之间的推论则需要经过很多中间环节。艾伦教授曾经举例说明这种多重推论的环节。[1]

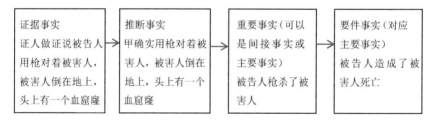

图 3 - 1　四种事实的关系图

---

[1] 在詹森案中，狱犯詹森被控袭击狱警，詹森辩护说是被狱警殴打，属于正当防卫。狱警证言证明自己被詹森打伤。另一名狱犯甲作证说，狱警们奔向甲的牢房时都佩戴着防护手套。狱犯甲的证言能够经过推论与辩方关于狱警先行殴打詹森的主张相联系。因为，从狱警们佩带防护手套奔向牢房的行为可以推论，狱警们准备与犯人进行一场接触性较量，而不仅仅是去做诸如收餐盘之类的事情；如果狱警准备进行接触性较量，就可能是要去打人；如果狱警准备打人，就会先动手而不是被动还手；如果狱警先动手开打，詹森就可能进行自卫性反击；这样，詹森使用武力打伤狱警可能就是正当防卫。从证据事实"狱警们佩戴防护手套"，到重要事实"狱警们先动手打人"，再到要件事实"詹森使用武力属于自卫"，这个推论链条中间经过了推断事实、重要事实的多次推论，最终导向要件事实，因此，该证据事实属于重要事实，该事实能使案件的实体争议事实的存在更有可能或更不可能，有助于诉讼争议的解决。[美] 罗纳德·J. 艾伦，理查德·B. 库恩斯，埃新塔·斯威夫特：《证据法：文本、问题和案例》，张保生等译，高等教育出版社 2006 年版，第 151 页。

（一）测谎结论证明间接事实

间接事实是借助经验法则和逻辑法则在推定主要事实过程中发挥作用的事实。测谎测试主要是明确被测人对案件有关事实是否知情，是否知悉案件中的隐蔽信息，或者有关案件事实的陈述是否是虚假的。借助经验法则和逻辑法则，测谎结论试图证明的对象经过一定的推论，结合其他证据，可以证明案件的主要事实。

在民事诉讼中，尤其是对于借款纠纷案件，双方对是否存在借款事实各执一词，是否借款就是案件的构成要件事实，该事实对应的案件中的具体事实是主要事实。经过推论可以证明案件主要事实的是间接事实。测谎结论证明的对象可以是间接事实。例如，在借款纠纷案件中对双方当事人进行测谎，在"你曾经向别人借了 10 万元钱，这事是不是真的？"这一相关问题上，借款人甲作了否定回答。而测谎结论显示借款人在回答这一问题时撒谎。在这种情况下，测谎结论证明的对象是甲对未借款的事实撒谎。推断事实是在未借款这一事实上甲确实撒谎了，再进一步推论可以得出，甲确实曾经向别人借了 10 万元钱。在这个例子里，能够实现从间接事实到推论事实，从推论事实到主要事实这样一个推论过程。借助经验法则和逻辑法则，测谎结论试图证明的对象经过一定的推论，结合其他证据，可以证明案件的主要事实，因此，测谎结论证明的对象属于间接事实，测谎结论具有重要性。

在刑事诉讼中，也有不少用测谎结论证明案件间接事实，进而推论主要事实的实测案例。如，某地省道发生一起交通事故，当地村民刘某在路上正常行走时，被从后方高速驶来的一辆轿车撞倒，当场死亡。驾驶员张某称当时在该处停车接电话，后因急着赶回家接孩子，在启动车辆后直接加速前行，再加上前面来车灯光刺眼，没有看到前面行走的行人，等发现有人时已经来不及了。经侦查实验发现，在天黑加灯光照射的情况下，只要视力正常，还是能够发现前面有行人的，而李某视力正常，应该能够看到前方行人。但是，如果驾驶员疏于观察，也有可能看不到行人。李某是因为疏忽大意没有观察到行人，还是故意以驾车撞人方式实施故意杀人行为，对案件定性有决定性作用。办案机关采用准绳问题测试法对李某实施了测谎。测试的相关问题是，"你是不是故意撞的前面那个行人？"测试结果显示，李某在相关问题上的得分为 – 12 分，表示其在相关问题上撒谎。在测后的审讯中，李某交代了以制造交通事故的方式故意杀人的行为。故意还是过失属于要件事实，一般难以直接用证据来进行证明，往往都是通过提出其他间接事实再结合推论来进行证明的。在本案中，测谎结论证明的对象是，被测人在"你是不是故意撞的前面那个行人？"这个问题上撒谎了。推论事实是，被测人是故意撞人的，而被测人故意撞人是本案的主要事实。测谎结论所证明的事实经过推论能够证明主要事实，属于间接事实，因此，测谎结论具有重要性。在采用紧张峰测试的案件中，从测谎结论得出要件事实往往需要多重推论。例如，在一起杀人案件中，被害人被一根铁丝勒死。由于现场保护较好，现场情况没有外泄，在对犯罪嫌疑人进行测谎的时候选择了紧张峰测试，并将作案工具作为一个测试情节。如果犯罪嫌疑人在铁丝这个相关问题上每次都能够达到峰值，就能够得出结论说他对这个情节是知情的，在排除其他无辜或偶然情况后，也能够得出他是杀人行为实施者的结论。

（二）测谎结论证明辅助事实

辅助事实是与证据的证据能力或证明力有关的事实。主要事实和间接事实都需要一定的证据予以证明，而这些证据的证据能力或者证明力也需要其他证据来予以证明。测谎结论在案件中可以用于证明签名的真假、当事人及证人陈述的真假，对证据的客观性或者证据的证明力大小发挥作用。

例如，上海市高级人民法院审理的陈某某与某纸业有限责任公司、倪某某民间借贷纠纷一案。[1] 倪某某与陈某某多次订立借款协议，约定了借款金额、借款期限等内容，担保人在借款协议上签字，后陈某某多次转账给倪某某，倪某某亦多次通过转账、债权转让方式给予陈某某相应金额。后双方对借款协议中所载金额是否实际支付发生争议。而且，倪某某表示本案系争 8 张借款协议是对之前高额利息的结算，而陈某某表示双方的借款协议是针对结算的结果确认，借款协议中所载金额均是

---

[1] 参见（2019）沪民终 17 号。

陈某某向倪某某交付的借款本金，不包含利息。对借款协议中所载金额是否包含利息，经双方当事人同意，一审法院委托上海市公安局物证鉴定中心对双方当事人进行心理测试鉴定。上海市公安局物证鉴定中心出具《鉴定文书》载明："测试结果：倪某某通过本次心理测试；陈某某不通过本次心理测试。分析意见：在该起民间借贷纠纷中，倪某某关于倪某某写给陈某某的八张借条上的金额是否包含利息该节的陈述可信度高于陈某某。"在本案中，测谎结论证明当事人陈述的可靠性，并在对双方陈述可靠性进行证明的基础上，对双方陈述可靠性进行了对比。测谎结论证明的对象包括当事人陈述的客观性、真实性，既有对证据能力的证明，也有对证明力的证明。测谎结论证明的对象属于辅助事实，具有重要性。

在刑事诉讼中，测谎结论也经常被用于甄别被告人陈述的真伪。如，北京市第一中级人民法院审理的王×1编造、故意传播虚假恐怖信息案[1]、北京市第一中级人民法院审理的王某某等抢劫杀人案[2]等，对于被告人拒不供认的，或者共同被告人之间相互推脱的，将案件关键信息作为测试的相关问题，测谎结论能够证明供述的虚假性。现以王某某等抢劫杀人案为例进行说明。被告人钱某某、王某某为非法占有杨某某银行账户内的钱款，经预谋，于2014年4月12日在某公寓房间内将杨某某杀害，并将其尸体掩埋。后钱某某持杨某某的银行卡分多次从ATM机提取卡内钱款共计人民币29万元。被告人王某某对起诉书指控的犯罪事实不予认可，辩称其未杀害杨某某。案发时，其无力劝阻钱某某杀害杨某某，案发后，因受钱某某胁迫未报警，并为钱某某购买了埋尸的行李箱。被告人钱某某辩称其仅是协助王某某埋尸并将被害人杨某某银行卡内的钱款取出。北京市公安局司法鉴定中心对王某某、钱某某分别进行了心理测试。测试结果显示，王某某在"杀死杨某某是你的主意吗？""杨某某被杀时你也动手帮忙了吗？"等相关问题上反应异常；钱某某在"出事那天，你威胁过王某某不要报警吗？""杀死杨某某是你

[1] 参见（2017）京01刑终109号。
[2] 参见（2016）京01刑初65号。

的主意吗?"等相关问题上反应正常。最终得出了王某某不通过、钱某某通过的测试结论。该两份鉴定意见书被北京市第一中级人民法院认定为证据,证明被告人供述的虚假性,并结合其他证据证明两被告人在犯罪中各自的地位和作用。

测谎结论能说明案件所主要依赖的"背景",这是测谎结论具有重要性的一个表现。这些背景信息可能属于辅助事实,也可能属于间接事实。我们不能在真空中对案件事实作出判断,有必要采纳描述案件的背景和情况的证据。法官经常会采纳一些似乎与本案任何一个重要事实都没有明显联系的证据,尤其是关于证人的背景信息。证人的背景信息能够使事实审理者对证人的可信性作出更为明智的判断,在证人作证时,他们还常常被允许对行为或事件进行详细描述,以帮助事实审理者了解其没有亲身经历的事情。这些证据在性质上属于背景性的,很难说与争端事项有关,但常常被提出用以帮助事实审理者理解案情。图表、照片、不动产的图片、杀人凶器以及许多其他证据,都属于此种证据。它们不是要证明任何重要性事实,而是要向事实审理者展示或说明这个事件的某些部分。美国联邦证据规则起草咨询委员会明确地赞成对背景证据的采纳,尽管它对案件缺乏直接影响。有些事实属于整个事件的组成部分,或者属于过去事实的组成部分,例如,能证明动机的事实、与证人信誉有关的事实,能够具有重要性。正如英国威尔伯福斯勋爵所言:"当考虑事实发生的情景时(例如在一起杀人案中),可能会出现这样的问题:这一情景是何时开始又是何时结束的?将证据限定在开枪或刺入被害人,而不去从更广泛的含义上了解发生了什么事情,也许是任意的和不实际的做法。"[1]

三、测谎结论的证明性

(一) 测谎结论的可靠性对证明性的保障

在我国,否定测谎结论证明性的观点大多从客观性的角度出发,认为

---

[1] Ratten v. R., [1972] A. C. 378, 388, per Lord Wilberforce.

测谎结论不可能 100% 准确，无法保障对案件事实的证明性。不可否认，任何证据的可靠性都不是 100%，包括我们广泛接受的指纹鉴定、DNA 鉴定等都不可能是 100% 准确，但这并没有妨碍它们作为证据。

测谎的基本原理是，真正有罪或知情的被测人经历过或知道正在调查的事件，在他的头脑中有相关的情节储存。当这个情节被混杂在类似的几个情节中呈现在被测人面前时，真正有罪或知情的被测人就会再认出这个情节。同时他也知道撒谎的后果，会产生恐惧情绪。因此，他的注意力被集中于此，形成优势兴奋中心，引起朝向反射，产生强烈的生理反应。而无辜的被测人由于不知道这个情节，不会出现再认，相关问题和陪衬问题对他的刺激程度是一样的，没有新异刺激，没有优势兴奋中心产生，不会出现强烈反应。测谎原理已经得到众多心理学理论的解释，具有科学性。测谎技术发展到今天，形成了众多的测谎方法，这些方法经过大量的实验室研究和实际案件检测，被认为具有足够高的信度和效度。美国国家科学委员会于 2003 年作出的有关测谎准确性的评估报告是目前有关测谎的最权威的一次评估。该委员会在全面审查 80 多年来的研究成果的基础上，历时 19 个月，得出结论认为，测谎虽然有一定的局限性，但测谎的综合准确率在 81%—91%，足以满足在具体情形下的运用。[1]最近的一次针对测谎准确率的综合研究是美国测谎协会（American Polygraph Association，APA）于 2011 年年底完成的。美国测谎协会对所有发表在公开出版物上的符合美国测谎协会标准的有关测谎的实地研究结果进行了彻底的审查，并发表了一份报告。美国测谎协会的研究结果与美国国家科学委员会作出的评估报告一致，为测谎的有效性再一次提供了有力的支持。

因此，虽然测试的可靠性与测试人员的资质、被测人的个人情况、案件情况等有很大的关系，不能保证每次测试都是可靠的，但也不能因此而否定测谎结论的可靠性及其对案件事实的证明作用。对测试主体、测试程序、测试方法等的审查正是鉴定意见需要审查的各个因素，也正

---

[1] National Research Council of the National Academies, The Polygraph and Lie Detection, 2003 (13), http: // www. nap. edu/openbook/0309084369/html.

是因为这些因素可能出错或者违背法定程序，所以才需要进行审查。测谎结论的可靠性得到众多研究的认可，具有较高的信效度，也得到判例的认可，能够保证作为证据的证明性。

（二）测谎结论证明性的概率分析

证明性是证据使其试图证明的主张成立的倾向性，是法官依据逻辑或者经验判断的证据使其试图证明的主张更为可能或者更无可能的能力。在美国，《联邦证据规则》第401条对相关性的规定体现了最大限度地容纳证据而不是排除证据的倾向。《联邦证据规则》401条用最小相关性的检验标准，倾向于采纳并依靠所有有用信息[1]。"当且仅当无论有没有该证据……可能性都是相同的，该证据才没有相关性……如果可能性是不同的，该证据就是相关的。"[2]法官只需比较在提供和未提供证据的情况下，重要性事实存在的可能性有无任何变化。但凡有任何变化的，法官就应当认定其具有相关性。

证明性的认定只要求证据使案件事实的认定更有可能或更无可能，这取决于该证据的出现是否改变争议事实存在的概率。假定待证命题为 H，在证据 E 出现之前，现有的可以用于证明 H 的所有信息为 O。在证据 E 出现之前，待证命题 H 存在的概率为 Ph（O）。在证据 E 出现之后，待证命题 H 发生的可能性为 Ph（E，O）。只要 Ph（E，O）$\neq Ph$（O），证据 E 就是与 H 相关的。也就是说，只要证据能使裁判者对某个命题的确信程度发生改变，该证据就是具有相关性的。

用贝叶斯定理分析测谎结论的可靠性是对测谎结论证明性解读的一种新方法。贝叶斯定理是关于随机事件 A 和 B 的条件概率的定理，核心思想是事件 B 发生这一信息可用于修正关于事件 A 发生概率的先验概率。假设两个事件 A 和 B 满足 P（A）>0，P（B）>0，则

$$P（A \mid B）= \frac{P（B \mid A）P（A）}{P（B \mid A）P（A）+ P（B \mid \bar{A}）P（\bar{A}）}$$

---

[1] United States v. Shonubi, 895 F. Supp. 460, 492（E. D. N. Y. 1995）, 103 F. 3d 1085（2d Cir. 1997）.

[2] V. C. Ball, "The Myth of Conditioned Relevancy", *Georgia Law Review*, Vol. 14, 1980, p. 435.

　　P（A）是在获得 B 的信息之前关于 A 的概率，称为先验概率。条件概率 P（$A|B$）是获得事件 B 发生的相关信息后，对事件 A 发生概率的修正，称为后验概率。贝叶斯定理阐述了如何将条件概率 P（$B|A$）与 A 的先验概率 P（A）结合起来获得最终概率 P（$A|B$）。现以一例说明用贝叶斯定理计算测谎结论的证明性：甲、乙两人涉嫌共同诈骗，两人共谋犯罪，且均承认诈骗行为，但对于赃款去向两人互相推诿，均称被对方占有隐匿，宣称自己并不知情。对两名被测人进行测谎。测谎结论为甲撒谎的可能性更大，乙撒谎的可能性较小。

　　用贝叶斯定理分析如下：x_i 是互相排斥而又必须发生的 n 个事件 x_1，x_2，$\cdots$，x_n 中的一个，P（θ_i）为 x_i 发生的概率，是在抽样前就有的关于先验信息的概率陈述，也即先验概率，是不确定的随机变量 θ 的先验分布 π（θ）。先验概率很多时候是一种估计，这种估计可以是无任何条件限制下事件 A 发生的概率，也可以是以各种既定条件为前提的估计。A 是一个可观察事件，假定 x_i 发生时 A 发生的概率为 P（$A|\theta_i$），假定 A 发生的条件下 x_i 发生的概率为 P（$\theta_i|A$）。在随机变量给定某个值时，总体指标 X 的条件分析记为 P（$x|\theta$），依赖于参数 θ 的密度函数，服从二项分布。警方假定两名被测人的嫌疑的概率为先验概率，对每个被测人分别有两种不同假定。假设被测人甲嫌疑的概率分别为 $\theta_1=80\%$，$\theta_2=70\%$。主试对警方意见的认同程度在 50% 水平，即主观概率为 $\pi(\theta_1)=0.50$，$\pi(\theta_2)=0.50$。在此基础上分析二轮测谎的结果。

　　经测试，第一轮测试中，被测人甲对 10 个相关问题中的 8 个问题呈阳性反应。第二轮测试中甲对 10 个相关问题中的 9 个问题呈阳性反应。在每轮测试之后分别计算条件概率和后验概率，代入贝叶斯公式计算的后验概率为 0.740，即认为被测人甲撒谎的概率被调整到了 74%。对被测人乙进行同样的测试，用同样的方法计算，唯一不同的是，在测试过程中，被测人乙在第一轮测试中对 10 个相关问题中的 9 个问题呈阳性反应，在第二轮测试中对 10 个相关问题中的 6 个问题呈阳性反应。代入贝叶斯公式计算的后验概率为 0.48，即认为被测人乙撒谎的概率被调整到了 48%。利用贝叶斯公式可以清楚地看出，有测谎结论与没有测谎结论相比，被测人有罪的概率发生了改变，符合证明性判断中的 Ph $(E, O) \neq Ph$ (O)，因此，测谎结论具有证明性。

我国测谎技术人员以贝叶斯公式的应用为基础，发明出一种计算测谎结论的证明性大小的方法。具体的方法是：先选定一定的测试方法，将案件情节作为相关问题编入测试试题；在测试过程中，把每个生理反应指标打分，每组题目测试三遍；计算每个相关问题的得分；进行概率转换，把测试通过和不通过分别转换为有罪和无罪的概率；把所有的相关问题对案件事实的证明性大小结合起来，应用概率乘积规则，计算所有问题对案件事实证明性的综合概率，得出测谎结论对案件的证明性大小的概率。[1]当然，这种计算方法的合理性尚需学界进一步讨论，但是，用概率来解释测谎结论的证明性早已获得普遍认可。

（三）测谎结论作为回顾式证据的证明性

回顾式证据适用反向推理，用案件发生后行为人的表现和行为来证明案件事实。这种推理的假设前提是只有与案件有关的人或者有过错的人才会表现出这些行为，与案件无关的人或者无过错的人往往不会有这种行为。当然，这种假设只是建立在推理基础上的，应当给予行为人解释、救济的机会。只有行为人不能对这些表现作出合理解释时，裁判者才可以作出对其不利的推论。回顾式证据包括行为人撒谎的证据，若是一个人以谎言回应针对他的指控，证明其撒谎的证据足以去推断他知道自己有错而想以谎言去掩饰。在英美法系国家，这类证据允许提交给陪审团审查，但是，由于说谎会导致陪审团的敌意因而赋予该证据过重的证明力，法官需要给陪审团作出指示。

测谎结论可以作为回顾式证据，从案件发生后被告人撒谎这一行为证明案件发生时的情况。测谎是通过检测被测人异常的生理反应来证明被测人是否具备犯罪记忆、是否了解案情或者是否与案件相关的。现代心理学、生理学的研究充分表明，心理和生理是统一的，生理反应包括大脑活动情况是心理活动的反映，而心理反应受案件情节等构成的相关

---

[1] 陈云林、孙力斌：《心证之道：心理测试技术新视角》，中国人民公安大学出版社，2012 年版，第 230—240 页。

问题的客观刺激。测谎检测到的反应能够反推案件事实，测谎结论能够使案件事实存在的可能性更大或更小。

　　回顾式证据属于间接证据的一种，是需要借助推论结合其他证据才能够证明案件主要事实的证据。测谎结论以间接证据的形式对案件事实的证明性在最高人民法院的指导性案例里有明确记载。[1] 在江苏省淮安市中级人民法院审理的崔某某诉陈某某民间借贷纠纷案中，法院明确认定，测谎结论可以作为间接证据证明案件事实。[2] 陈某某、张某某与崔某某于 2004 年达成协议拆伙。崔某某持有陈某某署名的金额为 10 万元的借条一张提起诉讼，请求判令陈某某偿还借款 10 万元并支付利息。陈某某答辩称崔某某持有的借条系重复借条，达成协议拆伙并出具借条后，因故再次出具借条，但未收回第一张借条，故崔某某的诉请缺乏事实依据。崔某某针对陈某某的答辩诉称其诉请 10 万元债权与拆伙款无关。一审法院认定，崔某某提供借条证明其诉请，证据充分，对此陈某某未提供证据对抗，故应认定陈某某欠崔某某 10 万元，应当承担偿还责任。陈某某提起上诉，二审法院维持原判。陈某某不服二审判决，提请再审。再审期间经陈某某申请进行测谎鉴定，鉴定意见为：陈某某及张某某对"写 10 万元条据的原因是因为退伙""起诉的条据是第二天写的""写这张条据的地点是在张某某家""写条据的时候没有给钱""写条据时三人在场"等目标问题的陈述没有说谎，本案中 10 万元借条是因为退伙而写，陈某某没有向崔某某借钱。再审法院判决：撤销原判；陈某某还崔某某 1 万元。裁判理由为，本案双方当事人均确认以下事实：2004 年 4 月 23 日协议拆伙，拆伙约定由陈某某给付崔某某及张某某各 9 万元拆伙款，拆伙次日双方又结算等。合伙人张某某的证言对案件事实具有较强的证明力，测谎鉴定意见也认定陈某某及证人张某某主张的事实。故可以认定 10 万元借款与 9 万元拆伙款构成重复计算，借贷关系不成立。

　　从实务应用的情况来看，测谎在反贪反渎这种"一对一"的案件，

---

[1] 《中国指导案例》编委会编：《人民法院指导案例裁判要旨汇览》（借款·担保卷），中国法制出版社 2014 年版，第 306 页。

[2] 参见淮审民一再终字第 0015 号。

以及借贷纠纷、交通肇事、保险索赔这种案件里都能发挥重要作用。有测谎结论与没有测谎结论相比，被测人与案件的关系及其陈述的真伪更能够被确立或被推翻。测谎结论可以证明被测人与案件的关系，能够证明被测人陈述的真伪。

第三节　测谎结论与证据的法律相关性

塞耶最为有名的论述是："所有在逻辑上具有证明力的证据都是可采的，除非它们被一些规则、原则或法律所排除。"[1] 塞耶的本意是要强调逻辑相关性对证据可采性的意义，只是他没有想到的是，他所说的例外和限制情形被威格摩尔进一步发展为法律相关性概念。将对陪审团的影响、公共原因、先例等在逻辑相关性之外权衡证据是否能被采纳的因素归入法律相关性。在逻辑相关性之外是否有必要存在法律相关性概念，法律相关性是否会引起概念间的冲突、混淆？梳理围绕这一问题的争议可以明确法律相关性概念的价值。法律相关性并不能否定或消灭证据的逻辑相关性，但是可以产生搁置效应。证据的逻辑相关性可以被事实裁判者调查、考虑的前提是通过了法律相关性的检验。在英美法系国家虽然有法律相关性判断的基本步骤，但是具体的判断过程因为充满各种变数而颇为复杂。测谎结论法律相关性的检验遵循相同的判断标准，对相关判例的梳理有助于明确司法实务对测谎结论法律相关性的态度，能够使测谎结论法律相关性的判断更为轻松。

一、围绕法律相关性的争议

法律相关性既是司法上的技术性概念，也是英美证据法中争议较大的概念。威格摩尔是法律相关性理论的代表人物，他以塞耶学说为基础，承认相关性是逻辑和经验问题，但他并没有止步不前，而是向反方向发展出了他的逻辑相关性（Logical Relevancy）和法律相关性（Legal

---

[1] James Bradley Thayer, *A Preliminary Treatise on Evidence at the Common Law*, Nabu Press, 2010, p. 266.

Relevancy） 概念体系。

（一） 法律相关性的要义

法律相关性概念要解决的核心问题是，如果证据性事实 A 与某一要件性事实 B 有关联，从而具有逻辑相关性，那么证据性事实 A 是否因此而必然具有可采性？法律上是否另外存在一个相关性检验标准将其排除在可采性之外？也就是说 A 要具有可采性，不仅仅要和案件有关联，其对案件的证明价值是否应符合法定的最低限度。对此，威格莫尔认为，"……更重要的是，所有提供给陪审团的证据，应具有较之一般推理所要求的更高的证明价值……换言之，法律相关性的首要含义是那些比最小证明价值更大的东西。每个单一证据都必须具有更高价值（Plus Value）"[1]。这是法律相关性的首要主张，即使证据符合逻辑相关性而有助于调查事实，但如果缺乏更高价值也应予以排除。因此，根据法律相关性标准，判断证据的可采性首先要确定证据与案件事实存在逻辑上的关联，其次应衡量该项证据的证明分量或价值是否足以抵消采纳该证据所导致的时间耗费和其他不利后果。威格莫尔认为，确认证据逻辑相关性的逻辑方法在整体上具有盖然性的性质，不能与法律科学的严谨性相提并论，故运用逻辑方法所确认的自然相关性还应经过法律规范的检验，才能最终具备法律上的相关性。麦克伊万（McEwan）指出，具有逻辑相关性的证据的命运，最终亦不得不委身于审判的性质与目的。[2]

法律相关性的另一个重要主张是，相关性问题也需要通过判例、规则等来检验。库辛（Cushing）大法官在州诉拉佩兹案（State v. Lapage）中提出，证据的相关性确实是逻辑和常识的问题，但证据也经常成为法庭讨论的主题并受相关裁决的规制，由此就可能进一步形成大多数人普遍的证据意识，据此证据相关性在很大程度上已经成为先例和规则的问

〔1〕 Herman C. Trautman,"Logical or Legal Relevancy – A Conflict in Theory", *Vanderbilt Law Review*, Vol. 5, 1952, pp. 385-413.
〔2〕 Jenny McEwan, "Evidence and the adversarial Process: The Morden Law", *The Cambridge Law Journal*, Vol. 51, 1992, pp. 571-574.

题。[1] 威格摩尔赞成库辛的观点，认为证据领域也应受普通法中的遵循先例原则约束，法院在司法判决中虽然是运用经验和常识对证据的相关性作出裁决，但一旦作出裁决，这种裁决就转化为规则，对以后的证据相关性检验有约束力。判断证据是否具有相关性需要通过对具有法律效力的判例的积累来解决。[2]

（二）对法律相关性概念的批评

法律相关性概念的提出与塞耶的观点背道而驰。法律相关性概念虽然承认证据相关性问题是逻辑和经验问题，但又认为，法律相关性也可以是法律问题。而塞耶认为，在理性证据制度中，相关性始终只是逻辑和经验处理的问题，法律并未提供关于相关性的检验标准。法律相关性概念遭受到一些批评，如法律相关性使证据的充分性和证据的相关性缠绕在一起，助推了相关性和证明力概念的混淆。[3]

法律相关性概念还引起了一些其他的争议。詹姆斯认为法律相关性不过是一个徒增烦恼的概念或标准，法官为了判断某一逻辑上相关的证据是否有充足的证明力，必须考虑一系列因素，而这些考量因素难以有效地简化成检验特定证据相关性的公式或规则。相关性问题属于法官自由裁量的范围，并不存在对证据最低限度证明力的精确量化。[4] 还有观点认为，仅以不具有法律相关性为由就可以排除证据，而无须就其理由作进一步的解释，导致证据不可采的具体理由模糊化，也可能损害刑事裁判的合理性和可接受度。[5] 关于库辛和威格摩尔把先例作为相关性的检验标准的观点，特劳特曼认为，将流动易变的相关性认识固定于判例法中，在个案情境下容易产生冲突和混淆，可能造成许多有用的证据因

---

[1] 57 N. H. 245, 288 (1876).

[2] Herman C. Trautman, "Logical or Legal Relevancy – A Conflict in Theory", *Vanderbilt Law Review*, Vol. 5, 1952, pp. 385-413.

[3] Thayer & James Bradley, *A Preliminary Treatise on Evidence at the Common Law*, Brown and Company, 1898, p. 264-265.

[4] James & George, "Relevance, Probability and the Law", *Calif. L. Rev.*, Vol. 29, 1941, pp. 689-705.

[5] James & George, "Relevance, Probability and the Law", *Calif. L. Rev.*, Vol. 29, 1941, pp. 689-705.

没有先例规定而被排除。而且，判例法形成众多烦琐的规则、例外和限制条件，也直接约束法官在具体案件中进行准确的判断。[1]

（三）法律相关性的辩护

首先，法律相关性概念的提出带有强烈的政策性，背景是一场有关法官与陪审团的相对角色以及法律辩论必要性的讨论。法律相关性概念强调，在对抗式陪审团审判中法官拥有将那些多余的、琐碎的或者带有偏见性的东西排除出去的权力。由此，法官需要对哪些东西值得考虑作出初步判断。法律相关性主要是基于对生命有限性的承认。排除证明力微弱的证据，有助于防止事实调查的内容趋向于无益的细枝末节，防止争议和混淆，避免浪费时间和拖延诉讼，避免误导陪审团或者使陪审团成员产生不公正的偏见。法律相关性概念被纳入可采性标准，有利于保障司法的公正高效和陪审团的理性决策。

其次，美国《联邦证据规则》虽然没有使用逻辑相关性和法律相关性这对概念，但是逻辑相关性和法律相关性的二分法在《联邦证据规则》中得到充分体现。《联邦证据规则》第 401 规定，证据是相关的，如果该证据具有某种倾向，即有这个证据跟没有这个证据相比，使对诉讼具有重要意义的某项事实的存在更有可能或更无可能。根据第 401 条，如果一项证据在逻辑上具有证明某个命题的趋势，该证据就具有逻辑上的相关性。同时，第 403 条规定了法官依自由裁量权排除相关证据的情形，如果相关证据的证明价值为以下一个或者多个危险所严重超过，则法院可以排除该证据：不公平损害、混淆争点或者误导陪审团、不当拖延、浪费时间或者不必要地出示重复证据。[2] 根据第 403 条，如果一项证据的证明力足以抵消其带来的延迟、耗费、损害或者混淆的不利影响，该证据就不具有法律上的相关性。显然，"法律相关性"标准

---

〔1〕　Herman C. Trautman, "Logical or Legal Relevancy – A Conflict in Theory", *Vanderbilt Law Review*, Vol. 5, 1952, pp. 385-413.

〔2〕　The court may exclude relevant evidence if its probative value is substantially outweighed by a danger of one or more of the following: unfair prejudice, confusing the issues, misleading the jury, undue delay, wasting time, or needlessly presenting cumulative evidence.

高于"逻辑相关性"标准，具备逻辑相关性才需要依据自由裁量权审查是否具备法律相关性。根据 403 条被排除的证据，以前称为"逻辑上相关但是法律上不相关"的证据，现在被称为"根据规则 401 相关，但是根据规则 403 不可采"的证据。

除了美国，英国、澳大利亚等国家在立法上也都有关于法律相关性的表述。英国早在 1914 年就在女王诉克里斯蒂案（R. v. Christie）中确立了法官在刑事案件中有权排除偏见影响大于其证明价值的证据。[1] 在哈里斯上诉案（Harris v. DPP）中，西蒙法官指出，如果严格运用技术规则会导致对被告的不公正，法官有责任将争议的实质凌驾于技术规则之上。[2] 在随后的赛利上诉案（Selevy v. DPP）和女王诉桑案（R. v. Sang）中，上诉法院认为，如果法官认为某一可采纳的证据对陪审团的偏见影响大于它的证明价值，可以使用自由裁量权排除该证据。[3] 英国 1984 年《警察与刑事证据法》第 78 条也有类似规定。澳大利亚1995 年《联邦证据法》第 135 条规定，法院如果认为证据存在以下情形之危险远远大于其证据价值的，可以拒绝采纳证据：对一方当事人有不公平的偏见，或者误导性或者疑惑性，或者将产生不适当的迟延。

再次，即便是法律相关性概念的反对者特劳特曼教授，在其论述中亦会不自觉地滑入法律相关性理论中去。例如，他曾主张，相关性审查依据两个并列的检验渠道，一个是逻辑相关性，另一个是政策性排除，后者包括法官的裁量排除和法定的绝对排除。虽然他没有使用法律相关性的概念，但是他所说的政策性排除，依然是对相关性的检验，也就是说，对相关性的排除标准包括政策性标准，事实上，也就是法律相关性的作用领域。

最后，法律相关性可以被理解为逻辑相关性的适用标准而存在。证据相关性可以在证据能力和证明力两个层面上展开，逻辑相关性系证据的自然属性，但可能会基于立法与司法实践需要而被人为地搁置。也就是说，如果法律相关性被否定，那么，证据的逻辑相关性就无法被事实

---

〔1〕 ［1914］A. C. 545.

〔2〕 ［1952］A. C. 694.

〔3〕 分别参见 ［1970］A. C. 304 和 ［1980］A. C. 402.

裁判者调查、考虑和采纳，事实上处于被搁置状态。证据的逻辑相关性可以被事实裁判者调查、考虑和采纳的前提是必须经过法律相关性的检验。证据无法律相关性的，其逻辑相关性就会被"搁置"。法律相关性并不能否定或消灭证据的逻辑相关性，但是可以产生搁置效应。因此，可以将基于证据能力的法律相关性理解为证据逻辑相关性的适用标准而非产生标准，无论事实审理者如何评价证据的逻辑相关性，他首先不能违反法律规范对法律相关性的规定。也正因为如此，有观点认为，证据的相关性问题"与其说是一个常识和逻辑问题，不如说是一个对错综复杂的证据规则的理解问题"[1]。

法律相关性概念在我国也有其存在必要性。我国对证据能力的理解是要具备证据的客观性、相关性和合法性。具备逻辑相关性的证据，如果因为证明力不够强而需要被排除，既不能依靠客观性标准，也不能依据合法性标准。我国法律虽然有个别条款规定了证据的合法性检验标准，但并无针对证明力不足的排除规定。因此，具备逻辑相关性但缺乏足够证明力的证据，只能用法律相关性理论来排除，也就是说，具备逻辑相关性但缺乏法律相关性。法律相关性这一概念在我国法律体系中是能够自洽的。

因此，法律相关性概念有其存在的合理性。如果不纠结于这个概念本身独立存在的必要性问题，这个概念所体现的对逻辑相关证据的进一步筛选、排除，是各国法律制度都需要的。正如蒂勒斯所言，威格摩尔并未主张把法律报告视为对相关性问题之约束性先例的来源。他是将它们视为司法经验的一个仓库，使它们代表着一般经验的一种特殊来源，可以称之为法律经验。[2]

二、适用法律相关性排除证据的步骤

《联邦证据规则》第 403 条规定，在证据有证明力的情况下，如果

---

〔1〕 〔美〕诺曼·M. 嘉兰、吉尔伯特·B. 斯达克：《执法人员刑事证据教程》，但彦铮等译，中国检察出版社 2007 年版，第 57 页。

〔2〕 Peter Tillers，"Webs of Things in the Mind：A New Science of Evidence"，*Michigan L. Rev.*，Vol. 87，1989，p. 1227.

该证据可能带来一些风险，且该证据的证明力被证据所带来的风险明显超过，法官可以依据自由裁量权排除该证据。虽然法官在决定结果时拥有一些灵活性，但是法官自由裁量权的行使必须受规则第 403 条的约束，当且仅当证据的证明力被第 403 条所述的危险之一严重超过时才能排除证据。不过，法官应当如何来衡量证明力是否被危险严重超过，规则本身及其联邦证据规则起草咨询委员会的注释都没有给法官提供指导性意见。同时，上诉法院基于对初审法院的自由裁量权的尊重，一般情况下并不会推翻初审法院关于第 403 条的裁决。

实践中，法官运用第 403 条赋予的自由裁量权审查是否排除相关证据，一般遵循以下三个步骤：

（一）分析证据的证明力

法官要分析证据可能对重要事实的成立或不成立产生的说服力。如果证据具有使重要事实更有可能或更无可能成立的任何趋向性，它就是相关的。这种趋向性可以是很高、高、中等、低、很低。这种趋向性可以只是一个大概的估计，无须很精确。在判断证据的证明力时，要考虑三个因素：

1. 潜在推论的可靠度

证据事实与重要事实之间存在一种潜在的推论，正是该推论的存在，使得证据事实得以推出重要事实，并进一步推出要件事实。这种推论一般基于日常生活经验和常识的归纳概括，往往以一种粗略的概率的形式呈现，如通常、可能、一般。证据的证明力首先取决于该推论的强度，而该推论的强度又取决于蕴含于推论中的归纳概括的概率高低。在一个故意伤害案件中，甲被指控故意伤害，但甲辩称是正当防卫。甲供述曾经目睹被害人乙无故殴打他人，自己一向害怕甲，不可能主动攻击甲。这次是甲先殴打自己，自己被迫自卫反击。该案中，证据事实是甲的供述内容；推断事实是在甲供述为真的情况下，甲供述所表明的内容；重要事实是基于推断事实，再结合人类一般经验常识作出的推论；要件事实是为证明伤害事实要证明的事实。推论对证据证明力的影响可以用图 3-2 表示。

在该案中，法官作出的归纳概括就是，一般人看到某人无故殴打其

他人，一般会害怕施暴者。这个归纳概括对一般人心理的估计是"一般
会"。这只是基于人类一般经验常识作出的推论，法官相信理性陪审团
也会作出这样的推论。但是，这个推论的可靠性是没法验证的，不可能
精确量化。这个推论的可靠度对证据的证明力至关重要。这个推论越可
靠，推断事实与重要事实之间的联系越紧密、越可靠，从而重要事实与
要件事实之间的联系也就越紧密、越可靠。

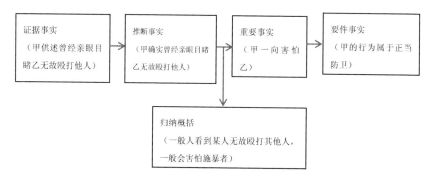

图 3 - 2　推论对证据证明力的影响

2. 起点的确定性

起点的确定性要求证据事实本身的确定。如果证据事实本身不确
定，如，专家证人表达的推测性意见，或者文书内容本身存在歧义，该
证据的证明力就会大打折扣。需要注意的是，在起点确定性问题方面，
不能考虑证人的诚实性问题。例如，在上述案例中，甲的供述是否属
实？如果甲并未见过乙无故殴打他人，证据证明力的起点是否不确定？
对此，法律要求法庭在评估证据证明力的时候，无须考虑证人的可信
性。如阿卢诉亨利工作室案（Allou v. Henri Studios, Inc.）中所提到的，
评估证人的可信性是陪审团才有资格做的事情，法官的任务是在假定证
言可信的情况下评估证言的证明力。[1]　如果法官在依据《联邦证据规
则》第403条行使自由裁量权的时候排除了他们认为不可信的证人证
言，那么法官就是在篡夺陪审团作为主要事实认定者的职权。

法官假定证据真实的义务在英国法中也有明确规定。英国2003年

---

〔1〕　Allou v. Henri Studios, Inc., 656 F. 2d 1147, 1154 (5th Cir. 1981).

《刑事审判法》第 109 条规定：（1）除本条第（2）款规定的情形以外，本章所谓证据的相关性或者证明价值，是指在假定该证据真实的前提下它的相关性或者证明价值。（2）出于本章的目的，在评估一项证据的相关性或者证明价值时，如果根据提交给法院的所有资料（包括法院决定就这一问题所要听取的任何证据），法院或者陪审团不能合理地认为它是真实的，则法院不必假定该证据是真实的。[1] 该条赋予法官在评估证据相关性或者证明价值时的真实性假定义务，当证据明显不具有真实性时法官不必假定其为真实，其他场合下，法官对证据相关性的衡量以假定其真实为前提。

3. 需要

美国联邦证据规则起草咨询委员会在对《联邦证据规则》第 403 条的说明中，要求法官应当在"证据证明力、对证据的需要和采纳该证据可能造成的损害"之间进行平衡；在应用自由裁量权决定排除证据时，应当考虑"其他证明手段的可用性"。虽然联邦证据规则起草咨询委员会没有进一步解释何时属于对证据具有需要，但法官在判例中确实考虑了"需要"这一要素。证明一个重要事实的其他手段的缺乏、对方当事人对采纳该证据的异议程度等，都可能提高一个证据"由供需矛盾所决定的在相对意义上的证明力"。[2] 反之，如果已经有证据证明了试图引用的证据所指向的事实，对额外证据就缺乏需要，该证据的证明力也很低。在证据证明力的评价中，对该证据的需要这一要素要求法官在审判中知悉已经被采纳的证据和预期被采纳的证据，并预判诉讼各方还能得到什么样的证据。

（二）判断风险是否存在

根据《联邦证据规则》第 403 条，有相关性的证据可能会因引起一些危险而被排除。法官需要判断危险是否存在。

---

〔1〕《英国 2003 年〈刑事审判法〉及其释义》，孙长永等译，法律出版社 2005 年版，第102 页。

〔2〕 Charles A. Wright & Kenneth W. Graham Jr. , *Federal Practice and Procedure：Evidence* , West Group, 2009, p. 269.

1. 不公正偏见

联邦证据规则起草咨询委员会对《联邦证据规则》第 403 条的注释中指出，不公正偏见是在其语境下，暗示陪审团在不适当基础上作出不适当决定的不当趋势，这通常是但不必然是常见的情绪化反应。[1] 这一解释与艾伦教授等人的理论一脉相承，"不公正偏见是指证据可能暗示陪审团在不适当基础上作出不适当决定的不当趋势"[2]。在韦斯特菲尔德保险公司诉哈里斯案（Westfield Insurance Co. v. Harris）中，第四巡回法院认为不公正偏见是指激发陪审团的情感，导致不理性行为的真正风险。[3] 偏见（Prejudice）实际上包含了两种不同的危险，一个是一方通过出示不必要的描写犯罪后果的图片、照片，或者通过律师的措辞等激起陪审团非理性的情感，使陪审团反对另一方并以此为基础作出裁决；另一个是将仅得为某一目的可采的证据在其他目的上采纳，或者是以其他违背证据规则的方式使用证据。前者如，在一起指控被告人非法持有未经登记的自动步枪的案件中，控方申请出示一张照片，照片的拍摄地点是被告人的住所，上面显示共有十几样武器。事实上，这些武器中只有这只步枪为被告人所有，其他都是租住在被告人家的其他人所有。但是案件中对此没有提及。如果出示该照片，会让陪审团误以为该照片上所有的武器都为被告人所有，并进一步认为他是一个危险人物。这就是一个引起不公正偏见的典型例子。后者如，在一起指控被告人甲故意殴打乙的案件中，控方试图传唤乙证明被告人曾经多次故意殴打其他人，以证明乙害怕被告人。乙的陈述可能使陪审团产生两个不适当的推论：由被告人多次故意殴打其他人，推论乙害怕被告人；由被告人多次故意殴打其他人，推论被告人有暴力习性，并进而推论被告人的行为是与他的习性相一致的，再进一步推论，被告人无故殴打了乙。根据品格证据规则的要求，禁止用先前行为来证明行为与品性的一致性。因此，如果允许乙出庭作出这种陈述，就会产生不公正偏见的危险。

---

〔1〕　Fed. R. Evid. 403 advisory committee's note.

〔2〕　Ronald J. Allen, Richard B. Kuhns & Eleanor Swif, *Evidence: Text, Cases and Problems*, Wolters Kluwer, 2002, p. 162.

〔3〕　See Westfield Insurance Co. v. Harris, 134 F. 3d 608, 613 (4th Cir. 1998).

2. 混淆争议

案件中除了主要争议还会存在与主要争议有关的次要争议，它们与要件事实的联系非常微弱，往往依靠复杂的或相当弱的推论来建立与案件的联系。当证据使陪审团的注意力过分集中到次要争议上的时候，该证据就属于混淆争议的证据。为证明次要争议往往需要多位证人出庭作证，陪审团将专注于决定次要争议，使其注意力集中到一个不同的争点上。例如，一名狱警被控殴打一名犯人，狱警辩称自己不可能殴打该名犯人，因为他有艾滋病，曾经有过抓咬他人并使对方感染艾滋病的记录。狱警申请传唤其他 5 名证人出庭，证明被告人患有艾滋病，曾经抓咬他人并致对方患艾滋病，希望以此证明自己是不可能殴打他的，因为自己也害怕被感染艾滋病。如果允许这些证人出庭作证，陪审团的注意力将被引向并集中在被告人是否患艾滋病，是否抓咬他人，是否致他人患病。这就属于混淆争议的证据。

3. 误导陪审团

误导陪审团的证据往往是脱离背景环境的事实，或以错误暗示的方式提出的事实，会导致陪审团得出一项错误推论。在陪审团难以准确评估证据之说服力的情况下，证据可能是误导性的。常见的被认为具有误导性的证据包括模拟实验的录像带、科学证据或专家证言。在模拟实验的场合，陪审团会把它们记录的事件当作真实发生的事实。科学证据和专家证言对陪审团有很强的说服力，这也导致一些法院认为它们属于误导陪审团的证据，从而排除它们。事实上，仅仅因为证据属于科学证据而认为证据对陪审团有误导作用并排除，是不适当的。不过，在科学证据的运用过程中，确实需要警惕的是，有些复杂的、不易理解的、极具欺骗性的证据，确实可能因为误读而误导陪审团，比如复杂的统计学和概率证据，直观的数字往往会带来误解。

4. 过分拖延、浪费时间和不必要的重复出示证据

证据的提出需要耗费法院、对方当事人的时间，给对方和司法系统造成耗费。申请补充提交证据、申请延期审理等行为都可能导致诉讼的拖延和时间的浪费。如果提交的证据仅仅用于证明背景事实等非主要争议事实，而时间的耗费明显，则该证据有可能被排除。对于已

经有证据证明的事项，再次申请提供证据，则可能构成不必要的重复出示，对此，需要进一步审查证据所证明的事实对解决案件的作用，该事实存在争议的程度以及该确证事实本身的证明力。例如，美国第七巡回法院在合众国诉克泽尔特案（United States v. Kizeart）中称，如果一个证据对案件中其他证据的证明力没有什么添加，以至于在采纳它的情况下，它对确定事实的贡献将被其所导致的诉讼的冗长，以及一个冗长的审判可能造成的混淆、对其他必须经受更长审判的诉讼当事人造成的损害所超过，该证据就是"重复"的。[1] 当然，是否构成拖延、浪费时间和不必要的重复出示，仍然需要与证据的证明力进行权衡，"作为一般规则，不能仅仅为了避免拖延而排除证据……根据规则第403条，法院应当考虑所提出的证据的证明力，并就此同拖延所造成的损害进行权衡。"[2]

（三）比较证明力是否被风险严重超过

法官在权衡是否排除证据时，衡量标准是证据对陪审团决定和司法裁决达成所带来的风险是否"严重超过"（Substantially Outweighed）其证明价值所带来的利益。第403条规定了可能导致有相关性的证据被排除的风险来源，包括不公正损害、混淆争点或者误导陪审团、不当拖延、浪费时间或者不必要地出示重复证据。为了使当事人的证据尽可能被陪审团审核，第403条倾向于采纳证据。只有在负面影响严重超过证明力时，才予以排除。如果负面影响和证明力相当，或者负面影响稍微高出证明力，法官不得排除该证据。

法官在权衡证据的证明力与规则第403条的危险因素时，基于尽量采纳而不是排除证据的考虑，还要考虑《联邦证据规则》第105条的规定：如果证据对于一方或者某一目的可以采纳，而对另一方或另一目的不可采纳，若要采纳该证据，法院应当根据请求将该证据的使用限制在适当的范围内，并对陪审团作出相应指示。第105条被称为对证据可采

---

〔1〕 See United States v. Kizeart，102 F. 3d 320（7th Cir. 1996）.

〔2〕 General Signal Corp. v. MCI Telecommunications Corp.，66 F. 1500，1509-1510（9th Cir. 1995）.

性的限制性指示（Limiting Instruction）或警告指示（Cautionary Instruction）。联邦证据规则起草咨询委员会在《联邦证据规则》第 403 条的注释中指出：在决定是否排除证据时，应该考虑限制性指示可能产生的效力。这意味着，即便在采纳一项具有适当的相关性的证据时可能造成不适当使用的风险，但是法官仍然可以通过作出限制性指示的方式，指导陪审团仅仅为特定目的而考虑该证据，并以此为基础采纳该证据。如，关于事后采取补救措施的证据不能用于证明行为人对该事件有过错，但是可以用于证明所有权；又如，关于品格的证据不能采纳，但是如果被告人的品格本身就是指控或者辩护的要件事实，则可以采纳该人的具体行为实例。在共同犯罪的案件中，证据可能对某个当事人具有可采性而对其他人不具有可采性。如果法官相信陪审团会遵循第 105 条的指示，法官就会认为出现风险的概率很低，就会采纳该证据。法官相信陪审团将会遵循限制性指示的信念降低法官对规则第 403 条所提示的各种风险的估计。然而，对于陪审团是否确实会遵循法官的限制性指示，是值得怀疑的[1] 不过，尽管有社会科学研究对限制性指示的作用给予了负面评价，但是，法官总是相信，基于法官的限制性指示，陪审团在评价证据时确实把不适当的影响或推论排除出去了[2] 美国联邦最高法院在理查森诉马什案（Richardson v. Marsh）中阐释了限制性指示的理论根

---

[1] 一些研究认为，限制性指示的作用可能是适得其反的。经法官指示，陪审团可能会更加关注不可采的证据或得出不适当的推论，这种指示可能恰好提醒了陪审团更加关注这些原本希望他们予以忽略的东西。还有研究表明，限制性指示发挥作用的前提是，法官作出关于陪审团为什么应该无视该证据的特定说明。否则陪审团成员将有选择地遵循或忽略限制性指示。陪审团成员不愿意遵循限制性指示，主要原因是陪审团成员对他们履行"自由行为者"的能力的自信，对限制他们发挥这种能力的指示持消极态度，尤其是当他们自信某证据显然具有很强的相关性而法官居然指示他们无视该证据的时候。当然，更深层次的原因则是，陪审团对复杂的排除规则背后政策的、法律的背景缺乏了解，对限制性指示本身也缺乏理解。See Peter Meijes Tiersma，"Reforming the Language of Jury Instructions"，*Hofstra Law Review*，Vol. 22，1993，p. 37.

[2] 在冈萨雷斯诉数字设备公司案（Gonzalez v. Digital Equipment Corp.）中，法官指出，在该证据可能被陪审团不适当使用的情况下，对陪审团作出的关于使用该证据的明确目的的限制性指示被反复做出，足以保证不会产生不公正偏见。See Gonzalez v. Digital Equipment Corp.，8 F. Supp. 2d 194，198，（E. D. N. Y. 1998）（Weinstein, J.）.

据：陪审团被假定遵循了法官给他们的指示，这是一个实用主义的规则。[1] 这一规则并非根植于绝对确信该假设是真实的，而是根植于一种信念，即这代表了刑事司法程序中国家利益与被告人利益的合理的、可操作的调和。

对限制性指示效果的质疑要求法官在根据《联邦证据规则》第403条权衡证明力与不公正偏见的风险时，更加仔细。因为，适用《联邦证据规则》第403条时配合规则第105条的适用，可以使更多的证据纳入法庭审判过程。更重要的是，上诉法院对初审法院依据《联邦证据规则》第403条作出的裁决保持着最大限度的遵从，大多数上诉法院的决定都维持初审法院依据规则第403条作出的裁决，无论它们是采纳还是排除有争议的证据，甚至，很多上诉法院认为初审法院依据规则第403条作出的决定是不可复审的。[2] 上诉法院的这种遵从要求初审法院依据规则第403条行使自由裁量权时更加慎重。因为，如果裁决不当，将很少有更正机会。

三、测谎结论的法律相关性

（一）测谎结论法律相关性的判例梳理

在美国，有诸多的判例对测谎结论的法律相关性进行阐释，涉及内容包括测谎结论的可靠性对证明性的影响、测谎结论误导陪审团或者拖延诉讼的可能等。

最早涉及测谎结论的判例是弗莱伊（Frye）案，该案确立了著名的弗莱伊规则。法庭认为，"科学证据所依赖的科学原理或发现必须超过实验阶段进入证明阶段，法庭才会予以审查。但科学原理或发现

---

〔1〕　Richardson v. Marsh, 481 U. S. 200, 211 (1987).

〔2〕　上诉法院认为，法官依据《联邦证据规则》第403条对证据风险的评估过程是法官应用司法自由裁量权的过程。上诉法院将对法官自由裁量权的行使予以最大保护，仅仅在审判法院"滥用"（Abuse）其自由裁量权的情况下，才可能撤销原判，哪怕上诉法院在类似情况下不可能作出同样的决定。因为这种自由裁量权需要在审判活动过程中具体判断。关于证据证明力和第403条危险的权衡，本身就是一个粗略的估计，是一个在精确性上不作要求的标准。初审法官有条件在特定案件中接触证据，亲自观察证据的举证过程，比上诉法官具有更多的经验作出这种权衡。

什么时候才越过实验阶段和证明阶段之间的界限是很难界定的……然而法庭接受从获得完全认同的科学原理或发现里推论出来的专家证言要经过很长时间，从这种推论里得出的东西必须在其所属的特定领域获得普遍接受"[1]。法庭认定，测谎结论必须在所属的科学团体里获得普遍承认，但是，法庭认定的科学团体通常由一些从来没有受过测谎测试训练、从来没有进行过测谎操作的人员组成，他们通常得出结论说测谎证据还没有达到普遍接受的标准。[2] 弗莱伊规则事实上是以科学性不足来否定测谎结论的证明性，从而否定其相关性，并进一步否定其可采性。

在应用第 403 条来审查测谎结论的法律相关性方面，否定测谎结论可采性的判例是从测谎结论可能误导陪审团或者侵犯陪审团的事实认定职责角度来分析的。例如，1987 年俄克拉荷马州诉里昂案（State v. Lyon），法庭认为，即使是经过协议的测谎证词也需要被禁止，因为陪审团可能误用测谎证据或给予测谎证据以过多的证明力。[3] 里德法官在里昂案件的协同意见里鼓励使用陪审团传统的作用来判断证人真实性。他认为，法律系统隐含的价值是依靠普通人来判断事实，其他方式都无助于事实的认定。测谎仪的运用将使活生生的证词或交叉询问的需求减少。[4] 在俄克拉荷马州诉布朗案（State v. Brown）中，法庭认为，测谎证据可能不仅帮助陪审团作出决定，还可能代替陪审团。[5] 这些判例都显示了对测谎结论误导或者代替陪审团的担忧。

肯定测谎结论的法院则从不同角度论证了测谎结论的可采性。如，有的法庭直接承认测谎证据满足普遍接受标准。[6] 更多法庭开始承认经

---

〔1〕　Frye v. United States，293 F. 1013（D. C. Cir. 1923）.

〔2〕　James R. Wygant，"Uses，Techniques，and Reliability of Polygraph Testing"，*American Jurisprudence Trials*，Vol. 42，1991，p. 313.

〔3〕　State v. Lyon，744 P. 2d 231（Or. 1987）.

〔4〕　协同意见（concurring opinion），又称"同意意见"，指一名或少数法官的单独意见，同意多数法官作出的判决，但对判决依据提出不同理由。

〔5〕　State v. Brown，687 P. 2d 751，775（Or. 1984）.

〔6〕　See James R. McCall，"Misconceptions and Reevaluation：Polygraph Admissibility after Rock and Daubert"，*University of Illinois Law Review*，Vol. 1996，1996，p. 363.

双方协议实施测谎所获得的证据。[1] 1989 年，在合众国诉皮奇诺纳案（United States v. Piccinonna）中，第十一巡回法院宣布，至少在某些情形下，测谎满足了弗莱伊的普遍接受标准。[2] 法庭阐明了测谎证词被用于弹劾或确认证人的可信性时可以被采纳的情形。法庭还阐述了测谎证据被用于弹劾或确认证人的可信性时必须具备的几个条件：就准备使用该证据通知对方，给对方实施自己的测试的机会，证据的可采性受补强或弹劾证言的普通规则（如《联邦证据规则》第 608 条）的规范。还有的判例承认测谎结论的相关性，但是对其证明力进行了限制。如，在亚利桑那州诉瓦尔德兹案（State v. Valdez）中，法庭认为，在刑事案件中，当满足一定条件时，与测谎有关的证据是可采的。但是，测谎结论的可采性仍然属于法官裁量权的范围。如果法官不能确信测试人员是合格的或者测试是在合适的条件下实施的，法官可以拒绝采纳测谎结论。如果该证据被采纳，法官会指示陪审团，测试人员的证词不能证明或反驳被告人被指控的犯罪的要素，最多只能证明被告人在接受测试时是否说真话。法庭总结说，虽然测谎作为审查证言可信性的手段还有很多方面需要改善，但是它已经发展到一定的水平，足以保证其结论在协议的

---

〔1〕 如，在亚利桑那州诉钱伯斯案（State v. Chambers）中，法庭认为，当双方明确约定承认测谎结论作为证据时，测谎结论是可采的。在该案中，被告人和公诉人达成了一个详细的书面协议，约定被告人接受测谎而且测谎结论将在审判中作为证据。但被告人宣称他不知道协议的性质和目的，没有意识到他放弃了他的反对自我归罪特免权。法庭强调，记录表明，在被告人签署协议时有合格的律师作为代表，测谎协议的效力被恰当地向被告人作出了解释，是被告人而不是他的律师或政府表达了希望测谎的意愿。See State v. Chambers（1969）104 Ariz 247，451 P. 2d 27。又如，在北卡罗来纳州诉汤普森案（State v. Thompson）中，法庭认为测谎结论是可采的。因为，被告人、他的律师、控方均签署了协议，该协议约定，被告人自愿要求接受测谎，无论结论是什么性质，测谎结论都是可采的；被告自愿要求并进行了测试；合格的测试人员实施该测试并解释结果；法庭进行了广泛的预先审查，审查了被告人要求测试的自愿性、协议的内容以及他对条款的理解力；测试人员的技能和经验、询问程序和使用的仪器被充分展示，测试人员被法庭承认为测谎领域的专家；证人证明，根据自己的看法，被告人撒谎了；被告人交叉询问了测试人员；法庭指示陪审团，在某种程度上，专家的证言不能证明或反驳犯罪的任何要素，也不能证明被告人犯了该罪，只能证明根据证人的意见，被告人在接受测试时撒谎了。See State v. Thompson，37 N. C. APP. 651，247 S. E. 2d 235（1978）。

〔2〕 See United States v. Piccinonna，885 F. 2d 1529，1532（11th Cir. 1989）.

基础上被采纳为证据。[1] 在合众国诉普苏达案（United States v. Posado）中，第五巡回法院论证了测谎证据是否可靠到足以满足《联邦证据规则》第 702 条对科学证据可采性的规定，以及根据第 403 条的规定其证明价值是否超过了任何潜在的偏见。法庭指出，证明这种可靠性可以通过证明提出的知识不仅仅是一种想法或是未经证实的推测，自弗莱伊案件以来测谎仪器和测谎技术已经明显地发生了巨大进步，测谎技术的发展可以满足第 702 条的规定。法庭认为，测谎证据所达到的 70%—90% 的准确率已经超过了目前所采用的大量证据的可靠水平。[2]

随后，在合众国诉科尔多瓦案（United States v. Cordoba）中，第九巡回法院遵循了这一先例。第九巡回法院指出，要求排除测谎证据的规则已经被道伯特案件的判决所否定。道伯特规则要求法官在审查科学证据的相关性与可靠性时要具有灵活性……普遍排除测谎证据的规则与道伯特所确立的灵活的审查方法相矛盾。依据《联邦证据规则》第 403 条，衡量测谎证据的证明价值和偏见影响应该是初审法官的职能，而不是上诉法院的职能。法院认为，虽然测谎证据仍然有其固有的问题，并有严重妨碍审判过程的可能，但这些问题可由初审法院在合理行使裁量权时加以解决。[3]

还有判例在承认测谎证据可采性的前提下，认为测谎证据存在偏见可能，需要谨慎对待，确立了对测谎证据的有限可采规则。在合众国诉克鲁皮案（United States v. Crumby）中，法庭依据道伯特标准分析测谎证据的可采性，认为测谎证据可以采纳；同时，法庭依据《联邦证据规则》第 608 条将测谎证据限于有限目的可采。法庭认为，由于测谎技术的进步，测谎证据足够可信，可以采纳。因为测谎证据经受了科学检验、同行复核和公开发表，而且，并不是出于诉讼目的而展开研究；有已知的错误率，发现说谎的错误率是发现真话错误率的两倍；在相关领域已被普遍接受。根据《联邦证据规则》第 403 条，法庭认为，测谎证据具有相关性，并具有重大的证明价值，但同时也有巨大的潜在的偏见

---

〔1〕 See Stafe v. Valdez（1962）91 Ariz 274，371 P. 2d 894.
〔2〕 United States v. Posado，57 F. 3d 428（5th. Cir. 1995）.
〔3〕 United States v. Cordoba，104 F. 3d 225，227-28（9th Cir. 1997）.

影响，这就要求在使用测谎证据时应当非常谨慎，只能在小范围内适用于特定的情形。依照《联邦证据规则》第 608 条的规定，法庭批准被告人出于有限的目的提出他通过了测谎的证据。出于有限目的采纳测谎证据必须符合下列条件：仅用于弹劾或证实证人的证词；测谎专家可以就证人诚实的品格作证，品格证人可以就证人参加和通过测谎的情况作证；证人既不能就所提问的特定问题作证，也不能就所获得的特定反应作证。法院还认为，测谎证据的采纳还要求控诉方必须得到充分的通知，并被给予合理的机会进行实质上类似的测试。[1] 在合众国诉帕迪拉案（United States v. Padilla）中，法庭重申了测谎证据的有限采纳。法庭认为，除非双方有协定，否则，采纳测谎证据的必要要件是测谎证据只能用来弹劾证人，并且要符合《联邦证据规则》第 608 条的要求。[2]

我国台湾地区对测谎的理论研究和实务应用都比较多，成果也颇为丰富。台湾地区"最高法院"1997 年台上字第 7574 号判决认为，证据之取舍及其价值之判断，属于事实审法院自由判断之职权，而测谎检查系检查人使用测谎仪器对被测人发出各种问题，测试其是否隐瞒某种事实真相，属于心理鉴别性质，其证明力如何，由事实审法院自由判断，此项判断职权之行使，倘与经验法则或论理法则无违，则不容任意指为违法。[3] 从这个判决可知，台湾地区在逻辑相关性之外，并无排除测谎结论法律相关性的特别规定。

（二）测谎结论法律相关性的判断

从上述判例中可以梳理出影响测谎结论法律相关性的若干因素。通过对这些因素的分析，结合法律相关性判断的一般步骤，可以对测谎结论的法律相关性有较清晰的认识。是否适用法律相关性来排除证据，要经过分析证据的证明力、判断风险是否存在、比较证明力与风险的大小这几个步骤。

在证明力的判断中，对证据的需要起着重要作用，测谎结论正具有

---

[1]　United States v. Crumby（1995，D. C. Ariz）895 F. Supp. 1354.
[2]　United States v. Padilla（1995，S. D. Fla）908 F. Supp. 923.
[3]　何赖杰等：《刑事诉讼法实例研习》，学林文化 2000 年版，第 218 页。

这种对证据的"需要"。判断法律相关性时，要求法官在"证据证明力、对证据的需要和采纳该证据可能造成的损害"之间进行平衡。对证据的需要，可以从证明某个重要事实的其他手段的缺乏、对方当事人对采纳该证据的异议程度等来考虑。在测谎案件中，测谎能够证明被测人对案件是否知情、被测人是否撒谎等重要事实。犯罪嫌疑人、被告人供述、被害人陈述、证人证言这类证据对认定案件事实有重要作用，但这类证据属于言词证据，审查其真实性比较困难。通过测谎获取测试结论再结合其他证据有助于审查这类言词证据的真伪。在实施测谎的案件里，对测谎证据有着较大的需要。因为如果案件证据充分，就不会实施测谎。进行测谎测试的案件一般都是缺乏证据，但是又没有其他途径可以获取证据，不得已而实施的。实施测谎需要被测人同意。测谎证据具有"由供需矛盾所决定的在相对意义上的证明力"，即具有法律相关性判断中的"需要"。

测谎结论并不存在误导陪审团、浪费时间等情形。在上述判例中，测谎结论因法律相关性问题被排除的理由主要是测谎结论可能具有误导陪审团、浪费时间等可以被排除的情形。事实上，美国曾经做过相关研究。大量文献表明陪审团对测谎证据并没有任何偏爱，甚至在同一案件中同时有测谎证据和其他的证据时，陪审团更愿意相信其他证据[1]。没有证据表明，测谎证据取代了陪审团对事实的认定，或者致使他们不能恰当使用与测谎证据相反的其他证据。模拟陪审团审判的实验研究、对处理过测谎证据的陪审团的事后访谈研究、陪审团处理测谎证据的实践情况均表明，测谎证据并不会对陪审团产生不当影响。这些理论研究和实地研究均表明陪审团可以像对待其他证据一样正确地对待测谎证据。至于那种认为测谎证据会耗时过多而拖延诉讼从而应当排除的观点更缺乏说服力。因为没有任何实证表明，测谎证据比法院采用的其他科学证据更耗费时间。在我国，事实认定是由法官来完成的，测谎结论可能混淆争点、误导陪审团的担忧并不存在。至于可能浪费时间、拖延诉讼也

---

[1] John C. Bush, "Warping the Rules: How Some Courts Misapply Generic Evidentiary Rules to Exclude Polygraph Evidence", *Vanderbilt Law Review*, Vol. 59, 2006, p. 539.

不会出现。因为一般都是在没有其他途径可以获取证据时才会进行测谎，这种情形下测谎时间的耗费是可以接受的。我国目前没有关于测谎的具体法律规范，不存在对测谎结论的明文排除。1999 年《最高人民检察院关于 CPS 多道心理测试鉴定结论能否作为诉讼法证据使用问题的批复》肯定可以用测谎结论审查判断证据，但认为测谎结论不属于鉴定结论。该批复本身效力等级低，不构成对测谎结论的法律否定，而且该批复自相矛盾，遭到理论界颇多批评。因此，法官是否应当排除测谎结论应当取决于具体个案中测谎证据的可靠性能否得到保障，可靠性能够得到保障的测谎结论应当具有证明力。

第四章　测谎的伦理和法律风险及其应对

测谎在国家安全和诉讼领域的应用非常广泛，个别部门和人员甚至出现迷信测谎的极端做法。虽然测谎的积极效用不容否定，但其带来的伦理和法律风险也必须得到重视。测谎的应用有一定的限制，滥用测谎可能带来误判的风险。测谎过程中存在侵犯被测人意志自由、隐私权、知情同意权的风险。为了规范测谎的应用，亟须制定统一的伦理准则，明确规定尊重意志自由原则、保障知情同意原则、尊重隐私原则、测谎应用的有限性原则等。测谎在有些国家属于可以合法使用的技术，但在另一些国家并没有获得合法的地位。在我国，测谎遭遇的一个法律难题就是测谎的法律依据不明。分析测谎的法律属性，研究其与现行法律体系的吻合性，把测谎纳入现行法律体系，不仅具有重大理论和实践意义，而且具有现实可能性。在法律体系内构建同意机制，以国家强制力为后盾发挥同意测谎的应有效应。被测人同意测谎是一揽子解决意志自由、隐私权、反对自我归罪特权问题的保障机制。

第一节　测谎的伦理和法律风险

测谎是以被测人为对象的在测试人员和被测人之间发生的一种特殊的人际活动，不可避免地会涉及一定的伦理和法律关系。测谎测试的过程存在对被测人的意志自由、隐私权、知情同意权、反对自我归罪特权等权利侵犯的风险。测谎与国家的法律体系也存在冲突的可能，我国诉讼法中并无测谎的明确规定，测谎诉讼应用的合法性问题是必须正视的问题。但是，当前实务部门对测谎伦理风险和法律风险的认识均显不足，测试当中还存在一些违背伦理规范和法律规定的行为。测谎有其特定的适用范围，其可靠性也受诸多因素影响，盲目大范围使用测谎对国家安全、社会和家庭的和谐稳定、个人尊严、诉讼效率等都有不利影响。

一、测谎对意志自由的侵犯可能

意志自由是人身自由权的重要内容。测谎对意志自由的干预在传统的多导仪测试过程中表现得比较明显。被测人无法按其意愿自由地活动，无法对其生理反应进行有意识地控制，测谎可能侵犯被测人对身体的自主与自我决定权。

（一）意志自由的诠释

1. 关于意志自由的若干论述

意志自由最初是从道德角度提出来的，现已成为哲学、伦理学、法学、心理学等学科的基础概念。早期，苏格拉底、柏拉图、亚里士多德都把意志自由理解为基于理性的，以善为导向的，超越感性自然物与纯粹自发性的选择能力。意志自由是人类基于对事物的认识而作出决定并采取行动的自由，是人类在行动时对善与恶、道德与不道德的一种选择自由。

至于何谓意志自由，中西方均有不同的论述，并没有统一的定义。斯宾诺莎（Spinoza）认为世界万事万物都不是偶然存在的，而是自然的一个环节，自由是对必然规律的认识。心灵的决定若除去欲望就不剩什么，心灵内没有自由意志。人们相信他们是自由的，因为他们了解自己的意志和欲望，但忽略了致成因素。叔本华（Schopenhauer）赞同斯宾诺莎的观点，大家都相信自己先天是完全自由的，甚至涵盖个人行动……后天，他会惊讶地发现自己并不自由，而是受制于必然性，而且不顾他的所有决心，他无法改变自己的行为。按照这种观点，人的自由变成了对绝对必然性的无条件地服从，意志丧失了选择的自由，必然滑向宿命论。康德把自由意志和规律性结合起来，认为自由是意志的自发性活动，而意志是活动的首发原因。康德自由观的核心问题是意志凭什么自由或者说是意志的原则问题。人的理性在实践中能够不受自然律束缚，按照他自身的自由意志的普遍规律行事，人在自然界面前仍然是自由的。人按照自己为自己所定的规律及自律来行动，他就是一个自由的人。康德的意志自由包含三种不同层次，其中，第三个层次具有核心地位，"每个有理性的存在者的意志都是普遍立法的意志的理念"[1]。也就是说，道德律令并不是外来的强制性要求，而是每个人自己的自发要求，即只要他是一个人，他就具有对自己颁定普遍道德律的能力。笛卡儿认为，意志是一种自由的决断能力，是一种不受外力驱使的自由选择。"意志仅仅在于我们是做还是不去做一件事情（也就是说是肯定还是否定它，是追随还是逃避它），或者不如说，它仅仅在于为了肯定或否定，追随或逃避理智向我们提供的东西。"[2] 笛卡尔认为意志和自由是同一个东西，在有意愿和自由之间是没有区别的。笛卡尔的自由包括完全的自由和最低程度的自由，即无所谓的（indifferent）态度。完全的自由是在我们清楚地认识到什么是真和善的情况下，能够追随我们的理智而具有的一种自由。最低程度的自由是指，由于我们认识上的缺陷，不能在可以选择的选项之间作出明确的判断，从而具有的一种无所谓的态度。笛卡儿还认为，无所谓的态度并不是自由的本质，因为当我们对某事的清楚、分明的认识推动我们去追求时我们的自由才是主要的。还有一种绝对的意志自由，也就是歌德所说的"我们做我们在任何情形下所不得不做的事，便是意志的自由"。这种自由与我国古代所讲的"知命"是一致的，人知道自己在宇宙、社会和国家的地位和天职，然后"行乎其不得不行，止乎其不得不止，纯出于本性之必然，依天理之当然"。这就是自由，而且是由自我实现而达到的天理相合，达到的与宇宙意志为一的境界，这种自由是绝对的意志自由[3]。

在中国，孟子的自由观有一定的代表意义。我们熟知的孟子的一段话："鱼，我所欲也；熊掌，亦我所欲也；二者不可得兼，舍鱼而取熊掌者也。生，亦我所欲也；义，亦我所欲也；二者不可得兼，舍生而取义者也。"（《孟子·告子上》）这段话讲述的是，当人有多种欲望，且这些欲望相互冲突时，人如何取舍。在孟子的自由观里，意志就是人格中心的欲之系统。如能行所欲行，不受别欲之阻碍，即可谓自由，否则可谓不自由。孟子致力于追求意志的自由，当受外在力量阻碍无法实现

---

[1] ［德］康德：《道德形而上学原理》，苗力田译，上海人民出版社2018年版，第59页。
[2] ［法］笛卡尔：《第一哲学沉思集》，庞景仁译，商务印书馆1986年版，第56页。
[3] 贺麟：《近代唯心论简释》，商务印书馆2018年版，第194页。

自由时，孟子转而向内，在孟子的论述里，意志的自由是道德意志的自由，致力于以人格的完善实现意志的自由。

意志是不是自由的，意志是主动的还是被动的，也即冯友兰所说的："吾人之意志是否止是能决定而非所决定之。"[1] 意志决定我们的行为，就此而言，意志是主动的，但意志在作出决定时是否受其他因素的影响而为被动为之？对此，哲学和心理学上有两种极端的观点：一种是唯意志论，认为意志只是主动而非被动；另一种是与之截然相反的决定论。极端的唯意志论者认为，选择和决定动机是由意志决定的，完全属于我们的自由，除此以外没有其他理由。这种决定没有任何理由，也没有任何原因。如果按照这种观点，我们在决定动机的时候，没有任何理由，完全是出于偶然，那么我们并不会觉得自己是自由的，反而可能认为这只是一个偶然发生的事件。事实上，意志自由指的是不受外物的束缚，自动自主地进行活动的自由，并非指没有任何原因的，类似于偶然的那种意义上的自由。意志的自由是说意志顺从自己的自然，而不是说没有任何理由地进行活动。[2] 在我们决定动机时，总要有相当的理由。自然规律或外力决定人的行动时经常有一定的范围，在这个范围之内可以这样选择，也可以那样选择，也是意志自由。我为什么要作这种决定，必然是有种种原因的，但是，哪怕是有这些原因我仍然可以不这样决定，这也属于意志自由，只不过是意志的相对自由。意志自由与选择范围的多少没有关系，并不是说可供选择的事物越多，自由越多，可供选择的事物越少，自由越少。

意志自由是个体在作决定时由意志作出决定，如果个体虽然这样决定了，但实际上并不是由意志决定的，而是不得不如此决定，这并不是意志自由。如果可以不这样决定，而个体却这样决定，这才是意志自由。反之，意志不自由是意志只能由外界决定，个体不得不如此决定其行动，这就是外界决定个体的行动。张岱年曾经对意志自由的范围进行过描述：如果一个行为不是由物理的必然、生命规律的必然、社会法律

---

[1] 冯友兰：《人生哲学》，中国国际广播出版社 2016 年版，第 178 页。
[2] ［日］西田几多郎：《善的研究》，何倩译，商务印书馆 2007 年版，第 101 页。

的必然、他人势力强迫之必然而不得不如此，即属于由意志自己决定，属于意志自由。[1]

如果人的意志是自由的，那么道德就是自由的，道德自由就是可能的，所以道德可能。因此，意志自由概念的意义之一就在于判断一个人是否需要负道德责任。一个人不负道德责任的原因在于不能反抗外力而为外力所左右，不能支配欲望而为欲望所支配。如果在一般的物理情况之下，在一般的环境状态中，在一般的身体情况之下，一般人能够这样行动，某人如果没有特殊的原因也应该如此行动。一般情况下社会成员可以如何行动，某人如果不能做到，便有违道德，便应该负责任。

2. 意志自由权的定义

意志自由概念在法学上有重要意义。意志自由权是人身自由权的内容之一。人身自由权是古老的宪法权利之一，在各种自由权中居于基础地位，是实现其他自由权的前提条件。在各国国内法体系中，它首先是一项政治权利，受宪法保障，同时也是一项民事权利，受部门法的保障。我国《宪法》第 37 条规定："中华人民共和国公民的人身自由不受侵犯。任何公民，非经人民检察院批准或者决定或者人民法院决定，并由公安机关执行，不受逮捕。禁止非法拘禁和以其他方法非法剥夺或者限制公民的人身自由，禁止非法搜查公民的身体。"第 38 条规定："中华人民共和国公民的人格尊严不受侵犯。禁止用任何方法对公民进行侮辱、诽谤和诬告陷害。"同时，我国《民法典》第 109 条规定："自然人的人身自由、人格尊严受法律保护。"作为宪法权利，人身自由权是公民对抗公权力而享有的权利。但是，作为民法权利的人身自由权是公民对抗其他公民而享有的权利。

我国民法领域对人身自由权有多种界定。如张新宝认为："公民的人身自由权是指身体不受他人非法强制而自由运动和精神自主不受他人强制的权利。"[2] 彭万林认为："人身自由权是指公民依法享有的对自己的身体和行动的自主支配，而不受其他组织或个人非法限制和侵害的

---

〔1〕 张岱年：《中国人的人文精神》，贵州人民出版社 2017 年版，第 198 页。

〔2〕 张新宝：《中国侵权行为法》（第 2 版），中国社会科学出版社 1998 年版，第 398 页。

权利。"[1] 这两种观点的区别在于，人身自由权的内容是否包括精神自主的权利，也即意志自由权。应当说，虽然从表面上看这两种观点有所分歧，但是实际上分歧不大，因为意志自由权是身体自由权的应有之义，不指明意志自由权并不代表人身自由权不包括意志自由权。除此之外，还有学者从狭义和广义两方面来界定人身自由权。[2]

　　人身自由权的客体是自然人基于行为自由和意志自由所享有的人格利益，其内容包括行动自由权和意志自由权。[3] 行动自由权又称身体自由权，是指自然人有权在法律规定的范围内依据自己的意志为或不为一定的行为，不受其他机构和个人的非法剥夺、限制和妨碍的权利。行动自由权是自然人自由支配自己身体行动的权利。任何机构和个人非法剥夺、限制和妨碍自然人的身体自由的，都属于侵犯人身自由权的行为。自然人有权在法律允许的空间内自由停留、活动或者离开，不受非法的拘束或妨碍。意志自由权又称精神自由权，是指自然人有权在法律规定的范围内，按照自己的意志，独立从事精神活动的权利。自然人有权保持自己意志的独立和自由而不受非法干涉。意志自由是自然人实现人格独立的基础，也是社会发展进步的前提。不保护意志自由权，身体自由权也无法得到保障，缺乏意志自由的身体自由权是不完整的。人之所以成为人，不仅是因为人具有肉体，更重要的是因为人具有自主的意志。公民不仅有权自由地支配自己的身体，还应当有权自由支配自己的思

---

〔1〕　彭万林、覃有土主编：《民法学》（第8版），中国政法大学出版社2018年版，第175页。
〔2〕　如王利民认为，人身自由权有狭义和广义两种含义。广义的人身自由权包括公民的人身自由不受侵犯、公民的住宅不受侵犯、公民的通讯自由和通信秘密受法律保护、公民享有婚姻自主权利等权利。狭义的人身自由权又称身体自由权，指公民不受非法逮捕、拘禁，人身自由不受非法限制，身体不受非法搜查的权利。但是，虽然人身自由权作为一种民事权利，可以从广义的角度来理解，把住宅不受侵犯权等权利包括进来，但是人身自由权作为宪法权利却不应包括住宅不受侵犯权、通讯自由和通信秘密权等其他《宪法》规定的公民基本权利。从《宪法》对具体基本权的列举来看，《宪法》第37条所指的人身自由是和公民的住宅不受侵犯权、通讯自由和通信秘密权等权利并列的。民法中广义的人身自由权概念不能用来对《宪法》第37条进行解释，否则会导致民事权利与宪法权利的混淆。宪法权利主要是为了保障个人对抗国家机构的侵犯，而不能直接适用于私人之间的关系。这正是由《宪法》保障的作为公民基本权的人身自由权与单纯的作为民事权利的人身自由权的区别。
〔3〕　江平主编：《民法各论》，中国法制出版社2009年版，第268页。

维。当人的意志自由受到阻碍时，有权对这种阻碍予以排除是人性尊严的基本要求。意志自由包括意思表示的自由，即为或不为意思表示以及自主决定意思表示内容的自由，自由支配自己内在思维活动自由、精神安宁的自由以及免受骚扰的自由等。欺诈、愚弄以及胁迫都属于对意志自由的侵害。[1]

　　一旦进入法律层面，任何权利都是有边界的。虽然自由权具有非常重要的意义，但在满足一定条件下仍然可以被限制或剥夺。但是，为了在人身自由权的保障和国家公权力顺利行使之间寻求平衡，必须对人身自由权的限制规定正当事由和法定程序。对人身自由权的剥夺或限制必须遵循法定的事由和程序也是人身自由权的内在要求和必然结论。既然法定事由和法定程序可以对人身自由权作出限制，也意味着可以对意志自由作出限制。

（二）　测谎对意志自由的干预风险

　　测谎对意志自由的干预在传统的多导仪测试过程中表现得比较明显。测谎是通过给予一定的刺激使被测人在呼吸、皮电等指标上产生显著反应，并通过测谎仪把这种生理反应记录下来，然后通过数据分析来揭示被测人的生理心理反应。测谎测试要求被测人一直待在测谎室内，而且必须保持静止不动状态。一个完整的测试过程包括五个大的阶段，若干个小的环节，一般需要持续几个小时。在多主题测试中，测试问题很多，测谎持续的时间更长。被测人无法按其意愿自由地活动，更不可能自由地离开测试室。因此，未经被测人同意实施的测谎对被测人身体自由权的侵犯是显而易见的。

　　在测谎的必备步骤测前谈话中，测试人员对被测人精神上的影响非常明显。测谎测前谈话的目的之一是建立被测人对测谎的信心，让其明白测谎是很准确的。对于无辜的被测人而言，测谎的准确性有助于他们摆脱嫌疑，对他们是有益无害的。但是，对于有罪的被测人而言，测谎越是准确，带给被测人的心理压力和恐惧感越大。有罪但又不愿意供认的犯罪嫌疑人或者其他撒谎的当事人害怕测谎揭露自己的撒谎行为，但

---

[1]　曾隆兴：《详解损害赔偿法》，中国政法大学出版社 2004 年版，第 238—239 页。

又担心拒绝同意测谎可能带来不利推定，他们可能会违背自己的自由意志，违心地同意接受测谎。对于无辜的被测人而言，如果其相信测谎的可靠性，会自愿同意测谎以洗清嫌疑，但是，当其对测谎还存有疑虑的时候，也会基于可能的不利推定而违背自由意志同意接受测谎。意志自由是不受外力的束缚，自主地进行决定和行动的自由。个体虽然这样决定了，但实际上并不是由意志决定的，而是不得不如此决定，这并不是意志自由。被测人虽然同意测谎，但如果同意并不是由意志决定的，而是不得不如此，就不是意志自由。

在正式测试过程中，被测人无法对其生理反应进行有意识的控制，测谎可能侵犯被测人对身体的自主与自我决定权。在测谎过程中，测试人员精心编制题目给予被测人刺激，激发并记录被测人的生理反应，目的就是要把被测人的内心所思所想通过生理反应图谱显示出来。虽然被测人并没有把自己内心的真实意思表达于外部的真意，但是测试人员把与案件有关的问题编排成相关问题进行提问，强制被测人回忆其实施或经历过的案件，强制被测人进行再认，致使被测人出现显著生理反应并呈现于测试图谱。这个过程干扰了被测人自由支配自己内在思维活动，使其免受骚扰的自由。被测人不愿意回忆案件，不愿意进行再认，更不愿意被测试人员发现自己的这些反应，但其无法控制自己的心理生理反应的产生，属于受他人外力强制作出决定，显系意志的不自由。被测人内心的所思所想，属于其有权自由支配的领域，被测人有权决定是否向其他人披露，但是测谎测试的过程直接将其所思所想通过测试图谱呈现出来，侵犯其意志自由。

二、测谎违背知情同意的风险

知情同意原则根植于自主原则，实际上是意思自治原则的个性化表达。知情同意由知情和同意两部分组成，实践中，测谎并不能完全遵守知情同意的相关要求。

（一）知情同意的基本理论

1. 知情同意的产生和扩张

18 世纪的启蒙运动使个人自治和理智成为欧洲基本的价值观念，知情同意思想就此起源并逐步渗透到医学、伦理学领域。从法学意义上讲，知情同意（Informed Consent）概念直接产生于《纽伦堡法典》（Nuremberg Code）。在第二次世界大战时，德国纳粹分子借科学实验的名义杀害了几百万无辜的生命。二战结束后，纽伦堡国际军事法庭对实施人体实验的战犯进行审判，并于 1946 年通过了《纽伦堡法典》。《纽伦堡法典》第 1 条规定，受试者之自愿同意乃属绝对之必要。不过，《纽伦堡法典》仅是出于审判需要而制定的，只涉及患者同意的问题，没有包含医师的告知义务。1949 年，世界医师总会在伦敦颁布《国际医学伦理规范》（International Code of Medicial Ethic），强调医师应当尊重有完全行为能力的患者拒绝或者同意接受诊疗的权利，不过，该纲领同样没有涉及告知义务。此后，世界医学联合会于 1964 年通过了《赫尔辛基宣言》（Declaration of Helsinki），第一次正式规定了患者的知情同意权，并详细规定了医师的告知义务和患者的自主决定权。自此，知情同意原则在西方世界被普遍接受。2016 年国际医学科学组织理事会（Council for International Organizations of Medical Sciences，CIOMS）制定了《涉及人的健康相关研究的国际伦理准则》（International Ethical Guidelines for Healtl-Related Research Involving Humans，以下简称 "2016 版 CIOMS 伦理准则"）。2016 版 CIOMS 伦理准则的适用范围从 2012 年《涉及人的生物医学研究的国际伦理准则》的 "生物医学研究" 扩展至 "健康相关的研究"，从生物医学领域的研究项目扩展到旨在推动或促进涉及人的传统研究领域内健康知识普遍化的相关活动。该准则涵盖的范围包括生物医学、公共卫生、样本库和健康数据等领域。

知情同意最早被应用于医学领域，在临床上指医务人员对患者作出诊断或推荐治疗方案时必须向患者告知诊断结论、治疗方案、治疗费用等信息，特别是有关诊断方案的依据、可能的损害、风险、可能的治疗效果等情况，以便患者充分了解并作出选择，只有在患者明确同意后才可实施拟订的治疗方案。现在，知情同意原则适用的领域呈现不断扩大的趋势，不仅从医疗领域延伸至生物医学研究领域，随着信息时代到来，还成为个人信息保护的核心法律原则，但凡以人为对象的诊疗、实验、研究、信息收集等都应当遵循该原则。1980 年世界经济发展与合作组织（OECD）颁布的《关于隐私保护与个人资料跨国流通的指针的建议》、1995 年欧盟颁布的《个人数据保护指令》、2018 年欧盟颁布的《通用数据保护条例》（General Data Protection Regulation）等国际、区域准则中都规定对个人数据的收集应当取得当事人的同意。

在测谎领域，有关测谎的道德准则也规定了知情同意原则，如美国心理学会《心理学家的道德准则和行为规范》（Ethical Principles of Psychologists and Code of Conduct）第 3.10 条规定，当心理学家进行研究或提供心理评估、心理治疗、咨询或顾问服务时，应当当面或经由电子通信或其他形式的沟通，以被测人能适当理解的语言获得其知情同意；除非是经法律法规授权或经本道德规范允许才可以不需要获得同意。心理学家对于那些不适用于知情同意的对象，仍然需提供适当的解释，或寻找征求本人同意，或考虑此人偏好和最佳的利益，或者根据法律要求从法定代理人那里获得正当的许可。[1]

知情同意原则根植于自主原则，实际上是意思自治原则在所有涉及生物医学、健康、个人信息保护等领域的个性化表达。我国很多法律法规都涉及知情同意权的规定，如医疗、消费者权益保护、个人信息保护等方面的法律规范。[2] 在我国，对个人信息的收集、使用也将知情同意作为重要的原则。《网络安全法》《全国人民代表大会常务委员会关于加强网络信息保护的决定》等法律规范都规定网络产品、服务等提供者收集用户信息的，应当向用户明示并取得同意。我国法律实务部门对知情同意的保障经历了一个从"同意"到"告知后同意"的发展阶段。在早期的相关诉讼中，告知义务并未受到足够重视，法官关注的重点仅在于同意的权利。后来，法学界逐渐认识到，只有建立在知情基础上的同意才是真正的自决，单纯强调同意难以保障自决权。

---

[1] The American Psychological Association's（APA）Ethical Principles of Psychologists and Code of Conduct.

[2] 例如，在医疗领域，2002 年《医疗事故处理条例》《执业医师法》等规定了医疗机构及医务人员的告知义务，但未规定患者同意的内容。《医疗机构管理条例》规定了医疗机构施行手术、特殊检查或者特殊治疗时征得患者同意的义务，并规定了无法取得患者同意时的处理办法。《民法典》第 1219 条规定了医务人员在诊疗活动中应当向患者说明病情和医疗措施的义务、说明的内容，并规定应当取得患者书面同意。

2. 知情同意的要求

知情同意是当事人经过审慎思考后作出的理智选择，而非对有关告知的简单认可。知情同意由知情和同意两部分组成，知情是同意的前提与基础，同意是知情后的选择与结果。要落实知情同意需要把握三个方面的要求：一是告知的要求；二是对知情同意主体的认定；三是同意主体理解并自主同意。

（1）告知。首先要明确告知的主体和对象。在不同的场景，根据不同的法律规定有不同的告知主体和告知对象。在医疗纠纷案件里，法律规范里出现的告知主体包括医师、医疗机构、医务人员，告知对象首先是患者，患者是优先告知对象。只有在特定情形下才可以用告知近亲属的方式代替告知患者。告知的目的是让当事人充分知情，需要告知主体主动把相对方需要知道的信息真实、准确、充分地告知对方。在告知时要做到全面告知，尽可能告知所有相关的事项；告知时要尽量用通俗的语言，避免用专业术语告知；告知应该严谨、完整，不能含糊，不能有歧义；应当真实告知，既不能夸大，也不应隐瞒不利后果。告知人员能否做到告知的这些要求有赖于其丰富的专业知识、良好的语言表达能力、专业经验及高尚的伦理修养。

（2）知情同意的主体。知情同意的主体一般是诊疗、研究、测试或者数据收集等行为的直接承受对象，前提是他们具有知情同意的能力。判断他们是否具备同意能力，关键看其行为能力，能否理解诊疗、研究、测试或者数据收集等行为的性质和后果。对此，一般可以依据《民法典》第 17 条至第 22 条有关行为能力的规定来判断。[1] 依据法律规定，具备完全民事行为能力的人可以独立实施民事法律行为，可以成为同意的主体；限制民事行为能力人原则上由其法定代理人代理或者经其法定代理人同意、追认；无民事行为能力人由其法定代理人代理同意。2016 版 CIOMS 伦理准则对知情同意能力有较多的新规定。该准则指出，

---

〔1〕 根据《民法典》的规定，年满十八周岁的成年人、十六周岁以上不满十八周岁但以自己的劳动收入为主要生活来源的未成年人，是完全民事行为能力人。八周岁以上的未成年人，不能完全辨认自己行为的成年人是限制民事行为能力人。不满八周岁的未成年人，不能辨认自己行为的成年人是无民事行为能力人。

同意能力不是基于对行为能力的静态判断，而是因时、因势而改变的状态；即便是对无知情同意能力的成人开展研究时，也要针对受试者的理解能力，提供充分的信息，并获得与其能力相符的同意；一旦受试者在研究过程中具备了知情同意的能力，则必须获得他们是否继续参与研究的同意。2016 版 CIOMS 伦理准则还设定了广泛的知情同意问题。广泛的知情同意是指受试者同意样本未来使用的范围，只要样本在未来再次使用的研究与其初次同意相类似，就不需要再次征求同意。

（3）理解信息并自主同意。真正的知情并不是单纯地将相关信息告知当事人，而是要使当事人充分理解这些信息。当事人能否充分理解信息，除与信息提供人员能否遵循上述有关告知的要求有关外，还与当事人的文化程度、心理状态等因素有关。在充分理解告知信息的基础上，当事人应当自己作出自主决定。当事人在作决定的时候信息提供人员不得强迫当事人，也不得对当事人进行欺骗。与当事人接触的这些人，如提供诊疗的医生、护士、网络信息服务商的工作人员等，应当保障当事人是真正自愿的同意，不能利用其身份、职权对当事人施加不恰当的影响。在当事人作出同意之前，应当给予其充分的考虑时间。同意的形式包括口头、书面、明示、默示，当然，如果法律对同意的形式有特殊要求的，应当遵循法律的规定。在必要的情况下，可以签署书面的知情同意书。

（二）测谎违背知情同意的可能表现

但凡以人为对象的诊疗、实验、研究、信息收集等都应当遵循知情同意原则。测谎直接针对人体实施，需要在人体安置一定的仪器设备，应当遵循知情同意原则。传统的多导仪测试通过在人体安置多个传导器测试血压、呼吸、皮电、脉搏等生理指标。新兴的以认知神经科学技术为基础的事件相关电位测谎和功能磁共振成像技术测谎则需要在被测人头部安置电极，或者需要被测人置身于强磁场的密闭空间。这些仪器直接接触人体，以人为对象，搜集人体的生理反应数据。而且，测试人员还会事先精心编制测试题目，以最大限度激起并收集被测人的心理生理反应。

知情同意的核心思想是被测人有权知道测试人员将在他们身上做些什么，测试人员将利用从他们身上获取的信息做些什么，测试会对他们产生什么影响，有何利弊，在此基础上自主决定是否同意进行测试。在进行测谎测试的情景下，知情同意是尊重被测人个人权利的体现，要求未取得被测人基于自由意志下的知情同意，就不得对他们进行"以人为主体"的测谎测试或研究。针对我国西南地区某中等城市的公安人员和某省检察院检察官的一项调查显示，对于测谎是否需要被测人本人同意这一问题，接受调查的36.2%的公安人员和46.5%的检察官认为测谎无须经被测人同意。即使被测人明确反对测谎，只要侦查机关认为有测谎必要，就可以实施测谎。[1]

此外，测谎的过程存在违反知情同意原则的风险。测谎的目的是测试被测人是否说谎或者其对案件信息是否知情。虽然在测谎的程序中一般有测前谈话环节，在这个环节中测试人员会将测试的目的、方法、测试的题目等告知被测人，取得被测人同意后才可以正式实施测试，但是，实践中测谎并不能完全遵守知情同意的相关要求。

首先，关于告知问题。告知的主体一般是案件承办人员和测谎测试人员。案件承办人员一般无法承担信息的完整告知义务，他们一般只是征询被测人是否同意测谎，他们的非专业人员身份决定了他们不可能详尽、专业地告知测谎的相关事项。具体的告知一般由测试人员来承担。在测前谈话中，测试人员应当告知自己的身份，以保障其中立、公正的形象，获取被测人的信任。但是，在有些案件中，侦查人员与测试人员未能做到分离，有些侦查人员直接担任测谎人员。这种情况下，有的侦查人员会隐瞒自己的侦查人员身份，在身份告知上未能遵循如实告知的要求。在告知的内容上，根据知情同意原则，测试人员应当把测谎的目的、方法、程序、测试题目、可能的后果等都告知被测人。但是，由于测谎测试的特性，为了防止被测人实施反测谎行为，测试人员可能不会把所有的事项都详尽地告知。

其次，关于知情同意的主体。测谎测试的告知对象是被测人，知情同意的主体也是被测人。因为测谎测试需要通过刺激激发被测人的心理生理反应，需要被测人有相当的理解能力、认知水平和良好的身体状

---

〔1〕 孙长永主编：《沉默权制度研究》，法律出版社2001年版，第293页。

态，所以，对于过于年幼、过于老迈或者精神不正常的，不得进行测试，对于服药、吸毒的，一般也不进行测试。但是，实践中仍然存在对达到法定刑事责任年龄，但是尚未满 18 周岁的未成年人测谎的现象。对这些人测谎，是否需要征询其法定代理人的意见，并无相关规定。当未成年人作为知情同意的主体自行同意接受测谎时，是否能够理解测谎的所有信息，其同意是否有效是值得思考的问题。

最后，关于理解信息并自主同意的问题。测试人员虽然会告知测试方法、原理等基本信息，但是，对于测谎技术的关键技术点，被测人有可能并不完全理解。因此，被测人对信息的理解有可能是不充分的。根据知情同意的基本原则，被测人有权拒绝同意，并有权在同意后随时反悔。但是，有些案件被测人担心拒绝测谎会让案件承办人员加大对其怀疑程度，所以，为了表明清白违心地作出同意的选择。如果是出于这种情形的同意，实际上是属于一种在压迫之下的迫不得已的接受，不能属于真正的同意。

三、测谎对隐私权的干预可能

隐私权概念具有不确定性和延展性的特性，至今仍然处于发展过程中。隐私权受到一国文化传统的深刻影响，不同国家在不同时期的隐私权保护领域也不同。测谎是否干预隐私权，需要分析测谎所探测的信息的内容和性质，以及其是否属于法律保障的范围。

（一）隐私权的概念和保护范围

1. 隐私权的概念

近代自由主义认为，社会的存在和发展需要有活力，有创造性的个人，而个人要保持活力和创造性必须具有安静的思想，能自主决定个人的生活方式和价值选择，有一个精神自由活动的空间和时间。只要追求精神自由就必须寻求对隐私权的保护。"隐私值得保护，它本身是一项终极价值，是可以用来评价其他价值的价值，也是实现其他价值的手段。"[1]

---

〔1〕 ［英］史蒂文·卢克斯:《个人主义》，阎克文译，江苏人民出版社 2001 年版，第 61 页。

法学史上首次提出隐私权概念的是美国学者沃伦（Warren）和布兰戴斯（Brandeis）。他们于 1890 年在《哈佛法学评论》上发表《隐私权》一文，将隐私权界定为"关于个人私生活不公开之自由及属于私事领域不受他人侵入之自由"。沃伦和布兰戴斯的隐私权所保护的是个人的思想、情绪、感受或者不可侵犯的人格。隐私意味着个人与"公众"（包括国家）之间的一种消极关系，要求对一定范围的个人思想或行为不干涉或不侵犯。二战后，国家权力膨胀，国家开始涉足个人私生活，个人私生活受到来自公权力的侵害。而随着科学技术的发展，私人生活更有可能被展现在公众面前，隐私权保护有了迫切的现实需要。目前，隐私权得到诸多国际性和区域性人权公约的保护，并被大多数法治国家承认为宪法的基本权利。

隐私权被纳入宪法视野加以保护，始于美国 1965 年格里斯沃尔德诉康涅狄格州一案（Griswold v. Connecticut）。[1] 在该案中，道格拉斯大法官提出了著名的"伴影理论"。该理论认为，宪法对某些权利的列举不得被解释为否定或忽视由人民保留的其他权利。宪法第九修正案的语言和历史表明，宪法的起草者相信不受政府侵犯的其他基本权利的存在，它们独立于前 8 项宪法修正案所具体规定的基本权利……宪法对权利的列举并不是穷尽的。道格拉斯大法官还指出，联邦宪法修正案所规定的言论自由、结社自由、对搜索扣押的限制、不自证己罪、人民自由权利概括条款等都存在着隐私权的保护，隐私权其实是一项具有宪法位阶的基本权利，隐私和安宁等伴影权利是合法存在的。自此，隐私权被推定为一般性的宪法权利，被视为一种不受干预的权利，其核心在于个人有权控制私人信息的交流。[2] 1967 年的卡兹诉合众国案（Katz v. United States）则成为"隐私权保护"这一宪法观念在刑事诉讼领域的展开。[3] 1974 年，美国通过《个人隐私法》（Privacy Act），明确规定"隐私权是受合众国宪法保护的一项基本权利"。此后，美国一些州

---

〔1〕 Griswold v. Connecticut, 381 U. S. 479 (1965).
〔2〕 Julie C. Inness, *Privacy, Intimacy, and Isolation*, Oxford University Press, 1992, p. 16.
〔3〕 Katz v. U. S., 389 U. S. 347, 361 (1967).

宪法也陆续规定了隐私条款。[1]

由于隐私内涵丰富，不同的场合有不同的界定，美国通过判例和学说逐步丰富了隐私的内涵。在时代公司诉希尔案（Time，Inc. v. Hill）里，"隐私是不受他人打扰的权利。隐私权是个人按自己选择的方式生活，除为满足依法律规定的社会明确需要之外，不受人身侵犯、财产侵入或侵占的权利"[2]。索洛伍（Solove）把隐私定义为一种个人希望隐藏的秘密，"隐私是一个人希望对他人隐藏其过去、现在的经验和行为以及将来的打算的某些信息的结果"[3]。韦斯廷（Westin）关注个人对个人信息的自主控制，"隐私是个人、群体或机构决定在什么时候、以何种途径以及在多大范围内向他人传达与自己有关的信息"[4]。杰德·鲁本菲尔德（Jed Rubenfeld）把隐私界定为一种人格，"隐私权是保护个人不受对其人格尊严的侮辱或对其人格权的侵犯的权利"[5]。至今，大部分观点已逐渐抛弃以单一要素为隐私下定义，转向了一种包含多元要素的基于情境的隐私概念。隐私权的内涵在美国不断扩张，已经成为美国至高无上的宪法权利之一，是人的尊严和自由的守护者，其涵盖的范围包括个人身体、生活、工作资料、通信等。

在我国，理论上对隐私这一概念也是有多种理解的。私人领域说认为隐私就是相对于公共生活的私生活，是与公众无关的纯属个人的私人事务，包括私人的活动、活动空间以及有关私人的一切信息。[6] 私人秘密和私人信息说认为隐私是私人信息和私人秘密的总和。[7] 生活安宁和

---

〔1〕　如《加利福尼亚州宪法》第1条规定："所有的人……享有一些不可剥夺的权利，包括寻求并得到安全、幸福和隐私的权利。"《佛罗里达州宪法》第1条规定："每个人都享有不被他人打扰的权利，并享有私生活不受政府侵犯的权利，本法另有规定的除外。"参见阿丽塔·L. 艾伦、理查德·C. 托克音顿：《美国隐私法：学说、判例与立法》，冯建妹等编译，中国民主法制出版社2004年版，第84—86页。

〔2〕　Time，Inc. v. Hill，385 U. S. 374，413（1967）.

〔3〕　Daniel J. Solove，"Conceptualizing Privacy"，*California Law Review*，Vol. 90，2002，pp. 1087-1155.

〔4〕　A. F. Westin，"Privacy and Freedom"，*Michigan Law Review*，Vol. 66，1968.

〔5〕　Jed Rubenfeld，"The Right of Privacy"，*Harvard Law Review*，Vol. 102，1989，p. 784.

〔6〕　马俊驹：《人格和人格权理论讲稿》，法律出版社2009年版，第260页。

〔7〕　佟柔主编：《中国民法》，法律出版社1990年版，第487页。

秘密说认为隐私包括独处和保有秘密这两个部分。[1] 这些观点虽然表述各有不同，但是都认可隐私是与公共利益或他人利益无关，与私人密切相关的不便为外人所知晓的内容。在这些隐私的范畴里，将隐私理解为生活安宁，相当于将隐私的对象认定为一种状态而并非具体的事项，与美国法的理解一脉相承。由于各种理论对隐私的看法不一致，对隐私权的界定也是观点纷呈。总体来看，在我国，隐私权被视为个人对自己私人信息、私人生活和私人领域进行支配和控制，排除他人干预的权利；是个人可以对自己的私人秘密进行隐瞒、防止他人公开的权利；是维护个人生活安宁，排除他人非法侵扰的权利。[2] 隐私权应当至少包含"私人独处"与"信息、领域的自我控制"的双重含义。私人独处的特征使隐私权区别于大多数保障社会公共利益的权利，以一种纯粹的个人利益的形式存在，体现了个人对其私人生活的自主决定。隐私权在诞生之初虽然是为了对抗公权力对私人权利的侵入威胁，但随着现代科学技术的发展，已越来越多地转向了保障私人权利不受其他私人干涉的面向。

事实上，隐私权的概念具有不确定性和延展性的特性，至今仍然处于发展过程中。而且，隐私权受到一国文化传统的深刻影响，不同国家在不同时期的隐私权保护领域也不同。

2. 隐私权的保护范围

很多国家从宪法位阶上对隐私权予以保护，有的国家是通过宪法判例对其宪法进行解释，从中"发现"隐私权；有的国家是在宪法文本中明确规定隐私权。采取"发现"隐私权模式的，除美国外，还包括加拿大、德国、法国、日本等国家。如，德国联邦宪法法院以德国基本法第1条和第2条的规定为依据，建立了一般人格权保护的概念，并以此为基础发展出隐私权概念，使隐私权成为基本权之一。采取在宪法文本中明确规定隐私权模式的，包括荷兰、瑞士、比利时、西班牙、土耳其、俄罗斯、南非等国。如，西班牙宪法第18条规定："（1）保障名誉、个

---

〔1〕 张新宝：《隐私权的法律保护》，群众出版社 1997 年版，第 16—18 页
〔2〕 参见姚辉：《人格权法论》，中国人民大学出版社 2011 年版，第 420 页；杨立新：《人格权法》，法律出版社 2011 年版，第 599 页。

人和家庭隐私及本人形象的权利。（2）住宅不受侵犯。未经屋主许可或司法决定不得进入或搜查，现行犯罪除外。（3）保障通讯秘密，特别是邮政、电报和电话的秘密，司法决定的情况除外。（4）为保障公民的名誉、个人和家庭的隐私及其权利的充分实施，法律限制信息的使用。"[1]

隐私权保护领域的判断有两个主要标准："隐私的合理期待标准"和"客观领域标准"。

"隐私的合理期待标准"是美国联邦最高法院在 1967 年的卡兹诉合众国案[2]中确立的，后来成为加拿大、南非等国家和地区的范本。根据该标准，侦查机关的行为构成联邦宪法第四修正案规制的"搜查"的前提是被搜查人对隐私有合理的期待。如何才构成隐私的合理期待，又有美国的"双叉标准"和加拿大的"综合情状标准"。"双叉标准"认为，只有当权利人已经表现出对隐私的真实的期待（主观标准），而且社会承认这种期待是合理的（客观标准），才属于法律保护的隐私权。主观的隐私期待要求个人采取积极的举措来保护其隐私利益，该标准因具有个别性而不稳定。因此，客观标准在判断是否存在"隐私的合理期待"时具有更重要的意义。美国联邦最高法院还发展出一些隐私权排除理论，明确了个人不享有隐私权的情形，如"公共暴露理论""风险承担理论""违法信息无隐私说"。"公共暴露理论"是指当个人明知某事物为公众可及或可暴露于公众的视野时，即使他持有主观的隐私期待，这种期待也是不合理的，如个人对放在住宅外的垃圾不具有隐私权。"风险承担理论"是指个人自愿向第三人披露信息时，应当承担第三人向他人透露该信息的风险，该信息不属于隐私权保护的范围。"违法信息无隐私说"是指当侦查活动仅仅可能揭露违法活动信息时，不存在合理的隐私期待。[3] 与美国的"双叉标准"不同，加拿大最高法院采用"综合情状"（Totality of Circumstances）标准判断个人是否享有隐私权，即应该根据所有的情形综合判断是否存在合理的隐私期待，如权利人是

---

〔1〕　姜士林主编：《世界宪法全书》，青岛出版社 1997 年版，第 1196 页。
〔2〕　Katz v. U. S., 389 U. S. 347, 361（1967）.
〔3〕　United States v. Place, 462 U. S. 696（1983）.

否在场、对被搜查财产的控制力、对被搜查财产是否有所有权、控制他人接触财产的能力等。[1] 为了弥补综合一切情状标准过于依赖个案而缺乏稳定性的缺憾，加拿大最高法院对隐私进行了分类，把隐私分为有关人身的隐私、有关地域或空间的隐私和有关信息的隐私，每类隐私分别有各自不同的"一切情状"标准。[2]

欧洲各国判断隐私权保护范围的标准为"客观领域标准"。这个标准把整个需要保护的隐私权领域分解为各个较小的领域，如人身、住宅、财产等，由于这些较小领域的范围边界一般比较明确，这样就很容易划定整体的隐私权保护范围。同时，通过法院对宪法或其他法律性文件的解释可以把新型隐私权纳入保护范围，以适应隐私权不断发展的趋势。一些承认隐私权保护的国际公约均采纳了客观领域标准。如《世界人权宣言》第 12 条规定："任何人的私生活、家庭、住宅和通信不得任意干涉，他的荣誉和名誉不得加以攻击。人人有权享受法律保护，以免受这种干涉或攻击。"《公民权利和政治权利国际公约》第 17 条第 1 款规定："任何人的私生活、家庭、住宅或通信不得加以任意或非法干涉，他的荣誉和名誉不得加以非法攻击。"《欧洲人权公约》第 8 条也有类似规定。

在我国，《宪法》关于国家尊重和保障人权、公民的人身自由不受侵犯 、公民的人格尊严不受侵犯、住宅不受侵犯等规定是隐私权宪法规范的基础。隐私权在我国民法领域的承认和保护并非一蹴而就，而是经历了从附属于人格权，到被承认为独立的隐私利益，然后被司法裁判承认为隐私权，再到立法明确规定为独立的隐私权这样一个漫长的过程。最初，由于《民法通则》没有规定隐私权，也缺乏明确的宪法保护条款，最高人民法院不得不通过司法解释将"以书面、口头等形式宣扬他人的隐私"的行为规定为侵犯公民名誉权的行为。后来，未经他人同意，擅自公布他人隐私材料的也被纳入隐私保护范围。在关菲诉天津福泰房地产开发公司案中，法院认定个人对其享有的与公共利益无关的个

---

[1] R. v. Evans, [1996] 1 S. C. R. 8.
[2] R. v. Tessling, [2004] 3 S. C. R. 432.

人领域拥有保护、保密及利用的权利。此后，最高人民法院通过司法解释将与隐私权对应的权利称为隐私利益。此外，还有裁判直接认定隐私为隐私权，并按照侵权方式赔偿。

2010 年《侵权责任法》第 2 条则明确规定，隐私权属于侵权责任法所保护的民事权利。2017 年通过的《民法总则》第 110 条规定，自然人享有生命权、身体权、健康权、姓名权、肖像权、名誉权、荣誉权、隐私权、婚姻自主权等权利。2021 年 1 月 1 日起开始实施的《民法典》明确了隐私权保护范围是自然人的私生活安宁和不愿为他人知晓的私密空间、私密活动和私密信息等，突出"不愿意为他人知晓"这一特点，将隐私的范围从私人性扩展到私密性，扩张了隐私权的保护范围。《民法典》第 1030 条列举了 6 项侵犯隐私权的行为，其中包括除法律另有规定或者权利人同意外，任何组织或者个人实施的处理他人的私密信息、侵扰他人的私人生活安宁、以其他方式侵害他人隐私权的行为。此外，有关隐私权保护的条款还分散或隐含在《刑法》《刑事诉讼法》《行政法》等部门法及其相关司法解释中。

（二）测谎干预隐私权的可能表现

隐私权保障个人不愿为他人知晓的私密空间、活动和信息等。测谎探测的信息如果属于隐私权保护的范围，测谎就有干预隐私权的可能。是否干预隐私权取决于测谎测试的过程是否属于非法处理被测人的私密信息，这些信息是否属于诉讼领域保护的隐私权。

第一，测谎测试属于收集被测人私密信息的行为。首先，一个人希望对他人隐藏的其过去、现在的经验和行为的结果，属于私密信息。测谎正是对被测人希望隐瞒的过去或现在的经验的揭露。常用的测谎方法需要编制准绳问题和相关问题。准绳问题往往是被测人不愿意承认的不道德的问题。如你以前曾经偷过东西吗？相关问题是与正在调查的事件直接相关的问题。被测人一般需要对这些问题作"是"或"否"的回答。即使被测人对问题不作回答，测谎仪仍然能够记录下其兴奋、焦虑、罪恶感等内心的思维活动，揭露他们的秘密。无辜的人会在准绳问题上撒谎，有罪的人或者对当前调查事件撒谎的人对准绳问题和相关问题都会撒谎。对无辜的人来说，他们在准绳问题上撒谎并被测谎测试揭露出来，意味着其过去的不愿意为人所知的不道德行为被揭露，他们的隐私因此而被侵犯。对于真正有罪的人或者对当前调查事件撒谎的人来说，测谎揭露的正是被测人极力隐瞒的他们过去的不道德行为或当前实施的犯罪行为，或者违背其法定义务的行为。其次，个人有权决定是否、在何时、以何种途径以及在多大范围内向他人传达与自己有关的隐私信息。测谎通过精心编制问题，并向被测人提问，激起其不受自主神经系统控制的生理反应。在测谎未经被测人同意时，这种生理反应的激起违背了他不向他人传达与自己有关的信息的初衷，侵犯了他的隐私。最后，隐私权保护的客体是一种人格，是个人的人格尊严。测谎时提出的问题往往是被测人不愿意回答的令人难堪的隐私问题，是对被测人人格的侵犯。因此，测谎探测的被测人的记忆、思想，是其内心不欲为人所知的内容，属于隐私的范畴，只有其本人有权决定是否公布、在何种程度上对何人公布。测谎是对被测人内心隐私的公开揭示，侵犯了其隐私。

第二，测谎涉及的部分隐私在法律的保障范围之内。测谎涉及的问题虽然属于隐私，但仍需进一步探讨是否属于法律的保障范围。相较于综合情状标准高度依赖具体个案的具体情形而言，双叉标准更具有适用性。故本书以双叉标准来分析测谎涉及的隐私是否属于法律保障的隐私。根据"双叉标准"，只有当权利人已经表现出对隐私的真实的期待（主观标准），而且社会承认这种期待是合理的（客观标准），才属于法律保护范围内的隐私。

就测谎而言，被测人保有对隐私的主观期待。无辜被测人对准绳问题、有罪被测人对准绳问题和相关问题，都是希望隐瞒的，否则他们就无须撒谎，也就不会产生强烈反应而被测谎仪检测出撒谎。那些实施反测谎措施的被测人更是希望通过隐瞒来保护自己的隐私。但是，被测人的这种隐私期待能否得到社会的承认，根据隐私保护范围的判断标准，有两种不同情况。隐私的合理期待的客观标准要求社会公众认为在此种情形下，这种隐私期待是合理的。也就是说，社会一般理性的人在这种情况下也认为是如此。在测谎的情形下，被测人希望隐瞒准绳问题涉及的隐私，符合社会一般公众的心理。因为准绳问题涉及的是一般人都曾经有过的不道德的行为，任何理性之人都将承认被测人有保留隐私的期待，符合隐私的合理期待的客观标准。但是，被测人试图隐瞒的相关问题涉及的隐私属于隐私保护的例外情形，不属于法律的保护范围。因为，根据违法信息无隐私说，当侦查活动仅仅可能揭露违法活动信息时，不存在合理的隐私期待。

测谎揭露的隐私是否属于法律保护的范围还需分析其是否具有法律保护的例外情形。根据公共暴露理论，如果被测人明知其隐私会暴露时，就不存在隐私的合理期待。如果被测人自愿同意测谎，属于自愿暴露隐私，属于隐私保护的例外。因此，如果测谎未经被测人同意而实施，就属于侵犯了法律保护范围的隐私。根据风险承担理论，被测人自愿向第三人披露信息时，应当承担第三人向他人透露该信息的风险，该信息不属于隐私权保护的范围。当被测人自愿接受测谎时，同样不属于隐私权保护的范围，但是，对于未经被测人同意的测谎，自无这种自愿披露信息的问题，应当受法律保护。根据违法信息无隐私说，当侦查活动仅仅可能揭露违法活动信息时，不存在合理的隐私期待。当测谎揭露的是真正有罪或者撒谎的被测人试图隐瞒的犯罪行为或者违背其他法定义务的行为时，不属于法律保护的隐私范围。除此之外的其他情形，属于法律保护的隐私范围。因此，测谎具有侵犯隐私的风险。

此外，认知神经科学测谎技术对隐私的侵犯风险还表现在测谎之外其他信息的泄露。在进行认知神经科学测谎时，有的测试方法会对被测人进行脑部扫描。在扫描过程中，不但能够发现测谎所需的信息，还能从这些信息中检测出被测人的其他隐私信息。如果这些信息显示了某种未来的疾病或认知障碍，那么，一旦这些信息被泄露，被测人隐私也将随之被泄露。随之而来的，可能是被测人其他社会利益的损失，如遭受歧视、失去工作等。

四、测谎滥用带来的风险

测谎有其特定的适用范围，其可靠性也受诸多因素影响，盲目大范围使用测谎对国家安全、社会和家庭的和谐稳定、个人尊严、诉讼效率等都有不利影响。

（一）测谎大范围使用带来的风险

测谎在诉讼领域的应用非常广泛，个别地方甚至出现迷信测谎的极端做法。截至 2000 年，我国除西藏、青海、吉林等少数省份外，全国绝大部分省份都已经开始使用测谎技术，其中，山东省县级以上公安局的使用率达到 50%。[1] 除了加大对测谎仪的配置，各地公安机关还加大了对测谎测试人员的培训，如山西省于 1996 年购置省内第一台测谎仪，1997 年初开始把测谎技术向基层公安部门推广，1998 年完成了对 3600 名干警的测谎培训。[2] 随着测谎在实践中的成功运用及对测谎理论认识的加深，公安部于 2005 年颁布《公安机关鉴定机构登记管理办法》，把心理测试（测谎）技术列为第八种刑侦技术，测谎技术成为刑事侦查技术的组成部分，是提高侦查科学化程度的重要途径。公安部 2019 年修订颁布的《公安机关鉴定机构登记管理办法》也继续把心理测试（测谎）技术列为刑侦技术之一。法院和检察部门对测谎技术的应用也非常积极。在北大法宝数据库和裁判文书网里，以"测谎"或"心理测试"作为关键词，查询出的判决书数量逐年大幅提升。测谎的成功应用使我国实践中出现了一种迷信测谎的极端做法。有些办案人员在办案遇到困难时不顾案件情况强行测谎，有些办案人员在侦查已经得出结论的情况下还是要进行测谎，还有的地方办案部门甚至要求每案必测，用测谎加强心证。这种迷信测谎的做法除了徒增诉讼费用、拖延诉讼时间外，还会无谓地侵犯当事人的权利。

美国在诉讼中也大量应用测谎，几乎所有联邦和许多地方执法机构在刑事调查中都采用测谎，大约 20 个州法院和三分之二的联邦法庭接受测谎证据（军事法庭除外）。在其他准司法环境中，如大陪审团听证会以及性罪犯治疗也会用到测谎仪。更为严重的是，在有的国家，测谎不仅包括测谎仪测试和脑扫描技术测谎，还包括使用麻醉药物测谎。如在印度，所有测谎仪测试、脑扫描技术测谎、麻醉药物测谎等被统称为

---

〔1〕 马佳：《测谎仪进中国》，《北京晚报》2000 年 7 月 23 日，第 17 版。
〔2〕 王秀梅、徐玉明：《现代测谎技术与公安审讯工作》，《警学研究》1998 年第 3 期。

欺骗检测测试（Deleption Detection Test，DDT）。欺骗检测测试被印度各调查机构广泛使用以收集证据，提高诉讼效率。欺骗检测测试引起的核心争论是测谎是否属于使用不人道的有辱人格的方法来获取供述。在刑事调查中，如果被告人保持沉默，不回答调查机构的任何问题，那么调查机构可以在多大程度上强迫被告人透露案件信息。在一个文明的世界里，警察使用酷刑来获取供述是不可接受的。问题是，警察能不能用欺骗检测测试从被告人身上获取信息？许多人支持使用欺骗检测测试，认为在这个犯罪率不断上升的时代，这样的测试通常有助于调查。但也有人反对，认为这明显违反了宪法规定[1]。

测谎除在诉讼中的应用外，在国家安全、反恐、人员聘任中也被大量应用，并带来一系列问题。美国国防部、能源部、中央情报局、联邦调查局是对测谎使用最多的部门。国防部在 1988 年至 1993 年间，共对 17970 人进行了测谎，到 1996 年，仅这一年间国防部就进行了 12000 多次测谎检查。1999 年美国通过立法授权能源部对接触高度机密文件的人员进行测谎，后来该授权扩张到对能源部及相关部门的人员进行测谎[2]。2013 年，在斯诺登泄密事件之后，仅国防部就有 12.8 万名工作人员接受测谎。如果工作人员拒绝接受测谎，将受到降级甚至解雇等处分。2015 年 2 月 4 日，美国情报部门再次被授权使用测谎仪调查其成员泄露机密信息的可能性。测谎在国家安全领域的广泛应用遭到了一些批评，反对观点认为对测谎的过度依赖会忽视对其他措施的使用，会损害国家安全。而且，频繁地对工作人员进行测谎，有损信任关系的建立，也使一些不愿接受测谎的人员不得不选择离开。

测谎用于商业领域始于 20 世纪 60 年代的美国，其带来的伦理风险同样不容小视。企业在人员录用时使用测谎来判断应聘人背景资料的真实性，包括其过去有无违法犯罪行为或在申请工作时是否有弄虚作假行

〔1〕 S. B. Math,"Supreme Court Judgment on Polygraph, Narco-Analysis & Brain-Mapping: A Boon or a Bane", *Indian Journal of Medical Research*, Vol. 134, 2011, pp. 4-7.

〔2〕 Aftergood & Steven, "Polygraph Testing and the DOE National Laboratories", *Science*, Vol. 290, 2000, p. 939.

为，以此评估其总体上的诚实度。到 70 年代大约有 25% 的公司在挑选雇员时例行使用测谎仪。阿肯色州最高法院在 MBM 公司诉康丝案（MBM Co. v. Counce）中针对公司任意对雇员测谎带来的危害作了精辟陈述。该公司与康丝女士签订了一份书面的雇佣协议，规定康丝女士应当在公司提出要求的任何时候接受测谎，否则将被解雇而不需要事先通知。阿肯色州最高法院认为要求雇员随时接受测谎是"以极端和无耻的行为肆意地对另一个人造成严重的精神痛苦和身体伤害"。要求雇员随时接受测谎，"在性质上如此令人发指，在程度上如此极端，以至于超越了一切可能的体面界限的行为"。[1] 此后，虽然美国 1988 年《雇员测谎保护法案》禁止私人公司使用测谎仪，但据美国经营管理协会估计，每年私人企业用测谎仪进行检测的次数高达数十万次。[2] 不仅是商业领域，测谎还有在家庭成员间使用的迹象。私人领域使用测谎，破坏了社会成员相互之间的信任，不利于家庭和社会和谐稳定关系的构建。

（二）测谎技术的可靠性带来的风险

对于测谎的可靠性，《科学》杂志刊文得出的结论是，它的准确率在 81% 到 91% 之间，"测谎仪测试可以在远远高于偶然但远远低于完美的情况下区分谎言和真话"。美国测谎协会的数据指出，在鉴别诚实还是欺骗时，多导仪测试具有较高的测试准确度，一直在 80%—98% 之间。[3] 但是，也有研究认为多导仪测试是"垃圾科学"，没有任何科学依据。事实上，多导仪测试的可靠性取决于多种因素，其应用领域也有一定限制，无论是迷信测谎还是断然否定测谎，都不是科学的态度。

测谎可靠性首先受制于测试目的或者场合。从大的方面来说，多导仪测试的主要应用领域分为具体事件调查和非具体事件调查，前者如刑事案件侦查、民事案件调查，后者如雇员的录用筛查、在职雇员筛查、定罪后的性罪犯的测试等。测谎的可靠性取决于使用目的。在典型的司法环境中，测谎是对具体事件的调查，比入职前筛选等其他不针对具体

---

[1] MBM Co. v. Counce, 596 S. W. 2d 681 (Ark, 1980).
[2] 奇云：《美国测谎既松又严》，《南方周末》2001 年 8 月 29 日，第 3 版。
[3] National Research Council of the National Academies, *The Polygraph and Lie Detection*, National Academies Press, 2003, p. 1.

事件的测试更准确。[1] 因为，测谎应用于不同的场合会涉及不同的问题。在针对具体事件的调查中往往会有具体的问题，如"你曾经在两天前见到过被害人吗？"或"是你杀死了被害人吗？"这些问题明确、具体，而且一般有判断被测人回答是否诚实的答案。但是在不针对具体事件的调查中没有可调查的具体对象，问题通常是一些普遍意义上的问题，如"你曾经把机密信息泄露给无权知晓的人吗？"对于这种问题，测试人员和被测人可能都不知道被测人的回答是否是真实的，对反应的显著性和判断都有影响。

　　测谎可靠性还受几率的影响。对于一项测试而言，同样的精确度适用于不同几率的人群时可靠性并不同，甚至有很大差异。当被测人群中欺骗的人比例较高，测试将出现较多的假阴性错误。反之，当被测人群中欺骗的人比例较低时，测试将出现较多的假阳性错误。在反恐等国家安全领域进行的测试中，真正的间谍、恐怖分子或其他威胁国家安全的危险分子的比例是非常低的。在大范围的人群中实施测谎筛查时，如果要想把危害国家安全的人员尽可能多地查出来，而目标人员出现率又非常低，即几率很小时，如果测试的准确度不是非常高，将出现较多的假阳性错误。反之，如果不想过多冤枉无辜，可以通过调节 PPV 阈值[2]的方式进行，但是，这将出现很多的假阴性错误，导致漏过危险分子。PPV 阈值是指阳性结果的预期值，是测谎能正确识别撒谎者的比例，是真阳性/（真阳性＋假阳性）的百分比。PPV 阈值的确立对得出诚实或撒

[1]　M. Stockdale & D. Grubin,"The Admissibility of Polygraph Evidence in English Criminal Proceedings", *Journal of Criminal Law*, Vol. 76, 2012, pp. 232-253.
[2]　所谓 PPV（Positive Predictive Value, PPV）阈值，是指阳性结果的预期值，在测谎测试中是指测谎能正确识别撒谎者的比例，是真阳性/（真阳性＋假阳性）的百分比。在测谎中，被测人对每一个相关问题都会有一个对应的生理反应，每个生理反应的大小均以数值来表示。例如，根据七分法，在某一相关问题上反应的得分被记为从 −3 分到 +3 分的某一个分值，把在所有相关问题上的反应得分相加，得到一个总和，然后根据我们事先确定的 PPV 数值，以是否达到这个 PPV 数值为依据来判断是否说谎。因此，PPV 阈值的确立对测谎结论是诚实还是撒谎有决定作用。PPV 阈值的选择对测谎准确性的影响，正如证明过程中证明标准对证明责任的影响。证明标准越高，证明责任就越难以完成；证明标准越低，就越容易完成证明责任。如果我们通过 PPV 阈值的设置来降低假阴性，则在假阳性降低的同时会产生更多的假阳性。

谎的结论有决定作用。判断被测人是否通过测谎的标准就是 PPV 阈值，比较被测人在所有相关问题上反应的分数的总和与 PPV 阈值的大小，就能够得出其是否通过测谎的结论。PPV 阈值的选择对测谎准确性的影响有如证明过程中设定的证明标准。如果我们通过 PPV 阈值的设置来降低假阴性，在假阴性降低的同时会产生更多的假阳性。因此，运用测谎来维护国家安全、进行雇员筛查等非具体事件调查会出现这样的两难景象。

此外，测谎可靠性与测试程序标准化程度、测试人员的技能和经验等有直接关系。由于测试人员的技能和经验存在差异，缺乏对测试人员监管的严格规范，再加上测谎可能受到反测谎的影响，测谎受到较多的批评。虽然支持者认为这些问题可以通过适当的培训、监督和管理来克服，但是因为技术问题导致错误结论的风险是存在的。

总之，测谎不是万能的，其适用范围有一定的限制。在其能够发挥作用的领域，应当充分发挥其作用。但是，在其可靠性受到影响的领域，大范围使用测谎将导致侵犯人格尊严、误判并危害国家安全、危害家庭及社会的和谐稳定等风险。

五、测谎面临的法律难题

我国诉讼法中找不到关于测谎的直接规定，适用测谎是否具有合法性是测谎首先要面对的一个法律挑战。

（一）测谎的法律依据不明

公民拥有的人身自由权、知情同意权、隐私权等基本权利受法律保护。但是，权利并不是漫无边际的。为了保护权利并最大化地实现权利，法律需要界定权利边界。法律允许国家在具备正当理由时干预公民基本权利，只是这种干预必须遵循法律保留原则和比例原则的要求，否则就会有公权力任意侵犯基本权利的危险。就法律保留原则而言，根据我国 2015 年《立法法》第 8 条和第 9 条的规定，有关犯罪和刑罚、对公民政治权利的剥夺和限制人身自由的强制措施和处罚、司法制度等事项只能由立法机关制定法律来规范，属于绝对法律保留事项。

在我国,测谎遭遇的一个较大的法律难题是测谎的法律依据不明。测谎可能侵犯被测人的人身自由权、反对自我归罪特权等基本权利,但是,在我国法律中却找不到测谎的明确规定。就刑事诉讼而言,《刑事诉讼法》要求人民法院、人民检察院和公安机关进行刑事诉讼,必须严格遵守法律的规定。我国公检法机关都在适用测谎技术,但是,我国《刑事诉讼法》中却并无测谎的直接规定。在有关刑事侦查措施的规定中并未出现测谎的规定。在对人的刑事强制措施部分,刑事强制措施的范围也是明确具体的,包括拘传、取保候审、监视居住、拘留、逮捕五种。测谎显然不属于此处的强制措施的范畴。刑事诉讼中有关证据种类的规定也没有罗列测谎结论。更为尴尬的是,1999 年《最高人民检察院关于 CPS 多道心理测试鉴定结论能否作为诉讼证据使用问题的批复》中明确指出,测谎鉴定结论与刑事诉讼法规定的鉴定结论不同,不属于刑事诉讼法规定的证据种类,不能将测谎鉴定结论作为证据使用。该批复似乎将测谎鉴定结论从证据种类体系里剔除了。这一批复更是成为反对使用测谎技术、反对采纳测谎结论为证据的直接依据。就民事诉讼而言,民事强制措施、调查措施、证据种类也都没有关于测谎的直接规定。《最高人民法院关于适用〈中华人民共和国民事诉讼法〉的解释》(2020 年修正)第 106 条规定,对以严重侵害他人合法权益、违反法律禁止性规定或者严重违背公序良俗的方法形成或者获取的证据,不得作为认定案件事实的根据。行政诉讼亦有类似规定。那么,测谎是否属于这里的严重侵犯他人合法权益的行为、违反法律禁止性规定或者严重违背公序良俗的方法?如果答案是肯定的,测谎技术就不具有合法性,测谎结论也随之不具有合法性。此外,2020 年 8 月 14 日,《最高人民法院关于人民法院民事诉讼中委托鉴定审查工作若干问题的规定》(以下简称《委托鉴定规定》)要求严格审查拟鉴定事项是否属于查明案件事实的专门性问题,有特定情形的,人民法院不予委托鉴定,其中,第(8)项将测谎列为不予委托鉴定的事项。也即《委托鉴定规定》认为测谎事项不属于查明案件事实的专门性问题,法院不予对测谎事项委托鉴定。

(二)存在影响测谎结论证据地位的多种因素

测谎技术在世界上 50 多个国家得到使用,但是各国在是否承认测谎结论的可采性，是否给予测谎结论证据资格，给予其多大的证明力等方面，均有争议。即便是同一个国家或地区，在不同的时期对测谎结论的证据地位的看法也是在不断变化的。影响测谎结论的证据可采性或证据资格的因素有多种。

其一，测谎技术的科学性。这一点以美国和中国为代表。在美国，测谎结论要接受科学证据审查标准的检验。在弗莱伊案件中，美国认为法庭接受从获得完全认同的科学原理或发现里推论出来的专家证言要经过很长时间，从这种推论里得出的东西必须在其所属的特定领域获得普遍接受[1]法庭认为通过检测心脏收缩压判断一个人是否撒谎的测谎技术还没有获得这种普遍支持，所以，法庭禁止测试结论作为证据。这表明测谎技术的可靠性没有获得认可，测谎结论不具有可采性。在弗莱伊案件之后，测谎证据在美国被普遍排除。在我国，反对测谎结论证据地位的观点也是认为测谎结论不可靠，不足以认定案件事实。

其二，测谎结论可能带来的偏见风险。虽然在道伯特案件之后，美国法庭对测谎结论的态度开始松动，只要测谎结论能够通过道伯特案件确立的科学证据审查标准就可以采纳。但是，美国《联邦证据规则》第403条又被引入用于审查测谎证据，也就是说，即便测谎结论能通过道伯特审查标准，还要接受《联邦证据规则》第403条的审查，看其是否具有不公正的偏见。有判例认为，即便测谎结论具有可采性，测谎证据也存在偏见可能，可能具有误导陪审团、拖延等危险，需要谨慎对待。

其三，测谎技术本身的合法性问题。如果测谎技术本身不合法，应用测谎技术获得的测谎结论当然不具有证据资格。以测谎技术本身不合法来否定测谎结论证据资格的，在德国具有典型性。测谎技术刚传入德国时，受到理论界和实务部门的普遍反对。理由是测谎违反德国《刑事诉讼法》第136条a的规定，属于法律禁止的讯问方法。德国《刑事诉讼法》第136条a规定："（一）对犯罪嫌疑人决定和确认自己意志的自由，不允许用虐待、疲劳战术、伤害身体、服用药物、折磨、欺骗或者催眠等方法予以侵犯。对违反这些禁止性规定所获得的陈述，即使犯罪

---

[1] Frye v. United States, 293 F. 1013 (D. C. Cir. 1923).

嫌疑人同意，也不允许使用。"〔1〕德国法庭认为测谎泄露被测人非自主性的生理反应，触及被测人的灵魂地带，使被测人沦为诉讼客体。因此，测谎的使用会侵犯被测人受德国基本法第1条保障的人性尊严不可侵犯权以及《刑事诉讼法》第136条a规定的意思决定与意思活动之自由。〔2〕

其四，测谎结论与证据规则相冲突的可能。测谎结论能够作为证据采纳的前提是不违背证据规则的排除性规定。与测谎结论的可采性密切相关的证据规则有反对自我归罪规则和传闻证据排除规则。

反对自我归罪规则是众多国际公约和国内法所规定的基本证据规则。反对自我归罪特权的典型表述如《公民权利和政治权利国际公约》第14条第3款（庚）项的规定，任何人不被强迫作不利于自己的证言或被强迫承认有罪。有些国家认为测谎可能侵犯被测人的反对自我归罪特权。例如，在德国，反对自我归罪特权是指被告人没有义务在对自己的犯罪指控上进行主动或积极的协助。被告人没有义务以积极的作为来协助对自己的刑事追诉，国家也不能强制任何人参与到针对自己进行的犯罪追诉，甚至强制其认罪。反对自我归罪特权不仅是指被告人享有沉默权，还包括被告人有权拒绝任何能证明自己犯罪的主动的、积极的协助。这里的协助，不仅指提供言词性的证据，还包括提供非言词性的证据，因为无论是言词性还是非言词性的证据都可能导致被告人被定罪。如果允许国家要求被告人提供不利于己的非言词性证据，同样会达到强迫被告人以积极方式自我入罪的效果。〔3〕在这种观念支持下，德国认为，被测人接受测谎，相当于是在自我归罪，即便其同意测谎，同意也不具有自愿性，尤其是在共同犯罪的情形下。在共同犯罪的情形下，如果一名嫌疑人选择接受测谎，其他嫌疑人会受到一种间接的强制。他们为了使自己不至于显得更应该受怀疑，无法选择保存沉默，相当于被迫

---

〔1〕《德国刑事诉讼法典》，李昌珂译，中国政法大学出版社1995年版，第62—63页。

〔2〕Craig M. Bradley, "The Exclusionary Rule in Germany", *Harvard Law Review*, Vol. 96, 1983, pp. 1032-1066.

〔3〕林钰雄：《论不自证己罪原则》，《台大法学论丛》2005年第2期。

接受测谎。这将侵害其反对自我归罪特权。[1] 在德国，在很长的一段时间里，测谎因具有与反对自我归罪规则相冲突的风险而被排除。

传闻证据规则是指除具有法定的例外情形，排除传闻证据的可采性。对传闻证据的制定法表述，如美国《联邦证据规则》第 801 条规定，传闻是指不是由陈述者在审判或听证中作证时所作出的陈述，将该陈述作为证据提供是用来证明所主张事实的真实性。这里的"陈述"包括口头或书面的主张或个人的非言词行为，行为人意图以此来表达一个主张。反对采纳测谎结论的观点认为，测谎检查结果报告书是测试人员就其所经历的测谎过程，基于其专业知识所得出的结论，属于法庭外的陈述。试图以测谎结论来证明案件事实属于提出传闻证据，应当排除。

第二节　测谎伦理和法律风险的应对

测谎技术的应用领域非常广泛，从国家安全、反恐、诉讼到商业领域、家庭生活领域等。测谎技术发达的国家一般都有测谎的伦理准则，如美国测谎行业遵循的美国心理学会《心理学家的道德准则和行为规范》。[2] 我国目前并没有可以适用于测谎的伦理规范，测谎领域还存在较大的伦理风险。测谎法律依据不足也给测谎的诉讼应用带来诸多困扰。为规范这一具有基本权干预性质的技术，亟须制定统一的伦理准则以避免可能的风险。同时，还需辨明现行法律体系中是否有测谎的立足之地。此外，构建同意机制，以国家强制力为后盾发挥同意测谎的效用，是一揽子解决测谎伦理风险和法律风险的可行策略。

一、构建测谎伦理准则

根据测谎的技术特性，当前最急需纳入伦理准则的是尊重意志自由原则、保障知情同意原则、尊重隐私原则、测谎应用的有限性原则等。

---

[1] 李瑞敏：《论强制处分之同意》，台湾政治大学 2003 年硕士学位论文，第 135 页。

[2] The American Psychological Association's Ethical Principles of Psychologists and Code of Conduct.

（一）尊重意志自由原则

测谎对意志自由的可能侵犯主要表现在限制被测人的行动自由，强制被测人将自己的所思所想予以呈现。对行动自由的限制和对所思所想予以强制呈现是由测谎的技术特性决定的。只要进行测谎，必然要求被测人一直待在测谎室，必然要求被测人在整个测试过程中保持静止不动，不能按其意愿自由地活动。只要测谎测试的题目编排是合理有效的，在对被测人进行测谎的时候，被测人的生理反应就会被激发并记录。对这两个问题可以通过由被测人自愿同意接受测谎来解决。被测人自愿同意接受测试，也就是同意在一定时间内不再自由移动、愿意将自己的内心思想予以呈现。当然，为了使被测人的同意具有自愿性，对知情同意的要求就具有重要意义。因此，对测谎侵犯意志自由风险的化解，可以通过在伦理准则中明确规定尊重意志自由原则，然后辅以知情同意原则来实现。

（二）保障知情同意原则

知情同意原则在测谎测试的伦理规范中处于核心地位，因为意志自由原则的实现以知情同意为前提。与知情同意的一般原则相适应，测谎伦理规范的知情同意也应当规定告知事项、知情同意的主体、理解并自主同意的内容，同时，由于测谎测试适用于诉讼、国家安全等领域，应当要求签署书面知情同意书。

1. 告知事项

测谎的告知事项应当包括测试的目的、方法、程序、测试问题的范围、测试需要花费的时间、被测人的具体参与情形、测试可能带来的风险和益处、测谎的结果及其法律效力等问题。被测人有随时反悔的权利，所以，还应当告知被测人有权随时要求停止测试。为保障同意的自愿性，避免因担心受不利推定而违心同意测谎，应当告知被测人如果其拒绝测谎，不会作出不利推定。

2. 知情同意的主体

测谎测试对被测人本身就有一定的限制，对于不满 14 周岁的过于年幼的人，或者大于 75 周岁的过于年迈的人，或者精神不正常的人，由于难以激起显著的生理反应，都不能测试。对吸毒、服药人员测试时有特殊要求。因此，对于因年龄、智力和精神等原因而不符合测试条件的，不得要求这些对象接受测试，也不得要求他们作出同意。精神正常的 18 周岁以上的成年被测人具有完全行为能力，知情同意只能由其本人作出方为有效。对于虽未成年但已满 14 周岁，已经符合测试条件的，是否需要征求其监护人同意，取决于测试的危险性。对于危险性较小的测试，如一般的多导仪测试，可以不必征求监护人意见。当前，有一些危险性较大的方式已经被用于测谎，如侵入式脑机接口（Brain Computer Interface，BCI）测试，应当征求监护人同意。

3. 理解告知事项并自主同意

同意以充分理解告知事项为前提。被测人能否充分理解测试人员提供的信息，除与测试人员能否遵循告知的上述要求有关外，还与被测人的文化程度、心理生理状态和情绪状态有关，与被测人和当前调查事件的关系也有密切关系。在充分理解告知信息的基础上，被测人应当自己作出自主决定。被测人在作决定的时候应当有决定的自由，测试人员不得威胁、强迫被测人同意测试，也不得对被测人进行诱惑、欺骗。在被测人决定是否同意测试时，与被测人接触的人，如案件的侦查人员、审判人员，应当保障被测人是真正自愿地参与，不能利用其身份、职权对被测人施加不恰当的影响，给予其不恰当的压力。测试人员应当告知被测人拒绝测试并不会给其带来不利推定。被测人作出同意之前，测试人员应当给予其充分的考虑时间，以便其决定是基于理性思考、深思熟虑的结果。

此外，同意测谎涉及基本权的放弃，为保障同意的真实性、自愿性，测谎伦理规范应当明确规定，在测谎合意的达成过程中，被测人应当得到律师的帮助。这一点在我国测谎实务中基本被忽视了。在美国，很多司法辖区采纳测谎证据以当事人协议约定测谎为前提，而且，在是否同意协议测试时，当事人应当有律师协助。律师应当审慎考虑是否应当支持或者鼓励其当事人接受测谎或者约定测谎结论的可采性。律师应当提醒抱有侥幸心理的被告人，撒谎的生理反应是不受大脑控制而自动产生的。律师应当协助当事人签订并理解书面协议。同意接受测谎及有关测谎证据可采性的协议必须是书面的。律师还应当帮助当事人正确理解协议的内容和法律效果。律师应当协助寻找合适的测试人员。在允许当事人参与测试人员的选择的诉讼中，律师应当帮助寻找具有资质的合格测试人员。总之，律师的介入对同意测谎的自愿性判断具有重要意义。

在我国，测谎实务部门对于测谎是否需要取得被测人同意并不统一，因被测人拒绝测谎而作出不利推定的也不在少数。不经被测人同意测谎既妨碍测谎的正当性，也可能影响测谎结论的准确性。因此，通过测谎伦理规范明确测谎应以被测人同意为启动前提具有重要意义。

4. 签署知情同意书

在测试前应当拟就书面知情同意书，向被测人讲解知情同意书的内容，并给予他们足够的时间理解同意书，最后才可以由被测人签名认可。签署知情同意书的目的是让被测人了解与测试有关的事项，明白测试是合法的，他们是自愿同意参与测试的。书面知情同意书还是证明测试过程的正当性、测谎结论的证据资格的必备要件。知情同意书应准备一式两份，一份由测试人员保存，另一份由被测人保存。

知情同意是一个动态的过程，而不是一个静止的概念。被测人考虑是否同意参与测试的权利是贯穿整个测试过程的，被测人有权随时要求停止测试。也就是说，并非签署了知情同意书，被测人的知情同意权就没有了。虽然同意是当下发生的，具有即时性，但知情同意的权利是贯穿始终的。

（三）尊重隐私原则

测谎对隐私的侵犯主要体现在测试人员将被测人内心思想通过一定的形式呈现出来。如果这些思想是被测人不愿意展现的，测谎就可能涉及侵犯被测人的隐私。但是，根据隐私保护的"风险承担理论"，如果个人自愿向第三人披露信息的，应当承担第三人向他人透露该信息的风险，此时，该信息不属于隐私权保护的范围。根据"违法信息无隐私说"，当侦查活动仅仅可能揭露违法活动信息时，不存在合理的隐私期待[1]。为使测谎测试不至于侵犯被测人的隐私，应当在测试前取得被测人的自

---

[1] United States v. Place, 462 U. S. 696 (1983).

愿同意。如果被测人同意测谎的，则属于其自愿将内心思想呈现于外部，此时不具有隐私保护的需要。至于不想暴露内心思想，只是迫不得已或者抱着侥幸心理同意测试的，只要没有其他的强迫、引诱情形，也告知了拒绝测谎不会导致不利推定，应当认定是被测人自由意志的选择。既然选择同意测谎，可以认定为自愿暴露隐私信息，不存在侵犯隐私的问题。如果暴露的隐私信息属于违法活动信息，则不属于需要保护的隐私，无隐私侵犯问题。

隐私权的保障与知情同意具有重要关联，知情同意是保护隐私的重要保障，但这并不意味着尊重隐私原则没有存在的必要。事实上，尊重隐私问题很复杂。对于使用传统多导仪测试技术的，为尊重被测人隐私，在测前谈话和编制测试题目的时候都应当注意，将问题局限于测谎所需，不能无限制刺探被测人隐私。对于采用认知神经科学测谎技术的测谎，如果在测试过程中发现被测人其他的与当前调查无关的信息，也应当予以尊重而不得随意泄露。例如，被测人可能患病的信息，在保护被测人安全的前提下，应当予以保密，不得随意泄露。此外，对于测试获得的被测人的信息应当严格建档，不得随意泄露。

（四）测谎的有限使用原则

测谎并不是万能的，其适用范围有一定的局限。其一，从测谎的适用领域来看，不宜扩大使用不针对具体事件的调查，尤其是针对雇员进行的测谎。因为无具体事件的测谎可靠性不高，对于测谎而言，尽可能多地找出撒谎的人和尽可能多地保护无辜的人是不能同时兼顾的两个任务。如果一定要用测谎，也必须辅以其他措施，降低假阳性或假阴性错误的影响，如，对检测阳性的被测人再采取其他的调查措施，配合测谎结论一起使用。其二，从测试技术的角度来说，并非所有的案件都可以进行测谎，对于不适合测谎的案件应当在测谎伦理规范中予以明确排除。（1）从案件性质来说，由于测谎的基本权干预性，测谎一般只能适用于重大、复杂、取证难度大的案件，对于能够通过其他措施查清事实的案件，不宜采用测谎。当然，犯罪嫌疑人、被告人主动要求测谎的，可以不受案件范围限制，因为被测人主动要求测谎使测谎不再具有侵权性。（2）从测谎时机来看，不宜在案件久审不下的情况下才使用测谎。

因为大量案件细节已经暴露，被测人已经被污染，而且被测人的身体已经处于非常疲惫的状态，不适合测谎。在这种情况下测谎可能会出现假阳性错误，属于测谎的大忌。（3）从试图测试的内容来说，有些事项不宜测谎。具体包括：试图通过测谎证实曾经说过的内容，通常是失败的，因为人们更容易记住他们所做过的事情而不是他们看到或听到的事情；试图测试戒除某种行为的持续期限一般也难有成效，因为一个人曾经反复做某件事情时，他可能很难记住最后一次做这件事情的时间；行为的频度不宜测谎，因为人们很少有意识的记忆某一系列事件的次数，而且记住事件发生的具体次数是很困难的；思想状态问题难以测试，包括目的和动机。其三，从被测人的范围来说，在诉讼中只能对犯罪嫌疑人、被告人、被害人、证人等案件相关人员实施测谎，不能随意扩大到其他人员。对被测人进行测谎还必须考虑其身体条件和心理条件，要求被测人年龄合适、健康状态良好、未大量服用药物。年龄过小或过大的人不适合测谎。患有严重疾病者、身体受伤未痊愈者等，不适合测谎。有些临时性的身体状况问题，也使被测人不适合测谎，包括饥饿、明显的疲惫、睡眠严重不足、寒冷、过于炎热导致出汗过多、身体正处于疼痛之中等。此外，精神病患者、邪教功法的病态痴迷者、智障者也不宜接受测谎。

二、把测谎纳入现行法律体系

在我国，测谎技术及其结论在司法实践中的应用呈不断扩大的趋势。然而，我国迄今为止还没有直接规范测谎的法律规范，致使测谎技术的运用出现了一定的异化，测谎过程中侵犯被测人基本权利的现象时有发生，测谎结论的运用极不统一。我国理论界和实务部门对测谎技术及结论的法律地位问题分歧严重。把测谎纳入法制轨道，使测谎在现行法律体系中有一个容身之处，不仅具有重大理论和实践意义，而且具有现实可能性。

（一）把测谎纳入法制轨道的必要性

1. 树立正确测谎观，遏制测谎滥用的需要

我国实务部门对测谎的态度有两极化倾向，要么迷信测谎，导致测

谎滥用；要么排斥测谎，遏制测谎积极效用的发挥。实践中滥用测谎的倾向表现为：一是不顾案件的情况，在办案遇到困难时，把测谎作为救命稻草，强行测谎。二是所有的案件都希望用测谎来加强心证，即使案件的侦查已经得出了合理的结论，只有当测谎结论印证了结论时才敢作出终结侦查的结论。三是轻信进而滥用测谎结论。有些侦查人员在有明确的怀疑对象但现有证据并不支持侦查人员的推论时，会要求犯罪嫌疑人接受测谎。在得到不利于被测人的测谎结论后，往往加深对犯罪嫌疑人有罪的预断，可能会不顾相反证据的存在，直接用测谎结论推翻其他证据，甚至采用刑讯逼供逼取口供以印证测谎结论，使测谎沦为刑讯逼供的帮凶。[1] 这种迷信测谎的做法导致测谎成为侦查的一个必经环节，无论什么案件，一律要经过测谎程序，致使测谎滥用。把测谎纳入法制轨道，规定测谎的适用原则和条件，对不适合进行测谎的案件以及现有证据已经能够得出合理结论的案件无须测谎，否则，将徒增诉讼费用、拖延诉讼时间，无谓地侵犯当事人的基本权利。把测谎纳入法制轨道，有助于我们对测谎保持理性的态度，既承认其有效性，积极发挥其作用，也正视其可能存在的问题，用法定程序来规范。

2. 规范测谎结论生成、使用过程，保障被测人知情同意权的需要

我国测谎技术经过几十年的发展和推广运用，已经基本实现了测谎仪器的国产化和测谎技术的本土化，但测谎技术规范还未达到标准化程度。由于没有强制性的统一测谎技术规范，实践中，未经被测人同意就实施测谎的现象并不少见，而采用威胁、欺骗等手段获得被测人同意的也非偶然，严重侵犯被测人的知情同意权。又由于我国测谎仪器规格不统一，测试机构、人员混乱，这些都影响了测谎结论的可靠性。因为测谎结论生成过程不规范而出现的假阳性错误有可能进一步使被测人在诉讼中败诉甚至陷于被追诉境地，这是对被测人权利的最大侵犯。对这些问题的解决，根本途径在于明确测谎的法律地位。法律对三大诉讼的证据调查都规定了严格的程序。一旦测谎被纳入法制轨道，就可以在法律

---

[1] 例如云南杜培武案、河南马廷新案及安徽刘明河案等，都是因为迷信测谎结论，在测谎结论不利于犯罪嫌疑人时实施了刑讯逼供，又依据虚假口供错误地认定了犯罪事实，结果酿成冤案。

体系中寻得容身之处，测谎的进行也必须遵循法律规定的程序要求，有助于减少甚至杜绝测谎的异化现象，保障被测人的权利，提高测谎的可靠性。

我国法律没有承认测谎结论的证据地位，导致司法不统一，裁决不可测，对测谎结论的审查过程可能侵犯被测人的知情权。在被测人签订书面测谎同意书之前，应当被告知测谎结论可能的使用情况和法律效果。这也是被测人同意接受测谎的前提。但是，由于我国立法中并无测谎结论的具体规定，各地法官在裁判文书中对当事人与测谎有关的行为如何处理、是否应当对测谎结论作出说明、是否应当采纳测谎结论、以何种理由采纳测谎结论等重大事项的处理很不统一。在不同的案件中，测谎结论被赋予不同的地位，有的被作为证据采纳，有的只是作为审判的参考，还有的被法院直接搁置。对于试图采纳测谎结论作为证据的法官来说，由于法律并未明确承认测谎结论的证据地位，法官要采纳测谎结论就只能在法律的夹缝中牵强地寻找采纳的理由，如法无明文禁止就视为许可，或者适用证据契约理论。相较于民事诉讼而言，由于1999年最高人民检察院的批复明确否定测谎结论属于鉴定意见，刑事诉讼中试图采纳测谎结论作为证据更是难上加难。这也是刑事诉讼中普遍适用测谎技术但刑事裁判文书很少提及测谎，即使采纳测谎结论作为证据的刑事裁判文书也基本上不阐释理由的重要原因。如果承认测谎结论的证据能力，就能使测谎结论进入法庭接受质证，使测谎结论的采纳不再是暗箱操作，法官也不必再费尽心机寻觅理由来采纳测谎结论。因此，赋予测谎结论以证据地位是结束目前混乱局面的最直接、最根本的措施，对保障当事人知情权、统一司法大有裨益。

3. 明确当事人申请或者拒绝测谎的权利，保障被测人意志自由的需要

测谎的实施有时候是应当事人申请而开展的。但是，当事人的申请并不能当然启动测谎，还需办案人员同意才可以启动，而办案人员何时启动测谎却无法预测。在当前测谎没有纳入法制轨道的情形下，当事人希望通过测谎的形式来获得对自己有利的证据，希望将自己的身体作为证据来源的意愿难以实现。引起社会广泛关注的2008年周正龙"伪造虎照"案以及2010年山木集团前总裁宋山木强奸案中，被告人都曾申

请法院对自己测谎，但都被法院驳回。[1] 我国《宪法》保障公民的人格尊严，当测谎是公民证明自己清白的唯一依据时，不允许其测谎，是对公民自由意志的侵犯，是对人性尊严的践踏。有些案件测谎的实施是起源于办案单位的主动要求，对此，有些当事人会拒绝接受测谎。对于当事人的拒绝，有的办案单位会因此而作出不利于当事人的推定，或者告知当事人将作出不利推定，当事人可能基于这一压力而同意测谎。[2] 如果把测谎纳入法律规定，明确赋予被测人申请或拒绝测谎的权利，被测人可以基于自己的意志选择开启或者拒绝测谎，有助于实现被测人的意志自由。

4. 维护当事人主体性地位，保障其权利的需要

程序正义的重要表现是承认当事人的诉讼主体地位，当事人不再是被处置的对象，而是可以积极地参加到诉讼中以自己的行为积极地影响乃至决定自己命运的诉讼主体。犯罪嫌疑人、被告人等当事人实现自己诉讼主体地位的重要表现是收集证据并举证证明自己的主张。在当事人希望通过测谎的方式证明自己的主张时，如果法律承认测谎行为的正当性，却不容许测谎结论作为证据使用，相当于剥夺了当事人举证证明自己主张的权利。虽然刑事诉讼的被告人没有证明自己无罪的义务，但运用测谎结论使自己尽快摆脱嫌疑，也是无辜者的迫切需求。承认测谎结论的证据地位，扩充证据的来源，犯罪嫌疑人、被告人等当事人就相应增加了一种证明自己诉讼主张的手段，对实现其诉讼主体地位大有裨益。而且，测谎结论的存在也有助于抑制办案人员的主观随意性，"有板有眼"的测谎结论比起办案人员内心揣摩、猜测有关主体是否说谎，更符合"看得见的正义"的要求。

---

〔1〕 周正龙"伪造虎照"案参见程成：《周正龙案二审，辩护律师提出为周测谎被法庭拒绝》，http://www.chinanews.com/sh/news/2008/11-17/1452565.shtml ，2018年6月6日访问。宋山木强奸案参见程伟：《宋山木测谎要求未被法院采纳》，《羊城晚报》2011年7月1日，第2版。

〔2〕 如在沈某某与施A、龚某某离婚后财产纠纷案中，上海市第二中级人民法院认为，被上诉人龚某某不同意一审中上诉人提出的测谎申请，在合理性方面有较大缺陷，结合本案其他证据后，支持上诉人的部分请求。参见（2012）沪二中民一（民）终字第1187号。又如朱某与周某、姜某民间借贷纠纷案，上海市普陀区人民法院认为，庭审中，被告姜某要求进行测谎评定，原告和被告周某则予以拒绝，对此，原告及被告周某将承担对其不利的法律后果。参见（2011）普民一（民）初字第1831号。

（二）把测谎纳入法制轨道的可行性

虽然我国没有直接规定测谎的法律规范，但并不意味着测谎在我国没有法律依据。要在我国现行法律体系中找到测谎的容身之处，需要先厘清测谎的性质。

1. 测谎属于鉴定

关于测谎的性质，理论上有侦讯说、勘验（人身检查）说和鉴定说等不同的观点。侦讯说认为测谎属于讯问。如，被测人对测谎问题的回答表现了其内心意思，测谎应视为供述的一种。[1] 又如，测谎与讯问具有相似性，测谎过程具有发问与回答的意味，是侦讯取得供述的变形运用，测谎属于一种侦讯处分。[2] 勘验（人身检查）说认为，测谎的主要目的是获取被测人在回答问题时的生理反应，与验血、验尿一样是对身体的检查。[3] 鉴定说认为测谎属于鉴定。[4] 测谎的实质是一种委托鉴定。[5] 测谎在鉴定的对象与方法上与传统的鉴定有所不同，但测谎与鉴定之间并无本质上的区别，是鉴定人关于案件中某些专门性问题的意见，测谎结论应归于鉴定意见的范畴。[6]

事实上，测谎与讯问、勘验、人身检查都不同。首先，测谎与讯问不同。测谎与讯问虽然具有相似之处，但区别也很明显。测谎测试的目的并不在于获取被测人的回答，而在于获得其回答问题时的生理反应；测谎测试人员必须是具有测谎资质的专门人员，不能是侦查、检察或审判人员；测谎有完全不同于讯问的技术操作程序；被测人对提问的回答

---

〔1〕　[日] 田宫裕：《刑事诉讼法》，有裴阁 1996 年版，第 341 页。

〔2〕　邱俊智、林故廷：《测谎理论之应用及其限制》，《刑事科学》1997 年第 9 期。

〔3〕　林建中：《隐私权概念之再思考——关于概念范围、定义及权利形成方法》，台湾大学 1999 年硕士学位论文，第 26 页。

〔4〕　在日本和我国台湾地区，鉴定作为一种法定证据方法，包括对身体的鉴定和对心理的检查。参见林钰雄：《刑事诉讼法》（上册），中国人民大学出版社 2005 年版，第 328—336 页。

〔5〕　[日] 松尾浩也：《日本刑事诉讼法》（上卷），丁相顺译，中国人民大学出版社 2005 年版，第 116 页。

〔6〕　赞同测谎结论属于鉴定结论的观点参见宋英辉：《关于测谎证据有关问题的探讨》，《法商研究》1999 年第 5 期；何家弘：《测谎结论与证据的"有限采用规则"》，《中国法学》2002 年第 2 期；张泽涛：《美国测谎制度的发展过程对我国的启示》，《法商研究》2003 年第 6 期。

体现在生理反应图谱上，但生理反应图谱的含义必须借助测试人员的专门知识才能被揭示。其次，测谎不属于勘验和人身检查。根据我国《刑事诉讼法》的规定，勘验针对的对象是场所、物品和尸体，而测谎是针对人身进行的。测谎的目的是通过采集生理反应图谱来推断被测人的心理反应，人身检查的目的是确定被害人、犯罪嫌疑人的某些特征、伤害情况或者生理状态，针对的是体表特征，伤害的位置、程度、形态，有无生理缺陷等。测谎检测的主要是呼吸、血压、皮电等生理指标，人身检查主要靠视觉来直接查看，虽然也可以采集生物样本，但采集样本一般针对人体自然组成部分，如血液、唾液、精液等。[1] 人身检查可以强制采集样本，但测谎不能采取强制方式进行。

关于测谎的性质之所以出现争议，主要是因为测谎的过程比较独特。测谎的过程包括测前准备、测前谈话、主测试、分析图谱等一系列过程。测前准备时可以查看现场，使测谎具有了一定的勘验性质；测前谈话和主测试中的提问回答使测谎包含了讯问的一部分特征；通过仪器采集被测人的生理反应图谱，使测谎具有了一定的勘验、人身检查及采集样本的特征；测试人员利用其专门知识对测谎图谱进行分析并得出结论性意见又使测谎具有了鉴定的性质。因此，要把握测谎的性质必须首先明确测谎的各个环节中哪个阶段对测谎的定性具有关键意义，哪个阶段只是发挥补充或铺垫作用。从测谎各个环节的目的和实施方式可以看出，测前准备、测前谈话、主测试都是为了准确采集测试图谱而进行的。测试过程获取生理反应图谱后，图谱并不能自行发挥证明作用，需要测试人员的分析意见才能揭露其证明价值。测谎最根本的步骤是测试人员凭借其专门知识和技能对测试图谱进行分析并得出结论性意见。有可能作为证据使用的也只是测试人员的分析意见。只有到了分析图谱阶段，即把整个测试过程的结果从专业的、晦涩的图谱最终转化为普通人可以了解、知悉的内容，才最终实现了测试的目的，即得出被测人是否具有案件相关认知或是否撒谎的结论。因此，图谱分析阶段才是测谎的

---

[1] 孙长永主编：《侦查程序与人权保障——中国侦查程序的改革与完善》，中国法制出版社 2009 年版，第 273 页。

关键阶段，测谎的性质取决于图谱分析的性质，而图谱分析符合鉴定的特征。鉴定是鉴定人应用专门知识对专门性问题进行分析并得出结论性意见。测谎也是鉴定人应用专门知识对专门性问题进行分析得出的结论性意见。理论上有观点认为测谎没有运用专门知识，只是运用机械手段对涉案人心态进行测试，不属于对专门性问题的鉴定；专门性问题必须经过法律确认，测谎的对象未经法律认可，不属于专门性问题。[1] 最高人民法院《委托鉴定规定》也认为测谎事项不属于查明案件事实的专门性问题。本书认为，上述观点值得商榷。

　　鉴定对象的确立需要考虑待鉴定对象是否是解决案件所必须查明的事实，并且，该对象是否必须依靠专门知识才能查明。测谎的目的是查明被测人是否具有与当前调查事件有关的认知或者是否撒谎，这个问题的解决对案件事实的查明至关重要，属于案件的重要性事实。关于这一点，已经在前文测谎的相关性部分详细阐释。测谎试图查明的事实属于专门性问题。虽然一般情况下，被测人对案件的认知或者是否撒谎属于法官依据常识就可以查明的问题，但是当这些信息隐藏于被测人的内心，无法通过观察或收集其他证据等途径来解决的时候，如何借助一定的仪器把这些隐藏于被测人内心的信息显现出来并加以分析判断，就需要依靠专门知识和技术的帮助。最高人民法院《委托鉴定规定》认为，测谎事项不属于查明案件事实的专门性问题的深层次原因也许并不在于测谎事项不属于查明案件事实的专门性问题。根据《最高人民法院司法行政装备管理局相关负责人就〈最高人民法院关于人民法院民事诉讼中委托鉴定审查工作若干问题的规定〉答记者问》（以下简称《答记者问》）中所述，"测谎结果不属于民诉法规定的合法的证据形式，只能起参考作用，人民法院不予委托鉴定，以避免将测谎结果当作鉴定意见，影响对案件事实的认定和司法公正"。[2] 对测谎结果不予委托鉴定的理由是测谎结果不属于民诉法规定的合法的证

---

〔1〕　代表性的观点如向建国：《真实的谎言——测谎结果不宜作为刑事诉讼证据之思辨》，《犯罪研究》2004 年第 2 期。

〔2〕　最高人民法院司法行政装备管理局相关负责人就《关于人民法院民事诉讼中委托鉴定审查工作若干问题的规定》答记者问，https：//www.chinacourt.org/article/detail/2020/08/id/5403964.shtml，2020 年 10 月 5 日访问。

据形式，目的是避免将测谎结果作为鉴定意见，影响对案件事实的认定和司法公正。但是，该回答同时承认测谎结果有参考作用。这一段论述中不予委托鉴定的理由不具有说服力。通说认为，证据具有证据资格是指证据具有客观性、相关性和合法性，其中证据合法性的基本要求是证据的形式合法，证据应当属于法定 8 种证据之一。对此，自无疑议。但是，证据的 8 种形式具有高度概括性，司法实务中存在的证据形式多样，五花八门，也是通过归类才被纳入 8 种证据的。如，盗窃案中的被盗物品、杀人案中的杀人工具，这些显然属于证据，但是，8 种法定证据中并无被盗物品、杀人工具的表述，这并不妨碍它们成为证据，因为它们可以被归入物证之列。实务中还存在大量的诸如价格认定书之类的没有被 8 种证据明确列举，甚至对它们到底应该属于哪种证据还存在巨大争议，但也不影响它们的证据资格。[1]测谎结论和价格认定书一样，虽然其属于何种证据形式还存在争论，但学理上大部分认为其属于鉴定意见，实务中也是将其作为鉴定意见适用的。为何在最高人民法院的解释里就直接变成了不属于法定 8 种证据形式之一呢？为什么不能和其他证据一样同等对待，将其归类，纳入 8 种证据之中呢？根据《答记者问》中所述，是为了避免将测谎结果当作鉴定意见，影响对案件事实的认定和司法公正。难到一个证据被纳入鉴定意见之后就会影响对案件事实的认定和司法公正吗？这种说法暴露了司法机关对鉴定意见审查的不自信，担心出现"对鉴定意见过度依赖，甚至以鉴代审等情况"。其实，在《委托鉴定规定》里，最高人民法院对鉴定意见从鉴定事项、鉴定材料、鉴定机构、鉴定人、鉴定意见等各方面进行了规范，这也说明，鉴定意见和其他证据一样，都要接受审查，而且，当前已经积累了对鉴定意见进行审查的丰富经验，明确了对鉴定意见审查的不同角度。在这样的情况下，最高人民法院大可不必对测谎结果如此忌惮，直接将测谎从委托鉴定事项里剔除。此外，从《委托鉴定规定》的表述来看，也难以得出测谎事项不属于专门性问题的结论。《委托鉴定规定》列举了 9 项不属于专门性问题的事项，包括（1）通过生活常识、经验法则可以推

---

〔1〕 价格认定书到底属于鉴定意见、勘验笔录、证人证言还是其他证据，并无定论。

定的事实；（2）与待证事实无关联的问题；（3）对证明待证事实无意义的问题；（4）应当由当事人举证的非专门性问题；（5）通过法庭调查、勘验等方法可以查明的事实；（6）对当事人责任划分的认定；（7）法律适用问题；（8）测谎；（9）其他不适宜委托鉴定的情形。从这些列举可以看出，最高人民法院认可测谎事项与待证事实有关联，对证明待证事实有意义，即测谎事项有关联性、有证明性，也认为测谎事项不属于通过生活常识、经验法则可以推定的事实、应当由当事人举证的非专门性问题以及通过法庭调查、勘验等方法可以查明的事实。否则，就不必单独把测谎列为一项，而是可以通过对推定事项、非专门性问题、调查勘验事项的解释，将测谎纳入其中。如果一个事项不属于非专门性问题，那当然属于专门性问题。如果一个专门性问题不属于推定事项，也不属于调查勘验事项，当然可以纳入通过鉴定来解决的专门性问题。

至于鉴定的对象是否必须是法律确认过的事实，本书认为，专门性问题无须法律确认，我国也并不存在针对专门性问题的所谓的法律确认。2015年修正的《全国人民代表大会常务委员会关于司法鉴定管理问题的决定》第2条规定，国家对法医类鉴定，物证类鉴定，声像资料鉴定，根据诉讼需要由国务院司法行政部门商最高人民法院、最高人民检察院确定的其他应当对鉴定人和鉴定机构实行登记管理的鉴定事项实行登记管理。法律并没有规定只有属于四类鉴定业务的才可以鉴定，只是规定这四类鉴定业务必须登记管理。根据全国人大内务司法委员会《关于司法鉴定问题的调研报告》，"作为司法鉴定进行管理的鉴定范围不宜太宽。相关法律已明确规定由有关主管部门做出的技术鉴定，不应再列入司法鉴定的范围"[1]。因此，作为鉴定对象的"案件中的专门性问题"并不限于《全国人民代表大会常务委员会关于司法鉴定管理问题的决定》所规定的四类鉴定事项。

因此，测试人员对测谎图谱进行分析、判断的过程，是测试人员运用自己的专门知识对案件中的专门性问题进行分析、判断的过程，属于

---

[1]　全国人大内务司法委员会：《关于司法鉴定问题的调研报告》，《中国人大》2002年第14期。

鉴定。在评图之前进行的一系列过程都是为评图做准备的，可以看成是为鉴定做准备、为鉴定提供样本的行为，是鉴定的先前行为，可以被后面的鉴定所吸收。[1]

2. 测谎受现行法律体系中有关鉴定的规定所规范

既然测谎属于鉴定，那么，有关鉴定的法律规范就是测谎的法律依据，也是测谎应当遵循的法律规范。我国 2018 年《刑事诉讼法》第 146 条规定，为了查明案情，需要解决案件中某些专门性问题的时候，应当指派、聘请有专门知识的人进行鉴定。公安部 2019 年颁布的《公安机关鉴定机构登记管理办法》、最高人民检察院于 2006 年颁布的《人民检察院鉴定机构登记管理办法》分别把测谎（心理测试）纳入公安机关和人民检察院的鉴定机构可以申报登记开展的鉴定。这两个办法都承认测谎（心理测试）为鉴定技术的一种。为了充分发挥测谎的作用，并规范测谎的实施，地方检察院还出台规定促进测谎的发展。如湖北省人民检察院印发了《2008—2010 年湖北省检察机关科技强检项目建设规划》，对测谎工作的推广制定了时间表。[2] 我国 2017 年《民事诉讼法》第 76 条规定，当事人可以就查明事实的专门性问题向人民法院申请鉴定。当事人未申请鉴定，人民法院对专门性问题认为需要鉴定的，应当委托具备资格的鉴定人进行鉴定。在《民事诉讼法》规定的证据种类中也有鉴定意见。

因此，测谎从诉讼法有关鉴定的规定中获得立法支撑，得到公安部和最高人民检察院规范性文件的认可，也就应当受相关法律规范的约束，遵循相关法律规定开展测试活动。将测谎纳入现行法律规范体系，

---

〔1〕 关于测谎鉴定属性的详细论证可参见邵劭：《测谎的法律性质探究》，《南京大学法律评论》2014 年第 2 期。

〔2〕 2008 年，加大心理测试技术门类的建设力度，省检察院和市州检察分院为重点，有条件的基层院为补充开展心理测试（测谎）检验工作，引进和培养人才，强化技术人员培训，总结工作经验；2009 年，心理测试技术在自侦办案中逐步推广应用，发挥辅助侦查、确定侦查方向、补强证据的作用；2010 年加强心理测试技术在公诉等办案部门对言词性证据审查中的应用，发挥辨析和补强证据的作用。心理测试技术通过实际应用，不断完善，逐步成为标准化的成熟检验鉴定项目。该文件传达了推广测谎的决心，明确了测谎技术适用的领域，发挥作用的方式，但是，该文件并没有涉及测谎技术的法律属性、应用主体、适用对象、原则和条件、操作程序等。

有助于规范测谎的实施，避免或者减少当前实践中出现的侵犯被测人基本权利的现象。

（三）发挥同意机制的作用

　　测谎面临的最大的伦理和法律问题是测谎将激起被测人不受自主神经控制的生理反应，将被测人内心所思所想以测试图谱的形式呈现出来，这可能侵犯被测人的意志自由、隐私权、反对自我归罪特权。测试人员把与案件有关的问题编排成相关问题进行提问，强制被测人回忆其实施或经历过的案件，强制被测人进行再认，致使被测人出现显著生理反应。这个过程干扰了被测人自由支配自己内在思维活动、使其免受骚扰的自由。被测人不愿意为外人所知的信息被以测试图谱的形式呈现于外部，其隐私权受到了侵犯。这些信息作为指控犯罪的证据时，又将侵犯被测人的反对自我归罪特权。虽然在测谎技术规范和测谎伦理规范的构建中可以将知情同意原则作为测谎基本原则，以解决测谎的伦理风险，但是，作为一项在诉讼中得到广泛应用的技术，仍然有必要在法律体系内构建同意机制，以国家强制力为后盾发挥同意测谎的应有效应。被测人同意测谎是一揽子解决意志自由、隐私权、反对自我归罪特权问题的保障机制。

　　公法领域中的同意是一种意思表示，是权利人基于自愿的意思表示对基本权予以处分，申明其愿意忍受国家机关对自己权利的干预，使基本权产生缩减效果的法律行为。同意可以理解为基本权抛弃行为，也可以理解为基本权行使行为。同意作为基本权抛弃行为涉及的问题主要包括基本权是否可以抛弃，是否所有的基本权都可以抛弃，基本权抛弃的界限是什么，权利抛弃后国家行为介入的界限等。同意作为基本权行使行为需要研究的问题包括基本权行使的界限，如基本权行使与他人权利、与公益的关系。

　　同意的合法性问题，即公民能否以同意的意思表示抛弃基本权，取决于基本权的性质、基本权保护的法益与基本权抛弃可能侵害的其他法益的权衡。当基本权抛弃不会侵犯更高的法益时，允许权利人自由抛弃权利；当基本权抛弃侵害了更高的法益时，权利人不得任意抛弃其权利，即使抛弃也不能使国家行为合法化。此外，为了避免国家任意以公民同意为由而规避法律保留原则，使同意成为国家违法干预公民基本权的手段，需要对同意进行严格规范。基本权的抛弃受宪法、法律明文规定的限制，不得导致极端违反人性尊严，不得违反比例原则。

被测人同意测谎是否具备正当性问题同样需要考虑同意测谎所抛弃的基本权的性质、同意的自愿性和是否有限制同意的情形。如果同意测谎是合法的、自愿的且没有限制同意的情形，同意测谎就具备正当性，就是化解测谎可能面临的伦理和法律风险的有效途径。由于同意机制问题比较复杂，将在下文用一章来专门分析，在此只是简要概述。

第五章　证据契约与测谎结论的证据地位

　　随着我国司法民主化的发展，诉讼观念的更新和诉讼理论的发展，证据契约逐步进入诉讼领域。当前，证据契约在我国司法实践中已经发挥出明显的作用，对于司法制度的完善、当事人主体地位的保障、诉讼效率的提高等均有明显作用。但我国理论界还缺乏将证据契约作为一个类概念的全面研究，亟须对证据契约成立和生效要件、证据契约的撤回等基本理论问题展开研究。作为证据契约的一种，测谎契约的实践显然走在了理论研究的前面。测谎在我国司法实务中的应用较为普遍，但是理论界对测谎的科学性、正当性和合法性都还存在一定的质疑，这给测谎结论的证据地位带来较大的负面影响。当事人签订证据契约，同意进行测谎测试并认可测谎结论的证据地位，在域外已经是比较成熟的做法。测谎契约对妨碍测谎结论证据地位的几个因素均能起到一定的消解作用。分析测谎契约在我国司法实务中的应用现状，梳理域外对测谎契约的应用判例，有助于对测谎结论的证据地位作出一个正确的评价。

第一节　证据契约的基本理论问题

　　对证据契约的研究首先要解决证据契约的内涵和定性问题。关于证据契约的内涵，理论上观点纷呈。证据契约究竟是私法行为还是诉讼行为，抑或还有其他属性，理论界也有不同看法。当事人签订的证据契约不仅会产生一定的实体法后果，还会产生一定的诉讼法后果，并可能对法官心证产生一定的影响。当事人何以有权签订这样的契约，这种契约是否具有正当性亦是需要明确的问题。

一、证据契约的内涵界定

（一）证据契约的产生

证据契约的最早雏形是罗马法中的"简约"。简约是指缺乏契约特定形式而且不是根据某一债因而达成的协议，是区别于契约的一种协议。简约有很多种表现形式，如和解协议、约定管辖的协议等，后来又出现了当事人合意约定争点的证据契约[1]。只要简约不是为故意欺骗对方当事人而缔结，且不违背法律，就可以成为裁判官解决问题的途径之一。裁判官有义务尊重简约，允许当事人提出"既定简约之抗辩"。但是，简约并没有引起太多的关注，也鲜有诉讼契约的论著。因为简约属于诉讼契约，而在罗马法时期诉讼法仍然依附于实体法，没有真正获得独立地位，诉讼行为也从属于实体行为，并不具有独立性，诉讼契约不被重视也是必然的。

在中国法制史中也有契约的记载。"契""约"各有其独立的意义，合并在一起也可以共同表达一个意义。"契"可以表达合、投合的意思，或者表达合同、账簿、案卷、具结的意思，属于一种凭证。契分两半，双方各执其一作为凭证。"约"可以表达约定、约会，或者是双方或多方经过协商达成的必须共同遵守的规约。两个字合在一起，就是经过协商得到的具有约束力的合约。我国从西周开始就已经有了书面形式的契约，《周礼·天官·小宰》记载了质剂、书契和傅别三种形式的契约，分别用于买卖、收受和借贷的情况。如《左传·襄公十年》："使王叔氏与伯舆合要，王叔氏不能举其契。"[2] 另外还有判书和约剂两种形式。魏晋之后，只留下书契在使用，而合同契约就是在这一时期产生的，合同被契约概念所含括[3] 之所以称为合同，是表示双方的意思相契合、相统一。在清末修律之前，契约一词很少出现。后来，在民事、经济立法中契约一词又逐渐被合同所取代。实际上，契约是比合同内涵更丰富

---

〔1〕 周枏：《罗马法原论》（下册），商务印书馆 1994 年版，第 105 页。
〔2〕 《古代汉语词典》编写组：《古代汉语词典》，商务印书馆 2002 年版，第 1206 页。
〔3〕 张传玺主编：《中国历代契约会编考释》，北京大学出版社 1995 年版，第 27 页。

的概念。契约除包含同意与合意之外，还包括对话、沟通、协商、妥协、自治等。契约含有丰富的政治、哲学、经济、伦理等多元意蕴和广阔的适用领域。在公权力领域也可以有契约的存在，通过契约促使公共权力的行使方式转向契约化，优化国家与公民之间的权利义务关系。证据契约作为一个完整概念在我国被提出来是在 20 世纪中叶，但是在证据契约的研究方面基本以学习借鉴国外理论为主。

大陆法系国家对证据契约的研究较多。随着诉讼法研究的不断深入，诉讼法从实体法中分离出来，取得了独立地位。法学界开始从实体法与诉讼法分离的角度强调诉讼法的公法色彩，排斥诉讼法的私法要素，反对当事人意思对诉讼的干涉，在诉讼法领域出现全部否定法无明文规定的诉讼契约的做法。理论界认为对于这类法无明文规定的契约，既不应该承认其诉讼法上的效果，也不应该承认其私法上的效果。[1] 因为彼时诉讼法刚刚取得独立地位，为了将诉讼法和作为实体法的私法区分开来以稳固其地位，必须强调诉讼法的公法性质。诉讼法属于公法领域，公法领域并无契约自由之存在，不得以契约变更公法内容。凡有关诉讼程序的进行方法应当由法律作出规定，这种规定不能被当事人订立的契约所变更。当事人实施某种诉讼行为时应当遵循法律规定，以确保诉讼程序的安定和统一。除非法律有明文规定，当事人不能通过合意的契约发生诉讼法上的效力，否则可能导致法律关系脱离法律框架，造成诉讼混乱，损害司法权威。[2] 早期通过法律确定下来的诉讼契约种类很少，基本上是管辖、仲裁之类的，而证据契约属于法无明文规定的诉讼契约，在当时并不被承认。

20 世纪，随着诉讼法的进一步发展以及利益法学与价值法学的影响，诉讼法与实体法的关系受到理论界的关注。理论界认识到将二者对立会导致价值冲突，诉讼契约等诉讼行为必须同时参照诉讼法与实体法进行整体考察。一概否定法无明文规定的诉讼契约的观点受到批判，无名诉讼契约的效力逐步得到认可，此外，一些诉讼契约得到立法肯定，

---

〔1〕 ［日］新堂幸司：《新民事诉讼法》，林剑锋译，法律出版社 2008 年版，第 241 页。
〔2〕 陈荣宗：《民事程序法与诉讼标的理论》，台湾大学法学专业编辑委员会 1977 年版，第 265 页。

如诉讼和解、不上诉契约、证据契约等在德国被立法吸收。[1] 在明确了无名诉讼契约的合法性后，研究又转向了诉讼契约的性质。有学者认为无名诉讼契约只能产生私法上的效果，因为无名诉讼契约属于私法契约，一方当事人违约时另一方只能够请求给予损害赔偿，不能请求履约。有学者持相反的观点，认为缔结无名诉讼契约的行为是一种诉讼行为，自然拥有诉讼法上的效力。[2]

相较大陆法系，英美法系更加注重诉讼契约在解决实际问题上的效果。英美法系理论界对诉讼契约也经历了从不接纳到认可的漫长过程。较早出现的诉讼契约是仲裁契约，被认为是不合法的。因为早期习惯法认为，诉讼只能向法院提起，即使是在民事诉讼中，当事人约定排除法院审判的协议也是无效的。但是，随着仲裁的合法化，当事人有权申请仲裁而排斥法院的审判权，法律也开始允许私人以契约约定仲裁程序的适用。早期，英美法理论还认为，可能妨碍诉讼的证据契约也是无效的，如当事人关于证人不出庭作证的约定无效。现在的通说认为不损害公共利益的诉讼契约都是有效的，证据契约和其他诉讼契约一样也被立法所认可，如关于伪证的契约、关于只限于使用文书的契约等。[3] 证据契约的内容和适用领域也日益丰富，不仅在民事诉讼中有证据契约，在刑事诉讼和行政诉讼中都出现了证据契约，只是行政证据契约较少，相关的研究和实务运用都很少，因此下文主要关注民事证据契约和刑事证据契约。

（二）证据契约概念的理论分歧

虽然证据契约在实践中逐步被法院判例认可，部分契约形式也得到了立法的承认，但是理论上对其概念仍存在较大的分歧。

德国学者偏爱用比较的方法阐明证据契约的概念，将证据契约与诉讼契约、承认契约、自白契约、举证责任契约等概念进行对比以说明证据契约的含义。德国学者温特夏依德（Windscheid）把证据契约和承认

---

[1] 沈冠伶：《示范诉讼契约之研究》，《台大法学论丛》第 33 卷第 6 期。
[2] 沈冠伶：《诉讼权保障与裁判外纷争处理》，北京大学出版社 2008 年版，第 210 页。
[3] 杨祯：《英美契约法论》，北京大学出版社 1997 年版，第 307 页。

契约进行比较。他认为，事实与法律关系一样可以由当事人进行承认。他认为，证据契约是当事人约定的关于一方当事人承认的事实应被视为已证明的事实的协议，但是当事人通过证明相反事实的存在可以推翻这种承认。与证据契约不同，承认契约虽然也是当事人就某一事实或法律关系的存在达成合意，但是不允许当事人通过反证推翻承认，法院也必须承认当事人合意的法律效力，认定契约中主张的事实或法律关系是真实存在的。[1] 所以，当事人是否能够通过证据推翻合意，就是证据契约和承认契约的主要区别，证据契约保留证明相反事实的可能，承认契约没有证明相反事实的余地。

德国学者瓦哈先（Wach）认为证据契约是当事人约定对所陈述事实的真实性不再作争议，且不能够给反证留有余地的契约。一旦签订这种契约，另一方当事人不得通过相反证据证明事实不存在。他还认为，当事人缔结的与举证责任相关的契约只能算是不完整的证据契约，因为举证契约只是转移了证明责任，而证据契约是直接承认事实的真实性，且不能再证明相反事实的存在，这才是证据契约的本意。[2] 瓦哈先主张的证据契约实际上是温特夏依德所认为的承认契约。

普朗克（Plank）把证据契约分为承认契约和自白契约，二者都是限制当事人争议某些事项是否存在的自由，但针对的对象分别是法律关系和案件事实。与瓦哈先一样，普朗克也认为只要有证据契约，就应该认定法律关系或事实是存在的，且都是不能通过反证推翻的。但是，普朗克与他的区别在于，他认为可以通过在契约文书中明确设定可以推翻契约的特殊情况，虽然当事人放弃自己对另一方当事人提出举证请求的权利，但是在契约有明确约定的情况下，当事人能够保留推翻契约的可能性。[3] 思科倪茨科则是把证据契约和自白契约等同起来，把证据契约的对象限定为事实，不包括法律关系，而且，对证据契约没有反证的余

[1] Bernhard Windscheid, TheodorKipp, Lehrbuch des Pandektenrechts, Bd. I Frankfurt, 1906, p. 823.
[2] Wach, Das Gestandnis, AcP Bd. , 1881, p. 216.
[3] J. W. Plank, Lehrbuchdeadeutschen Zivilprozessrechts, Rd. INordlingen, 1887, p. 338.

地。[1] 基于此种理论，很多契约被排除在证据契约的范围之外，包括与证据方法相关的契约。

罗森贝克（Rosenberg）认为证据契约是针对证据方法、证据种类、证据事实等作出的合意。证据契约的内容比较广泛，当事人约定对某一事实只能用某种证据方法（特别是文书）进行证明或者禁止使用某种证据进行证明，约定各种证据方法的证明力，约定直接承认某一事实的真伪，或者约定从某一事实的存在出发推定另一事实的存在，都属于证据契约。他认为证据契约与举证责任契约不同，举证责任契约是通过合同约定当案件事实真伪不明的时候，由一方当事人承担不利后果。两者的主要区别在于，前者会干扰裁判者的审判，后者只是为裁判者提供一个解决方案。[2]

最近的观点大多主张一个广义的证据契约概念。德国学者施德马耳（Schrotting）、舒勒（Schüller）等均持这一观点。他们认为，原被告双方在诉前达成的各种与证据和证明有关的契约都是证据契约，因此，自白契约、证据方法契约、举证责任契约、推定契约等都是证据契约的下位概念。[3] 自白契约是根据当事人的合意，同意把某一事实看作无反证余地的确凿事实。证据方法契约是当事人达成合意，对于某一事实的证明只需提出某证据方法。举证责任契约类似于举证责任的倒置，是指本应由某方当事人负举证责任的事实，若另一方不能证明与之相反的事实，则该事实可看作已被证明的事实。推定契约是指若 A 事实得到证明，则可认为 B 事实得到了证明。

相较德国学者在证据契约定义上的分歧，日本学者的看法相对统一。兼子一教授认为证据契约是当事人之间就诉讼中某一特定事实的确定方法所达成的合意的总称，是私人之间以间接或直接的方式对诉讼施加某种影响，以产生当事人希望的法律效果。兼子一教授所指的证据契约包含自白契约或承认契约、关于证据方法的契约以及仲裁鉴定契约。

---

[1] Skonietzki-Gelpcke, Zivilprozessordnung und Gerichtsverfassungsgesetz fur das Deutsche Reich, Bd. 1, 1911, p. 288.

[2] Rosenberg, Die Beweislast, 5. Aufl. Munchen and Berlin, 1965, p. 86.

[3] Sachse, Die Beweisvertrage, ZZP Bd. 54, 1929, p. 409.

其中，仲裁鉴定契约是双方同意把与诉讼标的有关的必要事实的存否及其内容交由第三者来判断，并服从第三者的意见的协议。[1] 三月章教授的观点与兼子一类似，也认为证据契约是关于案件事实确定的合意。[2] 只是他把证据契约分为广义和狭义两部分。广义上的证据契约包含举证责任分配契约，而狭义的证据契约则把它排除在外。因为证据契约的本质是帮助法官认定案件中的事实，使法官的认定更容易。高桥宏志教授也把证据契约分为广义和狭义，但是他的狭义范围更窄。高桥宏志认为只有证据限制契约属于狭义证据契约。[3]

韩国学者对证据契约也是从广义上来理解的。如，金洪奎认为证据契约是当事人之间达成的为帮助法官更容易进行案件事实判断的契约的总称。他把证据契约分为三类：自白契约、证据方法契约和举证责任契约。其中，证据方法契约包括仲裁鉴定契约，举证责任契约包括事实推定契约。[4]

虽然各种观点界定证据契约的角度不同，由此引起证据契约的外延也不同，但是他们都认同证据契约属于诉讼契约，认同证据契约是当事人之间的一种合意。以上对证据契约定义的分歧主要集中在几点：一是证据契约针对的对象是仅限于案件事实，还是包括法律关系，证据契约是仅承认某一事实为真实并不予争执，还是直接承认对方的权利。二是当事人通过协议约定承认某一事实为真实的同时是否保留通过一定的反证予以推翻的权利，是一律不允许推翻，还是允许用反证推翻。如果允许反证推翻的，是否只有在协议当中明确约定可以反证推翻的才可以推翻。三是当事人约定确认某一事实为真实或明确证据方法，是为了帮助法官判断事实，使法官的事实判断更容易，还是仅仅是当事人双方之间的一种协议，并不考虑法官的因素。有定义直接就把证据契约目的规定为当事人之间为帮助法官更容易进行案件事实判断。

---

〔1〕 ［日］兼子一：《关于诉讼合意》，《民事法研究》（第1卷），酒井书店1953年版，第282页。

〔2〕 ［日］三月章：《民事诉讼法》，成文堂1985年版，第403页。

〔3〕 ［日］高桥宏志：《重点讲义民事诉讼法》，张卫平、许可译，法律出版社2007年版，第55页。

〔4〕 ［韩］金洪奎：《证据契约的研究》，法律文化社1975年版，第8页。

以上的证据契约都是在民事诉讼场域里的定义，随着刑事诉讼中被告人当事人主体地位的确立以及协商模式的引进，证据契约在刑事诉讼中的应用也有了正当性。刑事诉讼理论界也开始了对证据契约的研究。刑事诉讼领域研究证据契约面临的首要课题仍然是证据契约的界定问题。研究证据契约一般是把证据契约作为诉讼契约的下位概念进行的。刑事诉讼契约是指控辩双方就诉讼利益、与诉讼有关的程序及相关事项，以发生诉讼法效果为目的的合意。[1] 有观点把刑事证据契约分为广义的刑事证据契约和狭义的刑事证据契约。前者是指国家与公民之间通过立法的形式达成的契约，主要是一些刑事程序规范及违法的法律后果。后者是证据法律关系主体之间在取证、举证、质证、认证等环节以协商、允诺或同意等方式，就证据取得方式、证据能力、证据方法和证明对象等事项达成合意所确立的具有法律约束力的权利义务关系。[2] 从广义和狭义来界定证据契约是很多学者的一致做法，但是，上述观点把立法规定的程序规范视为国家和公民的协议，并将其等同于广义的刑事证据契约，在刑事诉讼领域界定如此宽泛的广义证据契约，似乎并没有任何实际意义。如果给刑事证据契约下一个合理的定义，必须考虑作为类概念的证据契约的定义，并兼顾刑事诉讼的特殊性。

（三）合理的证据契约定义

给证据契约作一个合理的界定，既要重视上述理论分歧，对上述分歧进行必要的分析，同时还要从类概念的面向界定一个能涵盖民事、刑事、行政诉讼领域的证据契约。

对证据契约的界定必须立足于证据与契约这两个基础词汇。证据是可以用于证明案件事实的材料。对证据的研究包括证据资格和证明力两方面。证据资格是解决证据能否被允许进入法庭作为证明某一事实的依据。我国一般认为证据具有证据资格需要具备客观性、相关性和合法性这三个属性。而证明力是指证据对案件事实有无证明作用及其证明作用的大小。又由于证明的过程与证据息息相关，证明对象、证明环节、举

---

〔1〕 詹建红：《刑事诉讼契约研究》，中国社会科学出版社 2010 年版，第 34 页。
〔2〕 宋志军：《刑事证据契约论》，法律出版社 2010 年版，第 87 页。

证责任等，都涉及证据，也与事实认定有重要关系，如果从广义角度来理解，也可以把证明的相关事项纳入证据契约的范围。契约是一个内涵丰富的概念。契约包含五个要素：订立契约主体是复数，包含着人际社会关系和交往；契约基于某种目的或对象，包含着要做什么，或者产生什么；契约意味着某种程度上的一致意见，含有某种共识或合意的因素；契约的实质意味着某种形式的允诺；基于同意和允诺产生某种义务和责任。[1] 契约丰富的政治、宗教、伦理含义对法学领域的契约概念影响深远。作为一个法学概念，契约首先是一个允诺或合意。《美国合同法》规定，契约是一个或一组允诺。违反此允诺时，法律给予救济；或法律在某些情况下将对允诺的履行视为一种义务。[2] 德国学者萨维尼认为契约的本质在于意思的合致。《法国民法典》第 1101 条规定，契约是一人或数人对另一人或数人承担给付某物、作为或不作为义务的合意。[3] 契约还要求双方自愿协商。达成合意进而缔结契约的前提是协商。契约既包含协商的过程，也包含协商的结果。双方或多方之间为达成一致，应当在自愿的基础上进行协商，要求所有参与者机会均等、不受强迫。当然，协商过程同时包含了对抗与妥协。由于双方的议价能力不平等可能出现一方有更多的妥协成分。

　　刑事诉讼领域的契约也具有契约的基本特征。现代刑事诉讼理念通过平等的人格假设将控辩双方视为平等的主体，而且立法从抽象层面上赋予控辩双方平等的诉讼主体地位，使他们有可能进行协商并达成合意。但是，作为被追诉人的犯罪嫌疑人、被告人与作为国家公权力代表的国家追诉机关在力量上存在很大的差距，为实现事实上不平等的主体之间的平等协商必须通过具体的制度使两者的力量实现最大限度的平衡。具体表现为刑事诉讼法规定国家机关的行为方式，以严格的程序规范和违法后果约束国家机关的行为，同时给予力量薄弱的辩方尽可能的支持，如设计辩护制度、救济制度等。尽管如此，控辩双方事实上的不

---

〔1〕　何怀宏：《契约伦理与社会正义：罗尔斯正义论中的历史与理性》，中国人民大学出版社 1993 年版，第 13 页。
〔2〕　杨桢：《英美契约法论》，北京大学出版社 2007 年版，第 1 页。
〔3〕　胡长清：《中国民法债编总论》（第 7 版），商务印书馆 1948 年版，第 16 页。

平等还是难以抹杀，为此，刑事诉讼中的"单契"形式也得到了承认，即被追诉方让渡自己的权利，单方面作出同意的意思表示，使追诉方的行为获得合法性。这种制度设计是出于效率方面的考虑。为保障契约自由、真实，同意的自愿性和合法性就成为审查的重点。刑事诉讼中控辩双方的力量差距使刑事证据契约与民事证据契约相比呈现出一定的差异，刑事证据契约中有很大一部分是被追诉者的"同意"或者"允诺"，但是，即便如此，还是不能否认双方的沟通、交流、协商成分。这是所有契约的最基本要素。此外，虽然刑事诉讼与民事诉讼的基本理念、原则、制度差别较大，但二者的都追求纠纷的解决，对纠纷解决机制的利用是一样的。这都使界定一个统一适用于三大诉讼的证据契约定义成为可能。

证据契约，就是有关证据的契约。签订证据契约的目的是对证据的证据能力或者证明力予以一定的承认或限制，以减少未来可能的诉讼中对事实的争议，缩小争议范围，简化、方便事实的认定。那么，对法律关系的承认就不应当在证据契约的范畴之内。虽然对证据或事实的承认可能导致对对方权利的承认，或法律关系的承认，但是对法律关系的承认与对证据的承认毕竟是不同的概念。签订证据契约的同时是否允许用反证来推翻？从契约应当遵守、禁止反言等角度来看，签订了契约就应当遵守。但是，签订的契约也可能存在不成立或者无效的情形，生效契约也可能因为情势变更等发生变化。同样的，在签订证据契约的时候，也会有欺诈、胁迫等情形的存在，契约签订后也会出现无法预见的重大变更，如果一概不允许用反证推翻显然不利于当事人权益的保障。正如我国民事证据规定对于自认的撤回和撤销问题，最新规定也是有所松动。当事人签订证据契约的目的，一般是出于自身利益的考虑，让他们从法官的角度来考虑是不现实的，也是不必要的。虽然说当事人通过签订证据契约实现对某一事实不予争执，从一定程度上来说确实是能够帮助法官简化对事实的认定，使事实认定更加容易，但当事人签订契约的直接目的却并不是帮助法官来认定事实。

因此，本书认为，证据契约是当事人或控辩双方之间经协商达成的有关事实确定方法的合意。证据契约具有如下特征：第一，证据契约的签订主体必须是双方当事人或控辩双方。契约主体在民事诉讼中是双方当事人；在刑事诉讼中是侦查、公诉机关等国家追诉机关与犯罪嫌疑人、被告人。虽然在刑事诉讼中侦查、公诉机关并不处于当事人地位，但是他们处于事实上的与被追诉方对应的一方主体，属于拟人化的当事人。此外，虽然侦查机关只是为起诉作准备，并不是审判程序的主体，但是在侦查阶段签订证据契约已是比较常见的做法，而且检察机关对侦查机关签订的契约也是予以认可的。第二，证据契约是双方一致的合意，和诉讼结果息息相关。双方合意是契约的重要标志。无论是双方一致协商契约内容，还是一方起草，另一方同意，都必须有协商的成分，不能是一方对另一方意志的屈从。当事人达成合意的目的在于对诉讼产生当事人双方希望发生的影响，包括直接影响和间接影响。第三，证据契约的签订可以发生在诉讼前，也可以发生在诉讼过程中。当事人在实施私法行为的时候，为避免后续的事实争议就可能签订证据契约。诉讼前没有签订契约的，也可能在诉讼中签订契约。第四，证据契约的内容必须与案件的事实认定有关，包括与证据和证明有关的各种事项，比如证据资格、证据种类、证据方法、证明对象、举证责任等。证据领域的契约是指证据的方法或者证据形式，如双方当事人对于鉴定的合意，证明领域的契约包括举证和质证的契约。证据契约可能改变通常的证据规则和证明规则。如法律规定对于损害事实的存在由受害人举证，当事人可以通过约定改变这种举证规则，规定如果侵权人不能举证证明不存在损害，就视为损害存在。又如，法律规定证人证言是可以采纳的，但是当事人可以通过约定排除证人证言的适用，只承认书证的效力。第五，证据契约往往包含了当事人的妥协、退让成分，可能对当事人一方产生不利后果，要求通过书面形式确认下来。

基于上述证据契约的定义和特征，可以看出签订证据契约的目的是当事人出于自身的考虑，方便以后对事实的认定，减少与事实认定有关的争议，因此，对法律关系的承认应当排除在证据契约的范围之外，即承认契约不属于证据契约的范畴。此外，凡是当事人达成合意的与事实的确认方法有关的契约都应当属于证据契约的范畴。包括允许提出或者限制提出某一证据方法的契约；限制或排除某种证据的证据资格的契约；承认某证据的证明力的契约；约定某一事实得到承认就推定另一事实得到证明的推定契约；约定如果不负证明责任的一方当事人不提出反证，就免除负有证明责任一方当事人的证明责任，承认该事实为真实的举证责任契约，都可以纳入证据契约的范畴。因此，证据契约包括自白契约、推定契约、举证责任契约、关于证据方法的契约。这些契约都是与证据有关的在案件事实认定方面的合意。

证据契约可以有多种分类。根据证据契约存在的领域，可以分为民事证据契约、刑事证据契约和行政证据契约。民事证据契约、刑事证据契约和行政证据契约分别是指在民事诉讼、刑事诉讼、行政诉讼中的证据契约。根据证据契约的内容可以分为自白契约、推定契约、证据方法契约和举证责任契约。[1] 自白契约是把某一要证事实约定为不需证明的确凿事实的合意。自白契约的本质是双方的一种合意，与裁判上的自白不同。裁判上的自白是日本法和德国法的概念，相当于我国诉讼上的自认，是指当事人在法官面前承认对方当事人所主张的、于己不利的事实。裁判上的自白要求在正式审理程序中进行，是单方的陈述，不需对方合意，但自白契约是双方合意的一致。自白契约是当事人之间达成的把特定事实看作无争论余地的确定事实的合意。推定契约是指当 A 事实被证实后，可以认为 B 事实也是真实的，对 B 事实（推定事实）双方不得再进行争论。但是如果当事人能够提出反证，就能够推翻该推定事实。其实，推定契约也涉及举证责任。应当证明 B 事实存在的当事人，如果能证明 A 事实存在，就可以根据推定契约的规定不再证明 B 事实。舒勒基于这一点，把推定契约归入举证责任契约中。[2] 举证责任契约是指在双方当事人之间达成的，当不负证明责任一方当事人没有证明与某一要证事实相反的事实的场合，双方可把该要证事实看作已被证明的事实并不再作争论的合意。举证责任契约具有转移证明责任的效果，免除了对某一事实负有证明责任的一方当事人的证明责任，而由对方当事人先举证证明不存该事实的相反事实，如果不能证明，则认定事实存在。

〔1〕 孙义刚：《证据契约研究》，重庆大学 2008 年博士学位论文，第 20 页。
〔2〕 W. Schüller, Die Wirksamkeit von Beweisverträgennachgeltendem Prozessrecht, 1932, p. 15.

例如：对于买卖合同成立的事实，应当由主张合同成立的当事人举证。如果当事人在契约中约定买卖合同成立，则如果否定合同成立的当事人不能举证证明买卖合同不成立，应当认定合同成立。自白契约则是直接约定买卖合同成立，不得再行争执。证据方法契约也称为证据形式契约。这种契约可以是限制性的也可以是扩张性的。前者是指双方约定对于争议事实只能采用某一证据方法进行证明或者不能采用某一证据方法进行证明。比如当事人约定只能用物证或者书证进行证明，或者当事人双方都不希望某个第三人出庭作证，在契约中提出不传唤某证人。后者指的是当事人可以约定法律没有明文规定的证据方法对某一事实进行证明。当然，这种扩张性的约定会可能会因为法官的不认可而无效。

二、证据契约的性质辨析

有的证据契约是诉讼法明文规定的，有的则是诉讼法没有明确规定的。当事人签订诉讼法明文规定的证据契约，属于诉讼行为，对此并无疑义。但是，当事人签订的证据契约如果属于诉讼法没有明文规定的，该行为属于什么性质，理论上有争议。

（一）私法行为说

这种观点认为订立证据契约的行为应该是一个私法行为，它是双方当事人之间处分公民权利的表现，能够产生私法上的效果，但是这种私法性质的证据契约需要当事人做出一定行为才可以产生效果。

私法行为是指能够产生、变更或消灭民事法律关系的私人行为，即民事法律行为，具有特定的法律效果和行为要件。[1] 私法行为的构成要件包括：（1）行为主体是法律规定的民事主体，包括自然人、法人和其他组织。非民事主体所实施的行为虽然也会发生一定的法律后果，但并不属于民事法律行为。（2）私法行为的目的是发生一定的民事法律后果，也就是导致相关民事法律关系产生、变动、消灭，如当事人起诉、变更诉讼请求或者撤诉。（3）私法行为的必备要素是意思表示，是否以

---

〔1〕 张嘉军：《论诉讼契约的性质》，《河北法学》2008 年第 12 期。

意思表示为要件是私法行为和事实行为的根本区别。如果当事人实施行为并不是为了设立、变更、终止民事权利义务关系，而是实施这一行为就能发生相应的法律后果，这种行为就是事实行为。只有当事人的确希望发生私法效果而实施的行为才是私法行为。私法行为产生的效果是一方当事人可以请求对方为或不为一定的行为。（4）私法行为应该是合法的。行为是否能产生缔约人预期的效果取决于行为是否合法。只有合法的行为才能受到法律的保护。违法行为是不能受到法律保护的，自然也不能产生希望的法律效果。[1]

私法行为说认为，由于当事人合意达成的证据契约使一方当事人获得私法上的请求权，对方当事人相应地要承担一定的私法义务，承担作为或不作为的实体法后果。在当事人之间达成的关于证据的合意是民法上的契约行为，只能产生私法效果。在证据契约订立后，一方不履行契约义务，另一方有权请求损害赔偿，请求强制履行契约，根据契约行使实体法上的抗辩权。因此，签订无名证据契约的行为是私法行为。

（二）诉讼行为说

持这种观点的学者认为，虽然证据契约是用契约这种私法的方式确立下来的，但是证据契约的目的是发生诉讼法上的效果，属于诉讼行为。

诉讼行为受诉讼法律规范调整，具有公法性。诉讼行为的有效成立以当事人的表示行为为准，为保障诉讼程序的安定和诉讼效率，以前的理论不允许当事人以意思瑕疵为由随意撤回或撤销诉讼行为。但是，这一理论逐渐受到批判，现在很多观点认为诉讼行为的瑕疵也是可以救济的，对诉讼行为的瑕疵救济也得到了立法的认可。不过，诉讼行为的瑕疵救济与对实体行为的瑕疵救济不同。对于有瑕疵的诉讼行为，当事人只能通过另外重新实施无瑕疵的诉讼行为来弥补，或者由对方当事人放弃提出瑕疵异议。诉讼行为的这一特点与私法行为有很大区别。私法行为的瑕疵可以通过直接宣告私法行为无效或者撤销私法行为来解决，而无须再行诉讼行为。诉讼行为是程序性的问题，可能会对公共利益产生

---

[1] 陈桂明：《程序理念与程序规则》，中国法制出版社 1999 年版，第 100 页。

影响，而私法行为通常不涉及公共利益，只是当事人基于诚实信用等原则对自己利益的私法自治。私法行为一旦成立一方当事人就有了实体上的请求权，可以要求对方当事人为或不为一定行为，对方当事人同时也就承担了这种义务。而诉讼行为的当事人不能获得这种实体上的请求权。

　　应当采用何种标准判断某一行为是否属于诉讼行为在理论上素有争议。要件效果说认为，只有诉讼法明确规定了行为要件和效果的产生诉讼程序的行为才是诉讼行为。[1] 如果诉讼法没有规定某类行为的要件，即便当事人行为的目的是发生诉讼法上的效果，也不是诉讼行为。这种观点界定的诉讼行为范围很狭窄。广义效果说认为凡是发生诉讼法上效果的行为都是诉讼行为。诉讼行为系"当事人所为、以行为意思为基础、表现于外之举措，其典型之效果，或形成程序，或创造与特定诉讼程序有关，且因其行使发生或阻碍程序形成之要件之当事人行为"[2]。广义效果说认为，无论是否有诉讼法律明文规定的行为要件，只要当事人所为的行为以意思表示为基础，该行为能够产生或者阻碍诉讼程序，就是诉讼行为。广义效果说并没有强制要求行为要件要有诉讼法律规定，关注的是诉讼行为产生的实然效果。根据这个观点，凡是足以直接发生诉讼法效果的，都是诉讼行为。这种学说更加关注行为对诉讼的影响，大大扩展了诉讼行为的范围。主要效果说认为，当事人的行为会同时产生实体法和诉讼法的效果，可以根据行为产生的主要效果来区分究竟是实体行为还是诉讼行为，而不考虑是依据实体法还是诉讼法。这种观点主张行为可以同时具有实体和程序两种性质的效果，但反对行为可以同时具有实体和程序两种性质。正是基于这一立场，该观点主张以主要效果区分是实体行为还是程序行为。[3] 这几种观点中广义效果说更为合理。要件效果说过于狭窄，难以处理大量的没有被诉讼法明文规定的行

---

〔1〕　陈自强：《诉撤回契约之研究》，台大法律研究所 1986 年硕士学位论文。

〔2〕　[日] 中村英郎：《新民事诉讼法讲义》，陈刚、林剑锋、郭美松译，法律出版社 2001 年版，第 158 页。

〔3〕　陈荣宗：《民事程序法与诉讼标的理论》，台湾大学法学丛书编辑委员会 1984 年版，第 269 页。

为的后果。主要效果说的前提其实并不存在，一个行为并不会同时产生两种效果，要产生两种效果，必然是在一个行为之后附加一个附属行为。

（三）折中说和双重性质说

除了诉讼行为说和私法行为说，还有折中说和双重性质说。折中说，也称为并存说。我国很多台湾学者都持折中说，他们认为证据契约是私法契约和诉讼行为的结合，可以根据不同契约的内容，赋予其不同的性质，而不是统一全部划分为私法行为或者全部划分为诉讼行为[1]。如果契约产生了私法效果，就归类到私法行为；如果产生了诉讼法上的效果，就归类诉讼行为。双重性质说，认为证据契约性质并不是单一的，其不但具有私法性质，同时还具备公法性质，两者是并存的[2]。

本书认为，折中说没有注意到签订证据契约既能产生实体法效果也能产生诉讼法效果，但是，实体法效果的产生具有附属性，并非证据契约行为的直接后果。证据契约产生实体法效果还需要当事人另行实施其他的行为，如向法院提出相应的主张或者抗辩。双重性质说也不科学，因为一种行为不可能既是诉讼行为又是私法行为，这种混合形态是不存在的。当然，也不存在游离于两种形态之外的第三种形态。这种观点将使实务陷入混乱，也不利于对当事人的救济。因此，对于证据契约的性质，重点应当辨析私法行为说与诉讼行为说。

无论哪国的诉讼法都很难将所有的证据契约全部包括在内，必定有一些证据契约是游离于诉讼法律之外的。被诉讼法明文规定的那部分证据契约属于诉讼行为自是没有疑义，至于没有被规定的那部分，则需另行分析。虽然证据契约的签订能够影响当事人的实体权利，但这种影响是附带的，是程序行为影响实体权利的表现。此外，私法行为不需要法院同意，但有些证据契约，如测谎契约，需要由法官来决定是否生效，如果法官认为没有必要测谎或者契约内容违法，证据契约不能生效。而且，如果一方违约，不同意进行测谎，另一方不可能请求违约方继续履行，因为不可能强制测谎。因此，证据契约显然不属于私法行为。根据

---

[1] 张嘉军：《民事诉讼契约研究》，四川大学 2006 年博士学位论文。
[2] 陈桂明：《程序理念与程序规则》，中国法制出版社 1999 年版，第 99 页。

广义效果说，凡是足以直接发生诉讼法效果的，都是诉讼行为。当事人签订证据契约是为了产生诉讼法效果，而且也确实产生了相应的诉讼法效果。但凡证据契约都会产生相应的诉讼法效果，会对诉讼程序产生影响，如自白契约、推定契约等，通过把某一事实直接认定为真实，或者从 A 事实得到证明直接推定 B 事实得到证明，对证明对象、证明方式等都产生了影响。又如举证责任契约转移了当事人的举证责任，在对方当事人不予争执的情况下，也能够加快事实的认定，也有利于推动案件进展。因此，订立证据契约应该属于诉讼行为。

三、证据契约的正当性问题

诉讼法没有明文规定的证据契约虽然在历史上一度被全盘否定，但如今，法律没有明文规定的证据契约原则上得到了认可。无论是在刑事诉讼领域还是民事诉讼领域，当事人通过订立证据契约影响法官心证，影响事实认定效果，都得到了相关理论、制度的支持，尽管其仍然受到一定的限制。

（一）民事证据契约的正当性

1. 民事证据契约的政治和法律基础

民事证据契约是司法民主化的必然结果，是民主和自由精神在民事诉讼中的延伸和体现。民主意味着个人权利对国家权力的制约和控制，为了实现民主，国家在行使权力的时候应当允许公民以一定形式参与国家的公共决策，对国家决策的形成发挥影响。司法民主是在社会契约论影响下形成的理念，认为司法权源于人民，司法权是对社会纷争进行解决的最后手段，司法机关应当尊重和保障人权。在司法民主理念的影响下，司法中逐渐有了更多的民主因素的体现。证据契约体现了司法中对自由和民主的追求，也是司法有限性的体现。司法有限性认为只有在权利受到侵害需要司法救助的时候，司法权才有存在的必要性。如果当事人基于自由意志与另一方当事人达成合意，处分自己的权益，就不需要司法权的介入。当事人基于契约对自己的权利进行处分时，只要不违背公共利益，法院直接予以确认即可，这正是民主的应有之义。

民事证据契约是公法私法化的结果。早期的理论认为公法领域不存在意思自治的空间，在公法领域并不认可契约自由原则。随着社会的发展，契约自由原则在公法领域受到一定的承认，契约在诉讼中的实践进一步推动了契约理论的发展。20世纪后半期以来，公法和私法交融的速度加快，大量的私法手段被引入公法领域，公法出现私法化趋势。既然契约在诉讼中有存在的空间，平等主体的双方当事人在民事诉讼中当然有权对自己权利的进行协商、处分。因此，证据契约逐步为立法和判例所承认。

民事证据契约是私法自治在民事诉讼领域的延伸和体现。私法自治的基本特征是主体的自主参与和自主责任，主体有权利根据自己的判断进行选择并自行承担责任。民事诉讼的目的在于解决平等主体之间的权利纠纷，民事诉讼的裁判对象是私法权利。既然私法上的权利在诉讼之外可以根据私法自治原则由当事人自由处分，那么进入诉讼领域也应当承认当事人对权利进行自由处分的权利。民事诉讼中的一项重要原则是当事人处分原则，即当事人对诉讼的开始、发展和结局以及范围的确定有意思自治的权利。民事诉讼的另一个重要原则是辩论原则，即在民事诉讼当中，证据由当事人负责提出，审判所需要的证据材料和事实依据由当事人提供，法院只能根据当事人提供的材料进行裁判。当事人没有主张的事实，法院不得在裁判当中加以认定；当事人没有争议的事实，法院应当予以尊重；当事人没有申请提出的证据，法院不得依职权主动进行收集。两者虽然都是强调当事人的权利，限制法院的权力，但是处分原则强调对权利的自由支配，辩论原则强调在法庭上发表观点的自由。既然当事人对自己的实体权利有处分权，既然实体权利的产生以当事人提供的证据为基础，就应当允许当事人基于自己的处分权对证据材料进行处分。当事人有权利决定是否提出或者在多大范围提出证据。当事人可以自行处分权利，也可以与对方当事人协商来共同处分，包括协商确定举证期限、是否进行证据交换等。证据契约可以对法官产生约束力的重要原因正是辩论主义，当事人没有争议的事实，法官应当予以尊重；当事人没有申请提出的证据，法院不得另行调查收集。因此，当事人通过协议对证据的形式或者证据的证明力进行认可或者进行限制的，法院应当予以尊重。

2. 经济学理论对民事证据契约的支撑

博弈论和成本理论能够从经济学角度解释民事证据契约的合理性。博弈论是市场主体之间关于竞争策略的学说，博弈的每个参与者都希望自己能在博弈中战胜对方，需要推测对方将会采取的手段或措施，并根据判断制定自己的战略。这种相互敌对的立场很难让参与者合作，可能导致"囚徒困境"[1]。想要冲出囚徒困境，就必须合作，而合作的前提就是信息共享、充分沟通，既要充分了解对方所掌握的信息，还需要向对方展示自己的信息。在诉讼中，当事人也可能基于种种原因不进行沟通，而导致囚徒困境。为打破这种困境，当事人需要充分沟通合作，使各自的策略形成一个整体，任何人单独改变自己的行动策略都不会获利，促使当事人最终选择合作。

亚当·斯密提出理性人假设，这种观点认为因为社会资源的有限性，所以每个人都是从自己的利益出发，希望以最小的成本套取最大的利益，在这种假设下，只有这样的人才是理性的人。[2]成本理论告诉我们，为了获得某项利益（利润），不得不放弃另外一些利益，即需要付出机会成本。同时，人类在社会活动中与人交往还需要付出交易成本。从理性经济人角度出发，获得的利润必须大于成本。在诉讼的过程中，当事人也需付出机会成本和交易成本，包括付出的时间、精力、律师费、对方的社会关系、双方争执的权利边界等。理性经济人概念不仅关注利己性，还强调人们相互合作的重要性。双方当事人虽然处于对立的地位，但是仍然存在共同利益，包括双方当事人在诉讼中付出的各种资源，以及诉讼顺利进行对当事人心理的慰藉。通过诉讼中证据契约的签订，加强对立双方的沟通交流，也有助于纠纷的解决。如果人们可以通

---

〔1〕 囚徒困境是关于两个罪犯之间因为博弈产生的故事。两个罪犯分别被关在囚室里，被告知如果他们不供认罪行，每个人将面临 1 年的有期徒刑。如果其中一人坦白，并且检举剩下的一名罪犯，那么如实供述者将被释放，而另一名罪犯则要被判处 20 年有期徒刑。如果两名罪犯都如实供述，那么两人各判 8 年。最后，两个罪犯在趋利心理的指引下，都选择坦白并揭发对方的犯罪行为。但是，真正有利于双方的做法其实是大家都保持沉默。

〔2〕 [美] 曼昆：《经济学原理》，梁小民、梁砾译，北京大学出版社 2009 年版，第 3 页。

过订立证据契约之类的诉讼契约，减少成本，就能够减轻自己的负担。只有那些重大疑难、社会影响大的案件或者涉及公共利益、法律强制性规定的案件才值得花费较高的交易成本。[1]

3. 民事证据契约是程序主体性原则的内在要求

民事诉讼当事人是民事诉讼程序中的主体，具有主体性。当事人有权对司法权的运作产生一定程度的影响，当事人在诉讼中的主体地位应当得到尊重。当事人有权在诉讼中按照自己的意志从事诉讼行为，国家机关有义务为当事人提供权利保障。证据契约是当事人依据自己的意思对诉讼进程施加影响，进而影响裁判的结果。证据契约实质是当事人主体地位的表现。承认当事人的诉讼主体地位，就应当承认当事人有权处分自己的诉讼权利和实体权利，有权就证据对事实的认定问题进行协商、妥协并达成合意。

4. 民事证据契约并不违背自由心证

自由心证是指对证据证明力大小的认定及其取舍，法律不预先加以明确规定，而是由法官根据良心和理性自由判断、取舍的一种制度。对于自由心证的对象，有广义和狭义两种理解。广义的自由心证是法律对证据资格和证明力都不作限制，全部交由法官自由裁量。狭义的自由心证是法律只是不对证明力作出限制，交由法官自由裁量，证据资格问题仍然由法律规定。[2] 广义自由心证是在自由心证产生初期的一种状态，是基于对法定证据制度彻底抛弃的一种策略。

随着广义自由心证的弊端逐渐暴露，对自由心证进行限制成为现代自由心证的重要特征。无论各国对自由心证限制的大小，也无论各国对证据资格规定的多少，对证据资格的规定是由法律进行的，一旦法律中存在关于证据资格的内容，法官必须遵循。因此，现在对自由心证的理解立足于狭义的自由心证。大陆法系一般都明文规定自由心证原则，我国也有自由心证的体现。《最高人民法院关于民事诉讼证据的若干规定》

---

[1] 参见程承坪：《理解科斯定理》，《学术月刊》2009年第4期；田洪鋆：《科斯定理中产权概念的法学解析》，《东北师大学报（哲学社会科学版）》2011年第2期等。

[2] 张卫平：《诉讼架构与程式——民事诉讼的法理分析》，清华大学出版社2000年，第57页。

要求，审判人员应当遵循法官职业道德，运用逻辑推理和日常生活经验，对证据有无证明力和证明力大小进行全面、客观和公正地分析判断。该条吸纳了自由心证原则的精髓，对证据的证明力问题由法官自由判断。反对证据契约的观点认为允许当事人通过订立契约变更或者排除证据的应用，是对自由心证的限制。

　　事实上，证据契约并没有限制法官的自由心证。自由心证本就不是绝对的自由。法官对证据的自由判断是指除法律另有规定以外，法律不预先规定证据证明力大小，而是由法官自由判断，法官判断证据证明力时，不受外部的影响。但是，法官的这种自由并不是任意的、不受任何限制的绝对自由。法官判断证据要受法律制度和规定的制约，要遵循辩论原则，要以当事人提交的证据范围为基础，考虑当事人质证和辩论的意旨。法律对法庭依职权调查取证的范围有严格限制，除此之外，对于当事人没有提交审核的证据，法官不得自行调查。当事人通过证据契约排除证据的提交，该证据根本不会进入法官自由心证的视野，不存在与自由心证的冲突。至于当事人通过证据契约约定认可某事实，对该事实不予争执，也需得到法官的认可。法官不予认可的，证据契约并不会限制法官的自由心证。虽说对于当事人的证据契约，只要不违背法律，法官就应当予以支持确认，但这并不是在限制法官的自由心证，反而是法官行使自由心证对当事人的契约进行认可。无论是证据限制契约还是证据扩张契约都有被法官认同的可能性，也有被法官排除的可能性。[1] 证据契约的订立能够帮助法官获得更多更完整的证据，法官可以直接根据当事人不予争执的证据形成内心确信，这使法官心证的过程得以简化，是对法官自由心证的辅助而不是限制。

（二）刑事诉讼引入证据契约的正当性

1. 诉讼观念的更新要求引入证据契约

　　首先，协商性司法的发展为刑事诉讼引入证据契约制度打下了良好的基础。传统的刑事诉讼理论强调国家本位和义务本位，没有重视犯罪嫌疑人、被告人的诉讼主体地位，没有认识到当事人权利保障的重要

---

[1]　沈冠伶:《诉讼权保障与裁判外纷争处理》，北京大学出版社 2008 年版，第 232 页。

性。国家与个人之间形成强制与服从的二元对立，否定以合作与妥协为意旨的契约制度。自 20 世纪 70 年代，恢复性司法运动的兴起推动了协商性司法模式的发展。恢复性司法通过犯罪人和被害人之间的沟通、对话，并通过社区等有关方面的参与，以犯罪人认罪、赔礼道歉、赔偿等方式获得被害人谅解，从深层次化解矛盾，修复受损社会关系。恢复性司法把犯罪人作为主体而不是客体来对待，主张通过双方协商解决冲突。2002 年维也纳联合国预防犯罪和刑事司法委员会第 11 届会议通过的《关于在刑事事项中采用恢复性司法方案的基本原则》，系统阐述了联合国预防犯罪和刑事司法委员会在恢复性司法问题上的立场。在一些国家，恢复性司法已经成为刑事司法的主流。辩诉交易制度以控辩双方在妥协基础上的相互协商为特征，进一步丰富了协商性司法的实践样态，也进一步催生了我国诉讼观念的转变。协商性司法理念打破了对抗性司法观，使刑事诉讼模式实现了从单一对抗模式向多元模式转变。

其次，刑罚谦抑观要求诉讼中有证据契约之类的协商机制存在。刑罚谦抑观主张限制刑罚权的发动，强调刑罚适用的比例性与有效性，要求国家机关在诉讼中有节制地行使权力，注重保障主体的诉讼权利。这就需要当事人能够充分参与到诉讼程序中，双方有权通过自愿的选择达成合意，影响程序的进程。随着证据理性主义观念的传播，法院审理案件时不再执着于查明案件客观真实，法律真实观在很大程度上得到承认。这就使法院容忍、认可当事人合意认定的事实成为可能，使当事人通过订立证据契约来认定事实成为可能。

最后，成本控制理念要求刑事诉讼引入证据契约。诉讼程序经常面临司法资源不足的问题，成本控制理念要求司法资源的投入必须和案件所造成的损害相匹配，使诉讼的投入与产出保持合理比例，使当事人付出的时间和金钱代价控制在合理范围[1] 合理配置司法资源要求繁简分流，将司法资源向重大复杂案件倾斜，同时实现简单案件快速办理。成本控制理念还要求提高诉讼效率，诉讼程序的启动、流转与终结能迅速

---

〔1〕 ［日］棚濑孝雄：《纠纷的解决与审判制度》，王亚新译，北京大学出版社 1994 年版，第 267 页。

进行，要求诉讼能够在尽量短的时间内完成。为此，应当采取各种措施缩短诉讼流程，减少诉讼程序中不必要的延迟。为提高诉讼效率，应当赋予当事人双方进行协商选择和利益衡量的自由。[1] 刑事诉讼中引入证据契约也因此而成为成本控制理论的应有之义。[2] 刑事诉讼的案件事实认定受制于各种因素，对案件事实真相的发现并不是诉讼的唯一目的，在刑事诉讼中引入证据契约，使双方能够对案件事实的认定进行协商，使通过常规途径难以认定的事实尽快固定下来，有利于提高诉讼效率。

2. 诉讼理论的发展为引入证据契约作了铺垫

契约观念最早萌发于私法领域，而诉讼法属于公法，因此诉讼法领域最初对契约理论是持排斥态度的。但是，随着公法私法化趋势日益明显，诉讼过程中逐步融入私法的自治、平等观念。现代公法理念的一个重要转变是认为国家权力和人民权利是对等的，国家不再像从前一样支配民众，而是倡导一种合作的理念。在这种理念的支配下，法律中也融入了更多的契约精神。辩诉交易和刑事和解这些诉讼契约的产生体现了契约精神在公法领域的渗透，使诉讼法领域也呈现明显的契约性。程序主体理论、刑事诉权理论和程序正义理论使证据契约在刑事诉讼中的适用获得了良好的理论支撑。

其一，程序主体理论要求被追诉人拥有有效参与程序的权利，使其证据契约主体地位成为可能。拉德布鲁赫曾经说过："如果在具有规则观念的法律概念中存在着目的观念……那么，人们必须将人这一法律主体的概念视为一种不是建立和限定在法律经验之上的，而是具有逻辑必然的、普遍适用的法学观察之范畴。"[3] 主体理论在刑事诉讼中要求将被追诉人作为具有自身目的的主体来对待，要保证被追诉人的基本人权，而不是将其作为客体，使其仅仅成为惩罚的对象和获得证据的工具。主体理论还要求被追诉人有权参与关涉其利益、责任或权利、义务

---

〔1〕　［美］凯斯·R. 桑斯坦主编：《行为法律经济学》，涂永前等译，北京大学出版社 2006 年版，第 35 页。

〔2〕　林俊益：《程序正义与诉讼经济——刑事诉讼法专题研究》，台湾元照出版公司 2000 年版，第 92 页。

〔3〕　［德］拉德布鲁赫：《法哲学》，王朴译，法律出版社 2005 年版，第 132 页。

的程序，能够有效影响裁判的形成。[1] 法律主体在诉讼中有自由地表达自己意思的权利，同时也需要尊重他人的平等权利。在立法层面，程序制度的设计应致力于保障被追诉人的程序主体地位。在司法层面，国家机关和其他诉讼参与人也应当对被追诉人的程序主体地位予以尊重。据此，裁判应当是由控辩双方协商、辩论达成的，而不是仅仅由法官单方面调查的结果。[2] 被追诉人在某些问题的处理上应当享有自由行动的权利，并能通过利益权衡选择是否与控方进行合作，进而达成合意。程序主体理论要求的平等、自愿、自由行动的权利为控辩双方在证据问题上进行协商并签订契约作了理论铺垫。

其二，证据契约等契约化的制度是刑事诉权理论的制度体现。诉权是公民权利受到侵害时请求保护的权利，当公民的基本权利受到侵害时，公民有权通过诉讼寻求司法保护。诉权是当事人进行诉讼的基本权能，是当事人提起诉讼，实施诉讼行为，请求法院依法作出裁判的权利。这种寻求保护的权利与基本权利同等重要，因为没有救济手段的权利是没有任何保障的。任何诉讼制度都离不开诉权。[3] 诉权是一种宪法权利，美国、日本、德国等许多国家都把诉权纳入宪法规定的基本人权之中。诉权理论要求在诉讼程序上保障两造地位平等、机会平等以及风险平等。[4] 诉权理论要求在刑事诉讼中保持控辩平等对抗，但控辩双方天然实力不均衡，因此，需要对程序中较弱的被追诉方给予更多的权利保障，同时对国家权力予以约束。引入协商性司法，给予被追诉人与控方进行协商、谈判的权利和砝码，是实现控辩平衡的重要途径。

其三，程序正义理论使证据契约在刑事诉讼中的适用获得了良好的理论支撑。程序正义的作用是为参与诉讼的当事人提供程序保障，让判决结果更容易为双方所接受。[5] 霍布斯认为遵守约定才是正义的实质所

---

〔1〕 邱联恭：《程序选择权之法理》，《民事诉讼法之研讨》（四），台湾三民书局1993年版，第576页。

〔2〕 陈瑞华：《刑事审判原理论》，北京大学出版社1997年版，第12页。

〔3〕 左卫民等：《诉讼权研究》，法律出版社2003年版，第5页。

〔4〕 沈冠伶：《武器平等原则于医疗诉讼之适用》，《月旦法学杂志》2005年第12期。

〔5〕 ［日］谷口安平：《程序的正义与诉讼》，王亚新、刘荣军译，中国政法大学出版社2002版，第10页。

在。法律其实就是在公平协议的前提下，公民自由意志的合意。由于证据的有限性和诉讼规则的约束，实体真实并非在所有案件中都能获得。当裁判的可接受性无法从实体正义中获取时，只能转向程序正义。程序正义理论认为对程序正义的认同是赋予判决正当性的依据。当实体公正无法实现时，如果程序是公正的，实体就是公正的。

程序正义的核心与实质在于程序主体的平等参与和自主选择[1] 自然正义观也强调任何一方的权利都要被听取，某人的利益可能被损害时，法官必须保证其享有陈述和倾听的权利，也就是听证权、辩论权和知情权等意见交涉的权利。[2] 诉讼程序的运作是否公正，除了要关注其外在表现，还要考虑是否表达了当事人的合理意愿。契约化的制度是以自主协商和平等对话为核心的，不仅符合程序正义的外在形象，也符合一般的道德准则。证据契约对诉讼制度的工具价值在于，它通过一定的程序运作，让诉讼主体主动参与事实的认定，在协商对话中接纳并认同裁判结论，提高裁判的可接受性。现代法的精神核心就在于契约自由和程序正义，在刑事诉讼程序中控辩双方有协商的必要，也有协商可能。

3. 刑事证据契约的正当性在实践中得到认可

当事人协商确定的证据契约可能会改变证据规则的规定，可能会对一方的利益产生不利影响。如证据契约限制某种证据形式的使用，使得原本可以利用该证据的一方失去了证明自己主张的机会。证据契约的这一特性使其正当性受到质疑。但是，随着其他类型诉讼契约在实践中的应用，理论界对证据契约合法性的认识也发生了转变。当前在我国刑事诉讼实践中被广泛使用的诉讼契约包括刑事和解、认罪认罚、简易程序、速裁程序的选择等。刑事和解有助于化解矛盾，恢复被犯罪破坏的社会秩序。认罪认罚使案件得以快速办理，被告人也能够得到从宽处罚。简易程序、速裁程序的应用都是提高诉讼效率的有效手段。这些诉讼契约样态得到普遍接受，其作用也得到认可。

---

〔1〕 樊崇义主编：《诉讼原理》，法律出版社 2003 年版，第235 页

〔2〕 公丕祥主编：《法理学》，复旦大学出版社 2002 年版，第226 页。

诉讼契约的实践应用也改变了理论界对证据契约正当性的看法。对证据契约的正当性不能一概否认，也不能全部接受，需要在具体个案中借助利益衡量机制加以判断。实践中应用较多的证据契约包括证据开示契约、关于证据方法的契约、测谎契约等。在证据契约中，控辩双方往往会各自让渡一部分权力/权利。双方为何要让渡权力/权利，最可能的解释是证据契约可能带来其他的利益，如保护其他隐私、提高诉讼效率等。通过证据开示，当事人能够在庭审前知悉对方的证据，既能强化程序公正，实现控辩双方平等武装，防止举证中的突然袭击，也有助于实体真实发现。本身有犯罪嫌疑的污点证人与控方达成交易，承诺为控方在与其自身有牵连的案件中充当证人，控方不予追究其本身的犯罪或对其从宽指控。控方虽然放弃或减轻了对污点证人的指控，但得到了更严重犯罪的重要证据，污点证人则得以豁免或从宽处理。测谎契约则是犯罪嫌疑人基于各种考虑自愿放弃权利，与控方达成协议，同意配合进行测谎，同意测试人员收集自己的心理生理反应指标，使取证行为获得合法性。证据契约正当性衡量的内容是证据契约是否损害国家利益和社会公共利益，是否不恰当限制法官的自由心证。当事人往往基于其他价值需求而签订证据契约，这些价值和利益就成为判断证据契约是否具备正当性的重要因素。

4. 刑事证据契约制度的引入有利于司法制度的完善

契约和制度都是调整人与人之间关系的规范，契约是重要的制度生成机制，制度大多是从契约演化而成的。制度是人与人之间的某种契约形式或者契约关系[1] 人类在交往过程中，按照契约处理各种关系，当个体的契约习惯成为群体的场域习惯，就很容易上升为规则和制度。制度就是格式化、规则化的契约，是契约的替代物。一方面，制度是契约演化的结果；另一方面，制度将保留契约的重要内容。自由、平等、协商是契约的重要特色，在契约基础上建立起来的制度也会考虑、遵循这些特色。在刑事诉讼领域内，习惯证据契约实践，并从中获益的主体将形成契约的思维方式，当个体的习惯成为整个场域内通行的习惯时，就

---

[1] 汪丁丁：《制度创新的一般理论》，《经济研究》1992 年第 5 期。

会产生规则和制度。证据契约的双方通过协商、谈判、妥协，达成合意。这种契约实践使刑事诉讼场域不再完全是不可妥协的尖锐斗争，而是逐步习惯、接受互利合作的交易与妥协。在契约理念下，国家机关的权力来自公民权利的让渡，国家机关有义务在刑事诉讼中保障公民权利，诉讼参与人应当相互尊重彼此的权利。这种观念对刑事诉讼制度的制定和完善有重要意义。

第二节　测谎契约的成立、生效和撤回

测谎契约是双方当事人之间达成的有关同意测谎并认可测谎结论的证据能力和证明力的协议。测谎契约是证据方法契约，属于取效性的诉讼行为，并不能直接发生效果，需要法官认可。我国诉讼法对证据契约的规定相当简略，但民法规定了详细的契约成立要件和生效要件。对指导实务中测谎契约的应用，保障测谎契约确实是当事人在自由意志基础上达成的一致合意，深入研究测谎契约的成立和生效要件意义重大。基于同意测谎的基本权抛弃性质——基本权的抛弃并不是抛弃基本权本身，只是抛弃基本权的行使，权利人可以随时撤回抛弃表示。当事人签订测谎契约后，有权随时撤回其同意表示。

一、测谎契约的概念和性质

（一）测谎契约的概念

在民事诉讼领域，测谎契约是指民事诉讼主体间达成的有关测谎意愿、测谎程序性事项及测谎结论运用等问题的协议，属于民事证据契约的一种。[1] 还有观点认为，测谎契约是指在民事诉讼中，为了证明某一争议事实，双方当事人约定向人民法院申请测谎，并认同由此得出的测谎结论的证据地位的合意。[2] 在刑事诉讼领域，测谎契约是指被测人与控方就是否接受测谎所达成的合意，包括被测人同意测谎，以及测试人

---

[1] 赵小军：《论测谎契约在我国民事诉讼中的应用及规制》，《东方法学》2017 年第 2 期。
[2] 闫洁：《论民事诉讼中的测谎契约》，西南政法大学 2010 年硕士学位论文，第 4 页。

员的选任、测试条件及测谎结论使用等〔1〕

这几个测谎契约的定义均认为测谎契约应当包括测谎的合意和测谎结论的应用等。它们的主要区别在于测谎契约的主体是仅限于当事人还是包括其他的诉讼主体，即法院、测谎机构是否属于测谎契约主体。测谎契约属于证据契约中的证据方法契约，应当符合证据契约的各要件。测谎契约只能是双方当事人就有关事实认定达成的合意，法院不能作为一方主体来签订契约。虽然法院也可以提议测谎，但是最终是否签订契约取决于当事人之间是否达成合意。法院对于测谎契约只能是批准或驳回当事人的测谎申请，在审理中对测谎结论的证据资格和证明力进行审查。是否将测谎结论作为证据使用，对测谎结论赋予多大的证明力最终取决于法院的认定。测谎机构也不是测谎契约的主体。在测谎实务中，测谎机构在测谎之前会要求被测人签订同意测谎协议，但是，这只是基于测谎技术操作的需要，被测人同意才可以实施测谎。测谎机构让被测人签署同意测谎书，一方面，是为了让测谎取得合法性；另一方面，也是需要通过同意书告知被测人有关测谎的一些事项，以保障被测人的知情同意权。这种同意书与测谎契约有本质的不同。测谎机构和被测者的约定不能处分当事人的权利，不能代表当事人双方的合意。测谎契约只能是当事人之间的一种合意。只有当事人才有权利处分自己的权利，才具备签订契约的主体资格。

测谎契约的实质在于当事人双方自愿达成进行测谎测试并承认测谎结论效力的合意。在刑事诉讼中，虽然作为追诉方的国家公安机关和检察机关与当事人不同，但是他们处于事实上的当事人地位，有权与被追诉方签订测谎契约。值得注意的是，在刑事诉讼中存在被追诉方单方面签署同意测谎并同意把测谎结论作为证据的"单契"。这种单契从严格意义上来说，并不符合证据契约的形式要件，国家机关往往并不在契约上签署意见。但是，这种单契仍然具备证据契约的双方协商和合意的要素，其效力能够得到认可。当被测人是当事人之外的证人等其他人员时，证人并不与当事人签署测谎契约，而是与测谎机构签订有关测谎的

---

〔1〕 宋志军：《刑事证据契约论》，法律出版社 2010 年版，第 194 页。

文书。测谎机构和被测人之间签订的有关测谎的文书不属于测谎契约，只是出于测谎技术需要保障被测人知情同意权的举措，并不涉及测谎结论作为证据使用的内容。当然，当事人之间可以就第三人进行测谎测试及其测试结论的使用达成测谎契约。如民事诉讼中双方当事人均同意对证人进行测谎，并认可测谎结论。此时，作为被测人的证人也需要同测试机构签订同意测谎的协议，但这不属于测谎契约，因为没有涉及证据的使用问题。

因此，测谎契约是指双方当事人之间达成的有关同意测谎并认可测谎结论的证据能力和证明力的协议。测谎契约的主体是且只能是双方当事人。测谎契约订立的时间可以是诉中或诉前。大多数测谎测试是在诉讼中签订的。往往是案件事实出现争议，又没有其他的事实认定手段，经一方当事人申请，或者办案机关提议而进行测谎。在民事诉讼中，也有在诉讼之前当事人即达成有关测谎协议的。

（二）测谎契约的性质

对于测谎契约的性质，有观点认为测谎契约属于取证契约。这种观点所称的取证契约是指强制性取证行为的相对人基于内心真实意思，自愿接受或同意侦查机关所进行的取证行为的一种契约。取证契约的主体一般是控辩双方，一方是作为追诉方的警察或检察官，另一方是犯罪嫌疑人及其辩护律师，有时候还包括证人。取证契约涉及同意搜查和扣押、同意采集身体样本和同意测谎等。把测谎契约认定为取证契约，以对强制性取证行为的同意为内容，这种定性是基于刑事诉讼场域，无法涵括民事诉讼场域。测谎契约是当事人为了产生诉讼法上的效果，所达成的将对诉讼程序产生影响的合意，是当事人之间有关事实认定方法的一种合意，属于证据契约自无异议。测谎契约到底属于何种契约，还是要从证据契约的分类着手。证据契约分为自白契约、推定契约、举证责任契约、证据方法契约。测谎契约的主要内容是双方同意进行测谎，并对测谎的结果予以认可，不允许在测谎结果不利于一方当事人时不承认测谎结论。测谎契约与推定契约和举证责任契约的区别非常明显，显然不属于推定契约和举证责任契约。测谎契约的定性需要分析测谎契约与自白契约和证据方法契约的关系。

测谎契约与自白契约有一定的相似性。自白契约是当事人之间达成的把某一要证事实视为确定事实的合意，测谎契约的内容也包括当事人对测谎结论予以认可。从这个角度来看，测谎契约和自白契约有类似性。但自白契约是对某事实的真实性不予争执，而测谎契约的前提恰恰是对有关事实存在争议。测谎契约并没有确定的事实，在测谎之前双方都不知道测谎结论如何。而且要求当事人认可测谎结论的内容，只是确定了认定特定案件事实的证据方法，并不是确定了案件事实。因此，测谎契约不是自白契约。

证据方法是认定案件事实的素材的人或物，包括人证和物证。人证包括证人、当事人、鉴定人等，物证包括书证、物品、痕迹或场所等。最终作为证据的并不是证据方法，而是对证据方法进行调查获得的证据资料。证据方法契约是指当事人之间就证据方法的利用达成的合意。证据方法契约既可以是指定某一证据方法的使用，也可以是排斥某一证据方法的使用。如指定对图书价格的认定以发票记载的价格为准，就是指定发票作为证据方法。证据方法契约的目的是约定证明某一事实的证据方法，或赋予该证据方法一定的证明力。自白契约与证据方法契约的重要区别在于，自白契约是对明白无误的事实作出承认以避免不必要的证据调查，而证据方法契约是只提出真正必要的证据。[1] 测谎契约并不存在明白无误的事实，只是约定了以测谎结论来证明是否撒谎或者是否知情，也就是约定了证明特定事实的证据方法。测谎是对被测人心理痕迹的检验，约定进行测谎就是把被测人的心理痕迹作为鉴定的对象，但最终作为证据的并不是心理痕迹，而是对心理痕迹的鉴定意见。测谎契约是约定对测谎结论这一证据方法的使用。因此，测谎契约是证据方法契约。

签订测谎契约属于取效性的诉讼行为。取效性诉讼行为是和与效性诉讼行为相对应的一个概念。与效行为是指根据当事人意思表示直接产生诉讼法效果的诉讼行为，而取效行为并不能直接产生诉讼法律效果，其实施行为的目的是引起法官的相应活动，从而间接产生诉讼法效果。当事人签订的测谎契约并不能直接发生诉讼法效果，还需要法官认可。

---

[1] 孙义刚：《证据契约研究》，重庆大学 2008 年博士学位论文，第 57 页。

如果没有法官的认可，即使双方当事人达成了协议，也不能将测谎结论
作为证据。测谎契约的这种定性是对法官自由心证的尊重，与自由心证
原则相吻合，进一步证明了其正当性。

二、测谎契约的成立要件

我国诉讼法对于测谎契约的成立要件并无明文规定，也没有从一般
层面规定证据契约或者诉讼契约的要件，只是对诉讼法明文规定的契约
类型规定了要件，如认罪认罚的适用条件、举证期限的协商等。理论上
一般认为，实施诉讼法明文规定的诉讼行为时应当遵守诉讼法的规定；
当诉讼法没有规定时可以参照实体法的规定。[1] 我国诉讼法对证据契约
的规定相当简略，但民法规定了详细的契约成立要件。根据实体法的有
关规定和证据契约的相关理论，测谎契约的成立应当具备几个要件。

我国《民法典》第 134 条第 1 款规定，民事法律行为可以基于双方
或者多方的意思表示一致成立，也可以基于单方的意思表示成立。合同
的成立是指当事人经由要约与承诺，就合同的主要条款达成合意。合同
成立表示合同当事人就建立合同关系意思表示一致，订立合同关系的过
程完结。当事人采用合同书形式订立合同的，自双方当事人签字或者盖
章时合同成立。合同成立需要具备 3 个要件：有两个或两个以上的当事
人；当事人意思表示一致，达成合意；当事人的合意以订立合同为目
的。测谎契约的成立在此基础上还增加了契约形式要件的要求。

（一）测谎契约的签订主体是双方当事人

只有当事人才有权利处分自己的权利，才能够对有关事实认定方法达
成协议，其他人签订的有关测谎的协议并不是测谎契约。测谎具有人身
性，测谎的实施需要被测人的同意和配合，否则可能涉及对公民基本权利
的侵犯，被测人的同意使测谎行为具备正当性。但如果被测人不是本案当
事人，而是证人等其他诉讼参与人，被测人的同意并不能对测谎结论的应
用产生影响。只有当事人双方的合意，才能约定有关事实认定方法。解决

---

[1] ［德］罗森贝克等：《德国民事诉讼法》，李大雪译，中国法制出版社 2007 年版，第 20 页。

测谎结论是否可采的关键在于双方当事人的同意，而不是其他人的同意。

在刑事诉讼中，与犯罪嫌疑人或被告人达成测谎契约的相对方是公安机关或者人民检察院。它们在诉讼中并不处于当事人地位，只是属于事实上的与被追诉方相对应的另一方，本书为行文简练，将其归入当事人。在我国，实践中更普遍的情况是，侦查机关或者检察机关认为需要测谎的，向犯罪嫌疑人或者被告人提出测谎要求，经犯罪嫌疑人或者被告人同意，由其单方面签署同意测谎书。这种做法，被认为是刑事诉讼中存在的特殊的单契形式。不过，虽然侦查、检察机关可能并不在同意书上署名，但是，测谎契约仍然必须是控辩双方达成的合意，必须是双方都同意测谎，同意把测谎结论作为证据。在测谎发达的国家，测谎结论可采的必备要件是控辩双方同意。如：日本最高法院判例认定，检察官和被告人双方同意的测试结果回答书具有证据能力。在美国，双方当事人都同意采纳的测谎结论具有可采性，但必须有公诉人、被告人及其律师签字同意测谎的书面协议。[1] 在亚利桑那州诉瓦尔德兹案中，法庭认为，在刑事案件中，如果公诉人、被告人及其律师都签署了书面协议，约定被告人同意接受测谎，而且同意测试图谱和测试人员的意见可以作为证据，那么与测谎有关的证据是可采的。[2]

测谎契约作为双方当事人达成的一种合意，既不是当事人和其他诉讼参与人达成的合意，也不是当事人与裁判者的合意。如一方当事人与证人等诉讼参与人达成测谎合意，并进行测谎，这样的测谎结论可能不会得到另一方当事人的认可。如果法院作为签约方与一方当事人签订测谎协议，也面临同样的问题，会遭到对方当事人的反对。测谎机构一般是独立于公安和检察机关的第三方机构，而不是办案单位，又因测谎需要被测人同意才可以实施，所以，公安和检察机关会与被测人签订测谎契约，同时测谎机构会和被测人签订同意测谎书，前者属于测谎契约，后者则不是。

---

[1] 罗纳尔多·V. 戴尔卡门：《美国刑事诉讼——法律和实践》，张鸿巍等译，武汉大学出版社 2006 年版，第 392 页。

[2] See State v. Valdez（1962）91 Ariz 274，371 P. 2d 894.

（二）当事人意思表示一致，达成测谎合意

测谎契约是当事人间达成的同意实施测谎，同意认可测谎结论，同意以测谎结论认定是否撒谎或者记忆中是否存在争议事实相关信息的合意。测谎契约的成立应体现双方在自由意志基础上的自主协商过程。测谎合意的达成可以是一方当事人申请测谎，另一方当事人同意；可以是双方当事人共同提出测谎申请并达成测谎合意；还可以是法院建议测谎，双方当事人同意后达成测谎合意。无论测谎程序如何启动，都必须是在尊重双方当事人自由意志的前提下，由双方当事人共同磋商达成一致。在磋商过程中应当尊重当事人的自主意志，保障当事人同意的自愿性和合法性。如果一方当事人不同意测谎，测谎契约没有达成，不能实施测谎。在司法实践中，一方当事人不同意测谎的，办案单位一般不会启动测谎程序。[1] 但实践中也存在一方申请测谎，对方明确反对，法院仍然启动测谎程序的现象。在这种情形下，并没有达成测谎契约，是对当事人权利的侵犯。

（三）当事人的合意以订立测谎契约为目的

当事人签订测谎契约的目的主要是，就同意实施测谎、同意对测谎结论的应用达成一致。在这两项内容里，同意测谎是手段，对测谎结论的证据应用才是真正的目的。只有当事人均同意测谎，才能赋予测谎以合法性，消除对测谎正当性的质疑；只有双方均同意适用测谎结论认定案件事实，才能够增加事实认定途径，简化事实认定。如果只是同意测谎，并不同意把测谎结论作为证据使用，就不符合订立测谎契约的目的。

当事人的合意应包括测谎程序的启动、测谎结论的证据能力、测谎的具体程序等。首先，同意测谎的意思表示是测谎契约的首要内容。测谎契约一般都是在诉讼过程中出现争执，特定事实无法查实时由双方订立的。由于测谎涉及基本权干预问题，需要双方明确表示同意启动测谎程序。其次，当事人需要在契约中注明无论测谎结果如何，都同意将其

---

[1] 如，东莞市中级人民法院审理的尹某、韩某与黄某民间借贷纠纷案，尹某提出测谎申请，但因黄某不同意测谎，法院对测谎申请不予支持。参见（2014）东中法民一终字第 1407 号判决书。

作为证据。订立契约的双方必须都对测谎结论表示认可，同意将其作为证据使用，并且在诉讼中受其约束。当事人应当约定不质疑测谎结果。最后，测谎契约还可以约定测谎测试的具体程序问题，如测谎机构、人员的选定，测谎测试的主题，测谎的时间、地点、费用承担等。对测谎具体程序的约定不是测谎契约的必备内容。测谎契约可以是简略的，具体测谎程序可以在被测人与测谎机构签订的同意测谎书里进行约定。

（四）测谎契约应采用书面形式

契约双方达成的合意应当以书面形式明示。根据我国《民法典》，对契约的签订可以是书面、口头或者其他形式，没有要求一定用书面形式。但是，测谎契约的主要内容是同意进行测谎，同意对相关事实以测谎结论作为认定依据。测谎涉及基本权利的侵犯问题，需要被测人同意才能够赋予测谎以正当性。对于涉及测谎正当性的重大问题，需要用书面形式明示。测谎契约的成立以口头形式难以固定下来，可能会在后续的诉讼过程中发生争议，影响程序安定，因此测谎契约应有文书证明或者由当事人订立书面的测谎契约。[1] 用书面方式同意测谎也是域外各国和地区的普遍做法。在认可测谎结论的证据资格的国家和地区，一般都以被测人签署书面同意意见书为测谎的合法要件。

三、测谎契约的生效要件

依法成立的合同，只有符合生效条件才能发生法律效力，产生当事人所预期的法律后果。依法成立的测谎契约要发生当事人期望的效果，也应符合几个生效条件。

（一）契约主体具有行为能力和同意能力

当事人订立合同时应当具有相应的行为能力和同意能力。首先，测谎契约的主体应该是行为能力适格的当事人。民事行为能力是民事法律行为生效的首要条件，无民事行为能力人实施的民事法律行为和限制民事行为能力人实施的超出其认知能力的民事法律行为只有经其法定代理

---

〔1〕 沈冠伶：《诉讼权保障与裁判外纷争处理》，北京大学出版社 2008 年版，第 156 页。

人的追认才有效。其次，测谎契约的主体还应当有同意能力。同意能力
是理性判断是否同意抛弃基本权行使的能力，包括认识整个事件的性
质、明确可能的法律后果、准确分析其所处的情况并恰当地作出决定的
能力。同意测谎的能力需要考虑的因素包括同意测谎带来的后果、嫌疑
程度、案件的严重程度、拒绝接受测谎是否会受到不利推断、拒绝测谎
时国家机关可能采取何种措施、该措施和测谎孰轻孰重等。同意能力是
一种价值判断能力，需要一定的理解能力、认识能力、判断能力，与其
年龄、智力等相关。不同的被测人，不同的案件，能作出这一理性决定
的年龄是有差距的，需要依赖具体案件来权衡。最后，因测谎技术的特
性，对被测人本身的心理和生理有特殊要求，如果测谎契约双方当事人
同时也是被测人，契约双方当事人还应当符合测谎技术要求的被测人条
件，包括年龄、身体状态、智力发展水平、认知能力、药物和毒品服用
情况等。具有同意能力的人可能属于不适宜接受测谎的人。一般来说，
低于 14 周岁的人认知水平较低，一般不对其实施测谎测试。又由于对
年龄过大的人实施测谎时测试图谱容易呈平直状态或没反应，对超过 70
岁的老年人也不宜测谎。[1]

（二）当事人的意思表示真实

当事人订立的测谎契约应当是基于自己的真实意思表示。基于虚假
的意思表示、欺诈、胁迫或者重大误解订立的合同属于无效或可撤销的
合同。在测谎契约中，除非存在胁迫、欺诈或者重大误解，一般都应当
认为其意思表示是真实的。在刑事诉讼中，国家与个人之间实力悬殊，
有观点因此而质疑被处分人面对国家机关时能否产生真实的同意。"个
人在刑事诉讼程序中面对国家机关时，一来往往误以为其有忍受之义
务，二来难以判断合法的与违法的强制处分的区别，三来必须担心随着
不同意而来的更不利的后果，因此只能逆来顺受。"[2] 事实上，这几个
理由都不足以否认刑事诉讼中同意的存在。通过对公权力机关设定相应

---

[1]　James R. Wygant，"Uses, Techniques, and Reliability of Polygraph Testing"，*American Jurisprudence Trials*，Vol. 42，1991，p. 313.
[2]　林钰雄：《搜索扣押注释书》，元照出版公司 2001 年版，第 164 页。

的告知义务，告知相对人无忍受强制处分的义务，可以避免相对人基于错误而作出同意表示。至于被处分人因难以判断合法与违法的强制处分的区别而作出错误同意的，可以通过程序违法制裁来实现救济，否定相对人作出的同意的效力。由于担心随之而来的不利后果而逆来顺受并不能说明同意是非自愿的，不一定导致同意无效。

同意自愿性的判断标准有主观标准、综合一切情状标准和客观标准的区别。所谓主观标准是指，判断同意是否出于自愿要以同意人的主观心理、精神状态为标准。即使警察相信同意人可以作出有效的同意，只要同意人欠缺同意的心理能力，该同意就是无效的。[1] 综合一切情状标准系美国联邦最高法院在夏内克洛思诉巴思塔曼特案（Schneckloth v. Bustamonte）[2] 中确立的。根据该标准，判断同意是否出于自愿应综合考虑警察的客观行为是否构成强制，以及被处分人的主观意愿、智力状况、受教育程度等个人主观情况。但在合众国诉德雷顿等人案（United States v. Drayton et al.）中，美国联邦最高法院则抛开了被处分人的主观情况因素，采用了客观标准，无论被处分人是否系自愿作出同意。[3] 本书认为，既然同意是指被处分人同意，当然不能抛开被处分人的具体情况，单凭警察的行为来作为判断依据。对自愿性的判断应当综合主客观情况全面考虑。具体来讲，需要参考社会上一般人的通常观念，立足于被测人的具体情况，综合考虑被测人的意识状态、精神状态、受教育程度、理解能力、决策能力等内在情况，以及侦查人员在征询被测人是否同意测谎时是否有强迫、欺诈或其他不正当的方法等外在情况。

为保障同意的自愿性，需要注意以下几点：首先，应当明确不得因被测人拒绝测谎而作出不利的推定。但是，在实践中因被测人拒绝测试而得出不利推定的情况并不少见，有的案件甚至在判决书中直接表明这种推定。被要求进行测谎的人拒绝测谎的原因是多样的，可能是因为心虚，也可能是对测谎技术没有信心，担心被错误地认定为说谎而索性拒绝测谎。因拒绝引起的不利推论将使被测人不敢行使拒绝的权利，导致

---

[1] United States v. Elrod，441 F. 2d 353（5th Cir. 1971）.

[2] Schneckloth v. Bustamonte，412 U. S. 218（1973）.

[3] United States v. Drayton et al.，535 U. S. 903（2002）.

虚假同意。这种违背内心意志自由的虚假同意不是真实的同意，将损害同意程序的初衷。其次，为了保障同意的自愿性，应当对国家机关设定告知义务。只有当国家机关明确告知被测人有拒绝的权利时，国家才履行了其积极保障基本权的义务。如果不知道有拒绝的权利而作出同意的表示，相当于是在没有完全认清形势和自己的权利状态的情况下作出的同意，该同意的表示并不是一个理性思考的结果，这种同意并不是一个真正的同意。为此，法院应当向当事人释明，即使不接受测谎，也不会对法官的心证产生不利影响，不会招致不利推定。在实务中也有许多拒绝测谎的案件，绝大部分并没有使法官产生不利的推定。再次，正确评价拘禁或逮捕对同意自愿性的影响。测谎中的被测人很多是在被拘禁或逮捕之后才被要求接受测谎的，那么，被拘禁、逮捕的人所作的同意是否还具有自愿性？对于合法采取的拘禁、逮捕措施，固然只能作为自愿性判断的众多因素中的一个，但如果拘禁、逮捕本身是非法的，该非法的拘禁、逮捕应当被认为是一个重大的强制或胁迫，受非法拘禁、逮捕之人所作的同意不具有自愿性。最后，当事人明知自己的主张是虚假的，但是认为自己能够凭借反测谎措施打败测谎仪，从而同意测谎，这是理性人自愿作出的理性选择，是真实意思表示。

（三）测谎契约不违反法律或者社会公共利益

合同的生效要件包括合同不违反法律、行政法规的强制性规定，不违背公序良俗。当事人签订测谎契约，同意对自己实施测谎测试，同意把测谎结论作为证据使用，这种同意的合法性如何，一直有争议。测谎通过限制或剥夺被测人的人身自由，给予被测人以特定的刺激，激发并揭示被测人不欲为人所知的内心所思所想，可能侵犯被测人的隐私权和反对自我归罪特权，属于基本权干预行为。对于基本权干预行为，能否通过被测人的同意使其具备合法性，是测谎契约是否具备合法性的关键问题。

对于测谎中的同意的性质，理论上有争议。有观点认为，同意是被测人对基本权的行使而不是放弃，因为基本权利一旦被放弃就不复存在。[1] 另有观点认为同意是对基本权的放弃。但这种放弃并不是抛弃基

---

[1] 李瑞敏：《论强制处分之同意》，台湾政治大学 2003 年硕士学位论文。

本权利本身，只是放弃对权利的行使，同时也放弃对国家干预基本权的行为提起异议。[1] 被测人通过放弃权利的行使，赋予测试机关测谎的正当性，使测谎具备正当性和合法性。如果被测人反悔，可以撤回测谎契约，撤回对权利的放弃，从而重新获得权利。同意测谎到底是基本权的行使还是基本权的放弃，是很难区别的，因为两者都是当事人自我意愿的表示，是同一事物的两个方面。当事人行使同意权，同意他人干预自己的人身权、隐私权等基本权利，同时也放弃了对抗他人对自己基本权利干预的权利。但是，从概念内容上来说，当事人同意测谎更接近对基本权利的放弃，将同意视为对基本权的放弃更为妥帖。[2]

公民抛弃基本权，同意对自己实施测谎的行为是否具有合法性呢？有观点认为抛弃基本权的行为并不合法。[3] 理由是基本权利不仅仅是公民个人的权利，还关系到国家机关的功能，涉及公共利益，不能够由当事人任意处分、任意放弃。另一种相反的观点认为当事人可以自由放弃某些基本权利，只是这种自由是有限制的，对基本权的放弃不能践踏人性尊严。上述两种观点都有不合适的地方。第一种观点太过绝对，因为一些基本权利中规定的内容本身就涵括了抛弃基本权利的意思，例如放弃继承遗产也是继承权的内容之一。第二种观点也不尽然全对，如司法基本权等基本权利，当事人并无处分权。折中说主张基本权利是有双重属性的，应当根据基本权的不同性质来区分是否可以放弃。[4] 对于仅保护个人权益的基本权允许当事人自由放弃，但是对于那些与公共利益有重要关联的基本权利或者与公序良俗、司法制度密切相关的权利的放弃要受到宪法、法律的限制。[5] 当事人的同意如果不会对更高法益产生侵害，就允许其自由抛弃。这种判断需要在个案中进行权衡，也就是说法官可以利用其自由裁量权判断是否允许当事人抛弃基本权。当事人签订测谎契约的行为并没有涉及第三人或者国家、社会的利益，仅仅涉及双

〔1〕 程明修：《基本权之抛弃》，《月旦法学教室》2005年总第35期。
〔2〕 邵劭：《测谎结论的证据能力研究》，法律出版社2016年版，第161页。
〔3〕 黄慧婷：《同意搜索与违反令状原则之法律效果——台湾法院88年度上诉字第2957号判决评释》，《台湾本土法学杂志》2001年总第27期。
〔4〕 李瑞敏：《论强制处分之同意》，台湾政治大学2003年硕士学位论文。
〔5〕 刘思吟：《测谎在刑事诉讼中之法律地位》，台湾政治大学2006年硕士学位论文。

方之间的利益，这种同意只是在个案中有效，只针对个案中的人和权利，可以由双方自由处分。况且，法院也不会将测谎结论作为唯一的判案依据，是要在形成完整的证据链之后，再作出判决，不会损害司法公正。因此，通过放弃基本权同意测谎是合法的。

（四）测谎契约须经人民法院认可

测谎契约属于取效性诉讼行为，并非当事人同意测谎就可以启动测谎程序，测谎契约只有通过法院的许可才能够生效。[1] 当事人可以达成测谎合意，提出测谎申请，但是当事人的测谎契约能否生效还取决于法官的自由心证。人民法院在判断是否同意当事人的测谎契约时，需要考虑以下三个方面：（1）是否有必要进行测谎。如果测谎契约中涉及的事项对待证事实的认定有意义，就可能同意测谎。反之，如果测谎契约中涉及的事项对审判无足轻重，就不需要浪费时间和精力进行测谎。因为无论测谎结果如何都不会影响法官的裁判。[2] 另外，如果测谎事项和案件事实没有相关性，那么测谎也是没有必要的。如关于借款纠纷，一般测谎的事项都是借款数额、是否曾经借过款项或者是否已经还款等与案件相关的事实，否则法官可能认为没有相关性。（2）测谎一般作为发现案件真相的最后手段。测谎毕竟是具有基本权干预性质的行为，在能够通过其他措施查明案件事实的情况下，无须启动测谎。测谎程序的启动要遵循比例原则，把测谎带来的权利侵害性降到最低。只有在没有其他事实认定途径，案件处于真伪不明的情况下，法官才可能考虑同意当事人的测谎契约。[3] 当然，如果是在刑事诉讼中作为侦查手段，测谎无须作为最后手段。具体何时启动测谎，要根据测谎的技术要求，在最恰当的时机介入。（3）测谎的限制。应该对测谎内容进行一定的限制，如果超过了这个限度就不能生效。测谎事项如果有违公序良俗，测谎契约无效。如以夫妻一方是否出轨作为测谎问题的，测谎契约无效。

---

〔1〕 ［日］新堂幸司：《新民事诉讼法》，林剑锋译，法律出版社 2008 年版，第 295 页。

〔2〕 ［德］罗森贝克等：《德国民事诉讼法》，李大雪译，中国法制出版社 2007 年版，第 861 页。

〔3〕 王学棉：《事实推定：事实认定困境克服之手段》，《清华法学》2009 年第 4 期。

四、测谎契约的撤回

理论上一般认为，因错误、欺诈或强迫而实施的诉讼行为具有撤回或补正的可能性，可以撤回其意思表示。[1] 因此，在签订测谎契约过程中如果出现错误、强迫、欺诈，当事人有权撤回意思表示，并对有关行为进行补正，如以证据的获得不合法为由申请排除证据。证据契约的目的是发生诉讼法上的效果，在证据契约被提出之前，其诉讼法上的效果并未显现，即使允许撤回也不会影响程序的安定性，而且也能保护当事人的利益。即便证据契约已经被提出，只要法院还没有作出生效裁判，也是有补正可能性的。

关于测谎契约更重要的问题在于，在并不存在意思瑕疵的场合，是否允许当事人撤回同意的意思表示。虽然禁止反言原则要求被测人受自己先前同意的约束，但是在被测人不愿意继续测试的情况下强行测试，将使测谎难以找到正当性依据，也会影响测试的准确性，无法达到测试的目的。如果测谎测试已经完成，则不能允许被测人撤回其同意，转而主张测谎侵犯其基本权。因为已经实施完毕的经同意的测谎，失去了撤回同意的标的，已经无法撤回。如在合众国诉菲尔兹案（State v. Fields）里，公诉人、被告人及其律师签署了关于测谎结论的可采性协议，被告人绝对地、不能撤销地放弃了把测谎结论作为证据的每一项异议权，包括对证据的相关性、实质性、有效性、可靠性的异议权以及对宪法权利和测试准确性的异议权。由于测谎结论不利于被告人，被告人遂主张协议是无效的，因为它侵犯了被告人基于宪法第四、第五、第十四修正案享有的基本权，特别是第五修正案赋予的反对自我归罪特免权。辩方律师希望法庭审查被告人是否能够放弃其与测谎有关的宪法权利。法庭认为，仅仅因为测谎结论不利于被告人就允许其改变立场，反对测谎证据的可采性，是不可思议的。法庭指出，只要是出于理智与自愿，被告人可以放弃各种宪法权利和特免权，而且被告人签订的协议本身包含了对宪法异议权的明示放弃。法庭指出，接受测谎的想法是被告人自发产生

---

[1] [日] 三月章：《民事诉讼法》，成文堂 1985 年版，第 286 页。

的，测谎协议是在充分协商了其律师之后做出的，该协议不仅是一个关于接受测试的协议，而且是一个承认所有与测谎结论有关的证据以及专业测试人员的意见的可采性的不能撤销的协议。[1]

基本权抛弃理论认为，基本权的抛弃并不是抛弃基本权本身，而是抛弃基本权的行使。这种抛弃不是永久抛弃，而是一种点状的抛弃，是在特定的事件和特定时间内的抛弃。在法律许可的范围内可由权利人自行决定基本权抛弃的范围和时间。因此，权利人可以随时撤回抛弃表示。在测谎测试中，测谎实施前和实施过程中，都应当允许被测人撤回其同意表示。同时，测试人员发现被测人拒绝测试或出现不宜测试的情况时应立即停止测试。为了保障被测人可以随时撤回其同意，撤回同意的方式应该是多样的，可以书面方式也可以口头方式，可以明示也可以默示。

当事人撤回测谎契约的，应当将撤回的意愿告知另一方当事人。撤回测谎契约的一方当事人只需告知对方当事人自己撤回的意愿，不需要对方的同意。撤回测谎意思的当事人还需以书面形式告知办案机关。在民事诉讼中，人民法院应当对其申请进行形式审查，如果有恶意串通、胁迫或者欺诈的，人民法院不予准许。当事人应该在测谎结论作出之前提出撤回请求，已经得出测谎结论的，不得申请撤回。不得在测谎结果生成后，由于结果对己不利，就质疑测谎结论的证明力。测谎契约一旦订立，就对订立契约的双方具有约束力，一般在测谎结果出具后，不允许撤回契约的同意。

第三节　测谎契约对测谎结论证据能力的影响

测谎在世界上几十个国家得到广泛使用，但各国对测谎结论证据能力的处理并不相同。有的国家基于对测谎科学性或正当性的担忧，没有承认测谎结论的证据地位；而有的国家和地区充分利用测谎契约的作用，使测谎结论的证据能力得到测谎契约的加持，并成功进入法庭审理程序。我国对证据能力的审查是从客观性、相关性和合法性这三方面进

---

〔1〕　State v. Fields，434 S. W. 2d 507，511（Mo. 1968）.

行的，但测谎结论的客观性和相关性都与测谎的科学性密切相关，而测谎结论的合法性与测谎的正当性联系紧密，故对测谎结论证据能力的讨论集中在科学性、正当性和合法性上。除了从传统的证据能力三性上讨论测谎结论的证据能力，测谎契约对测谎结论的证据能力也有重要影响。测谎契约对影响测谎结论证据能力的几个不利因素均有较好的消解效果，是提升测谎结论证据地位的有力因素。无论是在我国诉讼实践还是在域外司法实务中，测谎契约对测谎结论证据地位的提升作用都是非常明显的。

一、我国围绕测谎结论证据能力的争议和评析

公安部和最高人民检察院分别在 2005 年和 2006 年把心理测试（测谎）技术列为刑侦技术和法定鉴定项目，法院也在裁判中积极应用测谎结论。测谎技术在我国司法实践中发挥的作用非常明显，不仅是公安机关侦查破案的有效技术，也是检察办案的重要手段，在法院裁判文书中也较常见。

实践中存在赋予测谎结论证据地位的强烈需求，承认测谎结论的证据地位具有多方面的重要意义：（1）承认测谎结论的证据地位有助于司法人员树立正确的测谎观，理性对待测谎结论，既不将其视为巫术而一概排斥，也不将其一律视为科学事实一概采纳。（2）赋予测谎结论证据地位才能规范测谎结论的生成和审查过程。在实施测谎测试的案件中，测谎结论无疑在事实上发挥了证据的作用，加强了办案人员的心证，但如果测谎结论不具有证据资格，则不能在诉讼文书中体现，也无须接受法定的证据调查、程序审查。当前，法官在裁判文书中对当事人与测谎有关的行为如何处理、是否应当对测谎结论作出说明、是否应当采纳测谎结论、以何种理由采纳测谎结论等重大事项，处理很不统一。赋予测谎结论以证据地位是统一司法，结束目前各行其是的混乱局面的最直接、最有效的措施。（3）承认测谎结论的证据能力有助于扩充证据来源，缓解当事人举证和办案机关办案困难。承认测谎结论的证据地位，当事人能够增加一种证明自己诉讼主张的手段，有助于当事人有效参与诉讼，以自己的行为积极地影响乃至决定案件结局，对实现诉讼主体地位大有裨益。（4）把测谎结论纳入证据体系将大大减少案件在真伪不明

时直接依据证明责任规范作出裁判的现象，有助于实现实体公正。

　　然而，虽然实践中存在赋予测谎结论证据地位的强烈需求，但是，围绕测谎技术的科学性、正当性、合法性问题仍然存在一定的质疑。深入分析赋予测谎结论证据地位的妨碍因素，有助于对测谎结论的证据地位问题作出正确的回答。

（一）科学性问题

　　反对赋予测谎结论证据地位的主要的理由是测谎的科学性不足。测谎结论作为证据的前提条件是其能够证明案件事实。如果测谎结论的科学性不足，当然不能作为证明案件事实的依据。反对测谎科学性的观点认为，由于测试时受多种因素的影响和制约，测试结论的准确性有较大的局限性。用测谎审查被告人口供，很难得出符合实际的结论。[1] 质疑测谎科学性的理由主要包括测谎的理论基础不牢固，不同人的心理素质不同会导致测谎不准确；反测谎措施可能使测谎准确率下降；测谎结论无法经受反复验证。反对测谎的观点还认为，即使测谎的准确率在90%以上，100人中也将有10人被错误认定。对这些被冤枉者，测谎的准确率是0%，90%的准确率数据根本没有任何意义。[2] 支持测谎具有科学性的观点认为，测谎的准确性已经不是其应用的关键问题，经合格的测试人员利用先进仪器的测试，准确率是有保障的。[3] 提交到法庭的各种证据都不能保证百分之百的准确，测谎结论具有科学性，不能因可靠性排除测谎结论成为证据的可能。[4] 对测谎结论科学性的质疑，有的并不合理，有的虽然有一定道理，但仍然是可以得到合理解释的。

　　对测谎结论科学性的质疑有些是基于对测谎的误解。（1）关于测谎可靠性。当前理论上比较成熟、实践中运用较多的测试方法主要是准绳问题测试法和隐蔽信息测试法，这些方法经过大量的实验室研究和实际案件检测，被认为具有很高的信度和效度。美国国家学院的国家科学研

〔1〕　陈一云主编：《证据学》，中国人民大学出版社1991年版，第349页；向建国：《真实的谎言——测谎结果不宜作为刑事诉讼证据之思辨》，《犯罪研究》2004年第2期。
〔2〕　吴丹红：《民事诉讼中的测谎——基于证据法角度的分析》，《中外法学》2008年第6期。
〔3〕　杨旺年：《关于测谎及其结论的争议与评析》，《法律科学》2004年第2期。
〔4〕　周箐：《测谎结论的法律定位》，《华东刑事司法评论》第5卷，第119页。

究委员会于 2003 年对测谎准确性作了一次权威评估，认为测谎的综合准确率在 81%—91%〔1〕2011 年底，美国测谎协会完成了一次有关测谎效度的综合研究，研究结果与美国国家科学研究委员会于 2003 年的评估报告一致。一项针对我国 1994—1997 年运用美国贝克斯特测谎系统进行的测谎测试的研究表明，我国刑事案件测谎结论准确率达 95%，民事案件测谎结论准确率达 92.5%。刑事案件测谎结论的相关系数为 0.91—0.95，民事案件测谎结论的相关系数为 0.70—0.85。该研究中测试结论准确性数据得到其他信息来源独立证实，测谎结论具备独立性〔2〕 还有研究表明，测谎结论的准确性能够得到案件后续审理程序和执行结果的印证〔3〕 对被测人进行多次重复测试确实可能导致一些问题，测谎一般不会对被测人实施重复测试，但是这并不妨碍对测谎进行信度研究。我国有学者分别研究了测谎的重测信度和评价者间信度。对同一被测人采用同一测谎题目进行两次测试，测谎间隔时间从几小时到一周不等，100 多名被测人两次测试结果之间的相关性均在 0.90 以上；两名测试人员分别对 100 名被测人同时进行测试，各自记录测试结果，二人测得的测试结果的相关系数为 0.87—0.95。因此，测谎具有较高的信度〔4〕（2）要求测谎的准确率达到 100% 是一种苛求。那种认为对于被冤枉者而言，90% 的准确率根本没有任何意义的观点是值得商榷的。如果一项技术只有达到百分之百的准确率才可以使用，我们将没有可供使用的技术。任何技术，包括被我们普遍承认的 DNA 鉴定、笔迹鉴定、指纹鉴定等，其结论的准确率也达不到 100%。我国法律规定的 8 种证据也没有哪一种是 100% 准确的。证人证言、当事人陈述之类的证据，其可靠性更是值得怀疑，但是丝毫不妨碍其成为证据。

---

〔1〕 National Research Council of the National Academies, *The Polygraph and Lie Detection*, The National Academies Press, 2003, p196.

〔2〕 潘军、李焰：《美国贝克斯特测谎系统在我国法庭科学中的应用》，《心理学报》2001 年第 3 期。

〔3〕 汤鸣：《民事诉讼中的测谎问题——以 41 个案例为样本的分析》，《学习与探索》2010 年第 5 期。

〔4〕 潘军、李焰：《美国贝克斯特测谎系统在我国法庭科学中的应用》，《心理学报》2001 年第 3 期。

在对测谎科学性的质疑中，对原理的质疑具有一定道理，但是仍然能够得到合理的解释。总体而言，测谎的原理已经经受了无数次科学实验和实践案例的证明，已经得到主流心理学的肯定。认为测谎结论受被测人心理素质影响的观点，系对测谎原理不了解所致。测试结论是以同一个被测人对相关问题和对照问题的反应强度为对比，确定其对测试相关问题有显著反应及反应的强度，被测人的心理素质并不能影响测谎的准确率。但是，测谎原理中确实还存在用当前心理学理论解释不力的地方，如撒谎和反应之间是否存在特异对应关系。以前的理论难以解释这个问题，成为对测谎最有力的质疑。根据最新的解释理论，朝向反射理论能够对此作出回应。朝向反射理论认为，测试所检测的并不是撒谎的生理反应，而是对新异刺激的反应，这种理论完美地避开了不存在撒谎的特异性生理反应问题。至于无辜的诚实被测人因为偶然因素而在相关问题上产生的生理反应，可以通过多组测试问题予以平均掉。

虽然心理学理论能够对测谎原理作出合理的解释，但是，其实是把问题进行转换回避。为了使测谎的科学性更坚固，实践中探索出的可行策略是由当事人签订测谎契约，通过契约认可测谎结论的可靠性，并同意将测谎结论作为证据使用。这种做法系将科学问题转换为法学问题，以法学领域熟悉的方式解决科学问题。这种做法在测谎技术发达的国家已经得到普遍使用。下文将会就此专门讨论。

（二）正当性问题

反对运用测谎技术的观点，除了认为测谎结论的科学性不够，另一个重要的理由就是测谎不具有正当性。测谎可能侵犯被测人的自由权、隐私权、反对自我归罪特权等权利。在测谎过程中，被测人需要一直待在测谎室内，保持静止不动状态，其身体自由受到限制。测试人员把试图调查的问题编排成相关问题进行提问，强制被测人回忆其实施或经历过的事实，激起被测人努力隐瞒的强烈的心理生理反应，侵犯了被测人的精神自由。测谎测试的问题属于被测人的隐私，且这些隐私属于法律保护的范围，因此测谎可能侵犯隐私权。测谎具有言辞交流的性质并具有强制性，违背了反对自我归罪特权。由于测谎对这些权利的侵犯性，反对测谎的观点认为测谎缺乏伦理上的正当性，甚至认为测谎属于精神上的刑讯逼供，是对人性尊严的侵犯。[1] 一些国家因此而反对测谎技术的运用，如德国联邦最高法院一度认为，测谎将泄露被测人非自主性的生理反应，触及了被测人的灵魂地带，被告人就此沦为刑事诉讼程序的客体。因此，测谎的使用会侵犯被测人受基本法第 1 条保障的人性尊严不可侵犯权以及德国《刑事诉讼法》第 136 条 a 项规定的意思决定与意思活动之自由。[2]

承认测谎结论正当性的观点认为，测谎确实可能对公民基本权形成干预，属于基本权干预行为，但法律允许国家在具备正当理由时干预公民基本权利，只是这种干预必须受到限制。具备基本权干预正当化事项的测谎具有正当性。首先，根据基本权干预理论，审查一项基本权干预行为是否具有正当性，必须分别审查其是否符合法律保留原则和比例原则的要求。法律保留原则和比例原则共同构成基本权干预的违法阻却事由或正当化事由。[3] 测谎对人身自由、意志自由和隐私权的干预是显而易见的，但是，测谎属于鉴定，能够在法律规范中找到授权依据，测谎的实施符合法律保留原则。[4] 我国《刑事诉讼法》明确规定了鉴定的相关内容，《公安机关鉴定机构登记管理办法》和《人民检察院鉴定机构登记管理办法》也明确把心理测试（测谎）纳入登记管理的鉴定业务。因此，虽然鉴定属于法律保留事项，但测谎属于法定鉴定项目之一，测谎的实施是得到《刑事诉讼法》授权的，测谎能够满足法律保留原则的要求，具备形式正当性。测谎的实施有其启动条件，在决定是否启动测谎时需要考虑测谎是否有助于达成公权力行为的目的、追诉的犯罪的种类、被测人是犯罪嫌疑人还是第三人、被测人的嫌疑程度、测谎对于查清案件的必要程度等。经各方综合权衡，符合比例原则的测谎具备基本权干预的一般正当化事由。其次，由于测谎的技术特性，实施测谎还必须获得被测人的同意。获得被测人同意的测谎才能保障测谎的准

---

〔1〕 盛大林：《当心！"测谎仪"可能沦为刑讯逼供帮凶》，《法制日报》2001 年 9 月 17 日，第 2 版。

〔2〕 Craig M. Bradley, "The Exclusionary Rule in Germany", *Harvard Law Review*, Vol. 96, 1983, p. 1050.

〔3〕 林钰雄：《干预处分与刑事证据》，北京大学出版社 2010 年版，第 11 页。

〔4〕 关于测谎的鉴定属性，前文已经有详细论证。

确性，被测人同意测谎还是测谎获得正当性的道德保障。因此，被测人的同意是测谎获得正当性的特殊要件。如果被测人同意测谎，就意味着被测人让渡权利，使测谎的实施不再具有侵权性，从而具备正当性。[1]

至于测谎是否侵犯反对自我归罪特权，首先，取决于各国的具体规定。反对自我归罪特权的保护范围，决定了测谎可能侵犯的对象是否属于反对自我归罪特权的保护范围。对此，世界各国的规定并不相同。如日本规定反对自我归罪特权仅保护言词供述，而测谎检查结果不是供述证据，测谎不侵害反对自我归罪特权。因为在实施测谎检查时，被测人对测试人员的发问没有回答的必要，即使被测人作出回答，也不能把该回答作为证明该答辩内容真实性的供述证据。其次，无论反对自我归罪特权的保护范围如何，如果被测人同意放弃特权，也可以使测谎具备合法性。被测人同意实施测谎，同意将其内心所思所想呈现于外部，不存在法律保护范围的隐私；经被测人同意实施的测谎，被测人同意固定于测谎室，同意放弃自由权。同意使测谎行为具备正当性。

因此，测谎的正当性问题集中于被测人的同意问题。无论是对特权的放弃，还是基本权干预行为的正当化，都需要被测人的同意来赋予。

（三）合法性问题

测谎的合法性问题是测谎面临的重大挑战。在我国大陆地区，测谎的合法性问题屡受质疑，因为测谎对公民基本权利具有干预性，但是我国《刑事诉讼法》和其他法律中均无有关测谎的具体规定，测谎似乎于法无据。此外，证据的合法性还要求证据必须具有合法的形式，即证据属于法定的 8 种证据之一，测谎结论只有属于法定 8 种证据之一才能具备证据合法性。有观点认为，测谎结论与鉴定意见有着本质的区别，鉴定意见针对的是案件事实本身，而测谎针对的是涉案人，涉案人不是案件事实。鉴定意见强调的是对案件中的"专门性问题"所作出的判断，测谎结论仅仅是对犯罪心理痕迹的判断，并不是专门性技术问题。[2]

---

[1] 邵劭：《论测谎的正当性》，《政法论坛》2015 年第 5 期。
[2] 反对测谎结论属于鉴定意见的观点参见李欣：《测谎结论证据能力问题研究》，《政法学刊》2008 年第 4 期；向建国：《真实的谎言——测谎结果不宜作为刑事诉讼证据之思辨》，《犯罪研究》2004 年第 2 期等。

1999 年，《最高人民检察院关于 CPS 多道心理测试鉴定结论能否作为诉讼证据使用的请示的批复》也否定测谎结论属于鉴定结论。该批复指出，"CPS 多道心理测试（俗称测谎）鉴定结论与刑事诉讼法规定的鉴定结论不同，不属于刑事诉讼法规定的证据种类。人民检察院办理案件可以使用 CPS 多道心理测试鉴定结论帮助审查、判断证据，但不能将 CPS 多道心理测试鉴定结论作为证据使用。" 2020 年，《最高人民法院关于人民法院民事诉讼中委托鉴定审查工作若干问题的规定》认为，测谎事项不属于查明案件事实的专门性问题，将测谎列为不予委托鉴定的事项。

肯定测谎合法性及测谎结论证据地位的观点是，测谎一般都是在双方当事人同意的情况下进行的，法律没有禁止实施测谎，就来源讲测谎结论不存在非法性。[1] 在承认测谎合法性的前提下，对测谎的具体定性，又有不同观点。一种观点认为，国家安全机关、公安机关因侦查犯罪的需要，可以采取技术侦查措施。测谎测试属于技术侦查措施，测谎具有合法性。[2] 还有观点认为测谎结论属于鉴定意见，间接认可测谎属于鉴定。"测谎结论是鉴定人关于案件中某些专门问题的意见，与精神病鉴定意见具有相同的性质。""测谎结论属鉴定意见，只不过测谎技术突破了以往对'物'的鉴定而发展成对'人'的直接甄别而已。"[3]

本书认为，测谎及其结论的合法性问题，归根结底是测谎的法律属性问题。在现行法律没有明文规定测谎的情况下，测谎是否具备合法性取决于测谎能否在现行法律体系中找到自己的归属。测谎并不属于技术侦查措施，因为技术侦查措施具有隐蔽性，是秘密进行的，而测谎是公开进行的，被测人知道测谎的实施。

测谎的性质较难确定，与测谎过程的复杂性有关。测谎包括测前准备、测前谈话、主测试、图谱分析等一系列过程。需要进行查看现场、谈话、提问、采集被测人的生理反应图谱、图谱分析等活动，这些活动

---

[1] 刘惠冲：《测谎结论的证据化及其应用》，《人民司法》2009 年第 19 期。

[2] 孙磊：《测谎结论成为法定证据的必然性》，《黑龙江省政法管理干部学院学报》2008 年第 3 期。

[3] 赞同测谎结论属于鉴定意见的观点参见宋英辉：《关于测谎证据有关问题的探讨》，《法商研究》1999 年第 5 期；何家弘：《测谎结论与证据的"有限采用规则"》，《中国法学》2002 年第 2 期；等等。

分别具有勘验、讯问、人身检查、采集样本和鉴定的特征。测谎的最终
目的是获取被测人对案件事实的认知、记忆或信息，并进一步判断被测
人陈述的真伪。被测人储存在大脑里的这些记忆或信息，办案人员无法
通过常识得知，只能通过专门仪器应用专门技术采集并分析生理反应图
谱来识别。测谎的各个环节中，图谱分析是最具决定意义的环节，图谱
分析正是具有专业知识的测试人员应用专门知识对案件中的专门性问题
得出的结论性意见。因此，虽然测谎在鉴定的对象与方法上与传统的鉴
定有所不同，但测谎与鉴定之间并无本质上的区别。公安部和最高人民
检察院也把测谎纳入应当实行登记管理的鉴定范畴，法院的裁判文书也
大多把测谎定性为鉴定。因此，测谎属于法定鉴定项目之一，测谎是得
到诉讼法授权的，属于诉讼制度的一部分，我国诉讼法关于鉴定的法律
规定是测谎的法律依据。测谎属于鉴定，那么测谎结论属于鉴定意见就顺
理成章了。关于测谎的鉴定属性，以及《最高人民检察院关于 CPS 多道心
理测试鉴定结论能否作为诉讼证据使用问题的批复》和《最高人民法院关
于人民法院民事诉讼中委托鉴定审查工作若干问题的规定》中的不合理之
处，在第四章中有关"测谎伦理和法律风险的应对"部分已有详细论述，
此处不再赘述。

二、测谎契约对测谎结论证据能力妨碍因素的消解

在对测谎结论的科学性、正当性和合法性的肯定和论证过程中，都
能看到同意测谎的因素。同意测谎对测谎结论的科学性、正当性和合法
性都能有很好的支持作用。

（一）测谎契约弥补测谎原理的科学性缺憾

科学性是科学证据的基本要求之一。对测谎科学性的质疑是阻碍测
谎结论获得证据地位的重要原因之一，反对者认为测谎结论不一定准
确，不准确的测谎结论作为证据在法庭中使用可能损害当事人的合法权
益，并损害司法公正。对测谎科学性的质疑既有对测谎方法和准确性的
怀疑，也有对测谎原理的质疑。针对测谎的各项研究和权威机构的评估
都表明，常用的测谎方法的实验室研究和实地研究准确率都相当高，对

测谎方法和结果的质疑并不能否定测谎结论的科学性。但是，测谎原理确实还存在目前难以从科学上进行解释的障碍，无疑会从源头上影响对测谎准确率的信心。

测谎与笔迹鉴定、精神病鉴定类似，一方面需要依据专门的科学原理和规律，应用专门的科学知识进行；另一方面又离不开测试人员的专业经验和主观判断。这类鉴定的一个共同特点是，虽然测试人员通过检验、分析得出的结论能够用其他独立证据来检验其可靠性，但是，仍然存在一些无法用原理和规律说明的例外情况。这种情况类似于很多疾病可以用中药治愈，但是中医无法明确说明疾病的产生原因和治疗原理。测谎同样存在这样的情形。测谎的原理之一就是说谎的人会因紧张产生异常生理反应，而说真话的人不会有这种反应，这个原理能够得到心理学和生理学理论的验证和支持。但是，也有相反研究表明，虽然很多时候撒谎会引起异常身心反应，但说谎和异常的身心反应之间不是一一对应的特异关系。这一方面说明从异常身心反应可以得出撒谎结论，另一方面也说明这一结论也有错误的可能性。这也是测谎测试存在一定的阳性错误率和阴性错误率的原因之一。虽然说任何证据都不可能百分之百地可靠，但是测谎原理的这一瑕疵成为测谎结论证据地位的重大妨碍因素。

从域外的做法来看，司法实务一般认可诉讼证据的科学性和科学研究的科学性不同。大多数国家都认可依据测谎原理设计的测谎方法有较高的信效度，认为测谎结论目前的可靠性足以保障其作为证据使用。与此同时，司法实务也认为，如果能够通过当事人的约定，不再争执测谎结论的可靠性，完全认同测谎结论作为证据使用，将使其证据地位更稳固。

科学原理的有效性和应用该原理的技术的有效性既可以通过科学方法和科学验证来确立，也可以通过一定途径在法律程序内转换为法律人熟悉的方式予以认定，如通过司法认知、立法认知、协议或者通过提交专家证言等证据来建立。[1] 在现有研究证明测谎具有足够可靠性但是测谎原理还存在瑕疵的情况下，当事人通过协议认可测谎结论的科学性是

[1] Paul C. Giannelli, "Admissibility of Scientific Evidence", *Oklahoma City University L. Rev.*, Vol. 28, 2003, p. 4.

把测谎的科学性验证从科学领域转换至法律领域的有效途径。当事人订立的测谎契约是确立测谎原理和方法有效性的途径。当事人在测谎契约中约定同意把测谎结论作为证据使用，即便测谎原理还有一定的瑕疵，即便测谎结果可能出现偏差，当事人也愿意接受。当事人的妥协退让和一致合意使测谎结论的科学性和客观性得到当事人认可。当事人通过协商达成认可测谎结论的合意，是当事人自由意志的体现。不论是当事人申请启动测谎，还是法院建议而后当事人同意测谎，都表明当事人愿意接受测谎结果可能的误差和不准确，是当事人意志的体现，应当得到法院的尊重。当事人的测谎契约能够对测谎科学性起到加强作用。

（二） 测谎契约赋予测谎正当性

公民基本权受法律保护，国家权力不得随意干涉，但是在符合法律保留原则和比例原则时，公民基本权利可以受到限制。测谎也具有基本权干预性，但测谎能够在法律制度体系里找到授权依据，能够符合法律保留原则的要求。在具体个案中，经各种权衡，如果能够符合比例原则，测谎就具备了基本权干预的正当性一般要件。同时，由于测谎的技术特性，测谎必须获得被测人同意才能实施，这既是测谎可靠性的要求，也是测谎伦理正当性的要求。因此，测谎要具备正当性，还需要具备一个特殊要件，即被测人同意测谎。被测人同意测谎一般是通过测谎契约来表达的，当被测人不是当事人时也可以体现为被测人签订的同意测谎书。

同意是基本权主体基于自愿的意思表示对基本权予以处分，使基本权产生缩减效果的法律行为。同意可以被视为一种基本权行使行为，也可以被认为是一种基本权抛弃行为。从基本权行使的角度来看，权利人不行使权利的行为也是支配自己权利的行为。把同意作为基本权行使行为意味着同意可以撤回，同意对未来的法律关系、权利状态没有影响[1]。把同意视为基本权抛弃行为时并不是抛弃基本权本身，只是抛弃基本权的行使，放弃对基本权干预行为提起异议的权利[2]。权利的抛弃和权利的行使都是权利人依自己的意愿去容许、认可国家机关的干预行为。从

〔1〕 李瑞敏：《论强制处分之同意》，台湾政治大学 2003 年硕士论文，第 11 页。
〔2〕 程明修：《基本权之抛弃》，《月旦法学教室》2005 年总第 35 期。

权利人同意他人干预自己权利来看，同意是一种基本权的行使；从同意的效果来看，权利人的同意将使其失去对抗国家基本权干预行为的权利，同意又是一种基本权的抛弃。基本权抛弃和基本权行使是一个事物的两个方面，只是观察的角度不同而已。

由于同意的对象是对基本权的干预，需要考虑同意的合法性问题，即公民是否有权以同意的方式同意国家权力干预基本权，或者说公民是否有权放弃基本权。判断同意的合法性问题要考虑公民所抛弃的基本权的性质以及法律保留原则的要求。其一，基本权的性质对同意合法性的影响。基本权不仅具有个人权利的属性，还具有客观规范的性质，也就是说设定基本权不仅仅是为了保护个人权利，还具有超个人的、社会的目标。基本权的抛弃并不是只关乎个人的权利，也不是都可以由权利人个人决定的事项。同意抛弃基本权是否合法要看所抛弃的基本权是否涉及公共利益或者社会制度。主要保护个人法益的基本权可以由权利人自由抛弃，与公共或社会制度具有较强相关性的权利不容许权利人自由抛弃，介于两者之间的权利需要具体权衡。当基本权抛弃不会侵犯更高的法益时，允许权利人自由抛弃；当基本权抛弃侵害了更高的法益时，权利人不得任意抛弃其权利，即使抛弃也不能使国家行为合法化。其二，法律保留原则对同意合法性的影响。根据法律保留原则，国家机关需要有法律的明确授权并严格遵循法定的程序才可以限制或干涉公民权利。有观点认为，承认同意的合法性是否意味着基本权主体的同意可以替代法律成为对国家行为的授权基础，使法律保留原则被虚置。[1] 这种担心是不必要的。构成基本权干预要求干预行为违背权利人的意志、干预行为对权利人的重要权利造成侵害。在同意的情形下，基本权干预行为并不违背基本权人的意志，而且，基本权人自愿放弃权利的行使也是权利行使的方式之一，国家行为并没有对基本权的行使造成限制，不存在基本权的干预行为。所以，在同意的情形下不存在基本权干预。以同意的方式抛弃基本权只在具体个案中有效，并不是以个人意思取代了法律。因此，同意并不违背法律保留原则。

---

[1] 高烊辉：《基本权之抛弃自由及其界限》，辅仁大学 1994 年硕士学位论文，第 137 页。

被测人同意测谎是否具有合法性，即被测人是否有权通过同意的方式放弃基本权，赋予测谎正当性的问题，也需要考虑同意测谎的属性以及同意测谎是否符合法律保留原则。测谎可能干预的人身自由权和隐私权保障的主要是个人法益，涉及的公益较小。权利人对人身自由权和隐私权的抛弃一般都具有合法性。至于测谎可能干预的反对自我归罪特权，本来就是可以由权利人放弃的权利，该权利本身的属性决定了抛弃的合法性。被测人抛弃其权利接受测谎，有时候不仅不损害其利益，甚至反而是一种避免侵害的有效途径。如果被测人不同意测谎，国家可能会采取其他更严厉的合法的干预措施，然后再进一步搜集证据。被测人为了避免国家采取这样的严厉措施，决定暂时放弃其人身自由、放弃其隐私权，以暂时的牺牲获得通过测谎来展示自己内心真实意图的机会。应当说，这种牺牲是被测人理性权衡的结果，这样的同意是有效的、自愿的同意。被测人通过签订测谎契约，抛弃其隐私权、反对自我归罪特权等，使测谎行为避免了对基本权的侵犯，不存在对法律保留原则的违背。

因此，虽然测谎可能干预被测人的人身自由权、隐私权、反对自我归罪特权等基本权，但是，经签订测谎契约，被测人同意实施的测谎具有正当性。当事人通过签订测谎契约达成同意测谎的合意，抛弃其基本权，使测谎具备了正当性。

（三）测谎契约对证据结论合法性的影响

我国诉讼法并没有禁止测谎，只要测谎的可靠性和正当性没有问题，就不存在从立法上禁止测谎的理由。测谎契约的签订扫除了因科学性或正当性担忧而从立法上排斥测谎的可能性。"从现行法律规定看，法律对测谎结论能否作为证据没有禁止性规定，测谎结论作为证据使用没有法律上的障碍。"[1] 有些地方则通过会议纪要的形式认可了达成测谎契约后测谎结论的证据地位。《浙江省高级人民法院民事审判第二庭

---

[1] 在该案中，被告在一二审期间均要求对双方的陈述进行测谎，但原告拒绝。在再审申请审查期间，法院采纳了被告的测谎鉴定请求，并得出了有利于被告的测谎结论。淮安市中级人民法院裁定对本案进行再审并撤销原判。法院认为测谎结论印证了被告主张的事实，而且综合原告在各诉讼阶段均不同意对自己进行测谎，最终支持了被告的诉讼主张。(2006) 淮审民一再终字第 0015 号。

关于在商事审判中贯彻民事诉讼诚实信用原则若干问题的讨论纪要》（浙高法民二〔2013〕13 号）第 10 条规定，"当事人无正当理由否定诉讼契约或翻悔商事活动中的承诺的，依法不予支持。涉及委托鉴定事项，当事人事先约定以鉴定结果作为实体处理依据，并据此达成调解协议的，如不存在违反法律规定或损害第三人合法权益的情形的，可以依法予以认可。当事人自愿达成进行测谎试验的诉讼契约，人民法院可予准许。测试结论可以作为认定事实的依据"。无论对测谎的可靠性和正当性有何担忧，如果当事人签订测谎契约，明确承认把测谎结论作为证据使用，就应当对当事人的合意予以尊重。如果当事人双方以书面形式承认把测谎结论作为证据使用，法院就会将其作为一种合法证据予以认可[1] 目前，以证据契约的方式作为采纳测谎结论理由的，带有一定的普遍性。

测谎契约对测谎结论证据能力从科学性、正当性和合法性方面发挥的积极作用，还可以从我国裁判文书中对测谎契约的适用以及域外国家和地区对测谎契约的应用中得到验证。

三、测谎契约对我国测谎结论证据能力影响的实证分析

在"中国裁判文书网"输入关键词"测谎"，截至 2019 年 12 月 23 日，共有 5030 篇裁判文书。在审理法院的层级上，四级法院均在利用测谎，其中以中级人民法院和基层人民法院为主，中级人民法院为 2879 篇，基层人民法院为 1941 篇。在使用的地域上，测谎已经覆盖了全国，其中，

---

[1] 如仇 A 与秦 A 离婚后财产纠纷案，双方对秦 A 是否支付给仇 A 6 万元争议较大。仇 A 向法院提出测谎申请，秦 A 也同意接受测谎。而且，双方均愿意将测谎结论作为定案依据。法院委托上海市公安局物证鉴定中心心理测试实验室进行测谎鉴定，鉴定结论表明，仇 A 在争议事实问题上未出现说谎生理反应，秦 A 在争议事实问题上出现了说谎生理反应。该鉴定结论经质证后，双方均表示对真实性无异议。原审法院认为，根据心理测试分析意见，秦 A 尚未支付给仇 A 相应款项，由于双方自愿接受心理测试，且均同意将测谎结论作为定案依据，故法院对该节事实予以确认。秦 A 以其接受测谎并非自愿，且测谎结论不准确为由提出上诉。上海市第二中级人民法院认为，根据一审时的相关笔录，秦 A 系自愿测谎且同意将测谎结论作为定案依据，故对秦 A 相应辩称，不予采信。参见（2012）沪二中民一（民）终字第 168 号。

以沿海省份最多，前四名分别是江苏、上海、山东和浙江，沿海地域的使用明显多于其他地域。在案由上，以民事案由最多，达 3970 件，刑事案由仅 91 件，在裁判年份上，2010 年以前每年仅 1—2 件，2011 年到 2013 年有所增长，但增速不明显。2011 年有 9 件，2012 年有 26 件，2013 年有 171 件。从 2014 年开始增幅显著，2014 年为 751 件，2015 年为 834 件，2016 年为 797 件，2017 年为 864 件，2018 年为 823 件，2019 年为 792 件。在 2017 年到 2019 年有一个小幅的回落，但回落不明显（见图 5 - 1）。

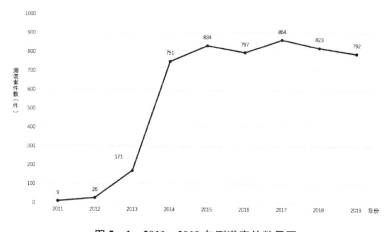

图 5 - 1　2011—2019 年测谎案件数量图

　　山东省是最早使用测谎的省份，2000 年时山东省县级以上公安局测谎的使用率就达到 50%。[1] 山东测谎技术的使用比较成熟、规范，故以山东省为例进行分析。山东省 2019 年共有 120 件案件涉及测谎，其中，刑事案件 2 件[2]，民事案件 118 件，现以民事案件为例进行分析。在 118 件民事案件里，根据是否最终实施了测试、测试结果的采纳情况分述如下（见表 5 - 1）：（1）提出测谎申请，但因各种原因未能实施测谎测试的，有 67 件，占比约 57%。其中，一方申请测谎但另一方拒

---

〔1〕　马佳：《测谎仪进中国》，《北京晚报》2000 年 7 月 23 日，第 17 版。
〔2〕　两起刑事案件分别为诬告陷害案和故意伤害案，参见（2019）鲁 0811 刑初 617 号和（2019）鲁 0113 刑初 43 号。

绝，没能达成测谎契约的案件[1]有41件，占比约35%；法院不批准测谎申请的有20件，占比约17%；双方达成测谎契约后，一方或者双方当事人不缴纳测谎费用或者拒不进行测谎，最终未能实施测谎的有6件，占比约5%。（2）当事人达成测谎契约且实施了测谎的案件有51件，占比约43%。其中，法院采纳的案件有38件，占比约32%；法院不予采纳的案件有13件，占比约11%。[2]

表5-1　2019年山东省民事案件测谎情况表

案件类型	数量	占比（%）	具体情形		
			未实施测谎的原因	数量	占比（%）
当事人提出测谎申请，但未能实施测试	67	57	一方拒绝	41	35
			法院不批准测谎申请	20	17
			不缴纳测谎费用或者拒不进行测谎	6	5
达成测谎契约且实施了测试	51	43	法院认为测谎契约有效，但因各种原因不予采纳	13	11
			法院采纳测谎契约	38	32

从上述数据可以看出，一方申请测谎的案件很多，但是最终实施了测谎的案件不多。很大一部分原因是另一方当事人拒绝测谎，这类案件达41件，占比约35%；双方达成测谎契约后，一方或者双方当事人不缴纳测谎费用或者拒不进行测谎，最终未能实施测谎的有6件，占比约5%。也就是说，因为当事人原因导致未能实施测谎的达47件，占比约40%。虽然法院不批准测谎申请的有20件，占比约17%，但分析法院

---

[1] 如陈某某与陈某某确认合同无效纠纷一案，原告申请进行测谎判断当事人双方是否具有房屋买卖关系，被告认为测谎意见不属于法定证据，进行测谎是没有意义的，拒绝测谎。参见（2019）鲁15民终2450号。

[2] 如刘义宾、田有震民间借贷纠纷案，当事人在一审庭审时达成测谎合意，一审法院明确了测谎的事项为"涉案款项是否交付"，但上诉人到测试机构进行测试时，测试事项被一审法院技术鉴定科予以变更。最终形成的书面测试意见载明的测试事项与上诉人向一审法院提交的申请测试事项完全相左，与一审法庭庭审时反复明确的测试事项也不一致。另测试机构给出的书面测试意见并不完整。故二审法院认定一审法院组织的测谎测试程序违法，结论无依据支持，无法作为认定案件事实的参考依据。参见（2019）鲁15民终2738号。

不批准的原因，应该说大部分都是有合理依据的，并非出于对测谎的偏见或者粗暴拒绝，当然，也有法院未予说明理由直接驳回的。法院驳回测谎申请的理由包括：测谎契约中约定的测谎事项与案件关键事实无关，没有测谎的必要；案件中对测谎事项已经有鉴定意见予以证明，不必要再进行测谎；当事人申请测谎时间超出了举证期限等。从已有文书可以看出，测谎契约对测谎结论证据能力有明显的加强作用，达成测谎契约的案件，测谎结论容易被法院采纳。但是，我国测谎契约的使用不多，很多案件无法达成测谎契约，或者达成契约之后当事人又反悔。造成这种现象的原因主要是没有违背契约的后果，当事人对测谎契约约束力认识不足。[1]

---

〔1〕 对此，有观点认为拒绝测谎的一方当事人应当承担违约责任，法官应当作出不利于他的心证，用失去证明利益来作为对违约者的惩罚。参见宋志军：《刑事证据契约论》，法律出版社 2010 年版，第 159 页。这种做法在实务中确实存在。如，路某某与谷某某民间借贷纠纷案，双方申请测谎，并达成合意。后一方接受了测谎，另一方未去测谎。测试结果对接受测试的这一方有利。法院认可测谎结果，并把另一方拒绝测谎作为对其不利的因素考虑。"本案中测试报告的结论和原告拒绝参加测试作为本院认定双方之间不存在借贷，涉案款项 12.5 万元为投资款的理由之一。综上所述，上述被告提供的证据以及测谎结论能够形成完整的证据链条，足以推翻原告提供的所谓借条和转账予以证明的借贷关系。"参见（2018）鲁 0305 民初 2919 号。还有观点认为虽然法官不能因为当事人撤回测谎契约或者有其他的违约行为对其形成不利心证，但还是要采取其他的措施对当事人进行惩罚，可以根据我国的《合同法》令其承担违约责任，包括定金罚则、赔偿损失、继续履行、支付违约金等。但是，撤回同意测谎的意思表示是被测人的权利，既然是权利就不得因权利的行使遭受不利益。而且强制当事人继续进行测谎显然违反了对人身权利的保护原则，在被测者存在抵触情绪的情况下，测谎机构很难得到准确的数据进行分析。因为拒绝测谎导致不利心证也不妥，如果让当事人因为拒绝测谎而承受可能败诉的结果等于变相强制其进行测谎，是侵犯人身权的表现。对此，只能从源头着手，加强释明，加大当事人签订契约的比例和自愿履行的比例。有的当事人拒绝测谎的原因是对测谎不了解，担心被错误认定。我国也没有关于测谎和测谎契约的明文规定，测谎契约的证据能力没有被立法明确固定下来，导致当事人对测谎契约的价值没有信心，不愿意签订契约。对此，办案人员可以向当事人解释测谎的原理、方法和可靠性，使当事人加强对测谎的信心，自愿接受测谎。在民事诉讼中，把测谎作为鉴定已经是相当普遍的情形，测谎结论作为鉴定意见也顺理成章。这些都有赖法官的释明，以及测谎技术推广和宣传。在民众中普及契约精神，也是提高测谎契约履行的重要途径。此外，还有些案件无法达成测谎契约是由于测谎费用的承担问题。有的当事人经济困难，无法承担测谎费用；有的当事人不愿意一个人独自负担测谎费用。对此，为了推动诉讼程序的进行，可以由一方当事人预先垫付费用，等诉讼结束后再进行分摊。

从裁判文书的描述中可以发现，在当事人达成的测谎契约中，除了约定同意测谎的内容外，大部分还会约定对测谎结论如何使用，即测谎结论在案件中的证据地位如何。测谎契约中有关测谎结论地位的表述并不完全一致，常见的表述包括：双方均同意把测谎测试结果作为本案认定事实的证据；双方均愿意以测谎测试结果作为判决依据；双方同意将测谎测试结果作为认定案件事实的依据；双方同意将测谎结论作为确定案件事实的重要参考依据；双方同意将测谎结果作为裁判的依据[1]。虽然这些表述略有差异，但是当事人同意以测谎结论作为案件裁判依据的意思是一致的、清晰的，这使法院采纳测谎结论有了明确的依据。双方达成测谎契约，认可测谎结论作为证据，为法院采纳测谎结论铺平了道路。在当事人达成测谎契约的情况下，法院的裁判文书中都出现了鉴定的字样。不少裁判文书直接称测谎为测谎鉴定，称测谎结论书为测谎鉴定书，把测试费用称为鉴定费[2]。

在当事人达成测谎契约，同意测谎并把测谎结论作为证据使用的情况下，法院一般都会依据当事人的合意采纳测谎结论。如果测谎结论不利于一方当事人，该方当事人反悔并质疑测谎结论的证据地位时，法院一般不予支持。如刘某某、张某某委托合同纠纷案，双方当事人自愿同意进行测谎测试并且自愿同意将测谎结果作为其案件法院裁判的依据。后测谎结论不利于一方，该方反悔，不认可测谎结论。法院认定，"法院尊重当事人的选择，并同意将测谎测试报告作为本案裁判的依据"[3]。又如，

---

[1] 参见（2019）鲁 01 民再 46 号、（2019）鲁 13 民终 1714 号、（2019）鲁 01 民再 96 号、（2018）鲁 13 民终 8929 号、（2019）鲁 13 民终 2526 号等裁判文书。

[2] 如，上海市金山区人民法院审理的江某兴与张某华、盛某英民间借贷纠纷一案，法院在裁判文书中的表述是，"根据被告张某华的申请，依法委托华东政法大学刑事司法学院心理测试室对原告和被告就本案借款金额、还款金额和款项性质进行测谎鉴定"。法院对测谎的定性直接是测谎鉴定。参见（2018）沪 0116 民初 10396 号。又如，上海市宝山区人民法院审理的洪某某与刘某某民间借贷纠纷案，被告申请测谎，原被告达成测谎契约。裁判文书载明，"鉴定中心分析意见表明，刘某某关于 2018 年 3、4 月份，洪某某与刘某某之间是否存在 15 万元现金的交付该节的陈述可信度高于洪某某。原告、被告对上述鉴定结果均无异议"。法院对测谎结论的表述是鉴定结果。参见（2018）沪 0113 民初 19630 号。又如，上海市浦东新区人民法院审理的李伟钧与刘娜伶民间借贷纠纷一案，对于测谎费用，裁判书直接称为鉴定费。参见（2017）沪 0115 民初 57407 号。

[3] （2019）鲁 13 民终 2526 号。

王某某与刘某某等民间借贷纠纷案中〔1〕，对于被告刘某某是否还款，双方形成争议。被告刘某某申请测谎，原告王某某同意，双方形成测谎契约，同意将测谎结论作为本案定案证据。后测谎结果不利于刘某某。刘某某辩称休息、吃饭不好，体能较弱，影响了测试结果。法院认为，测试中心已给刘某某安排了时间休息，应当按照刘某某和王某某双方承诺，把测试结果作为证据使用。〔2〕

当争议事实真伪不明时，根据证明责任规范，应当判承担客观证明责任的当事人败诉，但前提是可以采取的证据调查方法均已使用，再无其他方法查明事实。由于诉讼法没有明文规定测谎问题，即便法院直接判一方当事人败诉也并不违法。但是，在案件事实真伪不明的情况下，根据证明责任规范进行裁判只能是因为不能拒绝裁判的一种不得已的选择，并不是诉讼追求的最佳状态。如果当事人能够达成测谎契约，同意采纳测谎结论作为证据，法院就可以依据查明的事实作出裁判，而不是根据证明责任规范直接判一方当事人败诉，这对于实体真实的发现大有裨益。这也是对当事人诉讼主体地位的尊重，是对当事人诉讼参与权的保障，有利于当事人服判息诉，真正实现纠纷解决。

四、测谎契约对测谎结论证据能力积极影响的域外考证

测谎契约不仅在我国诉讼实务中发挥着重要作用，对测谎结论的证据地位起着加强作用，在域外司法实务中的应用更是历史悠久，已经达到相当规范的程度。

（一）测谎契约在美国的积极作用

在美国，测谎契约的作用是伴随着科学证据的发展而发展的，美国多个有关科学证据的重要判例都与测谎契约有关。

最早的有关测谎的规则是弗莱伊规则。在 1923 年的弗莱伊诉合众国案中，法院认为被告人提出的心脏收缩压测谎结论没有被科学团体普

〔1〕　参见（2018）鲁 0126 民初 2166 号。
〔2〕　虽然法院最终没有采纳测谎结论，原因在于测谎证明的事项与争议事实有出入，但法院认可并尊重测谎结论的态度表露无遗。

遍接受，不能作为证据。此案确立了弗莱伊规则。弗莱伊规则要求科学证据被法庭采纳的前提是此种技术已经被其所属科学领域和团体所普遍接受。由于弗莱伊规则的普遍接受标准，很多新的科学证据被排除在法庭之外。

在如此严苛的科学证据排除标准之下，协议测谎成为测谎结论进入法庭的通道。在 1989 年合众国诉皮奇诺纳案中，法庭宣布在协议采纳测谎证据的情形下，测谎满足了弗莱伊的普遍接受标准。[1] 在亚利桑那州诉瓦尔德兹案中，法庭认为，在刑事案件中，如果公诉人、被告人及其律师都签署了书面协议，约定被告人同意接受测谎，而且同意测试图谱和测试人员的意见可以作为证据，与测谎有关的证据是可采的。但是，测谎结论的可采性仍然属于法官裁量权的范围。如果法官确信测试人员是合格的或者测试是在合适的条件下实施的，法官就会采纳测谎结论。法庭认为，虽然测谎作为审查证言可信性的手段还有很多方面需要改善，但是测谎的准确性得到了相当的提高，它已经发展到一定的水平，足以保证其结论在协议的基础上被采纳为证据。法庭提示，即使是那些反对测谎证据的专家，也赞成在协议基础上的测谎结论的可采性。[2] 在亚利桑那州诉钱伯斯案件里，被告人和公诉人达成了一个详细的书面协议，约定被告人接受测谎而且测谎结论将在审判中作为证据。但测谎结论作出后，被告人宣称他不知道协议的性质和目的，没有意识到他放弃了他的反对自我归罪特免权。法庭强调，记录表明，在被告人签署协议时有合格的律师作为代表，测谎协议的效力被恰当地向被告人作出了解释，是被告人而不是他的律师或国家表达了希望测谎的意愿。当双方明确约定承认测谎结论作为证据时，测谎结论是可采的。[3] 在北卡罗来纳州诉汤普森案件里，被告人及其律师、控方均在测谎协议上签字。协议约定，被告人自愿要求接受测谎，无论结论是什么性质，测谎结论都是可采的。法庭审查了被告人同意测谎的自愿性、协议的内容以及他对条款的理解力；测试人员的技能和经验、询问程序和使用的仪器。测试人员是

---

〔1〕　See United States v. Piccinonna, 885 F. 2d 1529, 1532 (11th Cir. 1989).
〔2〕　See State v. Valdez (1962) 91 Ariz 274, 371 P. 2d 894.
〔3〕　See State v. Chambers (1969) 104 Ariz 247, 451 P. 2d 27.

测谎领域的专家，实施了测试并解释了测谎结果。测试人员证明，被告人撒谎了。法庭认为测谎结论是可采的。[1] 在弗莱伊规则严格排除应用新科学技术的证据进入法庭时，测谎证据被排除主要是因为测谎的科学性被质疑，认为测谎技术没有获得科学团体的普遍接受。测谎协议是双方当事人以签订契约的方式，同意无论测谎的结果如何，都接受测谎结论作为证据的协议。这是以同意的方式承认了测谎结论认定的事实的真实性。测谎契约为测谎结论通往法庭获得可采性挤开了一条缝隙。

1993 年，美国联邦最高法院在道伯特诉梅里尔·道制药有限公司案（Daubert v. Merrell Dow Pharmaceuticals, Inc.）的裁判颠覆了美国法院对科学证据的采纳标准，进而改变了测谎结论在法庭的命运。[2] 美国联邦最高法院指出，弗莱伊规则因《联邦证据规则》的颁布而被取代，如果科学、技术或其他专业知识将有助于事实审判者理解证据或确定争议事实，凭其知识、技能、经验、训练或教育够格为专家的证人可以用意见或其他方式作证。在道伯特规则之下，科学证据的采纳标准发生改变，测谎结论进入法庭的条件和其他科学证据一样，需要经受有关科学性、有效性、适用性等方面的检验，同时，测谎结论获得可采性的必要条件是双方达成测谎契约。至于测谎结论是有限可采还是完全可采，各州做法不同。在有的州，有测谎契约的测谎结论有限可采；在另外一些州，测谎契约是测谎证据完全可采的条件。

第五巡回法院在合众国诉普苏达案中创造了一个先例，不再适用普通法的行为本身违法规则来排除测谎证据。法庭认为，测谎证据所达到的 70%—90% 的准确率已经超过了目前所采用的大量证据的可靠水平。[3] 在合众国诉多明戈斯案（United States v. Dominguez）中，法庭同样否定了排除测谎证据的行为本身违法规则。同时，法庭还提出了审查测谎证据的可采性时应遵循的指导方针，包括双方均合法地同意采纳测谎证据；放弃排除证明证人真实性的品格证据排除规则；所有当事人必

---

[1] See State v. Thompson (1978) 37 N. C. App 651, 247 S. E. 2d 235.

[2] Daubert v. Merrell Dow Pharmaceuticals, Inc., 509 U. S. 579 (1993).

[3] United States v. Posado, 57 F. 3d 428 (5th. Cir. 1995).

须到场。法庭还对采纳测谎证据时测谎应遵循的具体程序作出了指示。[1] 在合众国诉帕迪拉案件中，法庭认为，如果双方有协定，测谎证据可以完全采纳，否则，测谎证据只能用来弹劾证人，并且要符合《联邦证据规则》第 608 条的要求。[2] 根据该案，有测谎契约的案件，可以将测谎证据作为完全可采的证据，而不是局限于有限可采。

（二）测谎契约在日本的应用

在测谎技术运用的初期，日本对测谎结论是否有证据能力意见并不一致，但自从日本最高裁判所在 1968 年裁决经被测人同意测谎的测谎结论具有证据能力以后，日本对测谎结论的证据能力基本不持异议。

在一起盗窃案中，被告人和被害人的陈述相差较大。双方同意进行测谎并把测谎结论作为证据使用。一审法院对双方进行了测谎，结果显示被害人的陈述是真实的，被告人的供述是虚假的。法庭把测谎检查报告书作为证据进行了调查，并作为本案证据判处被告人犯有盗窃罪。被告人遂以测谎技术的准确性未获得科学上的承认为由提起上诉。二审法院维持原判。被告人继续提出第三审上诉，理由是测谎在理论上尚未成熟，在实证上尚在发展中，不应承认测谎检查报告的证据能力。日本最高裁判所于昭和 43 年（1968 年）2 月 8 日作出裁决。日本最高裁判所认为，虽然以测谎检查结果作为被测人信用度的判断资料时必须慎重考虑，但本案经被测人同意测谎，并同意测谎结论作为证据使用，经由警视厅科学检查所就其实施之测谎检查结果做成书面报告，并提出书面鉴定结果回答报告书资料，符合《刑事诉讼法》第 326 条第 1 款规定的同意，属于传闻证据规则的例外。[3] 此等报告系按照制作时之情况加以考虑后作出，应相当慎重，应当肯定其具有证据能力。[4] 在该案中，被测人在签订测谎契约之后又以测谎的科学性不足为由试图推翻测谎结论。

---

[1] United States v. Dominguez（1995，SD Tex）902 F. Supp 737.
[2] United States v. Padilla（1995，SD Fla）908 F. Supp 923.
[3] 《日本刑事诉讼法》第 326 条第 1 款规定，关于检察官和被告都已经同意作为证据之书面材料或供述，以经过考虑该书面材料写成时之情况与作出供述时之情况后认为适当为限，得不顾第 321 条至前条之规定，以之作为证据。《日本刑事诉讼法》，宋英辉译，中国政法大学出版社 2000 年版，第 75 页。
[4] 《最高裁判所刑事判例集》第 22 卷第 2 号（1968 年），第 55 页。

各级法院则肯定测谎契约的效力，认为测谎同意符合法律规定，经同意作出的测谎结论具有证据能力。在这个案件里，测谎契约一方面加强了测谎的科学性；另一方也是从法律层面为测谎结论的证据能力排除了障碍，使其不再受传闻证据规则约束。

在日本最高裁判所承认测谎结论的证据能力之后，日本地方法院纷纷跟进，测谎结论的证据能力在日本得以完全确立。如，广岛高等裁判所在昭和 56 年的一个判决中指出，在未发现其他理由足以否定测谎检查之证据能力以前，可以认定测谎检查之书面报告的证据能力。又如，东京高等裁判所在昭和 57 年的一个判决中认为，测谎检查系经有经验之技术官为之，发问方法亦经仔细考虑后才予以实施，鉴定书是采用紧张高点法发问做成，测谎检查报告书的证据能力并无异议。[1] 日本实务部门在承认测谎结论的证据能力的同时，对测谎的程序有严格限制。限制之一就是测谎测试需经被测人同意方可实施，同意的方式是把法院的鉴定处分许可书给被测人，由其在承诺书上签名同意。[2]

日本实务部门认定测谎结论具有证据能力是依据日本《刑事诉讼法》第 326 条第 1 款的规定，即对检察官和被告人都已经同意作为证据之书面材料或供述，经过考虑该书面材料写成时之情况与作出供述时之情况后认为适当者，可以之作为证据。也就是说，是被测人的同意赋予了测谎结论以证据能力。对此，理论界的解读是，第 326 条第 1 款规定的同意，不仅仅是对反对询问权的放弃，更是一种积极的赋予书证以证据能力的诉讼行为。对测谎结论的可信赖性的评价，也就是对其相关性的评价，可以由当事人自由处分。可信赖的测谎结论当然具有相关性，当事人自行放弃对测谎结论可靠性进行争议的权利时，可以肯定其具有

---

[1] 陈鸿斌：《测谎证据能力之研究》，台湾地区"司法院司法行政厅"编辑 1996 年版，第 58 页以下。

[2] 日本对测谎的程序限制还包括：日本的测谎测试人员必须在警察科学研究所接受相当完整且高度专业的训练，原则上需是心理学专业或其他相关技术领域的大学或专门学校的专业生，接受包括心理学或生理学的授课及测谎的长期训练，曾服务于鉴识部门；测谎仪规格统一且运作正常，必须属于统一规格的国产的优秀仪器；测谎检查报告书需由施测人按照测试当时的情况做成书面报告书，符合鉴定结果报告书的要件，符合《刑事诉讼法》第 321 条第 1 款对鉴定书的要求。

证据能力。[1] 这种观点是新近的有力学说。

（三） 测谎契约在我国台湾地区的作用

在我国台湾地区，测谎结果可以适用台湾当局所谓"刑事诉讼法"关于鉴定的相关规定，在符合一定形式要件时具有证据能力。台湾地区对测谎结论形式要件的要求不断增加，不断完善，其中，被测人同意测谎，签订测谎契约是最早被要求的形式要件。台湾地区"最高法院"1998 年台上字第 3928 号判决认定，测谎鉴定，倘鉴定人具备专业之知识技能，复事先获得被测人同意并签订测谎协议，所测试之问题及方法专业可靠时，该测谎结果，如就否认犯罪有不实之情绪波动反应，虽不能采为有罪之唯一依据，但非无证据能力。[2] 台湾地区"最高法院"2003 年台上字第 2282 号判决指出，测谎结论作为证据需符合基本程式要件，包括经受测人同意配合，并已告知得拒绝受测，以减轻受测者不必要的压力。台湾地区"最高法院"2006 年台上字第 2254 号判决对测谎程序要件作了更严格的规定。该判决指出，基于正当法律程序的要求，实施测谎检查，应于事先告知受测人在法律上无接受测谎之义务，并向受测人说明测谎仪器操作之原理及检测进行之程序、目的、用途、效果，更应征得被测人真挚之同意，而于测谎过程中，各个质问不能以强制或诱导方式为之，苟违反前述程序，其所实施之测谎检查，即属侵害人格权之违法处分，纵经检察官或法院之许可，亦无证据能力。

因此，在我国台湾地区，书面的测谎契约是测谎结论具备证据能力的必备形式要件。而且，通过不断的判例演化，对同意的自愿性作出了具体的保障。测谎契约赋予测谎结论证据能力。

---

〔1〕 吴富凯：《测谎技术于刑事程序中之法律地位》，台湾中兴大学 1999 年硕士学位论文，第 127 页。

〔2〕 本部分所引案例，如无特殊说明，均出自王兆鹏：《辩护权与诘问权》，华中科技大学出版社 2010 年，第 233—234 页。

第六章　作为科学证据的测谎结论

科学证据不同于普通证据的最显著特征是其科学性，这也使其被苛以更严格的可采性标准。为了帮助法官准确把握科学证据的可采性标准，英美法系国家发展出一系列的检验方法。当前，对科学证据的检验主要考察证据的相关性、可靠性、有效性、适用性等。测谎结论作为科学证据，在美国同样经历了长期的检验，能够通过科学证据检验标准的测谎结论才具有可采性。相较测谎结论的可采性问题，测谎结论的证明力问题更为复杂。当前，引入似然率和贝叶斯公式等数字化方式来解释、评估测谎结论的证明价值已经成为一种趋势。

第一节　科学证据的采纳和检验

随着科学技术的进步，越来越多的对于诉讼程序非常重要的事实现在只能通过科技手段查明，科学证据越来越多地出现在诉讼中，给事实认定者带来巨大的挑战。为了指导作为科学知识门外汉的法官审核科学证据，英美法系国家发展出一系列科学证据可采性标准。然而，虽然科学证据的采纳标准从严格逐步趋于宽松，但是，用于衡量是否达到采纳标准的具体检验方法却相当烦琐、复杂，科学证据的检验仍然是一件令人生畏的工作。

一、科学证据的界定

英美法系国家的学者并不重视科学证据的界定问题，也很少给科学证据下定义，反倒是大陆法系国家的学者做了这方面的努力，但他们给科学证据的定义并不统一。基于对科学证据的广义定义，有不同的科学证据外延，还有多种分类方法。

（一）科学证据的定义

对科学证据的定义大多是从证据的产生和应用与科学技术的关系的角度来进行论述的，大致可以分为三种观点：

第一种观点认为，凡是运用科学技术产生或需要依赖科学技术揭示证明价值的证据都是科学证据。如，科学证据是运用科学原理和方法发现、收集、保全以及揭示其证明价值的或其本身就具有科学技术特性的一切具有查明案件事实真相功能的证据。[1] 又如，科学证据是指利用科学技术手段发现、收集和固定下来的证据，主要体现为鉴定意见、视听资料、物证、勘验和检查笔录等涉及科学知识的证据。[2] 这种观点认为科学证据是一个类概念，是位于证据种类之上的概念。[3] 但是，在这种观点内部，关于哪些证据是科学证据，又有分歧。如，邱爱民教授认为，科学证据包括鉴定意见、视听资料、电子数据和技术侦查证据。[4] 但何家弘教授认为，电子数据与科学证据是平行的关系，电子数据并不需要像科学证据那样由专家以某种形式呈现，而是可以像普通证据那样出示、质证。他认为只有物证及其相关的鉴定意见才是科学证据，因为物证需要解读，解读需要科学技术。[5]

第一种观点与日本和我国台湾地区对科学证据的认识比较接近。日本学者把科学证据放在刑事诉讼的侦查背景下进行理解，把运用科学方法获得的证据称为科学证据，把物证作为科学证据的主要表现形式。如，田口守一教授认为，科学证据是通过科学的侦查方法而形成的证据，如鉴定笔录、勘验笔录等，也包括由法院鉴定而形成的证据，包括拍照、摄像、采集体液、监听、测谎器检查、警犬气味鉴别、声纹鉴定

---

〔1〕 这种观点使用的概念是科技证据，而不是科学证据。虽然科学和科技的含义并不相同，但是，二者的区别与此处阐释的主题关系不大，故此忽略二者区别。参见陈学权：《科技证据论——以刑事诉讼为视角》，中国政法大学出版社 2007 年版，第 47 页。

〔2〕 房保国：《科学证据的失真与防范》，《兰州大学学报（社会科学版）》2012 年第 5 期。

〔3〕 王继福等：《民事科技证据研究》，知识产权出版社 2012 年版，第 43 页。

〔4〕 邱爱民：《科学证据基础理论研究》，知识产权出版社 2013 年版，第 89 页。

〔5〕 何家弘：《法苑杂谈》，中国检察出版社 2000 年版，第 155 页。

和笔迹检验、DNA 鉴定等。[1] 作为科学证据基础的科学知识并不仅限于自然科学知识，还包括心理学、精神医学等行为科学。我国台湾地区学者关于科学证据的认识与日本类似，也是将科学证据置于刑事诉讼的侦查背景之下进行阐述。如蔡墩铭教授认为，借法科学进行采证之证据，即可视为科学证据。[2] 如果按照这种观点，以是否需要利用科学技术知识发现、收集、固定、检验来判断，所有的证据都有可能属于科学证据，证据可以据此分为两大类，即科学证据和非科学证据。

第二种观点认为科学证据是专家运用科技手段进行分析检验所形成的专家证言。这种观点认为科学证据就是专家证言，这也是英美证据法的一贯态度。在英美证据法理论中，科学证据（Scientific Evidence）的表现形式是专家证据（Expert Evidence），也称专家意见（Expert Opinion）或专家证言（Expert Testimony），属于科学检验型证据。

这种观点是从科学证据与专家证言的关系的角度来分类的。专家证人是具有专家资格并被允许帮助陪审团理解某些普通人难以理解的复杂的专业性问题的证人。[3] 在英美法系国家，对专家的认定比较宽泛。如果一个人的科学、技术或其他专业知识能够帮助陪审团理解证据或确定争议事实，那么这个人就具有专家资格。专家资格不以学历和教育为必要，而是以专业学习或特殊训练或长期实践而获得知识和经验为要件。美国《联邦证据规则》第 702 条对专家证人的界定也比较宽松，认定专家所依据的知识领域不仅包括科学、技术领域，还包括其他广泛的专业领域。根据联邦证据规则起草咨询委员会的解释，本规则措辞宽泛，认定专家所依据的知识领域不仅仅局限于科学和技术，而是囊括了所有专

---

〔1〕 ［日］田口守一：《日本刑事诉讼法》，张凌、于秀峰译，中国政法大学出版社 2010 年版，第 188 页。类似观点还有，科学证据是指运用科学技术产生或运用科学技术进行鉴定而获得的证据，包括专家鉴定意见，侦查机关自行使用科学仪器记录或者由技术人员辅以实验、测定并出具的侦查报告书，运用科学仪器获得的画像及声音，为询问证人及鉴定人时予以视觉辅助的展示证据。三井诚教授还认为，科学证据系指活用各科学领域之知识、技术、成果所得之刑事法上之证据。科学证据不仅指搜查所获得的物证等证据，还包括对搜查所获证据进行分析所得的证据。参见 ［日］田渊浩二：《科学证据的诸问题：日本讨论的动向》，肖萍译，《中国司法鉴定》2019 年第 3 期。

〔2〕 蔡墩铭：《刑事证据法论》，五南图书出版公司 1997 年版，第 3 页。

〔3〕 薛波主编：《元照英美法词典》，法律出版社 2003 年版，第 515 页。

业知识。专家也不是狭义上的专家，而是指任何因其知识、技能、经验、培训和教育而具备资格的人，包括"有技能的证人"之大规模群体，如汽车修理工。[1] 英国法庭对专家证人资格的判断更重视专家在个案中解决案件专门性问题的能力，而不是学历的高低。在 H·莫德斯莱诉 Strata Plan 业主案（H. Maudsly v. the Proprietors of Strata Plan）中，法官认为，铺设地砖的工人比大学物理学教授更有资格就地板防滑性能问题作证，因为工人具有足够的鉴别地砖防滑性的经验和技能，而大学教授只能根据实验室数据得出结论。[2] 英美法系国家不仅专家证人范围宽泛，而且没有针对专家证人的事前管理和准入制度，专家资格只需要在庭审中依据交叉询问予以确立即可。专家资格与案件具体情况有密切关联，与专家的专业领域范围也有直接联系。专家在某一领域可以作证，但在另一领域可能就不具备专家证人资格。专家的任务是发表对案件争议事实的看法、观点或者推论，对事实认定者不明白的问题进行解释。专家的作用包括三个方面：通过检验、分析等生成证据性事实本身，例如提供毒品成分分析意见；向事实认定者提供与认定事实有关的专业或科学信息，如医学专家向事实认定者提供、解释关于疾病症状的知识；向事实认定者提供专家的推论和结论，如心理学家提供的被告人精神正常的结论。第三个方面被认为是专家作用最常见的似乎也是最不合理的一个方面。[3]

英美法系国家虽然经常使用科学证据这一语词，但其法典中都是收录专家证据、专家意见或专家证言，鲜有收录科学证据的，不过，仍然可以从法典中寻得科学证据定义的端倪。美国《联邦证据规则》第702条的条目使用的是"专家证言"，但其条文内容是对科学证据进行的规定。从条文表述可知，科学证据是依据科学、技术或其他专业知识而形成的专家意见。《元照英美法词典》把科学证据解释为专家证言或专家

---

[1] ［美］艾伦、库恩斯、斯威夫特：《证据法：文本、问题和案例》，张保生、王进喜、赵滢译，高等教育出版社 2006 年版，第 723 页。

[2] The law commission，The Admissibility of Expert Evidence in Criminal Proceedings in England and Wales，The Law Commission Annual Report 2009-10，http：//www. gov. uk/does/ep/190. pdf. Last Visited Time：2017-06-19.

[3] ［美］艾伦、库恩斯、斯威夫特：《证据法：文本、问题和案例》，张保生、王进喜、赵滢译，高等教育出版社 2006 年版，第 721 页。

证据，是指由对相关领域熟悉或经特别训练而具有资格的人提供的关于科学、技术、专业或其他专门问题的证据，是专家依其知识或技能对案件专门问题提供的专业意见。[1]《布莱克法律词典》把科学证据界定为利用基于科学原理的专门科学知识对证据价值提出的事实或意见证据。[2] 虽然我国没有专家意见或者专家证据这一证据种类，但我国也有明确指出科学证据就是专家意见的主张。如，科学证据是指运用具有可检验特征的普遍定理、规律和原理解释案件事实构成的变化发展及其内在联系的专家意见。[3] 又如，科学证据是指专家依据相关程序，运用科学原理或方法（特殊技能或经验），对争议中的专门性问题进行检验、分析或鉴定之后得出的意见。[4]

第三种观点认为，科学证据是指科学专家证人对某一问题运用科学理论和科学技术得出的证言，科学证据仅指科学专家证言。这种观点的立论基础是专家资质来源的不同。在英美法系国家，专家证人有两种。一种是拥有高等学历，在所从事的专业领域内经过严格专业训练的人；另一种是在某一领域具有长期而丰富的实践经验但可能并未受过正规的教育和训练的人。根据专家发表的证言基础的不同，专家证言可以分为科学专家证言（Scientific Expert Testimony）和非科学专家证言（ Nonscientific Expert Testimony）。[5] 科学专家证言就是科学证据，如 DNA 证据、指纹鉴定意见等。非科学专家证言一般是指普通人凭其经验和技能作为专家时作出的意见证据。非科学专家证言是普通人得出的，他提出的意见尽管不一定有科学理论和实验的支撑，但证明力并不一定弱于科学专家证言。

本书认为，对科学证据的定义可以从对科学证据的规范目的着手。美国有关科学证据的条款主要是《联邦证据规则》第 702 条，而该条主要是为了解决专家证人的资格问题和对专家证人作证的要求，即什么人在什么条件下可以通过意见形式作证，如何审查专家意见。此外，还有

〔1〕　薛波主编：《元照英美法词典》，法律出版社 2003 年版，第 515 页。
〔2〕　Bryan A. Gamer, *Black 's Law Dictionary* ，West，Thomson business，2004，p. 599.
〔3〕　张斌：《论科学证据的概念》，《中国刑事法杂志》2006 年第 4 期。
〔4〕　张南宁：《科学证据论》，《证据科学》2019 年第 3 期。
〔5〕　刘晓丹：《科学证据可采性规则研究》，《证据科学》2012 年第 1 期。

一系列的有关科学证据的判例，解决法官作为守门人如何审核科学证据的问题。所以，在美国，规定科学证据问题就是为了规范专家证言，因此，科学证据就是指专家证言也就顺理成章了。

我国虽然没有类似立法规范，但顺着科学证据的审核和使用的方式来界定科学证据的思路是可以借鉴的。使用科技手段收集、保全的 DNA 检材、声纹图谱或录音、指纹照片等都包含着科技因素，但是科学技术只是对已有案件事实的一种呈现，即便没有科学技术的呈现，这些证据记载的案件事实也是客观存在的。运用科学技术记录、发现、提取的电子数据、视听资料、痕迹、检材等，属于广义的物证范畴，只是专家检验分析的对象。对这些证据的收集和固定虽然也需要运用科学技术知识，但是与专家证言有本质的区别。如果没有专家运用专门知识对其证明价值的揭示，其证明作用无法显现，无法体现其作为证据的相关性。从对科学证据进行规范的角度来看，使用科学证据的一个风险就是事实认定者对其盲从和迷信，所以才有对科学证据进行检验的要求。如果一项证据并不存在这样的盲从风险，就没有必要纳入科学证据范畴。对于只是利用科技手段收集获取而不含有专家的解释、推论和意见的证据，事实认定者根本无从知晓其证明价值，更无盲从的可能。

因此，本书认为科学证据是专家运用科学的原理、知识和方法对证据进行检验或分析得出的用于证明案件事实的意见。在我国，科学证据就是鉴定意见，不应该包括物证、视听资料、电子数据等。作为专家分析对象的证据不限于实物证据，还应当包括言词证据。例如，对被告人刑事责任能力的鉴定、对被害人受侵害时或者受侵害后精神状态的分析、对证人可信性的分析判断等，都属于科学证据。当然，在我国，科学证据只是一个学理概念，科学证据这个概念虽然曾经出现于早期的司法文件中，但现在三大诉讼法中均无该概念。[1] 为了便于从学理上对这

---

[1] 科学证据这一词汇最早出现于 1986 年《最高人民法院关于加强法院法医工作的通知》。该通知指出，法院法医技术工作的主要任务是运用现代科学技术，准确、及时地查明和确定案件真实情况，为审判工作提供科学证据。随后在 1988 年最高人民检察院的《人民检察院文件检验工作细则（试行）》中提到文件检验是运用现代科学的理论和方法，为揭露犯罪、证实犯罪提供科学证据的专门技术手段。

一类证据进行研究，对科学证据从广义和狭义的不同层面进行界定，也未为不可。凡是运用科学技术产生或需要依赖科学技术揭示证明价值的证据可以称为广义科学证据，专家证言可以称为狭义科学证据。

（二）科学证据的特征

科学证据具有科学性、意见性、法律性和开放性的特点。

1. 科学性

科学证据最显著的特征就是其科学性。从静态的角度讲，科学是一种能够用来认识特定问题的规律，是一种知识。科学知识是客观上被证明了的可靠的知识。从动态的角度来讲，科学是一个不断发展的过程，是人类不断认识世界，改造世界的创造性活动。不断有新的科学被确认，有旧的曾经被认为是科学的东西被抛弃。科学共同体通过对原有科学理论的批判和否定，提出新的观点，或者通过改变原有的方法，用新的方法创造新的理论。科学共同体在一个基本的范式之内工作，但当范式成为他们工作的阻碍，而且这种阻碍无法克服的时候，原有的范式就会被破除，出现一个新的范式。科学由此不断向前发展。在科学的发展过程中，会形成科学群。各种科学知识相互交叉、渗透、影响，相互结合，形成某些科学群。科学群里的科学共同体以某些共同的原理和方法为纽带进行跨学科的研究，解决多学科所共同面临的问题，并获得新的知识。库恩（Kuhn）、内格尔（Nagel）、萨伽德（Thagard）等人都曾经列举过科学的特征，例如，逻辑性、客观性、系统性、可检验性、决定性、普遍性、经济性、中立性等[1]。其中，客观性和可检验性对科学证据而言具有重要意义。

科学知识是人类长期实践得来的，通过观察和验证加以确定，具有客观性。通过观察和验证确认科学知识需要在科学共同体内部进行客观的交流，这些交流通过能相互传达意思的客观语言来表达，使主体间能

---

[1] 参见［美］托马斯·库恩：《必要的张力——科学的传统和变革论文选》，范岱年、纪树立译，北京大学出版社 2004 年版，第 315 页；［美］欧内斯特·内格尔：《科学的结构——科学说明的逻辑问题》，徐向东译，上海译文出版社 2002 年版，第 1 页；Earl R. Babbie, *Survey Research Methods* , Wadsworth Publishing Company, 1973, p. 10。

够相互理解。科学知识独立于观察者的立场和意识，不依赖于任何参照系而存在。科学研究的结果体现为结构严谨的理论和高度系统化的知识体系。科学知识的获取往往以提出假设、检验假设的方式进行。科学假设必须由经验来检验。波普尔指出，科学家提出陈述或陈述系统，然后用观察和实验对照经验一步一步地检验它们。"衡量一种理论的科学地位的标准是它的可证伪性或可反驳性或可检验性。"[1] 是否具有可检验性是科学理论与宗教、迷信等各种非科学知识体系和观念最根本的区别。

科学知识的可检验性使其具有主体间性，即某一科学理论和知识需要接受特定领域内科学共同体的检验，能够在相同的条件下被重复验证、得到同样的结果。科学陈述的客观性就在于它们能够被检验。当然，检验有效的前提是不同的研究者应当在相同的环境或条件下使用同样的仪器设备和操作程序。因此，测量工具和测量程序标准化对科学检验具有重要意义，是科学客观性的保证。

科学证据具有科学性，也因此而具有科学的客观性和可检验性。首先，科学证据检材的收集、保全或使用一般需要依赖科学仪器，应用科学知识和方法，这是对其检验对象客观性的保障。例如，对车辆行驶速度的测定、对酒精含量的检测、对 DNA 样本的提取，都需要科学仪器、科学知识和方法。不过，检材形成过程对科学知识的依靠并非是必需的，因为科学证据的本质在于证据证明价值的揭示需要科学知识，而非收集、保管过程对科学知识的依赖。其次，科学证据是应用科学技术手段揭示用其他方法无法揭示的有关案件信息，为认定案件事实提供科学依据。科学证据证明价值的揭示有科学的保障。最后，科学证据的质证过程往往需要专家证人出庭进行说明。无论是对相关专门知识的介绍、解释，还是对专家意见形成的依据和分析推论过程的说明，都需要应用科学知识。为了更好地实现对科学证据的质证，有些国家还有专家辅助人辅助当事人对科学证据进行质疑和辩驳，同时帮助法庭更好地理解科

---

〔1〕 ［英］卡尔·波普尔：《科学知识进化论》，纪树立编译，生活·读书·新知三联书店 1987 年版，第 15 页。

学证据。专家证人相互间的质疑和辩驳过程，也是科学证据接受检验的过程。专家证人相互间使用相同的范式，用相同的原理和知识，用彼此能够理解的语言进行交流，完成对科学证据的检验。这些都是科学证据客观性和可检验性的体现，也是其科学性的体现。基于科学的可重复性，有观点主张科学证据应当具有可再生性，即在相同条件下用相同的科学方法对同一事物进行测量可得到相同的结果，测量的过程和结果均可重复。事实上，科学具有可重复性不意味着科学证据具有可重复性。科学证据是对有关检材情况、有关人体伤害情况、死亡原因、心理状态等情况的分析，检材是有限的，人体状态、心理状态等也是在变化的，很多时候难以进行重复检测。但这并不能否定科学证据的科学性。

2. 意见性

科学证据的形式主要体现为专家的意见。不需要专家提供意见的单纯应用科技手段提取、保存、出示的证据，不具有意见性，不属于科学证据。科学证据的意见性使其打上了主观性的烙印，但是并不会因此而否定其客观性。科学证据是客观性与主观性的统一。科学证据的得出需要客观的检材、科学的仪器设备、客观的理论依据、客观的分析推论。科学证据的客观性是其可靠性的保障。同时，科学证据的形成离不开人的因素，不同专家的专业水平、执业经验和职业道德都使科学证据打上主观性的烙印。有科学证据的客观性为基础，无须过于担心科学证据的主观性。科学证据的可靠性最终要在法庭上经受质证，由法官最终认证，不具有客观性的证据将被排除。

专家的意见可以是口头或书面形式。虽然在我国要求必须有书面的鉴定意见，但是，鉴定人依然可以在法庭上以口头形式陈述意见。而在英美法系国家，专家证人更多地是以口头方式在法庭陈述意见。专家的意见必须是确定的，不能是含糊的大概、可能等，但是不妨碍其以似然率等概率形式呈现。专家意见的表述形式一般为"认定""倾向认定""否定""倾向否定""无结论"等，不过，在有些检验中，专家意见通常采用更加准确的似然率来表述。与简单使用"认定"或"否定"等意见相比，采用似然比量化地评价证据支持起诉假设或辩护假设的程度，更加精确。当前，用似然率评价证据并作为专家意见表述形式已成为一种潮流。

3. 法律性

科学证据具有一般证据所共有的证据属性，证据资格和证明力的审查都应当满足一般证据的要求。此外，由于科学证据的科学性属性，对科学证据的证据资格和证明力审查还有一些特殊的要求。

但凡要具有证据资格，就应当符合法律对证据资格或可采性的要求。在我国，证据应当符合证据的客观性、相关性和合法性的要求。对科学证据客观性的分析在科学性里已经论及，在此仅论述相关性和合法性。相关性要求科学证据必须有助于事实审理者查明事实或者理解证据，必须能够证实或证否案件事实。运用科学证据的目的是通过科学技术帮助事实认定者查明事实真相。不同于纯粹的科学探知，科学证据必须在限定时间内提出并在限定时间内得出结论，终局性地解决争端。专家意见必须根据委托要求，结合案情得出，应该有助于委托事项的解决。当然，这并不排斥在有些情况下，对处于科学的灰色地带的问题无法得出结论的情形。合法性要求科学证据的形成和应用都符合法律要求。科学证据的形成和运用均在诉讼环境中进行，与诉讼程序的设计和运行关系密切，不同的诉讼程序对取证的程序、方法规定不同。作为科学证据基础的检材的获取要符合法律规定的程序。不同的诉讼制度对鉴定的启动、专家证人或者鉴定人的资质、遴选等事项的规定也不相同，专家资质、遴选等要符合法律规定。科学证据的形成过程中还必须依赖案件情况材料，更是要遵循相关的法律规定。

科学证据作为具有科学性的证据，还必须审核其科学的有效性和可靠性。对于科学知识的门外汉来说，这一任务相当艰巨。美国先后发展出弗莱伊规则、道伯特规则、《联邦证据规则》第 702 条规则，指导法官对科学证据的审核，科学证据的可采性标准还在不断发展中。

4. 开放性

科学是一个不断试错的过程，是在不断地提出假设、检验假设中发展的。科学的发展是累积性的，在很大程度上能够自我修正。科学家们不断地提出新的理论，收集新数据，分析新数据。有些理论能够经得起时间的考验，而有些则不能，并被抛弃。相应地，科学证据也并不是一个封闭的证据系统，随着科学的发展，以前被认为普遍正确的科学原理、技术可能被推翻，新的原理和技术将被用于得出新的科学证据。相应地，科学证据的外延或范围也将改变。随着科学的发展，科学证据的范围必将逐渐扩大，司法证明中的科技含量也将大大提高。

（三）科学证据外延和分类

由于对科学证据内涵的理解不同，对科学证据外延的列举也不同。大多数对科学证据外延的列举都是基于广义的理解，即凡是运用科学技术产生或需要依赖科学技术揭示证明价值的证据都是科学证据。如华尔兹教授（Waltz）把科学证据分为 13 类：精神病学和心理学，毒物学和化学，法庭病理学，照相证据、动作照片和录像，显微分析，中子活化分析，指纹法，DNA 检验法，枪弹证据，声纹，可疑文书检验，多电图仪测谎审查，车速检测。[1] 这种分类严格地来说并不是对证据本身的划分，而是对证据所依据的科学技术的划分。这种分类法在英美法系国家比较普遍。英国学者罗伯茨（Roberts）也是以科学证据涉及的法庭科学领域来描述科学证据的外延。[2] 美国学者莫森斯（Moenssens）和英博（Inbau）也把科学证据分为 13 类，具体包括测谎检查证据、声纹鉴定证据、麻醉分析和催眠术获得的证据等。美国的贾内利教授（Giannelli）和伊温克尔里德教授（Imwinkelried）把科学证据分为 21 类，包括测谎技术、心理学和社会科学证据、声纹鉴定、中子活化分析、催眠术等。[3] 日本的刑事诉讼法具有极强的英美法系特色，其对科学证据外延的描述与英美法系国家的描述相似。如，田口守一教授论及的科学证据包括拍照、摄像、采集体液（采尿、采血、采集呼气等）、监听、测谎

---

〔1〕 ［美］乔恩·R. 华尔兹：《刑事证据大全》，何家弘等译，中国人民公安大学出版社 2004 年版，第 461 页。

〔2〕 他列举的科学证据包括涉及医学、牙科学、病理学、精神病学、心理学、毒物学、生物科学（血液、毛发和体液分析）、基因学、弹道学、毒品学、痕迹检验（涂料、玻璃、纤维、指纹、工具痕迹、足迹检验）、文件和笔迹分析、罪犯画像和面貌复原等领域的专家证言。参见［英］麦高伟、杰弗里·威尔逊主编：《英国刑事司法程序》，姚永吉等译，法律出版社 2003 年版，第 232 页。

〔3〕 Andre A. Moenssens & Fred E. Inbau, *Scientific Evidence in Criminal Cases*, The Foundation Press, 1978, p. 1.

器检查结果、警犬气味鉴别结果、声纹鉴定和笔迹检验、DNA（基因）鉴定结果等。[1]

对科学证据的分类同样是针对广义的科学证据而言的。根据不同的标准，对科学证据有多种分类方法。

一是依据法庭科学学科分类对科学证据进行分类，把科学证据分为三大类，即基于自然科学的证据、基于生物科学的证据以及基于社会科学和行为科学的证据。[2]

二是依据科学在证据生成运用中的作用把科学证据分为科学描述型证据和科学检验型证据。前者是把科学技术作为已知证据的显示、搜集、固定和展示的手段，科学技术主要发挥描述作用，如照片、录像带和计算机存储资料。后者是把科学技术作为解释已知证据产生原因或者内在联系的检验手段，科学技术主要发挥检验作用，如笔迹鉴定报告、DNA 检验报告和测谎仪检测意见等。[3]

三是根据证据的可靠性来源不同，把科学证据分为经验型科学证据和实验型科学证据。经验型科学证据的可靠性主要来自专家的经验。这种证据一般通过定性分析得出，非常依赖专家的经验，对同一对象，不同的人员可能得出不同的结论。实验型科学证据的可靠性主要来自检验方法，一般通过定量分析得出结论，在检验原理可靠、操作方法正确的情况下，一般能得出同样的检验结论，具有较好的可重复性。不过，有些科学证据兼具经验型科学证据和实验型科学证据的特征。这些证据既需要依赖科学的原理、方法，进行各种定量的分析检验，又很依赖经验。

四是根据科学证据依赖的原理、方法与可采性之间的关系，把科学证据分为真科学证据、准科学证据、非科学证据和伪科学证据四类。[4]客观上确实是科学的证据为真科学证据。客观上具有一定科学成分的是准科学证据。不具有科学成分也不具有科学证据表现形式的是非科学证据。不具有科学成分却具有科学证据表现形式的是伪科学证据。这几种

---

[1] ［日］田口守一：《刑事诉讼法》，刘迪等译，法律出版社 2000 年版，第 238 页。

[2] 邱爱民：《科学证据内涵和外延的比较法分析》，《比较法研究》2010 年第 5 期。

[3] 张斌：《论科学证据的三大基本理论问题》，《证据科学》2008 年第 2 期。

[4] 张斌：《论科学证据的三大基本理论问题》，《证据科学》2008 年第 2 期。

证据依赖的方法分别是可靠的定量法，如测速仪测量车速；存疑的观察法，这种方法需要对观察对象进行主观把握；疑惑的关联法，虽然从普遍联系的观点来看似乎有关联，但这种关联并不可靠；虚伪的相似法，即纯属没有科学依据的错误观念。不同的科学证据由于其依据的方法的科学性不同，证据的采纳和采信也不同。

二、科学证据采纳标准的演变

科学证据在帮助法官解决专门性问题的同时，也给法官带来巨大的挑战。法官应当如何审查科学证据，何时赋予其可采性，一直是一个难题。大陆法系国家对证据资格问题规定不多，对科学证据更无专门规定，但随着科学证据对诉讼的影响日益加大，法官们同样面临科学证据的可采性难题。美国对科学证据的可采性问题研究成果丰富，相关司法判例也影响深远。

（一）弗莱伊标准

早期对科学证据的审查并没有明确的标准，如果争议事项超出了事实审理者的经验和常识范围，需要专家提供帮助，就可以由具有这种知识的专家提供意见性证言。可以说，当时的科学证据审查主要看必要性、相关性及专家资格，无须审查作为证言基础的理论和方法是否可靠。直到 1923 年的弗莱伊诉合众国案才有了更严格的专门标准。被告人弗莱伊被控谋杀罪，他提供了测谎专家证据以证明他关于无罪的辩护是真实的，法庭排除了测谎证据的可采性。

法庭认为，"科学证据所依赖的科学原理或发现必须超过实验阶段进入证明阶段，法庭才会予以审查。但科学原理或发现什么时候才越过实验阶段和证明阶段之间的界限是很难界定的……法庭接受从公认的科学理论或科学发现中推论出的专家证言，但推论必须有足够的基础，并在其所属的特定领域得到普遍承认"[1]。该裁决认可专家基于某种科学理论或技术得出的意见，但证据的提出者必须证明推论的出发点已经得

---

〔1〕　Frye v. United States，293 F. 1013（D. C. Cir. 1923）.

到充分确立，在其所属的特定领域已经获得普遍接受。这一标准也因此而被称为"普遍接受标准"。

弗莱伊标准的优点在于能阻止不合格的专家进入法庭，能消除耗时的听证。[1] 而且，它不要求法官审核有争议的科学主张，对科学证据的审核交给了科学团体，法官也乐于接受这一标准。因此，这一标准被广泛使用了近70年。但是，弗莱伊标准也因其保守性和模糊性而饱受批评。根据弗莱伊规则，决定科学证据是否可采，需要经过两个步骤：首先，确认该科学原理或发现所属的科学领域及相关科学团体。其次，确认该科学原理或发现是否被该科学团体所接受。但是，这两个步骤中间存在很多的不明确之处。首先，规则中所述的科学领域和科学团体的含义均不明确。一项新技术通常需要以不同的科学原理为基础，涉及多个科学领域，难以确定所属的科学领域。科学团体的范围和科学团体的组成人员资格也难以明确，案件结果很大程度上取决于科学证据被分配给科学界里的哪一个学术派别。法庭认定的科学团体通常是一些并没有受过该领域专门训练的人员，他们通常得出结论说该项技术还没有达到普遍接受标准。[2] 其次，普遍接受的含义模糊。对普遍接受有定性标准和定量标准。定性标准是指实质接纳，而定量标准则是有多少人接纳。但无论是定性标准还是定量标准，都难以确定是否普遍接受。最后，弗莱伊标准的严格适用导致基于新兴学科和跨学科研究成果的科学证据无法获得采纳。"弗莱伊规则的运用，致使采用测谎仪、笔迹学、催眠学以及药物而得到的证言……天文学计算、血型以及 DNA 检验，全都深受其害。"[3] 弗莱伊标准将科学证据可采性的判断交给了科学家，使科学家成为判断科学证据的"法官"，而法官对诉讼中的科学证据问题无所作为。[4]

---

〔1〕 John C. Bush,"Warping the Rules：How some Courts Misapply Generic Evidentiary Rules to Exclude Polygraph Evidence", *Vand. L. Rev.* ，Vol. 59, 2006, p. 539.

〔2〕 James R. Wygant,"Uses, Techniques, and Reliability of Polygraph Testing", *American Jurisprudence Trials* ，Vol. 42, 1991, p. 313.

〔3〕 John William Strong, et al., *McCormick on the Evidence* ，West Group, 1999, p. 306.

〔4〕 Erica Beecher-Monas,"Blinded by Science：How Judges Avoid the Science in Scientific Evidence", *Temp. L. Rev* ．, Vol. 60, 1998, p. 55.

（二）道伯特标准

在弗莱伊规则支配美国联邦法院长达 50 多年之后，1975 年美国《联邦证据规则》颁布。虽然《联邦证据规则》规定了关于科学证据的具体条款，但仍然没能撼动弗莱伊规则的支配地位。直到 1993 年，美国联邦最高法院在道伯特诉梅里尔·道制药有限公司案作出的裁判才颠覆了弗莱伊规则，为美国法院确立了新的科学证据采纳标准。[1] 美国联邦最高法院在道伯特案里指出，弗莱伊规则因《联邦证据规则》的颁布而被取代。《联邦证据规则》第 702 条规定，"如果科学、技术或其他专业知识将有助于事实审判者理解证据或确定争议事实，凭其知识、技能、经验、训练或教育够格为专家的证人可以用意见或其他方式作证"。联邦最高法院在道伯特案件中指出，《联邦证据规则》第 702 条的文本中没有任何一处把"普遍接受"作为可采性的前提。刚性的"普遍接受"与《联邦证据规则》所倡导的"自由延伸"以及"放宽对意见证言的传统限制"的宗旨是相违背的。联邦最高法院指出，法庭首先需要确定提交给法庭的专家证据是否属于科学知识，然后评估专家证据的可靠性。评估专家证据的可靠性需要关注结论所依据的原理和方法，而不是建立在方法之上的结论。相较弗莱伊规则，道伯特规则要求法官评价提供给法庭的科学证据的潜在的方法和原理，要求法官判断科学证据的可靠性而不是依靠科学界的评估。道伯特规则还把科学证据的范围从物理、化学等"硬"科学证据扩展到心理学、社会科学等"软"科学证据。

为了帮助事实审理者判断某项理论或技术是否属于科学知识，联邦最高法院分别引用了两位著名哲学家亨普尔（Hempel）和波普尔（Popper）的理论，"科学的方法论的现有基础是产生假设、检验假设，看假设的错误能否证实。正是这一方法论把科学和人类探索的其他领域区分开来"，"某项理论科学地位的准则是它的错误可证实性，或可反驳性或可检验性"。联邦最高法院要求法官确保专家证言建立在可靠的基础上，而且与当前案件是相关的。联邦最高法院认为，科学理论或者技术在科学团体中是否被普遍接受，只是法庭认定该理论或技术是否足够可靠并

---

〔1〕 Daubert v. Merrell Dow Pharmaceuticals, Inc., 509 U. S. 579 (1993).

且能帮助事实审理者时考虑的几个因素之一。其他因素包括但不限于：
（1）该理论或者技术是否能够或者已经被检验。（2）该理论或技术是否经过同行复核并公开发表。（3）在使用科学技术时已知的或潜在的错误率，以及控制该技术操作的标准的存在和维持。（4）在相关科学团体中的普遍接受。第一个标准是对波普尔错误可证实理论的应用。任何理论或学说为了使自身获得某种真理性，既要能经受以往经验的检验，又要能经受住未来实验或是实践的鉴别。对于一个理论而言，真正的考验是证明其不正确或否定其正确性的努力。一个理论能够在否定意义上通过实践检验区分出来，它就是科学的。如果理论不能被任何可以理解的事件反驳，就是非科学的。第二个标准是科学证据已知的或者潜在的错误率。科学技术的可靠性受科学技术的错误率影响，科学证据要通过法官审核，必须确定其错误率。第三个检验标准是同行复核。同行复核增加了科学证据的错误被发现的可能性。发表是同行复核的一种形式，并非可采性的必要要件。第四个检验标准是普遍接受标准，要求科学理论和方法获得了同行和社会的承认。

　　道伯特规则在具体适用上存在很多困难。波普尔的错误可证实理论仅适用于实验科学，如果将其适用于以经验为主的检验和鉴定，将导致这类专家意见被排除。对于错误率的具体幅度，道伯特规则并没有进行限制。"可靠性评估并不要求科学界的明确鉴定，也不要求科学界对接受的具体程度作出判断。"[1] 那么，科学技术的错误率为多少才有资格成为科学知识？如果没有关于错误率的具体幅度的规定，让事实审理者考虑错误率就没有意义。对于同行复核，则存在同行的范围难以确定的问题，同行以什么方式复核也是一个问题。道伯特规则把普遍接受作为科学证据的检验标准之一，使弗莱伊确立的普遍接受标准仍然存在，与《联邦证据规则》倡导的"放宽对'意见'证言之传统限制"相悖。道伯特规则要求法官关注结论所依据的原理和方法，而不是建立在方法之上的结论。只要专家证据所依据的原理和方法是科学的，就意味着专家的意见是正确的，就可以认定该证据是科学证据，而无须考虑推理过程是否有说服

---

[1] United States v. Downing，753 F. 2d，1238.

力。这一明显疏漏直到通用电气公司诉乔伊纳案（General Electric Company v. Joiner）才作了弥补。[1] 该案法官认为，专家证言的方法与结论之间没有明显的界限，专家证言的可采性和证据价值既依赖于其使用的方法，也依赖于从研究中得出的结论。如果专家在得出结论前没有进行论证，或者论证过程存在明确的错误，专家证言就不具有可采性。[2]

需要注意的是，并非所有的专家证言都必须满足道伯特规则的四个检验标准，在1999年的库霍轮胎案（Kumho Tire Co. v. Carmichael）中，法庭指出，道伯特规则的四个检验标准是否适用于所有的专家证言，需要根据争议案件的具体情况而定，取决于争议事项的性质、专家证言涉及的特定领域和争议的主题。[3] 该案把对科学证据的审查从专家证言是否科学转为是否可靠；把道伯特规则的适用拓展到技术和其他专业知识领域。由于道伯特规则本来仅适用于对科学知识的检验，现在扩展到了技术及其他专业知识领域，道伯特规则就显得略有不足，无法为诉讼中的全部科学证据提供指引。

（三）《联邦证据规则》第702条标准

美国《联邦证据规则》经过多次修订，涉及科学证据的第702条在2000年和2011年均被修正。2000年版的第702条规定："如果科学、技术或其他专业知识，将辅助事实审理者理解证据或确定争议事实，因其知识、技能、经验、训练或教育而具备专家资格的证人，可以意见或其他形式作证。专家以意见或其他形式作证需符合几个条件：（1）证言基于充分的事实或数据；（2）证言是可靠的原理或方法的产物；（3）专家把原理和方法可靠地适用于案件的事实。"此次修正补充了专家作证的三个条件。虽然这种罗列式的表述方式确实使事实审理者开始更多地关注这些条件，但这也使他们开始忽视《联邦证据规则》第702条原本表述的关于"将辅助事实审理者理解证据或确定争议事实"的规定，即相关性的要求。因此，2011年修订时，第702条把相关性移下来，与其

---

[1] General Electric Company v. Joiner, 118 S. Ct. 512（1997）.

[2] Theresa M. Moore, "Closing the Doors on Unsupported Speculation: Joiner's Effect on The Admissibility of Expert Testimony", *Ind. L. Rev.*, Vol. 33, 1999, p. 349.

[3] Kumho Tire Co. v. Carmichael, 526 U. S. 137, 131 F. 3d 1433（1999）.

他条件并列，作为科学证据可采性的第一个条件。即规定："因其知识、技能、经验、训练或教育而具备专家资格的证人，可以意见或其他形式作证。专家以意见或其他形式作证需符合几个条件：（1）该专家的科学、技术或其他专门知识将辅助事实审理者理解证据或确定争议事实；（2）证言基于充足的事实或数据；（3）证言是可靠的原理或方法的产物；（4）证人将这些原理和方法可靠地适用于案件的事实。"至此，科学证据的可采性标准演化为相关性、可靠性、有效性、适用性。

三、科学证据的检验

根据科学证据的采纳标准，判断一项证据是否具有可采性，需要分别检验相关性、可靠性、有效性、适用性。

（一）相关性和可靠性检验

相关性是要求专家的科学、技术或其他专门知识有助于事实审理者理解证据或确定争议事实。科学证据试图证明的对象是案件的重要事实，科学证据的存在，将使案件的重要事实的存在更有可能或更不可能。对于相关性的检验，前文曾有专门一章分析，在此不再赘述，只对其他几项进行分析。

在科学领域里，可靠性涉及每次把同一方法应用到相同事物时得到同样结果的能力。但科学证据的可靠性不仅包括统计学中所指的对测试方法、结果的可靠性要求，还包括对测试者的要求。面对一份科学证据，法庭必须审查其所依赖的技术的已知或潜在的错误率，法庭必须明白，披着科学光环的证据也并非一定是可靠的。无论科学家使用的仪器多么精密、采用的方法多么可靠，也不论科学家多么客观，测量结果与"真值"总是有一定的误差。科学证据的可靠性是一个程度问题，并非只有可靠的和不可靠的两种区分，而是在最可靠的证据和不可靠的证据之间有一个区间。科学证据的可靠性受测试方法的可靠性、测试结果的可靠性和人为因素的影响。

1. 对测试方法可靠性的检验

测试方法的可靠性用灵敏度、特异度和几率这几个指标来衡量。灵敏度又称真阳性率，是对实际为阳性的样本检测为阳性的概率。也即撒谎的人能够被正确测试为撒谎的概率，或者已经患病的人能够被正确诊断为有病的概率，表征检测方法对疾病的敏感程度或识别能力。计算公式是：灵敏度 = A/(A + C) × 100%。灵敏度越高，漏诊概率越低。特异度也称真阴性率，是对实际为阴性的样本判断为阴性的比例，如诚实的人被准确测试为诚实的概率，或者未生病的人被医院判断为未生病者的比例。特异度计算公式是：特异度 = D/(B + D) × 100%。特异度越高，确诊概率越高。

表 6 - 1　表征可靠性的几种术语之间的关系

检测结果	真实情况	
	阳性	阴性
阳性	真阳性　A	假阳性　B
阴性	假阴性　C	真阴性　D

值得注意的是，测试的可靠性不仅依赖于测试本身的灵敏度和特异度，还与受测人群传染病的流行情况有重要关联。以 HIV 传染病检测为例，用同样的测试条件，HIV 检测阳性的人事实上是阳性的可能性，与被测人群感染 HIV 的概率高度相关。虽然测试可能高度精确，但如果对普通人群进行检测，由于一般人感染 HIV 的概率不高，可能导致检测结论很不可靠。而同样的测试，用于吸毒人群或同性恋人群，检测结果的可靠性大大提高。

只有把灵敏度、特异度与几率结合起来才能对测试进行全面衡量，从而具备良好的预言价值。阳性预测值是指真阳性人数占试验结果为阳性人数的百分比，表征检测结果阳性者属于真病例的百分比。计算公式是：阳性预测值 = A/(A + B) × 100%。阴性预测值是指真阴性人数占检测结果为阴性人数的百分比，表征检测结果阴性者属于健康状态的概率。计算公式为：阴性预测值 = D/(C + D) × 100%。阳性错误率是指从真阴性的人中检测出的阳性结果比例，即 B/(B + D) × 100%，是单次测试对健康的人而言的错误率。阴性错误率是从确实为阳性的人中检测出的阴性结果比例，即 C/(A + C) × 100%，是对欺骗的人而言的错误率。

准确度（Accuracy）是真阳性与真阴性人数之和与受试人数（假设为N）的百分率。计算公式为：准确度 =（A + D）/N × 100%。

在考虑专家证言的可靠性时，不能忽视几率的作用。对于专家提供的有关情况，法官需要一些背景数据来了解几率，以审查专家证言的可靠性。如专家认定某儿童受到了虐待，法官就需要关于虐待儿童的发生频率的数据来评估专家证言的可靠性。虐待儿童现象越普遍，该专家的肯定结论就越可能正确。这就是贝叶斯定理对几率的要求。在估计几率时，法官不能局限于提供证据的专家的证言。法官可以指派自己的专家，或者自己决定什么样的几率是该领域的其他专家普遍接受的。

2. 对测试结果可靠性的检验

测试结果是否可靠用信度来表述。信度指测验结果的一致性、稳定性及可靠性，一般用内部一致性来表示信度的高低。如用磅秤多次称同一袋米，如果多次重复测量都能得出相同的结果，那么这个测量就是可靠的，也是这个测量信度较好的体现。但是，并非所有的测试都能测出被测人的真实情况，多重因素都会导致测量的结果与被测人真正的水平或状态不相符，也就是说测量结果会出现误差。被测人身心状况、动机水平、注意力集中程度、情绪状态等，测试人员的指导语、主观评分、测量工具、测量环境、测量过程安排等都可能导致误差的出现。误差越大则测量越不可靠。根据不同的标准，误差有不同的分类方法。根据误差出现是否具有规律性，误差分为系统误差、随机误差和过失误差[1]根据误差在科学推理链条中发生时所处的层次，误差被分为参数不确定

---

[1] 系统误差是指因偏离测量规定的条件或测量方法而出现，并按某些确定规律变化的误差。导致系统误差的因素包括实验仪器不精确、实验原理不完善、实验方法粗略等。系统误差的特点是在多次重做同一实验时，误差的出现具有规律性，结果总是同样的偏大或偏小。减小系统误差可以通过校准或更换实验仪器、改进实验方法等来进行。随机误差是指在实际测量条件下，各种偶然因素使得多次测量同一量值时绝对值和符号以不可预知方式变化的误差。随机误差有时偏大，有时偏小，可以通过反复的实验平均掉。测量次数越多，算术平均值越接近"真值"。随着测量次数不断增加，误差的算术平均值趋向于零。过失误差又称粗大误差或操作误差，是指测量中出现过失导致严重歪曲测量结果的误差，其误差值超过预期值。导致过失误差的原因包括测量者主观疏忽或客观条件突变而测量者未能及时加以纠正，如设备故障、数据记录错误等引发的测量数据严重失真现象。过失误差的测量数据应在数据处理时剔除，否则将严重影响测量结果。

导致的误差、范例不确定导致的误差、决策规则不确定导致的误差。因参数不确定而出现误差对检测结果影响重大。

错误肯定和错误否定类型的误差（一般称为Ⅰ型和Ⅱ型误差）就属于参数不确定导致的误差。错误肯定是指发现并不存在的影响，即假阳性错误，病人没有病时确认为有病。错误否定是指忽略真实存在的影响，即假阴性错误，病人有病时确认为没病。科学检测必须把错误肯定和错误否定的风险予以平衡，这就需要设定一个合理的阈值。阈值是一个重要的参数。确认肯定结果的阈值越高，得到的肯定结果正确的概率越高，与此同时，得到的否定结果错误的概率也就越高，也就是越有可能忽略某些真正肯定的情况。因此，实验设计者必须权衡错误肯定或错误否定可能带来的后果，是宁愿要更多的错误肯定还是宁愿要更多的错误否定。如 HIV 检测，阳性门槛太高，检测发现疾病的概率就变小；阳性门槛太低，检测发现疾病的概率就变大，同时，检测虚报疾病的概率就变大。

抽样中的误差也属于参数不确定性导致的误差。例如，为了检验某地的疾病发病状态，随机抽选某地区 1000 名男性。由于抽选的对象只是部分男性，而不是该地区所有男性。即便研究结果显示的不同组群之间的人群存在差异，也并不能表明不同组人群之间的任何实际差异，因为抽样中的误差可能导致不同组的研究对象之间本身就存在这样的差异。研究结果显示的差异可能仅仅是统计上的侥幸成功。但是，我们研究总体的特征时，只能通过抽样对样本进行研究，因为我们无法获得总体的全体数据，或者获取总体数据的成本太高。为了减少抽样误差带来的影响，统计学中采取了报告置信区间的办法，以及设置了显著性要求。置信区间（Confidence Interval）是指由样本统计量所构造的总体参数的估计区间。置信区间是一个随机的区间，端点为随机变量，取决于抽取的样本的数值的不同。不同的样本对应不同的值，从而对应不同的区间。这些区间并不都包含参数真值。若随机抽样 100 次，同样构造 100 个区间，如果 95 个区间包含了参数真值，那么我们就说置信度为 95%。[1] 为排除因

---

[1]　95% 置信区间就表明，如果我们重复取样，每次取样后都用这个方法构造置信区间，有 95% 的置信区间会包含参数真值。

抽样导致的偶然差异，对于研究中发现的对比组与受影响组之间的差异，统计学上要求具有显著的差异。所谓的显著性水平是事先假定的可以接受的犯第一类错误的最大概率。[1] 原假设能否被推翻与显著性水平的设定有关。设定的显著性水平越低，原假设就越难被推翻，我们可能会接受错误的理论（犯了Ⅱ型错误），假设检验就越保守。设定的显著性水平越高，原假设就越容易被否定，我们可能会拒绝实际上是正确的理论（犯了Ⅰ型错误），假设检验就越激进。因为我们更不喜欢犯Ⅰ类错误，所以我们习惯于把显著水平设置在较低水平，一般设为5%。

为准确评估误差，有多种信度估计方法用于对误差的描述、解释、预测和控制。一是重测信度法，即以同一个测验对同一组被测人在一定间隔时间内测试两次的结果的相关程度。重测信度又分为重复度和间信度。重复度是本人重复测试所获得的信度；间信度是他人重复本人的测试所获得的信度。间信度比重复度具有更高的价值。重测信度用于检验跨时间测试时结果的可靠性，即时间误差，适用于不同时间反复测试不应有任何差异的事实，如年龄、性别等，也适用于短时间内不会有明显变化的事实，如兴趣、爱好等。重测信度的准确性受测试人员的记忆效应、被测人的经验效应、重测的时间间隔、题目的结构等因素影响。被测人对两次接受同一测验一般不太乐意，而且被测人容易受到各种事件和他人的影响，因此在实施中有一定困难。二是复本信度法，是用平行测验对同一组被测人测验两次后的相关程度。两个平行测验可以同时施测，也可以间隔一段时间施测。平行测验要求两个复本除表述方式不同外，在内容、格式、难度等方面完全一致。这种方法也不太使用，因为

---

[1] 第一类错误就是指原假设是正确的却通过假设检验而拒绝了本来正确的原假设。原假设是被公认的，或默认的，不能轻易推翻。如作为刑事诉讼基本原则的无罪推定，要推翻无罪推定必须有足够的证据。没有充分的证据，只能假定是无辜的。无辜，就是原假设；有罪则是备择假设。为避免犯第一类错误而事先人为地设定一个概率 α(0 < α < 1，α 被称为显著性水平)，以确定实验所得结果是否为小概率事件，并进一步判断是否应当拒绝原假设。如果在检验中发现 p 值小于设定值，p（拒绝原假设 | 原假设成立）≤α，即发生此实验结果及更极端的结果的概率总和小于预先设定值，则可以认为这个实验结果是小概率事件，因此而有理由拒绝原假设。该检验就是水平为 α 的检验，若在检验过程中拒绝原假设，我们就说这个检验是显著的。

复本很难达到这种要求。三是折半信度法，是将调查项目分为两半，计算两半得分的相关系数，进而估计整个量表的信度。折半信度法测量的是被拆分成两部分的题项得分间的一致性，属于内在一致性系数。这种方法常用于态度、意见式问卷的信度分析，一般不适用于事实式问卷，因为年龄、地址等不同的事实无法相比。如对"社会地位"进行测量，通常我们会把多个项目，像个人的收入、职业、教育、房屋面积等随机拆分成两组。这些项目都是针对相同事件的测量，这两组的测量结果应当趋向一致，测量结果显示的它们之间的相似度可以为我们提供一个关于测量有多可信的检测。四是内部一致性信度，又称内部一致性系数，是指测试内部结构的一致性程度，考察测试的各个题目是否测量了相同的内容或特质。与折半信度法类似，适用于态度、意见式问卷的信度分析。使用这种方法，总量表的信度系数应当在 0.8 以上，0.7—0.8 也是可以接受的；分量表的信度系数最好在 0.7 以上，0.6—0.7 也可以接受，0.6 以下就要考虑重新编问卷。

　　3. 对人为因素的审查

　　科学证据的可靠性除了要考察测试方法的可靠性、对测试结果的可靠性进行评估，还要审查报告者本身的可靠性。这与单纯的科学界对科学理论的检验不一样。科学界审核的仅仅是理论本身是否可靠，无论这个理论的提出者是什么样的人。但是，一旦进入诉讼领域，法院一般都会限制或排斥缺乏相应辨认理解能力的人的证言，因为这些生理因素会妨碍他们作出可靠的证言。但是，当事人聘请专家证人的目的是希望借助专家的知识赢得诉讼，而非对数据进行客观评估。一旦科学家以专家证人身份出席法庭，可能因为某种经济利益或者某种学术偏见对某一个科学结论产生截然不同的观点，可能会为了证明一方的主张而进行数据挖掘，甚至故意曲解数据、作出虚假陈述，得出完全错误的结论。在英美法系国家，法庭允许专家进行数据挖掘，为专家曲解证据打开了方便之门。专家个人的政治、宗教观点也可能造成他们的偏见，专家的主观情绪、情感、道德品质、利害关系、自负是导致观点错误的重要因素。大陆法系国家的鉴定人地位中立，有助于实现其客观性。但是检材的发现、提取、保管和检验过程中出现的错误也会影响科学证据可靠性。

（二）有效性检验

有效性是一个有着多重含义的词汇，在不同学科有着不同的意义，即使在同一学科也难以就其含义达成一致。作为可采性标准，有效性要解决的是科学原理能否支持结论，或者科学证据是否真的为争议问题提供了答案。有效性和可靠性不是两个截然分开的概念，可靠性是有效性的保障。可靠的不一定是有效的，但有效的一定是可靠的。有效的结论需要可靠性保障。

福斯特和休伯认为，有效性包括逻辑的有效性和科学的有效性。[1]逻辑有效性关注逻辑判断是否符合逻辑法则，以及逻辑判断的前提是否正确。一个推理是有效的，当且仅当前提为真时结论不可能为假。即当一个推理前提为真而结论为假时，这个推理肯定是无效的。科学有效性问题相对更复杂，要考察原理和方法的科学性。科学原理是关于事物本质及其规律的知识体系，是一类事物共同点的抽象和概括。科学方法是系统追求科学知识的原理和程序，包括问题的确认和阐述、通过观察和实验收集资料以及假设的阐述和验证。根据波普尔的观点，理论的有效性来自反复的检验错误的尝试。如果一个理论能够经受住反复的证明错误的检验，就可以确立有效性，对理论的检验越是穷尽性的，理论的有效性就越强。波普尔提供了判定理论是否正确的步骤：通过理论本身能否推导出结论，以判断理论是否具有内在一致性；审查理论的逻辑形式，以断定它是否具有可重复性，即错误可证实性；比较该理论与其他理论，以断定通过该理论是否具有科学进步性；把从理论得出的结论投入实际应用，以验证该理论，即通过对理论的实际适用范围的检验决定其是否有效。[2]

在英美法系国家，专家被允许提供证言的一个前提条件是他提供的是科学知识。要判断专家提供的理论或技术是否是科学知识，首先要判

---

〔1〕 ［美］肯尼斯·R. 福斯特、彼得·W. 休伯：《对科学证据的认定：科学知识与联邦法院》，王增森译，法律出版社 2001 年版，第 162 页。

〔2〕 ［英］卡尔·波普尔：《猜想与反驳：科学知识的增长》，傅季重等译，上海译文出版社 1986 年版，第 37 页。

断这个理论或者技术是否可以检验或者曾经被检验过。根据亨普尔的观点，构成科学解释的说法必须有能力进行经验性的检验。[1] 这也就是波普尔所说的，某项理论的科学地位得以确立依据的是它的错误可证实性，或者可反驳性，或者可检验性。[2] 根据波普尔的观点，获取科学知识的方法是提出假设、检验假设，看它的错误是否可以证实。如果某一知识虽然不能被肯定性地证实正确，但是能够经受得住反复证明错误的假设检验，最终将被接受为科学知识，被有条件地作为真理接受。波普尔提出，实践科学的明确特点就是错误可以证明。科学体系并不需要在肯定意义上得到证明，而是要能够在否定意义上通过实践检验。一个设想可能被证实是错误的，但无法证实它真实，因为知识和信息永远不全。一个经过检验而没有被证明错误的设想只能说是被证明过了，而不能说是被证实了。理论不能被任何可以理解的事件反驳就是非科学的。波普尔的理论有助于把科学与非科学活动区别开来，某项理论是科学的，唯一条件是它必须能够被实践检验……是体系的错误可证明性而不是其可证实性才可以作为划定界限的标准。虽然波普尔的观点对于判断一项理论或方法是不是科学知识具有重要意义，但是，波普尔的错误可证实性理论无论是在哲学还是法学领域都遭到一些批评。[3] 然而，这并不是说要抛弃错误可证实性。波普尔理论的重要意义在于，专家证人应当如何构架、组织一个陈述才有可能被法庭当作科学证据予以采信。那些构架松散、含糊的陈述，不具有可检验性，是不可靠的。一个科学的陈述至少在语言组织上必须明确具体，如果它是错误的，那么其他科学家应能证明它是错误的。如果没有被证明错误，那么就可以作为正确的观点被接受。

---

[1] [美] G. 亨普尔：《自然科学的哲学》，张华夏译，中国人民大学出版社 2006 年版，第 49 页。

[2] [英] 卡尔·波普尔：《猜想与反驳：科学知识的增长》，傅季重等译，上海译文出版社 1986 年版，第 37 页。

[3] 因为大多数情况下，关键问题不是能不能证明理论和技术是错误的，而是是否对理论和技术进行了足够的验证以保障其可靠性。作为科学知识的外行，法官和陪审团在评估专家证人的说法时，会去验证其内部逻辑连贯性，而不是试图去证明它是错误的。法官拿到一个科学证据，首先会审查其提出形式是否可以验证。如果证人的观点表达得足够明确具体，但是实际上是错误的，就能够被证明是错误的；如果实际上是正确的，就能够被证明是正确的。两种结果实际上都是对科学知识进行的验证。

科学家在法庭上经常被要求对一些从科学上无法认知的事物发表意见，或者被要求以平实、直白的语言说明某种药物不具风险或者某种关联并不存在。完全不具风险或者完全无关联是无法证实的，因此这种主张是超越科学的。此时，专家可能会如实作证，科学研究至多只能确定存在某种风险，如果这种风险或者关联确实存在的话，也是低于一方声称的某种水平。专家可能会拒绝发表诸如某种物质是安全的，或者某种关联是不存在的这样的观点。因为科学家对安全的解释是零风险，关联不存在是没有任何关联。专家的这种立场可能引起陪审团或法官的误解，认为专家的话暗示有证据表明存在真正的危险或关联。但是，从科学的立场来看，如果科学家发表证言说风险或关联为零，那么他不是在信口雌黄就是在撒谎。道伯特案件中，原告专家证人斯旺的最后一个句子：谁也不能从这些研究中得出结论，说本涤汀不会引起胎儿肢体残缺。斯旺的声明不具备错误可证明性。她说本涤汀的安全性值得怀疑，有可能给原告造成损害，但是，有可能并非确实可能，这句话不具备错误可证实性或未经检验。本涤汀与发育缺陷有关联，但有关联性并非有因果关系。[1]

有效性还依赖技术和理论之外的其他因素，依靠人们解释数据的理论和从数据中得出的推论如何运用之间的一致性。[2] 任何科学原理和方法都有其特定的适用范围，在其适用范围内，能够解决想要解决的问题，就是有效的。超越这个范围可能就会失效。如磅秤是测量体重的有效方法，但是却不是测量腰围的有效方法。但是，科学的有效性并非简单的是或否的问题。体重和腰围也还是存在一定的关联的，磅秤还是能够在一定程度上说明腰围。因此，有效性还取决于结论的应用范围和对结论的解释。当然，还有一个简便的办法可以帮助判断科学有效性，那就是同行复核以及所使用的原理和方法是否符合计量认证或实验室认可的要求。

（三）适用性检验

适用性是指专家使用的科学原理、技术、方法是否可靠地适用于当

〔1〕 〔美〕肯尼斯·R. 福斯特、彼得·W. 休伯：《对科学证据的认定：科学知识与联邦法院》，王增森译，法律出版社 2001 年版，第 78 页。
〔2〕 〔美〕肯尼斯·R. 福斯特、彼得·W. 休伯：《对科学证据的认定：科学知识与联邦法院》，王增森译，法律出版社 2001 年版，第 169 页。

前案件中需要解决的问题。虽然某一种观点或者理论从科学的角度来讲是科学的，但是如果没有适用性，在诉讼中也不能被接受为裁判或推论的依据。美国《联邦证据规则》第 702 条规定，证言能够帮助审判人员理解有疑问的证据……这个规定是对适用性的最好描述。专家证言必须与案件事实有充分联系，而且能适当地适用于争议中的事实以帮助陪审团解决实际争端。对适用性的审查要注意适用性与基本理论之间的关系，以及适用性与社会目标之间的关系。

适用性与基本理论之间的关系是指专家证据所依据的理论和方法能否适用于本案，能否有助于解决争议中的事实。如，在道伯特案件中，法庭认为，上诉人依据活体动物研究、动物细胞研究、化学结构分析以证明本涤汀与发育畸形之间的因果联系，但是，由于涉及本涤汀的流行病学数据资料数量巨大，不以流行病学证据为基础的专家意见不能确立因果关系，不可采信。因此，即便专家使用的活体动物研究、动物细胞研究、化学结构分析是科学的，但是，并不能恰当地解决本案的争议问题，没有适用性。是否具有适用性与证据的证明对象有关，有相关性才有适用性。例如，关于月亮盈亏的专家证言，如果在案件当中被用于证明某人受月亮盈亏的影响，实施了某种犯罪行为，那么该专家证言不具有相关性，但是如果这一专家证言被用于说明案件当时的照明情况，以证明证人能否在特定情况下通过目击看清案件情况的发生，那么它就是有相关性的。适用性不仅要求专家使用的原理、技术或方法本身可靠，还要求专家对其结论进行论证和解释，说明其结论依据的基础资料或数据是否充分，推论是否合理。

适用性与社会目标之间的关系是指，科学理论和方法所证明的科学事实与基于社会管理目标而制定的法律规范所规范的事实不同。科学事实和法律事实并不是一回事。法律上予以认可的事实并不一定是科学事实，法律禁止的事实也并非都不是科学事实。比如，政府允许出售香烟并不代表着香烟从科学角度讲是对人体是无害的。同样，政府禁止销售香烟也不代表着从科学角度来讲香烟对身体是有害的。立法者在制定规则的时候，可能仅仅是为保障社会公众安全，出于一种谨慎的考虑。但是，一旦有关事实被立法者上升为法律规范，就必须以法律规定为准，不允许在法律之外寻求科学标准。行为人在限速 100 公里的高速公路上以 120 公里的时速开车，构成法律上的一种过失或者故意。从法律角度讲，只要能够证明行为人当时的时速达到 120 公里，那么就构成了法律上的故意或者过失，不允许行为人另外提出证据来证明在该路段上以 120 公里的时速来开车是安全的。从科学的角度来讲，以超过 120 公里的速度驾驶机动车与交通事故并没有因果关系，但是，如果专家出庭，从车辆性能、道路状况等分析，证明以超过 120 公里的时速驾驶机动车与交通事故之间没有因果关系，就属于没有适用性。因为，管理部门制定法律规范是从保障公众安全的角度来规定的，并非是从科学角度来看一定是危险的。即便专家证据能够证明该路段的路况表明 120 公里的时速是安全的，从法律的角度来讲也是没有意义的。

大陆法系国家的法官审核科学证据时并没有美国这样的详细标准。大陆法系国家实行鉴定人制度，鉴定人相对英美法系国家的专家证人而言更具中立性，可以作为法庭很好的辅助，为法官审核科学证据提供更可信赖的帮助。同时，大陆法系国家实行自由心证，由法官根据自己的良心和理性对证据进行自由审查。大陆法系国家的法官对科学证据一般审核专家依据的理论和方法的科学性、检材的情况、仪器设备、测试程序、鉴定人资质等。

第二节　测谎结论的检验：从科学证据的视角

测谎结论作为科学证据在美国法庭经受了长期的检验，法庭从相关性、可靠性、有效性、适用性等方面对测谎结论进行审核，能够通过科学证据审核的测谎结论才具有可采性。在日本和中国，并无专门的科学证据审核标准，只是从证据能力角度审查测谎结论，同时，鉴于其科学证据属性，特别关注其科学可靠性带来的相关性问题。

一、测谎结论的相关性检验

测谎结论的相关性审核包括测谎结论所试图证明的对象是什么、测谎结论能否证明该事项。如果当事人提交的测谎结论试图证明的对象是本案的重要性事实，测谎结论就具有重要性。而且，测谎结论的存在，将使本案重要性事实的存在更有可能或更不可能，测谎结论就是有相关性的。测谎测试主要是明确被测人对案件有关事实是否知情，是否知悉案件中的隐蔽信息，或者有关案件事实的陈述是否是真实的，测谎结论的证明对象属于重要性事实。如果测谎结论本身，或者其试图证明的对象结合其他证据可以证明案件的主要事实、与证据的证据能力或证明力有关的事实、案件所主要依赖的"背景"，或者是作为回顾式证据从案件发生后被告人撒谎这一行为证明案件发生时的情况等，就具有证明性。

在美国《联邦证据规则》第 702 条中，相关性表述为"专家的科学、技术或其他专门知识有助于事实审理者理解证据或确定争议事实"，也即测谎结论能够证实或证否证据或争议事实。对测谎结论相关性的审查，除了审查重要性和证明性，还需要审核测谎结论带来的负面影响，也就是进行法律相关性审核，比较测谎结论的证明力与其带来的偏见等负面影响的大小。在美国法庭，测谎结论的逻辑相关性一般不会受到质疑，但可能因为不具有法律相关性而被排除。当然，测谎结论是否具有法律相关性取决于具体的案件情况，要判断其带来的偏见、拖延等负面因素的影响是否超过了其本身的证明力。

在我国台湾地区和日本，把对测谎结论的相关性审核与测谎结论的科学性相连接。测谎结论是否具有相关性，取决于其科学性如何，也即测谎结论的准确性能否保障其对有关案件事实的证明作用。台湾地区法官对测谎结论的科学性有严重分歧。相信测谎的观点认为测谎结论有绝对的可靠性，而排斥测谎的观点则全盘否定测谎的可信性。肯定测谎结论证明价值的观点认为不宜以其科学性不足直接否定其证据能力，如果对其科学性存疑，可以由法官自由判断其证明力。如，台湾地区"最高法院"1997 年台上字第 1904 号判决认为，按刑事诉讼职权主义之效能，凡得为证据之资料，均具有理论上之证据能力，是以法律对证据之种类，并未设有任何之限制。[1] 否定测谎结论相关性的论点

---

〔1〕 何赖杰等：《刑事诉讼法实例研习》，学林文化 2000 年版，第 218 页。

则从测谎的原理不可靠、测谎不具有再现性等来批判。[1] 在日本，最高裁判所认定测谎结论具有证据能力，因为被测人同意测谎赋予了测谎结论以证据能力。对此，学者的态度并不一致。[2] 反对者认为，同意并不能保证文书所记载的内容的正确性，没有满足法律对测谎检查结果报告书与待证事实的关联性要求。但支持者认为，同意不仅是对反对询问权的放弃，更是一种积极的赋予书证以证据能力的诉讼行为。对测谎结论的可信赖性的评价，也就是对其相关性的评价，可以由当事人自由处分。

我国大陆地区对证据的基本要求是证据能够用于证明案件事实。这就体现了对相关性的要求，其中，包含对证明对象，即重要性的要求，以及对证明性的要求。证据能够使证明对象更有可能或更不可能，当然是基于证据的可靠性。可以说，各国对测谎结论相关性的审核都离不开对证据科学可靠性的要求。

二、测谎结论的可靠性检验

测谎结论在法庭接受的可靠性检验同时包含信度和效度检验，分别代表对测谎的结论和方法的可靠性检验指标。[3]

（一）测谎方法的可靠性检验

对测谎方法可靠性的审核主要是审核一次测试结果的准确率，是审核测谎测试与作为校标的真实情况的符合度。测谎的准确率受阴性错误率和阳性错误率影响，错误率越低，准确率越高。

对测谎准确率的研究，有的研究机构是给出一个总的准确率，有的则会根据测试方法、研究方法、测试目的的不同进行分别研究。

首先，测试方法的不同对准确率有影响。犯罪情景测试法侧重用认知理论作为理论基础，要求被测人对相关问题有认知，把被测人有认知

---

〔1〕 王兆鹏：《辩护权与诘问权》，华中科技大学出版社 2010 年版，第 228—231 页。

〔2〕 吴富凯：《测谎技术于刑事程序中之法律地位》，台湾中兴大学 1999 年硕士论文，第 127 页。

〔3〕 Jodeph Sanders, "Scientific Validity, Admissibility and Mass Torts After Daubert", *Minnesota Law Review*, Vol. 78, 1994, p. 1387.

的情节编为相关问题，但是，如果被测人已经把作为相关问题的案件情节遗忘了，就可能出现假阴性错误。准绳问题测试法侧重以情绪理论作为理论基础，认为被测人会基于恐惧、害怕等情绪对相关问题出现显著反应，但是，如果被测人出于其他原因被激起了对相关问题的生理反应，就可能出现假阳性错误。因此，犯罪情景测试法和准绳问题测试法的原理和编题方式不同，在假阴性或假阳性错误率上也会有较大的不同。所以，有些研究机构会分别研究犯罪情景测试法和准绳问题测试法的准确率。

其次，不同的研究方法对测谎准确率的影响不同。对测谎的研究方法包括实验室研究和实地研究，分别是在实验室环境和现场环境进行。实验室研究和实地研究各有优缺点，获得的准确率也不同。实验室研究的优点在于可以根据需要随机抽取测试对象，而且，实验室研究知道案件的真实情况，知道被测人在什么问题上撒了谎，能够获得被测人撒谎的标准反应图谱。但实验室研究过于理想的测试条件和现实可能发生的情况不符，更重要的是，在实验室环境下的被测人与真实案件中被测人的心理是不一样的，激起的生理水平也会有区别。实地研究的优点在于针对的是实际案例，被测人的生理心理反应水平都是真实的，其心理生理反应被激发的水平更高，但实地研究很难得到被测人说谎话的标准反应图谱，对测试人员的编题要求较高，测试结论的判断带有较大的主观性。针对实地研究的上述缺陷，有研究指出，测谎准确率的实地研究必须符合几个条件才能认为具有有效性和可靠性：第一，被测人必须是以一定的方式被随机抽取的实际案件的真实人物。如果测试的是刑事案件，被测人必须是真实案件中的犯罪嫌疑人。第二，测试人员必须是具有资质的，经过专业培训、有实践经验、掌握良好的测谎技术和方法的人员。第三，案件要附带原始图谱和测试人员的最初评判意见。第四，测试人员分析图谱时要遵循测谎的独立性标准和原始性标准，即测试人员对图谱的分析结论必须是测试人员依据图谱独立得出的，一旦测试人员得出测试结论就不得再根据图谱以外的其他信息来修改结论。第五，测试结论的准确性必须经由其他信息来源独立证实，其中，被物证证实的口供是判断测谎结论准确性的最佳标准。[1]

最后，测试目的不同，测谎准确率不同。不同目的测试中，被测人群是诚实还是欺骗的几率不同，这种几率的差别会影响测试准确率。如，用于任职前筛查，或者对在职雇员的筛查，或者反恐的筛查，由于被测人群中真正撒谎的人不多，其准确率要低于在诉讼中的应用。

大量关于测谎可靠性的研究是在美国进行的，下面将以美国和其他国家、地区来分别介绍测谎可靠性。

1. 美国的研究数据

对测谎研究最多的是美国。美国对测谎准确率的研究成果可以分为两种：一种是对测谎准确率的综合评价，另一种是不同的研究机构采用不同研究方法对不同的测试技术的分别研究。

（1）测谎的总体准确率

20 世纪末期，关于测谎总体准确率的研究成果较多，这些研究都认为测谎的总体准确率较高。一项研究表明，没有实际操作测谎测试的有经验的测试人员仅仅通过分析测试图谱就可以达到 86.2% 的准确率。[2] 艾布兰（Abrams）在对测谎信度和效度的一项综述中表明，实验室研究和实地研究均表明测谎测试具有高度准确性。[3] 拉斯金等人的研究表明，准绳问题测试法和犯罪情景测试法均具有高度的准确性。[4] 美国测谎权威雷特在一次有关测谎可靠性的听证会上作证说，35000 例测试表明，有经验的测试人员的测谎准确率超过 91%。[5]

美国国家科学研究委员会于 2003 年对测谎准确性做了一次权威评估。该委员会历时 19 个月，在全面审查 80 多年来的研究成果的基础上，

〔1〕 David H. Kaye, et al., *Modern Scientific Evidence：The Law and Science of Expert Testimony*, Thomson West, 2006.
〔2〕 ［美］乔恩·R. 华尔兹：《刑事证据大全》，何家弘译，中国人民公安大学出版社 1993 年版，第 456 页。
〔3〕 S. Abrams,"Polygraph validity and reliability：A review", *Journal of Forensic Sciences*, Vol. 18, 1973.
〔4〕 D. C. Raskin, G. Barland & J. A. Podlesny,"Validity and reliability of detection of deception", *Polygraph*, Vol. 6, 1977.
〔5〕 文盛堂：《测谎技术及其在国外的刑事司法应用》，《中国刑事法杂志》1998 年第 3 期。

认为测谎的综合准确率在 81%—91% 之间。[1] 一项关于测谎的信度与效度的研究报告在对涉及 2174 次实际测谎案件的 12 篇研究报告进行研究的基础上，提出测谎的平均准确率为 98%；涉及 1787 次模拟测试的 41 篇实验室模拟测谎研究报告认为测谎的平均准确率为 80%。[2] 美国测谎协会 2003 年发布了《测谎之争议与解答》（Polygraph Issues and Answers）的报告，认为一位训练合格的测谎测试人员实施制度完善的测谎程序时，对犯罪侦查中的特定议题而言，准确度在 86%—89% 之间。[3]

2004 年，马西普（Masip）等人对以往的研究进行分析后认为，准绳问题测试技术认定有罪者的准确率在 80%—90% 之间，识别无辜者的准确率在 53%—93% 之间。隐蔽信息测试技术认定有罪者的准确率大于 80%，识别无辜者的准确率大于 90%。[4]

2011 年底，美国测谎协会完成了一次有关测谎效度的综合研究，对所有发表在公开出版物上的符合美国测谎协会标准的测谎实地研究结果进行了一次彻底的审查，并发表了一份报告。这次审查的对象包括 295 名测试人员对 3723 次测谎测试作出的 11737 份评分结果，其中，6109 份评分结果针对 2015 名被证实是欺骗的被测人，5628 份评分结果针对 1708 名被证实是诚实的被测人。有些案件由多名测试人员采用多种计分方法来评分。研究结果表明，针对具体事件调查的单一主题测谎总体准确率为 89%（置信区间为 83%—95%），无结论率为 11%。针对多主题测谎的总体准确率为 85%（置信区间为 77%—93%），无结论率为 13%。[5] 这次研究的结果与美国国家科学研究委

〔1〕 National Research Council of the National Academies, *The Polygraph and Lie Detection*, The National Academies Press, 2003, p. 196.

〔2〕 陈鸿斌：《测谎证据能力之研究》，台湾地区"司法院司法行政厅"编辑 1996 年版，第 9 页。

〔3〕 Polygraph Issues and Answers, American Polygraph Associntion February 1, 2003.

〔4〕 Masip, et al. ,"The Nonverbal Approach to the Detention of Deception: JudgementalAccuracy", *Psychology in Spain*, Vol. 8, 2004.

〔5〕 Meta-Analytic Survey of Criterion Accuracy of Validated Polygraph Techniques Report (2010—2011), http://www. polygraph. org/section/validated-polygraph-techniques/executive-summary-meta-analytic-survey-criterion-accuracy-val.

员会于 2003 年作出的有关测谎准确率的评估报告一致，为测谎的有效性再一次提供了有力的支持。

（2）准绳问题测试和犯罪情景测试准确率的分别研究结果

在美国，最早进行准绳问题测试技术准确性的实验室研究的是美国犹他大学犯罪心理测试实验室。此后，这类研究逐步增多。表 6 - 2 包含了 6 个实验室对准绳问题测试的实验室研究报告。美国社会科学委员会（National Council for the Social Studies）作为美国联邦最高法院的法庭之友在谢弗尔（Scheffe）案中对表中涉及的部分实验室研究成果予以肯定，认为这些研究满足美国科学研究的最低质量标准，是可靠的研究。根据表 6 - 2，各项研究统计的准绳问题测试技术测试有罪的准确率为 74%—88%，总体准确率约为 80%；测试无罪的准确率为 60%—86%，总体准确率约为 77%；各项研究统计的准绳问题测试技术误把有罪测试为无罪的错误率即假阴性错误率为 6%—10%，总体错误率为 9%；把无罪测试为有罪的错误率即假阳性错误率为 6%—16%，总体错误率为 11%。美国社会科学委员会根据这些实验室的研究结果认为，在已知个体真实情况的前提下，准绳问题测试技术的总体准确率在 77%—80%。[1]

表 6 - 2　关于准绳问题测试技术准确率的实验室研究

研究人员及时间	有罪条件			无罪条件		
	有罪（%）	无辜（%）	无结论（%）	无辜（%）	有罪（%）	无结论（%）
OTA report（1985，n = 12）	74	7	19	60	16	24
Kircher & Raskin（1988，n = 14）	88	6	6	86	6	8
Ben-Shakhar Furedy（1990，n = 9）	80	7	13	63	15	22
Honts（1995，n = 8）	77	10	13	84	8	8
Raskin & Honts（2002，n = 11）	80	8	12	84	8	8
Honts（2004，n = 11）	82	7	11	83	10	7

注：n = 综述的研究数量。

---

[1] See United States v. Scheffe, 523 U. S. 303.

代表性的关于准绳问题测试技术的实地研究结果主要是杭特斯（Honts）和拉斯金等人的研究（见表 6 - 3），这些研究均符合独立性和原始性标准，具有有效性。[1]

从表 6 - 3 可以看出，在实地研究中，准绳问题测试技术能够准确地把大多数有罪者找出来，84%—91% 的有罪者被准确认定，平均准确率为 87%，高于实验室研究结果。准绳问题测试技术正确认定无辜者的概率在 55%—78% 之间，平均准确率为 64%，低于正确认定有罪者。把有罪者误认为无辜的假阴性概率在 0—13% 之间，平均概率为 10%。把无辜者误认为有罪的假阳性概率在 0—30% 之间，平均概率为 21%。也就是说，准绳问题测试技术有较高的假阳性错误，更倾向于把无辜者认定为犯罪人。这一特征在实验室研究和实地研究中的表现是一致的。这与准绳问题测试技术的原理有关。准绳问题测试技术主要以情绪理论为基础，被测人担心被冤枉等其他因素可能导致其出现生理反应，从而被误认为有罪。因此，准绳问题测试技术更适于排除嫌疑人，而不是肯定罪犯。

表 6 - 3 关于准绳问题测试技术准确性的实地研究

研究人员及时间	有罪条件			无罪条件		
	有罪（%）	无辜（%）	无结论（%）	无辜（%）	有罪（%）	无结论（%）
Ekman（1992，n = 10）	88	10	2	78	20	2
Lacono & Patrick（1997，n = 3）	84	—	—	56	—	—
Ben-Shakhar & Furedy（1990，n = 9）	84	13	3	72	23	5
Honts & Perry（1992，n = 3）	86	11	3	59	30	11
Lykken（1998，n = 4）	86	—	—	61	—	—
Honts（1996，n = 5）	91	5	4	55	9	36

注：n = 综述的研究数量。

美国技术评估办公室（Office of Technology Assessment，OTA）也对符合科学标准的准绳问题测试研究进行了评估。10 项实地研究表明，准绳问题测试认定有罪的正确率在 70.6%—98.6% 之间，平均准确率为 86.3%；

---

[1] See United States v. Scheffe, 523 U. S. 303.

正确检测无辜的比例在12.5%—94.1%之间，平均准确率为76%。把无辜者错误认定为有罪的假阳性率从0到75%不等，平均为19.1%；把有罪者错误认定为无辜的假阴性率从0到29.4%不等，平均为10.2%。另外14项单独的实验室研究表明，准绳问题测试认定有罪的准确率在35.4%—100%之间，平均准确率为63.7%。正确检测无辜的比例在32%—91%之间，平均准确率为57.9%。把无辜者错误认定为有罪的假阳性率在2%—50.7%之间，平均为14.1%。把有罪者错误认定为无辜的假阴性率在0—28.7%，平均为10.4%。[1]

关于犯罪情景测试技术准确性的实验室研究始于1959年莱克肯教授的报告[2]，另外还有拉斯金、霍茨、艾克曼等人的研究（见表6-4）[3]；关于犯罪情景测试技术的实地研究比较少，代表性研究是1990年伊兰德（Elaad）教授的报告（见表6-5）。[4]

表6-4说明，根据实验室研究，犯罪情景测试技术能够正确识别绝大多数有罪者，测试有罪的准确率在76%—90%之间，总体准确率约为82%；测试无罪的准确率在83%—100%之间，总体准确率为96%。但也有大量的有罪被测人通过了测试，犯罪情景测试技术把有罪者误认为无辜的假阴性错误率在10%—24%之间，总体错误率约为17%，假阴性错误率比较高。犯罪情景测试技术能够很好地识别无辜，几乎很少有无辜者被错误认定为有罪，除了麦克拉伦（MacLaren）的研究表明测试无罪的错误率在17%之外，其他的研究表明犯罪情景测试把无辜者误判有罪的概率为0—5%，总体错误率为2%，这说明犯罪情景测试技术的假阳性错误率很低。

---

[1] Congress of the United States Office of Technology Assessment, *Scientific Validity of Polygraph Testing: A Research Review and Evaluation*, University Press of the Pacific Honolulu, Hawaii, 1983, p. 97.

[2] David T. Lykken, "The GSR in the Detection of Guilt", *J. Applied Psychol*, Vol. 43, 1959, p. 385.

[3] E. K. Cheng, et al., "Modern Scientific Evidence: The Law and Science of Expert Testimony", *Judicature*, Vol. 82, 2006, p. 39.

[4] Etian Elaad, "Detection of Guilty Knowledge in Real-Life Criminal Investigations", *J. Applied Psychol*, Vol. 75, 1990, p. 521.

表6-4　关于犯罪情景测试技术准确性的实验室研究

研究人员及时间	有罪条件		无罪条件	
	有罪（%）	无辜（%）	无辜（%）	有罪（%）
Lykken（1959）	86	14	100	0
Podlesny & Raskin（1978）	90	10	100	0
Honts（1995，n=5）	86	14	99	1
Elaad（1998，n=5）	81	19	96	4
MacLaren（2001，n=22）	76	24	83	17
Ekman（2001，n=6）	78	22	95	5

注：n=综述的研究数量。

表6-5说明，犯罪情景测试技术在实践中正确识别有罪者的概率为42%—76%，平均为59%，准确率不如实验室研究。把有罪者错误认定为无辜的概率为24%—58%，平均为41%，具有很高的假阴性率。实地研究与实验室研究的反差最可能的原因有两个：一是因为实验室研究和实地研究的区别。实验室研究可以很容易地找到足够数目的合适情节作目标问题，实践案件却很难找到。即使有合适的情节，但有些有罪的人却遗忘了本该记住的情节，呈现无反应，被错误检测为阴性。另一个原因可能是测试目的不同。在犯罪案件调查和在雇员调查中，被测人的身份不同，有罪概率不同，导致测试的概率大不相同，也使测试的准确率差别很大。不过，犯罪情景测试技术的实地研究测试无罪的准确率高达97%—98%，把无辜者误判有罪的概率为2%—3%。根据表6-5，杭特斯和拉斯金两位教授认为，犯罪情景测试技术只是一种针对实验室研究有效的工具。[1] 但这种结论似乎过于悲观。因为测试方法和测试目的不同，测谎的准确率本身就会不同。犯罪情景测试技术的准确性依赖目标问题的质量和数量，如莱克肯教授所言，如果有一定数量的有效项目，犯罪情景测试技术的准确率从理论上来说是个概率问题。如果有效项目的数量足够，犯罪情景测试的准确率是相当高的。而且，犯罪情景

---

[1]　John A. Podlesny, "Is the Guilty Knowledge Polygraph Technique Applicable in Criminal Investigation? A Review of FBI Case Records", *Crime Laboratory Digest*, Vol. 20, 1993.

测试技术在美国本来就难有用武之地，实地研究数据不如实验室也是情有可原。事实也证明，犯罪情景测试技术在其他国家的实践运用是很广泛的。例如，在日本运用犯罪情景测试技术排除犯罪嫌疑人很普遍，我国犯罪情景测试技术的运用也不亚于对准绳问题测试技术的使用。[1]

表6-5　关于犯罪情景测试技术准确性的实地研究

研究人员及时间	有罪条件		无罪条件	
	有罪（%）	无辜（%）	无辜（%）	有罪（%）
Elaad，et al.（1992）	76	24	97	3
Elaad（1990）	42	58	98	2

犯罪情景测试技术的准确率取决于案件中有效项目的数量。有效项目是指只有犯罪人和侦查人员知道而犯罪人也注意到的案件情节。对于无辜人员来说，虽然他不知道这个情节，但也可能偶然在这个情节上有反应。假如备选问题数目是5个，则无辜者在相关问题上有反应的概率是1/5。根据这一理论，莱克肯教授推导出了犯罪情景测试技术准确率的理论值。见表6-6：[2]

表6-6　犯罪情景测试技术准确率的理论值

项目数	评分标值	无罪被测人		有罪被测人	
		真阴性（%）	假阳性（%）	真阳性（%）	假阴性（%）
5	3	94.4	0.6	87.2	12.8
6	3	98.5	1.5	90.1	9.9
10	5	94.4	0.6	96.8	3.2
12	6	99.6	0.4	98.1	1.9
16	7	99.9	0.1	99.3	0.7

根据表6-6可以看出，当有效项目为5个时，阴性准确率和阳性准确率分别为94.4%和87.2%；当有效项目达到16个时，阴性准确率和阳性准确率分别上升为99.9%和99.3%。当然，实践案例中是否能有

---

〔1〕　［日］田口守一：《刑事诉讼法》，刘迪等译，法律出版社2001年版，第239页。

〔2〕　王补编译：《犯罪情景测试（GKT）——一种适合中国国情的心理测试方法》，中国人民公安大学出版社1997年版，第14页。

高达16个之多的有效项目是值得怀疑的。但从该表可以看出，只要具备5个有效项目，犯罪情景测试的准确率就已经相当可观。而且，犯罪情景测试技术假阳性概率非常低，因此，经犯罪情景测试被认定为有罪的被测人，一般基本上就是确实是有罪的人。

2. 其他国家和地区的研究数据

虽然有关测谎准确率的研究大部分在美国进行，但在其他国家和地区也有对测谎准确率的研究数据，如我国大陆和台湾地区、罗马尼亚、日本等。在这些国家和地区，测谎结论的准确率也是法庭审核的重点。

在我国大陆地区，中国人民公安大学的武伯欣教授运用自己开发的测试系统，对1300余起案件进行实测，被测人达12000余人，80%以上的案件在测后讯问中取得突破性进展，准确率达98%。出现的错误主要是把犯罪人错误认定为无辜者的假阴性错误。[1] 南京航空航天大学潘军等人对我国1994—1997年运用美国贝克斯特测谎系统进行测试的234例案件进行了研究，结果表明，刑事案件测谎准确率达95%，民事案件测谎准确率达到92.5%，该结论得到案件其他客观证据的证实，具有独立性。[2] 沈阳中级人民法院测试人员1994—2002年测试刑事、民事、经济等各类案例近700例，准确率达95%。[3]

我国台湾地区测谎历史悠久，对测谎的实证研究成果尤其丰硕。如：一项针对1999—2009年南部某警察局所实施的660件测谎案件的研究发现，测谎正确率为84.2%，结论为"诚实"的测谎结论被法院采信的比例为94.9%。[4] 2003年，一项针对南部某县市警察局实施的107件测谎案件的研究发现，区域比对测试法测谎准确率为90.7%。[5]

〔1〕 武伯欣、张泽民：《测谎结论能否作为鉴定证据——关于中国心理测试技术研究应用及其现状的思考》，《证据科学》2008年第5期。
〔2〕 潘军、李焰：《美国贝克斯特测谎系统在我国法庭科学中的应用》，《心理学报》2001年第3期。
〔3〕 贺晓彬：《测谎鉴定在法庭上的证据作用》，《中国司法鉴定》2002年第2期。
〔4〕 蔡俊章、罗时强、曾春侨：《测谎鉴定於性侵害案证据采用之研究》，《亚洲家庭暴力与性侵害期刊》2009年第2期。
〔5〕 罗时强等：《测谎区域比对法之信效度研究初探》，《警学丛刊》2003年第5期。

2003 年，一项研究对 1999—2001 年的判决书进行了梳理，判决涉及的
被测人共计 2383 人，研究发现，我国台湾地区法院应用测谎案件数以
平均每年 1.3 倍的趋势增加，法院对测谎结果的平均采信度为
73.6%。[1] 2005 年的一项研究对南部某警察局在 1998—2004 年所实施
的 479 件测谎案件进行了调查，发现"诚实"的测谎结论被法院采信的
比率为 95.2%，而"说谎"的测谎结论被法院采信的比率为 78.4%，
"诚实"结论被法院采信的比率显著高于"说谎"结论，表明测谎最大
的作用是排除无辜。[2]

　　日本早期研究资料表明，大阪府警察局在昭和 35 年至昭和 39 年的
测谎案件，测谎结果与其他侦查结果一致的比率为 93%。[3] 另有资料
表明，日本采用紧张峰测试法的准确率为 70%—80%。[4] 日本测谎研
究的杰出代表疋田圭男比较了大阪府、奈良县和茨城县三个地方的警察
本部科学搜查研究所的测谎结果，发现这三个地方的测谎准确率大致相
当。他研究了奈良县 1964—1970 年分别以紧张峰测试法和准绳问题测试
法对 1889 名被测人进行的测谎检查，并对测谎结论进行追踪调查。结果
显示，结论为"说谎"的被测人有 1063 名，结论为"诚实"的被测人有
748 名，分别有 928 名被测人和 215 名被测人的测试结论获得了其他物证
的验证，测试有罪和测试无罪的准确率分别为 99.5% 和 92.2%。[5]

　　综上所述，研究目的、研究方法和测谎方法、测谎目的不同，测谎
结论的准确率并不完全相同。但是，上述研究都表明，由训练合格的测
试人员采用完善的测谎程序针对特定事件调查时，测谎具有较高的效
度，这是测谎具有科学可靠性的重要保障。

（二）测谎结果的可靠性检验

　　测谎结果的可靠性用信度表征。由于测谎的特殊性，一般不会对被

〔1〕　翁景惠、高一书：《测谎在我国法院使用之实证研究》，《法学论丛》2003 年第 3 期。

〔2〕　罗时强等：《测谎于台湾南部地区法院运用之研究》，《警学丛刊》2005 年第 7 期。

〔3〕　陈鸿斌：《测谎证据能力之研究》，台湾地区"司法院司法行政厅"编辑 1996 年版，
　　　第 9 页。

〔4〕　彭南雄：《日本科学侦查实务——使用测谎器》，《法务通讯》1994 年 10 月 6 日，第 2 版。

〔5〕　[日] 疋田圭男：《测谎检查的有效性》，《科学警察研究所报告法科学编》1971 年第 4 期。

测人进行多次重复测试。因为重复测试可能出现一些不良影响，如朝向反射平息、被测人习惯了测谎之后可能实施反测谎、对被测人权利侵犯的加剧等。对测谎信度的研究一般是通过内部一致性，即对不同相关问题的反应的一致性来进行的；也可能通过重测信度，即测试人员用相同方法对同一测试图谱进行二次评定。

美国测谎协会在 Polygraph 杂志发表的《测谎的信度与效度》（*The Reliablity and Validify of Polygraph Testing*）一文，公布了其针对 1980 年以来发表于美国、加拿大、日本和以色列等国家的 50 多个科学杂志上的 80 篇研究报告的综合研究。这些研究报告包括对 6380 次测谎的研究。其中，11 篇研究报告对 1609 组测谎图谱进行独立分析，并由独立证据验证结果，确定测谎的平均信度为 92%；16 篇研究报告独立分析实验室模拟测谎案件测谎图谱共计 810 组，得到的平均信度是 81%。[1]

研究测谎的学者也进行了各自的信度检测。拉斯金和巴兰德（Barland）研究了同一测试人员在间隔 6 个月之后对同一图谱进行重新分析评价的相关性，研究表明，两次评定具有较好的相关性，为 0.80—0.92。[2] 重测信度受测试人员是否记住了上次的测试结果的影响，因此选择恰当的重测时间很重要。虽然由不同的测试人员进行的重测效果更好，但是测谎信度的研究很少使用不同测试人员进行重测。因为测试人员得出测试结论时，并不是单纯依靠测试图谱，往往参考在测试过程中对被测人表现的观察。而没有参加过实际测试的人员，没有这种观察得来的资料的帮助，就会导致更多的无结论的结论出现。[3] 赫尔（Hair）、安德森（Anderson）、泰汉（Taehan）等人（1988 年）指出，内部一致性系数大于 0.7，表明可靠性较高；在探索性研究中，内部一致性系数可以小于 0.7，但应大于 0.6；彼得（Peter）（2002 年）指出，问项数

〔1〕　See David L. Faigman, et al., *Modern Scientific Evidence：The Law and Science of Expert Testimony*, Thomson Reuters, 2017—2018, Vol. 5, p. 387.

〔2〕　David C. Raskin & G. H. Barland, An Evaluation of Ploygraph Techniques Currently Practiced by Law Enforcement and Private Polygraph Examiners, Report of Department of Psychology, the University of Utah, 1976, p. 4.

〔3〕　A. Gale, et al., *The Polygraph Test：Lies, Truth and Science*, SAGE Publications, Inc., 1988, pp. 29-39.

量小于 6 个时，内部一致性系数大于 0.6，是有效的。

我国大陆地区也有学者分别研究了测谎的重测信度和间信度。对同一被测人采用同一测谎题目进行测试，测谎间隔时间从几小时到一周不等，100 多名被测人两次测试结果之间的相关性均在 0.9 以上；两名测试人员分别对 100 名被测人进行测试，相关性为 0.87—0.95。[1] 我国台湾地区罗时强等人研究了南部某县市警察局所实施的 107 件测谎案件，由 3 位测试人员各自独立得出的测谎结论的一致性为 0.83。[2]

因此，测谎具有较高的信度和效度，测谎结论符合科学证据可靠性要求。

三、测谎结论的有效性检验

有效性包括逻辑的有效性和科学的有效性。逻辑有效性和科学有效性的考察内容完全不同。

逻辑有效性是有效性的首要条件。一个推理是有效的，当且仅当前提为真时结论不可能为假，也就是说，如果前提正确，结论一定正确，推理就是有效的。当一个推理前提为真而结论为假时，这个推理肯定是无效的。例如：所有的人都是要死的。所有的狗都不是人。所以，所有的狗都不是要死的。推理的两个前提都是真实的，但结论却是假的，推理是无效的。对测谎而言，推理的两个前提分别是：撒谎的人在相关问题上会有显著反应；被测人在相关问题上有显著反应。所以，被测人是撒谎的人。如果前提正确，结论一定正确，这种推理就具有逻辑有效性。逻辑推理的有效性和可靠性的关系是，推理有效但不一定可靠，因为前提可能不真实，但可靠的推理一定有效。这一点与科学性有效性和可靠性的关系不一样。就科学研究而言，可靠的不一定有效，但有效的必定可靠。因为测量可能一直是稳定的，但却可能是无用的。

科学有效性要求考察原理和方法的科学性。测谎的基本原理是给予

---

〔1〕 潘军、李焰：《美国贝克斯特测谎系统在我国法庭科学中的应用》，《心理学报》2001 年第 3 期。

〔2〕 罗时强等：《测谎区域比对法之信效度研究初探》，《警学丛刊》2003 年第 5 期。

被测人一定的刺激，刺激会引起心理反应，心理反应又引起生理反应，而生理反应可以通过一定的方式检测出来；同一个问题对不同的被测人产生的刺激强度是不同的；不同的问题对同一个被测人引起的刺激强度也是不同的。这里包含了"刺激-心理反应-生理反应""相同问题不同反应""不同问题不同反应"这几个原理。测谎原理的解释曾经一度遭到质疑，主要包括刺激是否一定能够产生心理反应、心理反应是否一定会激发生理反应、是否有生理反应就可以推论有撒谎行为。早期的冲突理论、条件反应理论、认知唤醒理论等对这些质疑的回应不够有力，但是，后来的朝向反射理论能够对测谎原理进行合理的解释。测试所检测的并不是撒谎的生理反应，而是对新异刺激的反应，这种理论完美地避开了不存在撒谎的特异性生理反应问题。后来的研究则表明，朝向反射理论既可以解释隐蔽信息测试法也可以用于解释准绳问题测试法，从而成为所有测谎方法的理论基础。[1] 虽然对测谎原理仍有一定的质疑，但有大量实验室研究和实地研究对测谎原理的科学性予以确认。而且，就诉讼而言，诉讼中对科学证据可靠性、有效性的认定标准和科学研究的标准并不完全相同。对科学证据可靠性和有效性的认定，可以转换为法律人熟悉的方式进行，如司法认知或者当事人协议认可。以测谎原理为基础，测谎有成熟的测试方法，包括隐蔽信息测试法和准绳问题测试法这两大类。两类测试方法经实验室研究和实地研究，各有不同的准确率。道伯特规则要求科学知识经过检验，有已知的错误率，但是并没有说明错误率要低于多少才是可采的。从美国的实践来看，早期法院大多认为测谎结论不够可靠，不予采纳。但是，随着测谎技术的成熟，目前，法院有两种处理方式：一种是法院直接认可其可靠性和有效性；一种是交由当事人自行选择，如果当事人协议认可测谎的可靠性和有效性，法院就可以采纳。

几十年来，美国法院对测谎结论的有效性和可靠性进行了持续的检验和审核。1989 年，第十一巡回法院在合众国诉皮奇诺纳案时指出，测

---

〔1〕 美国国家科学院多导生理记录仪测试评估委员会：《测谎仪与测谎——美国国家科学院多导生理记录仪测试评估报告》，刘歆超译，中国人民公安大学出版社 2008 年版，第97 页。

谎技术取得了意义重大的进步……以至于其检测结果作为法庭证据已为科学界所普遍认可。测谎技术已发展到在限定范围内可以接受和使用测谎证据的水平，因测谎不公平的偏见所造成的危险性已缩小到最低限度。法庭阐明了测谎证据可以被采纳的两种情形：一是协议采纳测谎证据，二是测谎证据被用于反驳或确认证人的可信性。[1] 在亚利桑那州诉瓦尔德兹案中，法庭认为，在刑事案件中，当满足一定条件时，与测谎有关的证据是可采的。法庭总结说，虽然测谎作为审查证言可信性的手段还有很多方面需要改善，但是它已经发展到一定的水平，足以保证其结论在协议的基础上被采纳为证据。法庭认为，测谎的准确性得到了相当的提高，现代法庭必须接纳公认的当代机械学、物理学、社会学、医药学或者是其他的科学、哲学和历史学的发展。[2] 第五巡回法院在合众国诉普苏达案中论证了测谎证据是否可靠到足以满足《联邦证据规则》第702条的规定以及根据第403条的规定其证明价值已超过了任何潜在的偏见。法庭指出，证明测谎结论的可靠性可以通过证明提出的知识不仅仅是一种想法或是未经证实的推测。对有效性的证明则可以从道伯特案件确立的四个因素来判断。自弗莱伊案件以来，在测谎仪器和测谎技术已经明显地发生了巨大进步的情况下，不能说测谎技术的发展仍然无法满足《联邦证据规则》第702条的规定。法庭认为，测谎证据所达到的70%—90%的准确率已经超过了目前所采用的大量证据的可靠水平。[3] 在合众国诉加尔波斯案（United States v. Galbreth）中，法庭对测谎技术予以高度肯定后，认为测谎证据具有可采性。法院指出，测谎仪已经变得高度精细，能精确测量和记录生理反应；测谎技术也在进步，实验室研究和实地研究都证明了准绳问题技术的科学原理；测谎在心理生理学家组成的相关科学团体中获得了普遍认可；测谎技术采用了更客观的数值计分技术；在由合格的测试人员用数值计分技术恰当地实施测试的情况下，已知的有罪错误率为10%，无罪错误率为5%；许多司法辖区已经通过立法制定了测试人员的资格标准以及测试

---

〔1〕 See United States v. Piccinonna，885 F. 2d 1529，1532（11th Cir. 1989）.

〔2〕 See State v. Valdez（1962）91 Ariz 274，371 P. 2d 894.

〔3〕 United States v. Posado，57 F. 3d 428（5th. Cir. 1995）.

结果的可采性标准。[1] 在合众国诉匡皮案（United States v. Crumby）中，法庭认为，由于测谎技术的进步，测谎证据足够可信，可以采纳。因为测谎证据经受了科学检验、同行复核和公开发表，而且并不是出于诉讼目的而展开研究；有已知的错误率，发现说谎的错误率是发现真话错误率的两倍；在相关领域已被普遍接受。法庭认为，测谎证据具有相关性，并具有重大的证明价值，但同时也有巨大的、潜在的偏见影响，这就要求在使用测谎证据时应当非常谨慎，只能出于有限的目的使用。[2] 2004 年夏天，新墨西哥州最高法院在李诉马丁内斯案（Lee v. Martinez）中，运用综合的道伯特规则分析，承认了测谎证据的可采性。法庭认定测谎证据具有可检验性；很多关于测谎的研究论文发表在高质量的、受到同行复核的杂志上，经历了同行复核和公开发表；测谎证据具有 89% 的平均准确率，展现出一个可接受的错误率。[3] 新墨西哥州的做法给其他法庭提供了一个承认测谎结论可采性的方法。在新墨西哥州宣布测谎证据具有可采性之后的几个月里，乔治亚州最高法院和另外三个州的上诉法院就引用该案件的裁决宣布测谎证据具有可采性。[4] 法庭对测谎可靠性的论述在人民诉菲利普斯案（People v. Phillips）[5] 和人民诉比尔斯案（People v. Beals)[6] 中也有体现。

此外，虽然波普尔的错误可证实理论要求证明和检验理论和技术是否是错误的，但事实上，大多数情况下，作为科学知识的外行，法官和陪审团在评估专家证人的说法时会去验证其内部逻辑的连贯性，而不是试图去证明它是错误的。在实践中，对测谎结论的证明既可以证明其正确，也可以证明其错误。两种结果实际上都是对测谎结论进行的验证。

[1] United States v. Galbreth (1995, D. C. NM) 908 F. Supp 877.
[2] United States v. Crumby (1995, D. C. Ariz) 895 F. Supp 1354.
[3] Lee v. Martinez, 96 P. 3d 291, 306 (N. M. 2004).
[4] See Height v. State, 604 S. E. 2d 796, 798 (Ga. 2004)；State v. Shaneyfelt, 695 N. W. 2d 506, 506 (Iowa Ct. App. 2005) (declining to admit unstipulated polygraph results)；State v. Kerby, 118 P. 3d 740, 749 (N. M. Ct. App. 2005)；In re D. S., 828 N. E. 2d 143, 150 (Ohio Ct. App. 2005).
[5] People v. Phillips, 469 Mid. 390, 666 N. W. 2d 657 (2003).
[6] People v. Beals, 2013 W. L. 2495000 (Mid. Ct. App. 2013).

法庭对科学证据的审查与科学家对科学知识的审查不同，如果测谎结论没有被证明错误，就可以作为正确的观点被接受。法官拿到一个测谎结论，首先会审查其提出形式是否可以验证。如果测谎人员的观点表达得足够明确具体，就是可以验证的。因此，测试人员应当考虑如何构架、组织一个陈述才有可能使测谎结论被法庭认为具有有效性，从而当作科学证据予以采信。含糊的、不可检验的陈述非常不可靠，不具有有效性。测谎人员的陈述至少在语言组织上必须是明确具体的。如果它是错误的，其他专家应能证明它是错误的；如果它没有被证明错误，就可以作为正确的观点被接受。

四、测谎结论的适用性检验

测谎结论的适用性要求测谎结论有助于事实审理者解决案件的争议问题。适用性与相关性联系紧密。科学证据是否具有适用性与其证明对象有关。从测谎结论与案件的证明对象来看，测谎结论一般用于证明当事人陈述的真伪或者当事人对案件的知情。当案件的侦查或者审理出现困难，当事人申请测谎或者办案机关认为需要测谎的时候，依据测谎原理，实施测谎测试，如果能够得出可靠的测谎结论，能够解决案件的争议问题，这些问题正是事实审理者需要解决的问题，测谎理论就在案件中具有适用性。

适用性要求科学证据依赖可靠的原理和方法。测谎原理和方法已经经过检验，得到法庭的认可。早期有些法庭出于对测谎技术的担心，适用测谎本身不可采规则排除测谎结论，但是，现在这些做法早已被废除。对科学证据的审核与对科学的研究有所不同。证据的理性主义传统告诉我们，虽然司法审判的基本目的是发现真相，但其最终目的是解决纠纷。除了发现真实以外，法律还有其他的价值追求。如果法庭通过司法认知，或者当事人通过协议认可测谎技术和测谎证据，测谎原理和方法的科学性就能够在诉讼中得到确认。对科学证据的可采性审核，需要在法律所保护的各种社会价值之间寻求平衡和妥协。

测谎结论的适用性检验要考虑案件的具体环境。适用性不仅要求测试人员使用的原理、技术或方法本身可靠，还要求测试人员对其结论进行论证和解释，说明其结论依据的基础资料或数据是否充分，推论是否合理。测试人员应当说明测谎原理和技术方法在案件中的具体应用情况，说明测试使用的仪器设备、测试环境、测试程序、测试人员的资质等，此外，还应当审核测试人员如何进行推论，如何得出结论并进行解释。对适用性的审核要求测谎人员出庭进行说明。

应当说，测谎的技术和方法是可行的，其科学可靠性和有效性能够经受实验检验和实践检验，能够满足作为证据的科学可靠性要求。诉讼证明不可能达到哲学意义上的客观真实或者科学意义上的绝对真实，不可能也没有必要达到百分之百准确。过分关注准确率，以准确率为唯一评价标准，不仅混淆了纯科学研究和诉讼中科学研究的区别，而且有盲目崇拜科学证据、唯科学证据定罪的极端倾向。〔1〕正如道伯特案件中所确立的科学证据采纳标准，科学证据审查的重点是"专家提出的证据所依据的原理是否具有科学的有效性和可靠性，重点是原则和方法而不是这些原则和方法产生出来的结论"。任何一种证据都不可能是百分之百可靠的，即使是诉讼中广为使用的笔迹鉴定意见、指纹鉴定意见，甚至DNA 鉴定意见等科学证据，其结论也是存在一定的错误率的。事实上，测谎结论的证明价值毫不逊色于传统证据，甚至有过之而无不及。1978年，韦德矶（Widacki）博士和霍瓦特（Horvateh）博士进行了一项研究，对随机抽取的 20 起刑事案件分别运用测谎技术与笔迹鉴定、指纹鉴定和目击者证言这几项常用方法来识别罪犯。结果表明，这几种方法准确识别罪犯数分别是 18、17、7、4，测谎识别罪犯的准确率最高。这项研究清楚地表明了测谎作为调查工具的有效性。〔2〕而且，测谎技术本身也是在不断发展完善的，随着测谎仪的研发、测谎原理的完善、测谎方法的改进，测谎准确率必将越来越高。因此，对测谎结论的正确态度应当是既不迷信也不排斥。既要恰当使用测谎结论，最大限度发挥其证明作用，同时也要遵循科学证据的审查标准对其进行认真审核。

---

〔1〕 李欣：《测谎结论证据能力问题研究》，《政法学刊》2008 年第 4 期。
〔2〕 J. Widacki & F. Horvateh,"A Comparative Analysis of Polygraph with other Screening and Diagnostic Tools", *J. Forensic Sci.* , Vol. 23, 1978.

第三节　测谎结论证明力的科学解释

随着科技水平和数据处理能力的提升，用数字化的方法进行法庭事实认定活动成为一种趋势，概率性证据理论成为服务于法庭认识活动的重要研究方法。概率性证据理论满足了将证据和证明过程予以量化的需求，将证据的相关性、证明力和证明标准等问题转化为直观的数字，与传统的表达方式相比具有一定的优越性。测谎结论作为一种新型科学证据，对其证明价值的解读一直是一个难题，并影响了对测谎结论证据资格的认定和证明力的判断。用似然率和贝叶斯公式来表达测谎结论的相关性，是准确揭示并科学解读测谎结论证明力的可行路径。

一、影响证明力的几个统计学概念

作为概率性理论基础的统计学知识对法学研究人员而言较为陌生，在法庭证明的数字化过程中时有误用、错用现象。为顺利展开本部分的讨论，有必要对此作一定的阐释。

（一）概率和几率

概率与几率是讨论证据证明力首先要碰到的统计学概念，也是证据证明力分析的基础。当事人的任何主张，都只是一种假设，是一个不确定命题，既有可能为真也可能为假。例如，对于驾驶员酒精浓度超标这一主张，可能为真也有可能为假。对于同一个主张，不同的人基于不同的个人经验、知识背景可能持有不同的信念。不同的人确定某命题为真的程度被称为信念度，一般用"很强""很弱"等模糊语词来表述。

概率是用相对精确的数值来度量不确定命题为真，或者某事件发生的可能性的信念度。贝叶斯认为，某事物成立的概率即对于该事物的信念度[1] 概率是指基于特定的信息，对某种主张的确信度的合理度量。概率既可以用小数来表示，也可以用百分比来表示。概率取值一般在0

---

〔1〕 A. Nordgaard & B. Rasmusson, "The Likelihood Ratio as Value of Evidence-More than a Question of Numbers", *Law*, *Probability & Risk*, Vol. 11, 2012, pp. 303-315.

和 1 之间。如果概率为 0，则表示基于各种证据该事件完全不可能发生，我们根本不相信该事件。如果概率为 1，则表示基于各种证据，该事件是必然发生的，我们绝对相信该事件。大部分概率估值位于 0 和 1 之间，代表着一种不确定性。如果驾驶员酒精浓度超标的概率大于 0.5，则表示驾驶员酒精浓度超标的可能性大于驾驶员酒精浓度不超标的可能性。该概率小于 0.5 时，则表示驾驶员酒精浓度超标的可能性小于驾驶员酒精浓度不超标的可能性。如果主张成立的概率为 0.5，意味着该主张不成立的概率也是 0.5，该主张成立的概率和不成立的概率是相等的。

概率还可以用几率来表示。几率和概率显然是相关的，但并不完全一样。[1] 几率是概率的另一种表达方式，和概率一样是用来描述事件发生可能性或者命题为真的信念度。一个命题 H 的几率（O）是命题 H 为真的概率［即 $P（H）$］与其否定命题 $-H$ 为真的概率［即 $P（-H）$］之比，它可以理解为某一事件发生的概率与不发生的概率的比值，或者表示命题为真的概率相较其为假的概率高多少倍。用数学公式可表示为：

$$几率 = \frac{概率}{1-概率}, \quad 即 \ O（H）= \frac{P（H）}{1-P（-H）}$$

其中，$O（H）$ 表示命题 H 为真的几率，$P（H）$ 表示命题 H 为真的概率，$P（-H）$ 表示命题 H 的否定命题 $-H$ 为真的概率，$P（H）=1-P（-H）$。[2]

如果命题 H 为真的概率为 0.8，则相信该命题为真的几率为 0.8/（1-0.8）= 8∶2。同理，如果命题 H 为真的概率为 0.5，则相信该命题为真的几率为 0.5/（1-0.5）= 1∶1，即几率为 1∶1 或者同额比例。命题或主张为真的几率为 8∶2，也可以表述为反对该命题或主张成立的几率为 2∶8。几率也可以转化为概率。

---

[1] ［美］埃里克·安格内尔：《行为经济学教程》，夏纪军、沈新凤译，生活·读书·新知三联书店 2019 年版，第 81 页。

[2] 肯定某一主张与否定某一主张的比值也被称为优势比。参见［美］伯纳德·罗伯逊、G. A. 维尼奥：《证据解释——庭审过程中科学证据的评价》，王元凤译，中国政法大学出版社 2015 年版，第 18 页。

$$概率 = \frac{几率}{1 + 几率}, \quad 即 \ P \ (H) = \frac{O \ (H)}{1 + O \ (H)}$$

例如，2：8 的几率转换为概率就是 20%。概率和几率都是定量表示命题或假设为真的程度，但是在贝叶斯公式中一般用几率表达。对于阐释证据的相关性和证明力而言，几率表达更加直观。几率还有一个好处是，在我们难以确切计算某个命题为真的概率的情况下，可以大致估算该命题为真的概率与该命题为假的概率之比，如，估计被测人撒谎的概率为被测人诚实的概率的 100 倍，然后可以根据几率计算被测人撒谎的命题为真的概率。

以呼气酒精测试为例来说明概率和几率。通过测试 1000 份已知超过酒精浓度标准的样本和 1000 份已知未超过酒精浓度标准的样本进行仪器校准，得到的结果是：对于超过法定标准的酒精样本，呼气酒精测试仪准确显示阳性结果，红灯亮的计 950 份；仪器错误显示阴性结果（假阴性），绿灯亮的计 50 份。对于未超过法定标准的酒精样本，仪器准确显示阴性结果，绿灯亮的计 995 份；仪器错误显示阳性结果（假阳性），红灯亮的计 5 份（详见表 6 – 7）。

表 6 – 7　概率、几率与似然比关系表

组别	结果		总计
	红灯亮	绿灯亮	
酒精超标	950	50	1000
酒精未超标	5	995	1000
总计	955	1045	2000

注：酒精超标红灯亮用 A 表示，酒精未超标红灯亮用 B 表示，酒精超标绿灯亮用 C 表示，酒精未超标绿灯亮用 D 表示。

这就意味着在酒精超标组呼气酒精测试仪红灯亮的概率为 $A/(A + C) = 950/1000 = 0.95$；亮绿灯的概率为 $C/(A + C) = 50/1000 = 0.05$。用公式表达为，$P_1$（红灯亮｜酒精浓度超标）= 0.95，$P_2$（绿灯亮｜酒精浓度超标）= 0.05。其中，符号 P 指概率，"｜"代表"在……条件下"或者"如果……"。把概率转换为几率，在酒精浓度超标组，呼气酒精测试仪红灯亮的概率与绿灯亮的概率之比为 0.95/0.05 = 19：1。也可以用

几率公式代入，几率是 $P_1/(1-P_1)=0.95/0.05=19:1$。同理，在酒精浓度未超标组，呼气酒精测试仪绿灯亮的概率为 $995/1000=0.995$，红灯亮的概率为 $5/1000=0.005$。即 P_3（红灯亮｜酒精浓度未超标）= 0.005，P_4（绿灯亮｜酒精浓度未超标）= 0.995。转换为几率是，绿灯亮的概率和红灯亮的概率之比是 $199:1$。

概率值的具体数字取决于假设本身以及支持这些假设所依据的特定信息。因此，驾驶员酒精浓度超标这一主张真实性的概率既取决于该主张本身，也取决于支持该主张的证据信息，如显示红灯亮的呼气酒精测试结果。有这个证据与没有这个证据相比，对驾驶员酒精浓度超标这一主张真实性的评价会不同。呼气酒精测试结果这种用于衡量一个主张的概率的所有证据，都被称为概率条件。概率值的估计都是以概率条件为前提的。在证据法里，概率条件就体现为各种证据。对于驾驶员酒精浓度超标这一主张，红灯亮的证据和绿灯亮的证据对主张的概率影响是不同的。此外，如果案件中没有呼气酒精测试结果这一证据，或者有其他违章驾驶的证据，对于驾驶员酒精浓度超标的主张又会得出不同的概率值。

（二）似然率与贝叶斯公式

通常我们可以容易地知道病人患病后的各种症状，但是仅有这些信息是不能给病人确诊的，因为相同的症状可能是由不同的疾病引起的。医生需要解决的问题不是在明确了是什么疾病的情况下判断病人会出现什么症状，而是要在已知症状的情况下去确定病人患的是什么疾病。上述酒精测试例子只能告诉我们，当驾驶员酒精浓度超标时测试仪显示红灯亮的概率，即 P（红灯亮｜酒精浓度超标）。但是，我们在实务中需要的却往往是另外一个概率，即如果测试仪的红灯亮，那么驾驶员酒精浓度超标的概率，也就是 P（酒精浓度超标｜红灯亮）。这是两个完全不同的问题，也被称为逆概率问题。

对于驾驶员酒精浓度超标这一主张，呼气酒精测试仪显示红灯亮是证明该主张成立的证据。当出现红灯亮这一结果时，可能的原因是什么？是否一定就是因为驾驶员酒精超标造成的？如果红灯亮确实是由驾驶员酒精超标的原因造成的，那么，确定是这一原因的概率是多少？如果驾驶员酒精浓度超标，测试仪红灯亮的概率为 95%，而如果驾驶员酒精浓度未超标，测试仪红灯亮的概率为 0.5%，那么，测试仪红灯亮这一证据表示驾驶员酒精浓度超标的概率是酒精浓度未超标的概率的 190 倍（95/0.5 = 190）。[1]

这就是似然率。似然率在统计学领域是指同一个推测在两种不同的限定条件下出现的概率之比。如今，似然率已经被引入证据法学领域，是指同一证据支持某一主张与支持另一主张的概率之比，用于表征支持某一主张的证据的证明力大小。例如，当出现"生物检材与犯罪嫌疑人 DNA 分型完全匹配"的证据时，这一证据所包含的事实发生的原因，要么是生物检材来源于犯罪嫌疑人，要么是生物检材来源于随机人群。如果是前者，那么生物检材与犯罪嫌疑人 DNA 分型相匹配的概率是 100%；如果是后者，匹配的概率是随机匹配概率的十亿分之一。据此可以认为 DNA 分型证据支持生物检材来源于犯罪嫌疑人的可能性是支持来源于随机人群的十亿倍。在似然率的计算公式中，分子是某一主张成立的概率，分母是另一主张成立的概率。二者相除得到的比值就是似然率。当似然率大于 1 时，该证据支持分子表示的主张成立；当似然率小于 1 时，该证据不支持分子表示的主张成立；当似然率等于 1 时，表明证据既不支持也不反对分子表示的主张成立，有无该证据对于主张是否成立而言没有影响。

证据的证明价值与似然率有直接的关系，二者呈正相关关系。大于 1 的似然率或者其倒数，数值越大，证据的证明价值就越高。正因为此，法庭在审查证据时倾向于接受似然率大的证据，甚至忽略了应用其他证据规则对证据进行的审视。如在女王诉德兰（R. v Tran）案件中，DNA 证据的似然率低至 87，因此被排除。[2] 事实上，对于一项证据是否应当排除，不能仅仅看似然率。似然率较低的证据是否可以采纳的关键在于案件是否有足够的其他证据，综合全案证据能否达到证明标准。案件

---

[1] 同样的道理，测试仪显示绿灯亮是否定驾驶员酒精浓度超标的证据。如果驾驶员酒精浓度超标，测试仪绿灯亮的概率为 5%，而如果驾驶员酒精浓度未超标，测试仪绿灯亮的概率高达 99.5%，那么，驾驶员酒精浓度超标时测试仪绿灯亮的概率是酒精浓度未超标时测试仪绿灯亮的概率的 19.9 倍（5/99.5 =1/19.9）。

[2] [1900] 50 A Crim R 233.

中的各种证据如果是相互独立的，而且能够以似然率形式呈现，我们就可以计算它们的联合证明力。多个似然率相乘的乘积就是多个证据结合之后的证明力。在逐一增加新的证据予以考虑，逐一叠加证据的似然率之后，证据支持某个主张成立的概率会大大提升。

贝叶斯公式的表达为：$P(H|E) = \dfrac{P(E|H)\, P(H)}{P(E)}$

其中，$P(H|E)$ 为后验概率，是证据 E 出现时事件 H 出现的概率。$P(E|H)$ 是事件 H 发生时证据 E 出现的概率。$P(H)$ 是事件 H 为真的概率。$P(E)$ 是证据 E 为真的概率。

似然率作为两个主张的成立概率比值，被用来表征证据的证明力大小。我们对相关性的经典表述是，有这个证据与没有这个证据相比，主张更有可能成立或者更不可能成立。如果证据的似然率大于 1，也就意味着该证据在某个条件下成立的概率大于在另一条件下成立的概率，就说明该证据有相关性。对相关性的判断除了逻辑上的相关性外，还有法律相关性的要求，即证据的证明力不能太小，以至于被偏见、误导、混淆等负面价值所超过。法律相关性的要求体现在似然率上就是，当证据的似然率非常接近 1，同时该证据所耗费的成本太高，就可以认为该证据的证明价值过低，可以根据法律相关性的要求予以排除。

如果我们把证据 E 看作结果，把可能导致这个结果的诸事件 H_1、H_2……看作原因，全概率公式就属于由原因推结果；而贝叶斯公式恰好相反，其作用在于由结果推原因，对于一个已经出现的结果 E，在众多可能的原因中寻找到底是哪个原因导致了这一结果。贝叶斯公式可以帮助我们在新证据出现时修正已有的判断。在新证据出现之前对于主张成立与否的评价称为先验概率。后验概率则是在新证据出现的情况下，对于主张成立与否的重新评价。根据贝叶斯公式，后验概率为先验概率与新证据的似然率的乘积。即后验概率 = 先验概率 × 似然率。贝叶斯法则对先验知识进行的修正是通过贝叶斯因子完成的，而贝叶斯因子只是一种似然率。

例如，以酒精测试问题为例。通常情况下，我们并不知道有多少驾驶员酒精超标，我们可以主张在呼气酒精测试之前，驾驶员酒精超标的先验概率是 1∶1。又由于前述红灯亮的似然率是 190，则在进行酒精测试得到红灯亮的证据后，支持驾驶员酒精超标的概率比为 1/（1×190）= 190：1。因此，由于有了红灯亮这一新证据，对于驾驶员酒精浓度超标的概率所作出的评价与没有这一证据之前相比，提升了 190 倍。

后验概率的数值同时取决于似然率和先验概率，但是，先验概率的重要性往往被忽视。在似然率既定的情况下，先验概率不同，得到的后验概率完全不同。先验概率很多时候是一种估计，这种估计可以是无任何条件限制下事件 *H* 发生的概率，也可以是以各种既定条件为前提的估计。陪审团在考虑某一科学证据之前，会基于经验、常识或者案件中其他相关证据得出先验概率。先验概率的作用在于提醒我们要在考虑全案所有证据的基础上来分析概率，使法庭相信，某一证据支持一种假设的程度要高于另一种假设。有时候，虽然证据的似然率不高，但是由于案件中的基本信息发生了改变，证据的证明力飙升。这种情况往往是先验概率发生改变引起的。如，一位海岛居民被控诉在某案发现场留下了他的 DNA，陪审团估计的先验概率为五百万比一。由于该岛居民较少，如果被告坚持认为犯罪嫌疑人是该岛其他居民，应当对该岛的所有居民进行分析，这里就隐含了一个条件，即犯罪嫌疑人是该岛居民，那么，就必须相应调整先验概率。因为相关证据的范围从一个很大的群体缩小为一个特定时间、特定地域、特定数量的人群。随着先验概率的增大，即便证据的似然率保持不变，证据的后验概率仍将获得极大的提升。有罪假设的先验概率会从五百万分之一提高到二分之一，或者三分之一，或者任一被提高的数字。证据似然率低的缺陷就被先验概率的骤然提升而完全弥补。贝叶斯公式的应用对一些新型证据具有重要意义。虽然一些新型证据的似然率可能比较低，但是仍然具有较高的价值。

先验概率是先验的，是在收集证据之前仅仅根据以往的经验与分析得到的初步判断。这也使先验概率受到较大的争议，并使后验概率的意义受到影响。统计学领域，先验概率被指过于主观，没有依据[1] 法学领域，有学者担心先验概率会过于偏袒某一方当事人。其实，这种担心

---

[1] Ronald Christensen, "Testing Fisher, Neyman, Pearson, and Bayes", *The American Statistician*, Vol. 59, 2005, p. 123.

没有必要。在诉讼中，先验概率作为规范问题应该是相等的，只要原告起诉的案件表面上证据确凿，初步成立且符合证明责任规则，双方当事人在案件开始时便处于平等地位，故先验概率可以设定为 1。[1]

　　贝叶斯公式之所以能够得到广泛应用，得益于其能够随时根据新证据修改对主张的评价，使评价更趋于精确。贝叶斯公式计算的是条件概率，先验概率是在不知道任何条件之前对某一事件发生的概率进行的估计，但在有新证据之后，事件发生的概率会有很大的改变。虽然前后两个概率描述的是同一事件，但后者是在得到某些新证据后计算出的一个更加精确的概率。如果在得出新概率之后，又有更新的证据加入，那么，还会再有一个更新的后验概率出现。在新一轮的计算中，新概率会替代原概率参与计算，因此，贝叶斯公式可以通过不断增加新证据叠加应用，得到更精确的事件概率。如，在一起交通肇事案件里，有证据证实，肇事者身高超过 1.7 米。这个证据就是一个前提条件。现在需要判断肇事者是否是男性。假设 5% 的男性和 0.5% 的女性的身高超过 1.7 米。一个身高超过 1.7 米的人是男性的似然率为 5/0.5 = 10。假设在人口数量中，男性和女性基本相当，则一个人为男性的先验概率为 1 : 1。那么，一个身高超过 1.7 米的肇事者是男性的后验概率为（1 : 1）× 10 = 10 : 1。这就是因为身高超过 1.7 米这个证据的加入，使我们改变了对肇事者性别的概率评价。在这个例子里，如果再加入其他新的证据，则我们的评价又会发生改变。如果加入肇事者是护士这一新的信息，我们对其性别的先验概率就会发生改变。由于在护士群体中男性的数量很少，假设只有 2% 的护士是男性，那么先验概率将变为 1 : 49，则肇事者为男性的后验概率为（1 : 49）× 10，即 10 : 49。我们之所以能够不断根据获取的新信息改变对主张的评价，是因为新信息带来的先验概率的变化，以及随之而来的主张的后验概率的变化。

（三）条件置换与替代假设

　　在应用概率处理证据问题时经常会出现一种错误。我们会把一种概率主张直接转化并等同于另外一种概率主张，却没有意识到这两个概率

---

〔1〕　爱德华·K. 程：《证明责任的重构》，李静静译，《证据科学》2015 年第 4 期。

表达的是完全不同的两个主张。如，酒精样本超过法定标准时亮红灯的概率是95%，这一概率往往会被我们直接转化为如果亮红灯就表明驾驶员酒精超标的概率是95%。在这个错误的转换中，我们忽略了先验概率，把前提条件错误转换为证据，即把样本超过法定酒精浓度标准转换为红灯亮。这种错误是包括法官在内的非统计专业人士经常会犯的错误。类似的错误，如，一个身高超过1.7米的人可能为男性的概率，与一个男性身高可能超过1.7米的概率，两者有很大的不同。前者评价的是一个人是男性的概率，是性别问题，而后者评价的是男性身高可能超过1.7米的概率，是身高问题。在这两个例子里，概率和作为概率的前提条件都不同。误将一个陈述中的主张转换为另一个陈述中的证据，被称为错误的条件置换。

选择一个合适的替代假设，对于确定证据的似然率并进一步判断其证明价值，具有重要意义。在诉讼过程中，一方的主张（即一个假设，用 H_1 表示）要得到法庭的支持，应当比对方的主张（即另一个假设，用 H_2 表示）有更大的证明力。一方的主张是一个假设，对方的主张是另一个假设。虽然从理论上来说，除了双方主张的假设外，还可能有其他可能性，但是，双方主张的往往是可能性最大的假设。那么，通过双方主张的对比就能够说明主张成立的可能性大小。一方的假设 H_1 为真时得到证据 E 的可能性 $P(E|H_1)$，与另一方的假设 H_2 为真时得到证据 E 的可能性 $P(E|H_2)$ 的对比，就是前述的似然率。同一个证据支持双方假设的概率的比值，可以用来说明证据支持一方假设的力度。在这个过程中，作为对比的对方的假设对似然率大小有重要影响，因此，在诉讼中必须明了对方的主张，将对方的主张作为替代假设。替代假设过大将无法正确揭示证据的证明价值。以刑事案件为例，在一起杀人案件的犯罪嫌疑人身上发现了血迹，经 DNA 检验得到证明分型一致的检测报告（E）。检测人员同时提供了该证据的似然率为 1 : 10000，即血迹来自被害人时（H_1）获得证据的概率比血迹来自其他随机个体时（H_2）获得证据的概率高 10000 倍。这里是用随机个体的概率作的对比。但是，如果案件中有其他条件，就不能这样进行对比。如果有其他证据显示犯罪嫌疑人具有某族群人的体貌，选择的替代假设就只能是血迹来自

该族群个体。在确定替代假设时应遵循一个原则，假设与替代假设不能同时成立，二者应具有排他性，只能有一个假设是真的。例如，借了钱与没借钱就是相互具有排他性的两个假设；被告人是作案人与被告人以外的其他个体是作案人也具有互斥性。需要注意的是，两个假设互斥并不意味着两个假设的集合需要穷尽一切可能的情形。如，被告人是作案人与张三是作案人是互斥的，但是，被告人和张三并不能包含所有可能的作案人。在进行对比的时候，考虑所有的情形既无必要也无可能，我们只需要考虑最可能的情形，不需要考虑所有的情形。这两个假设的概率的比值，表述的是最接近真实的似然率，而不是完全真实的似然率。

二、测谎结论的科学评价

一直以来，测谎结论运用的障碍很大程度上是由于测谎结论证明价值的评价问题。无论是对证据资格的认定还是证明力的评价，都涉及相关性问题，即测谎结论对案件事实的证明价值的有无和大小问题。在大陆法系国家，对证据证明力的评价在理论上大多主张由法官自由评价，认为证明力问题属于法官的自由裁量事项。在我国，证据的证明力一般是由法官根据自己的良心和理性自由判断。在法官自由判断证据证明力的过程中，印证说得到普遍应用，以证据之间能否相互印证、相互支持来对证据证明力进行评价。但是，这些方法都难以有效地指导证明力的恰当、精准评价。与大陆法系自由心证的传统不同，英美证据法抛弃了过于宏观的证明价值判断进路，而是采用定量的方法研究证据证明力，将证据证明力看作证据对待证事实证明的分量（weight）或力量（force），既研究单个证据的证明力也研究所有证据的联合证明力。前者指单一证据与其所试图证明的待证事实之间推论关系的强弱，后者指所有相关证据对某一待证事实的联合证明力，是全案证据的充分程度，要判断的是所有证据的联合证明力是否达到证明标准。英美证据法把这两个方面分别称为证据力量和证据分量，并以概率方式来表达[1] 这种方

---

〔1〕　Dale A. Nance,"The Weight of Evidence", Episteme：A Journal of Social Epistemology，Vol. 5，2008，p. 267.

式使对证据的具体评价有了现实可能性。

（一）似然率和贝叶斯公式的应用

似然率在证据法学领域指同一个证据支持某一主张与另一主张的概率比值，通过一定的公式计算实现对单个证据证明力的量化评估。似然率作为科学证据的评价指标已经获得国外学者的普遍认同[1] 似然率是贝叶斯公式的组成部分，但在分析单一证据的证明力时，并不涉及贝叶斯公式的应用。似然率等于 1 代表证据既不支持也不反对主张，没有证据的相关性。似然率不等于 1 时，似然率偏离 1 的值越大，证据证明力越强。贝叶斯公式以似然率为基础，用于评估新出现的证据对某一假设发生可能性产生的影响。贝叶斯推理过程与人的认知过程十分契合，使精确评价多个证据对同一待证事实的证明程度成为可能[2] 在根据估计的先验概率计算出证据的证明力之后，每当再出现一个新证据时，就可以再次应用贝叶斯公式整合该证据，已被整合的证据成为新的先验概率，直至得出结论。

测谎测试是把与案件有关的问题编制为相关问题，并混杂在其他题目里，以一定方式呈现给被测人，用专门仪器测试被测人在接受测试时的心理生理反应图谱，然后根据一定的方法将其反应进行赋分，计算其反应结果，给出阴性或阳性结果。增加测试次数和测试主题都是减少误差的重要途径。在测谎测试中往往会采用多主题测试，每套题目会测试 3 遍。根据贝叶斯定理，当先验概率和后验概率的分布均为正态分布时，每增加一次测试，后验分布的不确定性就会降低一些，测谎测试正符合贝叶斯公式的这一特征[3]

测谎结论的证明力可以用贝叶斯公式来量化。通过对已知无辜或者有罪的被测人的测试，可以得到无辜时显示阴性的概率 $P(-\mid T)$、无

---

[1] A. Biedermann, T. Hicks & F. Taroni, et al., "On the Use of the Likelihood Ratio for Forensic Evaluation: Response to Fenton et al", *Science and Justice*, Vol. 54, 2014, pp. 316-318.

[2] Richard O. Lempert, "Modeling Relevance", *Michigan Law Review*, Vol. 75, 1977, pp. 1025-1027.

[3] 陈云林、孙力斌：《心证之义：多道仪测试技术高级教程》，中国人民公安大学出版社 2015 年版，第 21 页。

辜时显示阳性的概率 $P(+|T)$，以及有罪时显示阳性的概率 $P(+|L)$ 和有罪时显示阴性的概率 $P(-|L)$。此处，L 表示被测人确实是说谎，T 表示被测人确实是说真话。"+"表示测试结果为阳性，即撒谎。"−"表示测试结果为阴性，即诚实。利用贝叶斯公式对测谎结论的证明力分析，主要是将撒谎时测谎结果显示阳性的概率转换为结果显示阳性时确实撒谎的概率，即把 $P(+|L)$ 转换为 $P(L|+)$；把说真话时测谎结果显示阴性的概率转换为结果显示阴性时确实说真话的概率，把 $P(-|T)$ 转换为 $P(T|-)$。

根据测谎结论的可靠性研究，假设 $P(+|L) = 0.89$，$P(-|L) = 0.11$，$P(+|T) = 0.1$，$P(-|T) = 0.9$，即被测人撒谎时测试结论显示撒谎的概率是 0.89，被测人撒谎时测试结论显示诚实的概率是 0.11，被测人诚实时测试结论显示说谎的概率是 0.1，被测人诚实时测试结论显示诚实的概率是 0.9。但是我们在实务中往往需要知道的是测试结论显示撒谎时被测人确实撒谎的概率 $P(L|+)$，测试结论显示撒谎时被测人诚实的概率 $P(T|+)$，测试结论显示诚实时被测人撒谎的概率 $P(L|-)$，测试结论显示诚实时被测人诚实的概率 $P(T|-)$。根据贝叶斯公式：

$$P(L|+) = \frac{P(+|L)\,P(L)}{P(+)}$$

上式中，$P(+) = P(+|L)\,P(L) + P(+|T)\,P(T)$

此时，我们还需要两个先验概率。假设，人群中绝大多数人说实话，设为 95%，即 $P(T) = 0.95$；只有极少部分人说谎话，设为 5%，即 $P(L) = 0.05$。将数据代入公式：

$$P(L|+) = \frac{0.89 \times 0.05}{0.89 \times 0.05 + 0.1 \times 0.95} \approx 0.32$$

这个结果似乎不太令人满意。灵敏度 $P(+|L)$ 高达 0.89，$P(L|+)$ 居然大概只有 0.32。那么，是否能够通过努力来提高测谎灵敏度，从而提高真阴性率和真阳性率呢？假设经过技术改良，$P(+|L)$ 提高到 0.95，其他数值不变，得到的 $P(L|+)$ 为 0.0475/(0.0475 + 0.095) ≈ 0.33。应当说，这个结论相当不友好。灵敏度的提高是相当困难的事情，本例中灵敏度的大幅提高对准确率的提升作用却微乎其

微。但是，这个结果并不能说明测谎结论不可靠，或者认为无论测谎技术如何改良，测谎的可靠性都不可能有大的提高。

在后验概率的讨论中，我们曾经着重分析过先验概率对后验概率的影响。在似然率不变的情况下，先验概率的数值对后验概率有重大影响。回到上例，在保持灵敏度不变的情况下，提高先验概率 $P(L)$ 0.05 个百分点，将其改为 0.1。将数据代入公式，$P(L|+)=0.89 \times (0.1) \div (0.89 \times 0.1 + 0.1 \times 0.9) \approx 0.5$。在先验概率提高 0.05 的情况下，$P(L|+)$ 提高了约 18%。本例中的先验概率是在没有收集其他信息的前提下，仅仅根据经验和常识假设的概率。在诉讼案件中，往往有各种可以使用的其他证据，这些信息都能很好地缩小调查的范围，提高先验概率。通过收集案件的其他背景信息，能够大幅提高先验概率。这正是为什么不能仅仅因为某些科学证据的似然率低就断然拒绝采纳科学证据的原因。

在这个讨论中可能被忽视的一个问题是，我们在判断一个证据是否有证明力时，经常的表述是有这个证据与没有这个证据相比，主张成立的可能性是否更大或更小。在这个例子中，有测谎结论与没有测谎结论相比，被测人撒谎的可能性更大了。在测谎前被测人撒谎的概率是 0.05，在测谎之后，被测人撒谎的概率是 0.32。如果我们再用贝叶斯的优势比较来表达测谎结论的证明价值，也就是用几率来表达概率，通过测谎结论显示说谎时被测人说谎的概率与测谎结论显示说谎时被测人诚实的概率的比值，能够更加真实地体现测谎结论的证明价值大小，即比较 $P(L|+)$ 与 $P(T|+)$。

采用与上述 $P(L|+)$ 相同的公式，先列出 $P(T|+)$ 的计算公式：

$$P(T|+) = \frac{P(+|T)\,P(T)}{P(+)}$$

将 $P(L|+)$ 与 $P(T|+)$ 进行比较：

$$\frac{P(L|+)}{P(T|+)} = \frac{P(+|L)}{P(+|T)} \times \frac{P(L)}{P(T)}$$

又由于 $P(T|+)=1-P(L|+)$，同时，$P(T)=1-P(L)$。将其代入上面的公式，得到测谎结论显示说谎时被测人确实说谎与被测

人说真话的比值，即测谎结论显示说谎时说谎的几率。

用公式表达就是：

$$\frac{P\ (L\mid +)}{1-P\ (L\mid +)} = \frac{P\ (+\mid L)}{P\ (+\mid T)} \times \frac{P\ (L)}{1-P\ (L)}$$

如果使用几率（O）来表示，那么上面的公式为：

$$O\ (L\mid +) = \frac{P\ (+\mid L)}{P\ (+\mid T)} \times O\ (L)$$

即

$$\frac{O\ (L\mid +)}{O\ (L)} = \frac{P\ (+\mid L)}{P\ (+\mid T)}$$

上述公式表达的是同一名被测人在进行一个主题测试之后撒谎的几率与测试前撒谎的几率比值。这一比值可用测试灵敏度 $P\ (+\mid L)$ 和假阳性率 $P\ (+\mid T)$ 来衡量。这两个衡量指标与先验概率无关，可以避免因先验概率难以估计、主观性较强而引起的对后验概率的批评。

（二）专家的作用

在我国，似然率的应用主要是在 DNA 证据的评价，包括测谎结论在内的其他检验鉴定证据评价一般都是采用"认定""否定""无明确结论"的表述方法。这种简单的表述难以准确揭示证据的价值，加剧了科学证据的审查认定难度。在其他领域探索引入似然率进行证据评价有其内在驱动力，而且，DNA 证据对似然率的应用和国外对其他科学证据的似然率评价都能提供良好的经验借鉴。

测谎结论证明力的发挥需要专家的科学解释，专家在法庭的作用是出示似然率，而且也仅限于此。[1] 仅仅依据专家语言，我们并不能确定主张成立的概率。主张成立的概率需要以先验概率为基础，但是先验概率的确定取决于案件中的其他信息。对先验概率进行评估并非专家的职责，而是事实审理者的职责。事实审理者需要事先确定一个先验概率，然后根据专家的证言修正假设的概率，由此形成的后验概率才是假设为真的概率。先验概率的估计需要结合所有的证据。专家要做的是计算似

---

〔1〕 ［美］伯纳德·罗伯逊、G. A. 维尼奥：《证据解释——庭审过程中科学证据的评价》，王元凤译，中国政法大学出版社 2015 年版，第 28 页。

然率，然后告知事实审理者如何从似然率和先验概率得出后验概率。他不能直接告诉法庭关于被测人撒谎的概率，因为他不知道先验概率如何，这不是他的工作范围。对于可以用似然率 R 表达的科学证据，最好的表述形式为："在被告留下此痕迹的前提下我们获得此证据的概率比在其他人留下此痕迹的前提下我们获得此证据的概率高 R 倍。因此，该证据非常有力地支持被告留下此痕迹的主张。"[1] 或者还可以表述为，无论基于其他证据估算的主张成立的概率是多少，专家提供的证据都会使其证明力翻 R 倍。专家对测谎结论的解释也应当遵循这一指引。专家只需证明有测谎结论与没有测谎结论相比，被测人有罪或撒谎的概率翻了多少倍。

对于测谎结论等新型领域证据，无论其本身的可靠性如何，贝叶斯公式都能够揭示有测谎结论与没有测谎结论相比，主张成立或不成立的概率提高了多少倍，能够说明测谎结论对某一主张原有评价的改变。这种基于似然率的证明力评价体系进路，使证明力具象化、精确化，是证据证明力评价应有的科学思维范式。

当然，数学方式在证据法学领域的应用是有限制的，事实认定者的知识、经验、直觉、价值取向等仍然是不可或缺的。似然率和贝叶斯公式在单一证据的评价中具有明显的优越性，但对全案事实认定仍然有其局限性。无论单一证据的证明力多强，它们都是针对具体证明对象的，而证明标准要求案件中每个需要证明的事实均有相应的证据予以证明。如果其他事实缺乏对应的证据来证明，全案事实的认定仍然难以达到案件证明标准。因此，在证据证明力评价和全案事实认定上，数学证明方式和人类经验、常识都有其最佳应用领地，二者的协同应用才能完成复杂的证据评价和事实认定任务。

---

〔1〕　〔美〕伯纳德·罗伯逊、G. A. 维尼奥：《证据解释——庭审过程中科学证据的评价》，王元凤译，中国政法大学出版社 2015 年版，第 89 页。